ŒUVRES

DE

J. F. COOPER

IMPRIMERIE DE H FOURNIER ET Cᵉ, 7 RUE SAINT-BENOIT

J. F. COOPER

TRADUCTION

par Defauconpret

LE DERNIER
DES MOHICANS.

Paris.
FURNE & Cie CH. GOSSELIN,
Éditeurs.
1850.

OEUVRES

DE

J. F. COOPER

TRADUITES

PAR

A. J. B. DEFAUCONPRET

TOME CINQUIÈME

LE DERNIER DES MOHICANS

PARIS

FURNE ET C*e*, CHARLES GOSSELIN

ÉDITEURS

M DCCC XLVI

INTRODUCTION

DE LA NOUVELLE ÉDITION

DU DERNIER DES MOHICANS.

L'AUTEUR avait pensé jusqu'ici, que la scène où se passe l'action de cet ouvrage, et les différents détails nécessaires pour comprendre les allusions qui y ont rapport, sont suffisamment expliqués au lecteur dans le texte lui-même, ou dans les notes qui le suivent. Cependant, il existe tant d'obscurité dans les traditions indiennes, et tant de confusion dans les noms indiens, que de nouvelles explications seront peut-être utiles.

Peu de caractères d'hommes présentent plus de diversité, ou, si nous osons nous exprimer ainsi, de plus grandes antithèses que ceux des premiers habitants du nord de l'Amérique. Dans la guerre, ils sont téméraires, entreprenants, rusés, sans frein, mais dévoués et remplis d'abnégation d'eux-mêmes; dans la paix, justes, généreux, hospitaliers, modestes, et en général chastes; mais vindicatifs et superstitieux. Les natifs de l'Amérique du Nord ne se distinguent pas également par ces qualités, mais elles prédominent assez parmi ces peuples remarquables pour être caractéristiques.

On croit généralement que les aborigènes de l'Amérique sont d'origine asiatique. Il existe beaucoup de faits physiques et moraux qui donnent du poids à cette opinion, quelques autres semblent prouver contre elle.

L'auteur croit que la couleur des Indiens est particulière à ce peuple. Les os de ses joues indiquent d'une manière frappante l'origine tartare, tandis que les yeux de ces deux peuples n'ont aucun rapport. Le climat peut avoir eu une grande influence sur le premier point, mais il est difficile de décider pourquoi il a produit la différence immense qui existe dans le second. L'imagination des Indiens, soit dans leur poésie, soit dans leurs discours, est orientale, et leurs compositions sont rendues plus touchantes peut-être par les bornes mêmes de leurs connaissances pratiques. Ils tirent leurs métaphores des nuages, des saisons, des oiseaux, des animaux et du règne végétal. En cela, ils ne font pas plus que toute autre race à imagination énergique, dont les images sont limitées par l'expérience; mais il est remarquable que les Indiens du nord de l'Amérique revêtent leurs idées de couleurs tout à fait orientales, et entièrement opposées à celles des Africains. Leur langage a toute la richesse et toute la plénitude sentencieuse de celui des Chinois. Il exprime une phrase en un mot, et il qualifiera la signification d'une sentence entière par une syllabe; quelquefois même il indiquera différents sens par la seule inflexion de la voix.

Des philologistes, qui ont consacré beaucoup de temps à des recherches sur ce sujet, assurent qu'il n'existe que deux ou trois idiomes parmi les nombreuses tribus occupant autrefois le pays qui compose aujourd'hui les États-Unis. Ils attribuent les difficultés que ces tribus éprouvent à se comprendre les unes les autres, à la corruption des langages primitifs, et aux dialectes qui se sont formés. L'auteur se rappelle avoir été présent à une entrevue entre deux chefs des grandes Prairies, à l'ouest du Mississipi; les guerriers paraissaient de la meilleure intelligence et causaient beaucoup ensemble en apparence; cependant, d'après le récit de l'interprète qui avait été nécessaire, chacun d'eux ne comprenait pas un mot de ce que disait l'autre. Ils appartenaient à des tribus hostiles, étaient amenés l'un vers l'autre par l'influence du gouvernement américain, et il est digne de remarque qu'une politique commune les porta à adopter le même sujet de conversation. Ils s'exhortèrent mutuellement à se secourir l'un l'autre, si les chances de la guerre les jetaient entre les mains de leurs ennemis. Quelle que soit la vérité touchant les racines et le génie des langues indiennes, il est certain qu'elles sont maintenant si distinctes dans leurs mots, qu'elles ont tous les inconvénients des langues étrangères : de là naissent les difficultés que présente l'étude de l'histoire des différentes tribus, et l'incertitude de leurs traditions.

Comme les nations d'une plus haute importance, les Indiens d'Amérique donnent sur leur propre caste des détails bien différents de ceux qu'en donnent les autres tribus. Ils sont très-portés à estimer leurs perfections aux dépens de celles de leurs rivaux ou de leurs ennemis; trait qui rappellera sans doute l'histoire de la création par Moïse.

Les blancs ont beaucoup aidé à rendre les traditions des aborigènes plus obscures, par leur manie de corrompre les noms. Ainsi, le nom qui sert de titre à cet ouvrage a subi les divers changements de Mahicanni, Mohicans et Mohegans; ce dernier est communément adopté par les blancs. Lorsqu'on se rappelle que les Hollandais, qui s'établirent les premiers à New-York, les Anglais et les Francais, donnèrent tous des noms aux tribus qui habitèrent le pays où se passe la scène de ce roman, et que les Indiens non-seulement donnaient souvent différents noms à leurs ennemis, mais à eux-mêmes, on comprendra facilement la cause de la confusion.

Dans cet ouvrage, Lenni, Lenape, Lenope, Delawares, Wapanachki et Mohicans sont le même peuple, ou tribus de la même origine. Les Mengwe, les Maguas, les Mingoes et les Iroquois, quoique n'étant pas absolument les mêmes, sont confondus fréquemment par l'auteur de ce roman, étant réunis par une même politique, et opposés à ceux que nous venons de nommer. Mingo était un terme de reproche, ainsi que Mingwe et Magua dans un moindre degré. Oneida est le nom d'une tribu particulière et puissante de cette confédération.

Les Mohicans étaient les possesseurs du pays occupé d'abord par les Européens dans cette partie de l'Amérique. Ils furent en conséquence les premiers dépossédés, et le sort inévitable de ces peuples, qui disparaissaient devant les approches, ou, si nous pouvons nous exprimer ainsi, devant l'invasion de la civilisation, comme la verdure de leurs forêts vierges tombait devant la gelée de l'hiver, avait été déjà accompli à l'époque où commence l'action de ce roman. Il existe assez de vérité historique dans le tableau pour justifier l'usage que l'auteur en a fait.

Avant de terminer cette Introduction, il n'est peut-être pas inutile de dire un mot d'un personnage important de cette légende, et qui est aussi acteur dans deux autres ouvrages du même auteur. Représenter un individu comme *batteur d'estrade* [1], dans les guerres pendant lesquelles l'Angleterre et la France se disputèrent l'Amérique; comme *chasseur* [2] à cette époque d'activité qui succéda si rapidement à la paix de 1783; et comme un vieux *Trappeur* [3] dans la Prairie, lorsque la politique de la république abandonna ces immenses solitudes aux entreprises de ces êtres à demi sauvages, suspendus entre la société et les déserts, c'est fournir poétiquement un témoin de la vérité de ces changements merveil-

---

1. *Scout*. — 2. Hunter. (Voyez *les Pionniers*.) — 5. Trapper. (Voyez *la Prairie*.)

leux, qui distinguent les progrès de la nation américaine, à un degré jusqu'ici inconnu, et que pourraient attester des centaines de témoins encore vivants. En cela le roman n'a aucun mérite comme invention.

L'auteur ne dira rien de plus de ce caractère, sinon qu'il appartient à un homme naturellement bon, éloigné des tentations de la vie civilisée, bien qu'il n'ait pas entièrement oublié ses préjugés, ses leçons, transplanté parmi les habitudes de la barbarie, peut-être amélioré plutôt que gâté par ce mélange, et trahissant alternativement les faiblesses et les vertus de sa situation présente et celles de sa naissance. Un meilleur observateur des réalités de la vie lui aurait peut-être donné moins d'élévation morale, mais il eût été alors moins intéressant, et le talent d'un auteur de fictions est d'approcher de la poésie autant que ses facultés le lui permettent. Après cet aveu, il est presque inutile d'ajouter que l'histoire n'a rien à démêler avec ce personnage imaginaire. L'auteur a cru qu'il avait assez sacrifié à la vérité en conservant le langage et le caractère dramatique nécessaire à son rôle.

Le pays qui est indiqué comme étant le théâtre de l'action, a subi quelques changements depuis les événements historiques qui s'y sont passés, ainsi que la plupart des districts d'une égale étendue, dans les limites des États-Unis. Il y a des eaux à la mode et où la foule abonde, dans le même lieu où se trouve la source à laquelle Œil-de-Faucon s'arrête pour se désaltérer, et des routes traversent la forêt où il voyageait ainsi que ses amis sans rencontrer un sentier tracé. Glenn a un petit village, et tandis que William-Henri, et même une forteresse d'une date plus récente, ne se retrouvent plus que comme ruines, il y a un autre village sur les terres de l'Horican. Mais outre cela, un peuple énergique et entreprenant, qui a tant fait en d'autres lieux, a fait bien peu dans ceux-ci. L'immense terrain sur lequel eurent lieu les derniers incidents de cette légende est presque encore une solitude, quoique les Peaux-Rouges aient entièrement déserté cette partie des États-

Unis. De toutes les tribus mentionnées dans ces pages, il ne reste que quelques individus à demi civilisés des Oneidas, à New-York. Le reste a disparu, soit des régions qu'habitaient leurs pères, soit de la terre entière.

PRÉFACE

DE LA PREMIÈRE ÉDITION.[1]

Le lecteur qui commence la lecture de ces volumes dans l'espoir d'y trouver le tableau romanesque et imaginaire de ce qui n'a jamais existé, l'abandonnera sans doute lorsqu'il se verra trompé dans son attente. L'ouvrage n'est autre chose que ce qu'annonce son titre, un *récit*, une *relation*. Cependant, comme il renferme des détails qui pourraient n'être pas compris de tous les lecteurs, et surtout des lectrices qu'il pourrait trouver, en passant pour une fiction, il est de l'intérêt de l'auteur d'éclaircir ce que les allusions historiques pourraient présenter d'obscur. Et c'est pour lui un devoir d'autant plus rigoureux, qu'il a souvent fait la triste expérience que, lors même que le public ignorerait complétement les faits qui vont lui être racontés, dès l'instant que vous les soumettez à son tribunal redoutable, il se trouve individuellement et collectivement, par une espèce d'intuition inexplicable, en savoir beaucoup plus que l'auteur lui-même. Ce fait est

---

[1]. Bien que cette préface soit supprimée dans la dernière édition, nous avons cru qu'elle valait la peine d'être conservée, comme renfermant des éclaircissements qui ne se rencontrent pas dans l'Introduction nouvelle.

incontestable; eh bien ! cependant, qu'un écrivain se hasarde à donner à l'imagination des autres la carrière qu'il n'aurait dû donner qu'à la sienne, par une contradiction nouvelle il aura presque toujours à s'en repentir. Tout ce qui peut être expliqué doit donc l'être avec soin, au risque de mécontenter cette classe de lecteurs qui trouvent d'autant plus de plaisir à parcourir un ouvrage, qu'il leur offre plus d'énigmes à deviner ou plus de mystères à éclaircir. C'est par l'exposé préliminaire des raisons qui l'obligent dès le début à employer tant de mots inintelligibles que l'auteur commencera la tâche qu'il s'est imposée. Il ne dira rien que ne sache déjà celui qui serait le moins versé du monde dans la connaissance des antiquités indiennes.

La plus grande difficulté contre laquelle ait à lutter quiconque veut étudier l'histoire des sauvages indiens, c'est la confusion qui règne dans les noms. Si l'on réfléchit que les Hollandais, les Anglais et les Français, en leur qualité de conquérants, se sont permis tour à tour de grandes libertés sous ce rapport; que les naturels eux-mêmes parlent non-seulement différentes langues, et même les dialectes de ces mêmes langues, mais qu'ils aiment en outre à multiplier les dénominations, cette confusion causera moins de surprise que de regret; elle pourra servir d'excuse pour ce qui paraîtrait obscur dans cet ouvrage, quels que soient d'ailleurs les autres défauts qu'on puisse lui reprocher.

Les Européens trouvèrent cette région immense qui s'étend entre le Penobscot et le Potomac, l'Océan atlantique et le Mississipi, en la possession d'un peuple qui n'avait qu'une seule et même origine. Il est possible que sur un ou deux points les limites de ce vaste territoire aient été étendues ou restreintes par les nations environnantes; mais telles en étaient du moins les bornes naturelles et ordinaires. Ce peuple avait le nom générique de Wapanachki, mais il affectionnait celui de *Lenni Lenape*, qu'il s'était donné, et qui signifie « un peuple sans mélange ». L'auteur avoue franchement que ses connaissances ne vont pas jusqu'à pouvoir énumérer les communautés ou tribus dans lesquelles cette race d'hommes s'est subdivisée. Chaque tribu avait son nom, ses chefs, son territoire particulier pour la chasse, et même son dialecte. Comme les princes féodaux de l'ancien monde, ces peuples se battaient entre eux, et exerçaient la plupart des priviléges de la souveraineté; mais ils n'en reconnaissaient pas moins une origine commune, leur langue était la même, ainsi que les traditions qui se transmettaient avec une fidélité surprenante. Une branche de ce peuple nombreux occupait les bords d'un beau fleuve connu sous le nom de « Lenapewihittuck ». C'était là que d'un consentement unanime était établie « la Maison Longue » ou « le Feu du Grand Conseil » de la nation.

La tribu possédant la contrée qui forme à présent la partie sud-ouest de la Nouvelle-Angleterre, et cette portion de New-York qui est à l'est de la baie d'Hudson, ainsi qu'une grande étendue de pays qui se prolongeait encore plus vers le sud, était un peuple puissant appelé « les Mohicanni », ou plus ordinairement « les Mohicans ». C'est de ce dernier mot que les Anglais ont fait depuis, par corruption, « Mohegans ».

Les Mohicans étaient encore subdivisés en peuplades. Collectivement, ils le disputaient, sous le rapport de l'antiquité, même à leurs voisins qui possédaient « la Maison Longue »; mais on leur accordait sans contestation d'être « le fils aîné de leur grand-père ». Cette portion des propriétaires primitifs du sol fut la première dépossédée par les blancs. Le petit nombre qui en reste encore s'est dispersé parmi les autres tribus, et il ne leur reste de leur grandeur et de leur puissance que de tristes souvenirs.

La tribu qui gardait l'enceinte sacrée de la maison du conseil fut distinguée pendant longtemps par le titre flatteur de Lenape; mai lorsque les Anglais eurent changé le nom du fleuve en celui de « Delaware », ce nouveau nom devint insensiblement celui des habitants. En général ils montrent beaucoup de délicatesse et de discernement dans l'emploi des dénominations. Des nuances expressives donnent plus de clarté à leurs idées, et communiquent souvent une grande énergie à leurs discours.

Dans un espace de plusieurs centaines de milles, le long des frontières septentrionales de la tribu des Lenapes, habitait un autre peuple qui offrait les mêmes subdivisions, la même origine, le même langage, et que ses voisins appelaient Mengwe. Ces sauvages du nord étaient d'abord moins puissants et moins unis entre eux que les Lenapes. Afin de remédier à ce désavantage, cinq de leurs tribus les plus nombreuses et les plus guerrières qui se trouvaient le plus près de la maison du conseil de leurs ennemis se liguèrent ensemble pour se défendre mutuellement; et ce sont, par le fait, les plus anciennes Républiques Unies dont l'histoire de l'Amérique septentrionale offre quelque trace. Ces tribus étaient les Mohawks, les Oneidas, les Cenecas, les Cayugas et les Onondagas. Par la suite, une tribu vagabonde de la même race, qui s'était avancée près du soleil, vint se joindre à eux, et fut admise à participer à tous les priviléges politiques. Cette tribu (les Tuscaroras) augmenta tellement leur nombre, que les Anglais changèrent le nom qu'ils avaient donné à la confédération, et ils ne les appelèrent plus les Cinq, mais les six Nations. On verra dans le cours de cette relation que le mot nation s'applique tantôt à une tribu et tantôt au peuple entier, dans son acception la plus étendue. Les Mengwes étaient souvent appelés par les Indiens leurs voisins Maquas, et souvent même, par forme de dérision, Mingos. Les Français leur donnèrent le nom d'Iroquois, par corruption sans doute de quelqu'une des dénominations qu'ils prenaient.

Une tradition authentique a conservé le détail des moyens peu honorables que les Hollandais d'un côté, et les Mengwes de l'autre, employèrent pour déterminer les Lenapes à déposer les armes, à confier entièrement aux derniers le soin de leur défense, en un mot à n'être plus, dans le langage figuré des naturels, que des *femmes*. Si la politique suivie par les Hollandais était peu généreuse, elle était du moins sans danger. C'est de ce moment que date la chute de la plus grande et de la plus civilisée des nations indiennes qui occupaient l'emplacement actuel des États-Unis. Dépouillés par les blancs, opprimés et massacrés par les sauvages, ces malheureux continuèrent encore quelque temps à errer autour de leur maison du conseil, puis, se séparant par bandes, ils allèrent se réfugier dans les vastes solitudes qui se prolongent à l'occident. Semblable à la clarté de la lampe qui s'éteint, leur gloire ne brilla jamais avec plus d'éclat qu'au moment où ils allaient être anéantis.

On pourrait donner encore d'autres détails sur ce peuple intéressant, surtout sur la partie la plus récente de son histoire ; mais l'auteur ne les croit pas nécessaires au plan de cet ouvrage. La mort du pieux et vénérable Heckewelder[1] est sous ce rapport une perte qui ne sera peut-être jamais réparée. Il avait fait une étude particulière de ce peuple ; longtemps il prit sa défense avec autant de zèle que d'ardeur, non moins pour venger sa gloire que pour améliorer sa condition morale.

Après cette courte Introduction, l'auteur livre son ouvrage au lecteur. Cependant la justice ou du moins la franchise exige de lui qu'il recommande à toutes les jeunes personnes dont les idées sont ordinairement resserrées entre les quatre murs d'un salon, à tous les célibataires d'un certain âge qui sont sujets à l'influence du temps, enfin à tous les membres du clergé, si ces volumes leur tombent par hasard entre les mains, de ne pas en entreprendre la lecture. Il donne cet avis aux jeunes personnes qu'il vient de désigner, parce qu'après avoir lu l'ouvrage elles le déclareraient inconvenant ; aux célibataires, parce qu'il pourrait troubler leur sommeil ; aux membres du clergé, parce qu'ils peuvent mieux employer leur temps.

---

1. Le révérend Heckewelder pourrait être appelé le Las-Casas de l'Amérique du Nord. Ses écrits sur les Indiens, auxquels nous emprunterons plus d'une note, ont été consignés dans les *Transactions philosophiques américaines*, année 1819.

LE DERNIER
DES MOHICANS.

HISTOIRE DE MIL SEPT CENT CINQUANTE-SEPT.

> Ne soyez pas choqués de la couleur de mon teint; c'est la livrée un peu foncée de ce soleil brûlant près duquel j'ai pris naissance.
>
> SHAKSPEARE. *Le Marchand de Venise,* act. II, scène I.

CHAPITRE PREMIER.

> Mon oreille est ouverte. Mon cœur est préparé; quelque perte que tu puisses me révéler, c'est une perte mondaine; parle, mon royaume est-il perdu?
>
> SHAKSPEARE.

C'ÉTAIT un des caractères particuliers des guerres qui ont eu lieu dans les colonies de l'Amérique septentrionale, qu'il fallait braver les fatigues et les dangers des déserts avant de pouvoir livrer bataille à l'ennemi qu'on cherchait. Une large ceinture de forêts, en apparence impénétrables, séparait les possessions des provinces hostiles de la France et de l'Angleterre. Le colon endurci aux travaux et l'Européen discipliné qui combattait sous la même bannière, passaient quelquefois des mois entiers à lutter contre les torrents, et à se frayer un passage entre les gorges des montagnes, en cherchant l'occasion de donner des preuves plus directes de leur intrépidité. Mais, émules des guerriers naturels du pays dans leur patience, et apprenant d'eux à se soumettre aux privations, ils venaient à bout de surmonter toutes les difficultés; on pouvait croire qu'avec le temps il ne resterait pas dans le bois une retraite assez obscure, une solitude assez retirée pour offrir un abri contre les incursions de ceux qui prodiguaient leur sang pour assouvir leur vengeance, ou pour soutenir la politique froide et égoïste des monarques éloignés de l'Europe.

Sur toute la vaste étendue de ces frontières il n'existait peut-être aucun district qui pût fournir un tableau plus vrai de l'acharnement et de la cruauté des guerres sauvages de cette époque, que le pays situé entre les sources de l'Hudson et les lacs adjacents.

Les facilités que la nature y offrait à la marche des combattants étaient trop évidentes pour être négligées. La nappe allongée du lac Champlain s'étendait des frontières du Canada jusque sur les confins de la province voisine de New-York, et formait un passage naturel dans la moitié de la distance dont les Français avaient besoin d'être maîtres pour pouvoir frapper leurs ennemis. En se terminant du côté du sud, le Champlain recevait les tributs d'un autre lac, dont l'eau était si limpide que les missionnaires jésuites l'avaient choisie exclusivement pour accomplir les rites purificateurs du baptême, et il avait obtenu pour cette raison le titre de lac du Saint-Sacrement. Les Anglais, moins dévots, croyaient faire assez d'honneur à ces eaux pures en leur donnant le nom du monarque qui régnait alors sur eux, le second des princes de la maison de Hanovre. Les deux nations se réunissaient ainsi pour dépouiller les possesseurs sauvages des bois de ses rives, du droit de perpétuer son nom primitif de lac Horican[1].

Baignant de ses eaux des îles sans nombre, et entouré de montagnes, le « saint Lac » s'étendait à douze lieues vers le sud. Sur la plaine élevée qui s'opposait alors au progrès ultérieur des eaux, commençait un *portage* d'environ douze milles qui conduisait sur

---

[1]. Comme chaque tribu indienne a son langage ou son dialecte, elles donnent ordinairement différents noms aux mêmes lieux, quoique presque tous leurs termes soient descriptifs. Ainsi la traduction littérale du nom de cette belle pièce d'eau adopté par la tribu qui habite ces rivages, est « La Queue du Lac ». Le lac Georges, comme on l'appelait vulgairement, et comme il est maintenant légalement appelé, forme une espèce de queue au lac Champlain, lorsqu'on le regarde sur la carte. De là vient le nom.

les bords de l'Hudson, à un endroit où, sauf les obstacles ordinaires des cataractes, la rivière devenait navigable.

Tandis qu'en poursuivant leurs plans audacieux d'agression et d'entreprise, l'esprit infatigable des Français cherchait même à se frayer un passage par les gorges lointaines et presque impraticables de l'Alleghany, on peut bien croire qu'ils n'oublièrent point les avantages naturels qu'offrait le pays que nous venons de décrire. Il devint de fait l'arène sanglante dans laquelle se livrèrent la plupart des batailles qui avaient pour but de décider de la souveraineté sur les colonies. Des forts furent construits sur les différents points qui commandaient les endroits où le passage était le plus facile, et ils furent pris, repris, rasés et reconstruits, suivant les caprices de la victoire ou les circonstances. Le cultivateur, s'écartant de ce local dangereux, reculait jusque dans l'enceinte des établissements plus anciens; et des armées plus nombreuses que celles qui avaient souvent disposé de la couronne dans leurs mères-patries s'ensevelissaient dans ces forêts, dont on ne voyait jamais revenir les soldats qu'épuisés de fatigue ou découragés par leurs défaites, semblables enfin à des fantômes sortis du tombeau.

Quoique les arts de la paix fussent inconnus dans cette fatale région, les forêts étaient animées par la présence de l'homme. Les vallons et les clairières retentissaient des sons d'une musique martiale; et les échos des montagnes répétaient les cris de joie d'une jeunesse vaillante et inconsidérée, qui les gravissait, fière de sa force et de sa gaieté, pour s'endormir bientôt dans une longue nuit d'oubli.

Ce fut sur cette scène d'une lutte sanglante que se passèrent les événements que nous allons essayer de rapporter, pendant la troisième année de la dernière guerre que se firent la France et la Grande-Bretagne, pour se disputer la possession d'un pays qui heureusement était destiné à n'appartenir un jour ni à l'une ni à l'autre.

L'incapacité de ses chefs militaires, et une fatale absence d'énergie dans ses conseils à l'intérieur, avaient fait déchoir la Grande-Bretagne de cette élévation à laquelle l'avaient portée l'esprit entreprenant et les talents de ses anciens guerriers et hommes d'État. Elle n'était plus redoutée par ses ennemis, et ceux qui la servaient perdaient rapidement cette confiance salutaire d'où naît le respect de soi-même. Sans avoir contribué à amener cet état de faiblesse, et quoique trop méprisés pour avoir été les instruments de ses fautes, les colons supportaient naturellement leur part de cet abaissement mortifiant. Tout récemment ils avaient vu une armée d'élite, arrivée de cette contrée, qu'ils respectaient comme leur mère-patrie, et qu'ils avaient regardée comme invincible ; une armée conduite par un chef que ses rares talents militaires avaient fait choisir parmi une foule de guerriers expérimentés, honteusement mise en déroute par une poignée de Français et d'Indiens, et n'ayant évité une destruction totale que par le sang-froid et le courage d'un jeune Virginien[1] dont la renommée, grandissant avec les années, s'est répandue depuis jusqu'aux pays les plus lointains de la chrétienté avec l'heureuse influence qu'exerce la vertu[2].

Ce désastre inattendu avait laissé à découvert une vaste étendue de frontières, et des maux plus réels étaient précédés par l'attente de mille dangers imaginaires. Les colons alarmés croyaient entendre les hurlements des sauvages se mêler à chaque bouffée de vent qui sortait en sifflant des immenses forêts de l'ouest. Le caractère effrayant de ces ennemis sans pitié augmentait au delà de tout ce qu'on pourrait dire les horreurs naturelles de la guerre. Des exemples sans nombre de massacres récents étaient encore vivement gravés dans leur souvenir ; et dans toutes les provinces il n'était personne qui n'eût écouté avec avidité la relation épouvantable de quelque meurtre commis pendant les ténèbres, et dont les habitants des forêts étaient les principaux et les barbares

---

1. Ce jeune Virginien était Washington lui-même, alors colonel d'un régiment de troupes provinciales ; le général dont il est ici question est le malheureux Braddock, qui fut tué et perdit par sa présomption la moitié de son armée. La réputation militaire de Washington date de cette époque : il conduisit habilement la retraite et sauva le reste des troupes. Cet événement eut lieu en 1755. Washington était né en 1732 ; il n'avait donc que vingt-trois ans. Suivant une tradition populaire, un chef sauvage prédit que le jeune Virginien ne serait jamais tué dans une bataille ; il avait même vainement tiré sur lui plusieurs fois, et son adresse était cependant remarquable ; mais Washington fut le seul officier à cheval de l'armée américaine qui ne fut pas blessé ou tué dans cette déroute.

2. Washington, qui avertit plus tard, mais inutilement, le général européen de la position dangereuse dans laquelle il se plaçait sans nécessité, sauva le reste de l'armée anglaise, dans cette occasion, par sa décision et son courage. La réputation que s'acquit Washington dans cette bataille fut la principale cause du choix que l'on fit de lui plus tard pour commander les armées américaines. Une circonstance digne de remarque, c'est que, tandis que toute l'Amérique retentissait de la gloire dont il venait de se couvrir, son nom ne fut inscrit dans aucun bulletin d'Europe sur cette bataille. C'est de cette manière que la mère-patrie cachait même la gloire des Américains, pour obéir à son système d'oppression.

acteurs. Tandis que le voyageur crédule et exalté racontait les chances hasardeuses qu'offraient les déserts, le sang des hommes timides se glaçait de terreur, et les mères jetaient un regard d'inquiétude sur les enfants qui sommeillaient en sûreté, même dans les plus grandes villes. En un mot, la crainte, qui grossit tous les objets, commença à l'emporter sur les calculs de la raison et sur le courage. Les cœurs les plus hardis commencèrent à croire que l'événement de la lutte était incertain, et l'on voyait s'augmenter tous les jours le nombre de cette classe abjecte qui croyait déjà voir toutes les possessions de la couronne d'Angleterre en Amérique au pouvoir de ses ennemis chrétiens, ou dévastées par les incursions de leurs sauvages alliés.

Quand donc on apprit au fort qui couvrait la fin du *portage* situé entre l'Hudson et les lacs, qu'on avait vu Montcalm remonter le Champlain avec une armée aussi nombreuse que les feuilles des arbres des forêts, on ne douta nullement que ce rapport ne fût vrai, et on l'écouta plutôt avec cette lâche consternation de gens cultivant les arts de la paix, qu'avec la joie tranquille qu'éprouve un guerrier en apprenant que l'ennemi se trouve à portée de ses coups.

Cette nouvelle avait été apportée vers la fin d'un jour d'été par un courrier indien chargé aussi d'un message de Munro, commandant le fort situé sur les bords du Saint-Lac, qui demandait qu'on lui envoyât un renfort considérable, sans perdre un instant. On a déjà dit que l'intervalle qui séparait les deux postes n'était pas tout à fait de cinq lieues. Le chemin, ou plutôt le sentier qui communiquait de l'un à l'autre, avait été élargi pour que les chariots pussent y passer, de sorte que la distance que l'enfant de la forêt venait de parcourir en deux heures de temps, pouvait aisément être franchie par un détachement de troupes avec munitions et bagages, entre le lever et le coucher du soleil d'été.

Les fidèles serviteurs de la couronne d'Angleterre avaient nommé l'une de ces citadelles des forêts William-Henry, et l'autre Édouard, noms des deux princes de la famille régnante. Le vétéran écossais que nous venons de nommer avait la garde du premier avec un régiment de troupes provinciales, réellement beaucoup trop faibles pour faire face à l'armée formidable que Montcalm conduisait vers ses fortifications de terre; mais le second fort était commandé par le général Webb, qui avait sous ses ordres les armées du roi dans les provinces du nord, et sa garnison était de cinq mille hommes. En réunissant les divers détachements qui étaient à sa disposition, cet officier pouvait ranger en bataille une force d'environ le double de ce nombre contre l'entreprenant Français, qui s'était hasardé si imprudemment loin de ses renforts.

Mais, dominés par le sentiment de leur dégradation, les officiers et les soldats parurent plus disposés à attendre dans leurs murailles l'arrivée de leur ennemi qu'à s'opposer à ses progrès en imitant l'exemple que les Français leur avaient donné, au fort Duquesne, en attaquant l'avant-garde anglaise, audace que la fortune avait couronnée.

Lorsqu'on fut un peu revenu de la première surprise occasionnée par cette nouvelle, le bruit se répandit dans toute la ligne du camp retranché qui s'étendait le long des rives de l'Hudson, et qui formait une chaîne de défense extérieure pour le fort, qu'un détachement de quinze cents hommes de troupes d'élite devait se mettre en marche au point du jour pour William-Henry, fort situé à l'extrémité septentrionale du *portage*. Ce qui d'abord n'était qu'un bruit devint bientôt une certitude, car des ordres arrivèrent du quartier général du commandant en chef, pour enjoindre aux corps qu'il avait choisis pour ce service, de se préparer promptement à partir.

Il ne resta donc plus aucun doute sur les intentions de Webb, et pendant une heure ou deux, on ne vit que des figures inquiètes et des soldats courant çà et là avec précipitation. Les novices dans l'art militaire [1] allaient et venaient d'un endroit à l'autre, et retardaient leurs préparatifs de départ par un empressement dans lequel il entrait autant de mécontentement que d'ardeur. Le vétéran, plus expérimenté, se disposait au départ avec ce sang-froid qui dédaigne toute apparence de précipitation ; quoique ses traits annonçassent le calme, son œil inquiet laissait assez voir qu'il n'avait pas un goût bien prononcé pour cette guerre redoutée des forêts, dont il n'était encore qu'à l'apprentissage.

Enfin le soleil se coucha parmi des flots de lumière derrière les

---

1. Les nouvelles levées.

montagnes lointaines situées à l'occident, et lorsque l'obscurité étendit son voile sur la terre en cet endroit retiré, le bruit des préparatifs de départ diminua peu à peu. La dernière lumière s'éteignit enfin sous la tente de quelque officier; les arbres jetèrent des ombres plus épaisses sur les fortifications et sur la rivière, et il s'établit dans tout le camp un silence aussi profond que celui qui régnait dans la vaste forêt.

Suivant les ordres donnés la soirée précédente, le sommeil de l'armée fut interrompu par le roulement du tambour, que les échos répétèrent, et dont l'air humide du matin porta le bruit de toutes parts jusque dans la forêt, à l'instant où le premier rayon du jour commençait à dessiner la verdure sombre et les formes irrégulières de quelques grands pins du voisinage sur l'azur plus pur de l'horizon oriental. En un instant tout le camp fut en mouvement, jusqu'au dernier soldat; chacun voulait être témoin du départ de ses camarades, des incidents qui pourraient l'accompagner, et jouir d'un moment d'enthousiasme.

Le détachement choisi fut bientôt en ordre de marche. Les soldats réguliers et soudoyés de la couronne prirent avec fierté la droite de la ligne, tandis que les colons, plus humbles, se rangeaient sur la gauche avec une docilité qu'une longue habitude leur avait rendue facile. Les éclaireurs partirent; une forte garde précéda et suivit les lourdes voitures qui portaient le bagage; et dès le point du jour le corps principal des combattants se forma en colonne, et partit du camp avec une apparence de fierté militaire qui servit à assoupir les appréhensions de plus d'un novice qui allait faire ses premières armes. Tant qu'ils furent en vue de leurs camarades, on les vit conserver le même ordre et la même tenue. Enfin le son de leurs fifres s'éloigna peu à peu, et la forêt sembla avoir englouti la masse vivante qui venait d'entrer dans son sein.

La brise avait cessé d'apporter aux oreilles des soldats restés dans le camp le bruit de la marche de la colonne invisible qui s'éloignait; le dernier des traîneurs avait déjà disparu à leurs yeux; mais on voyait encore des signes d'un autre départ devant une cabane construite en bois, d'une grandeur peu ordinaire, et devant laquelle étaient en faction des sentinelles connues pour garder la personne du général anglais. Près de là étaient six chevaux caparaçonnés de manière à prouver que deux d'entre eux au moins étaient destinés à être montés par des femmes d'un rang qu'on n'était pas habitué à voir pénétrer si avant dans les lieux déserts de ce pays. Un troisième portait les harnais et les armes d'un officier de l'état-major. La simplicité des accoutrements des autres et les valises dont ils étaient chargés prouvaient qu'ils étaient destinés à des domestiques qui semblaient attendre déjà le bon plaisir de leurs maîtres. A quelque distance de ce spectacle extraordinaire il s'était formé plusieurs groupes de curieux et d'oisifs ; les uns admirant l'ardeur et la beauté du noble cheval de bataille, les autres regardant ces préparatifs avec l'air presque stupide d'une curiosité vulgaire. Il y avait pourtant parmi eux un homme qui, par son air et ses gestes, faisait une exception marquée à ceux qui composaient cette dernière classe de spectateurs.

L'extérieur de ce personnage était défavorable au dernier point, sans offrir aucune difformité particulière. Debout, sa taille surpassait celle de ses compagnons ; assis, il paraissait réduit au-dessous de la stature ordinaire de l'homme. Tous ses membres offraient le même défaut d'ensemble. Il avait la tête grosse, les épaules étroites, les bras longs, les mains petites et presque délicates, les cuisses et les jambes grêles, mais d'une longueur démesurée, et ses genoux monstrueux l'étaient moins encore que les deux pieds qui soutenaient cet étrange ensemble.

Les vêtements mal assortis de cet individu ne servaient qu'à faire ressortir encore davantage le défaut évident de ses proportions. Il avait un habit bleu de ciel, à pans larges et courts, à collet bas ; il portait des culottes collantes de maroquin jaune, et nouées à la jarretière par une bouffette flétrie de rubans blancs ; des bas de coton rayés, et des souliers à l'un desquels était attaché un éperon, complétaient le costume de la partie inférieure de son corps. Rien n'en était dérobé aux yeux ; au contraire, il semblait s'étudier à mettre en évidence toutes ses beautés, soit par simplicité, soit par vanité. De la poche énorme d'une grande veste de soie plus qu'à demi usée et ornée d'un grand galon d'argent terni, sortait un instrument qui, vu dans une compagnie aussi martiale, aurait pu passer pour quelque engin de guerre dangereux et inconnu. Quelque petit qu'il fût, cet instrument avait excité la curiosité de la plupart des Européens qui se trouvaient dans le camp, quoique la plupart des colons le maniassent sans crainte et même avec la plus grande familiarité. Un énorme chapeau, de même forme que ceux que portaient les ecclésiastiques depuis une trentaine d'années, prêtait une sorte de dignité à une physionomie qui annonçait plus de bonté que d'intelligence, et qui avait évidemment besoin de ce secours artificiel pour soutenir la gravité de quelque fonction extraordinaire.

Tandis que les différents groupes de soldats se tenaient à quelque distance de l'endroit où l'on voyait ces nouveaux préparatifs de voyage, par respect pour l'enceinte sacrée du quartier général de Webb, le personnage que nous venons de décrire s'avança au milieu des domestiques, qui attendaient avec les chevaux, dont il faisait librement la censure et l'éloge, suivant que son jugement trouvait occasion de les louer ou de les critiquer.

— Je suis porté à croire, l'ami, dit-il d'une voix aussi remarquable par sa douceur que sa personne l'était par le défaut de ses proportions, que cet animal n'est pas né en ce pays, et qu'il vient de quelque contrée étrangère, peut-être de la petite île au delà des mers. Je puis parler de pareilles choses, sans me vanter, car j'ai vu deux ports, celui qui est situé à l'embouchure de la Tamise et qui porte le nom de la capitale de la vieille Angleterre, et celui qu'on appelle Newhaven; et j'y ai vu les capitaines de senaux et de brigantins charger leurs bâtiments d'une foule d'animaux à quatre pieds, comme dans l'arche de Noé, pour aller les vendre à la Jamaïque; mais jamais je n'ai vu un animal qui ressemblât si bien au cheval de guerre décrit dans l'Écriture : — « Il bat la terre du pied, se réjouit en sa force, et va à la rencontre des hommes armés. Il hennit au son de la trompette; il flaire de loin la bataille, le tonnerre des capitaines, et le cri de triomphe. » — Il semblerait que la race des chevaux d'Israël s'est perpétuée jusqu'à nos jours. Ne le pensez-vous pas, l'ami?

Ne recevant aucune réponse à ce discours extraordinaire, qui à la vérité, étant prononcé d'une voix sonore quoique douce, semblait mériter quelque attention, celui qui venait d'emprunter ainsi le langage des livres saints leva les yeux sur l'être silencieux auquel il s'était adressé par hasard, et il trouva un nouveau sujet d'admiration dans l'individu sur qui tombèrent ses regards. Ils restaient fixés sur la taille droite et raide du coureur indien qui avait apporté au camp de si fâcheuses nouvelles la soirée précédente. Quoique ses traits fussent dans un état de repos complet, et qu'il semblât regarder avec une apathie stoïque la scène bruyante et animée qui se passait autour de lui, on remarquait en lui, au milieu de sa tranquillité, un air de fierté sombre fait pour attirer des yeux plus clairvoyants que ceux de l'homme qui le regardait avec un étonnement qu'il ne cherchait pas à cacher. L'habitant des forêts portait le tomahawk[1] et le couteau de sa tribu, et cependant son extérieur n'était pas tout à fait celui d'un guerrier. Au contraire, toute sa personne avait un air de négligence semblable à celle qui aurait pu être la suite d'une grande fatigue dont il n'aurait pas encore été complétement remis. Les couleurs dont les sauvages composent le *tatouage* de leur corps quand ils s'apprêtent à combattre, s'étaient fondues et mélangées sur des traits qui annonçaient la fierté, et leur donnaient un caractère encore plus repoussant ; son œil seul, brillant comme une étoile au milieu des nuages qui s'amoncellent dans le ciel, conservait tout son feu naturel et sauvage. Ses regards pénétrants, mais circonspects, rencontrèrent un instant ceux de l'Européen, et changèrent aussitôt de direction, soit par astuce, soit par dédain.

Il est impossible de dire quelle remarque ce court instant de communication silencieuse entre deux êtres si singuliers aurait inspirée au grand Européen, si la curiosité active de celui-ci ne se fût portée vers d'autres objets. Un mouvement général qui se fit parmi les domestiques, et le son de quelques voix douces, annoncèrent l'arrivée de celles qu'on attendait pour mettre la cavalcade en marche. L'admirateur du beau cheval de guerre fit aussitôt quelques pas en arrière pour aller rejoindre une petite jument maigre à tous crins, qui paissait un reste d'herbe fanée dans le camp. Appuyant un coude sur une couverture qui tenait lieu de selle, il s'arrêta pour voir le départ, tandis qu'un poulain achevait tranquillement son repas du matin de l'autre côté de la mère.

Un jeune homme, avec l'uniforme des troupes royales, conduisit vers leurs coursiers deux dames qui, à en juger par leur cos-

---

1. Un tomahawk est une petite hache. Avant l'arrivée des colons européens, les tomahawks étaient faits avec des pierres ; aujourd'hui les blancs les fabriquent eux-mêmes avec du fer, et les vendent aux sauvages. Il y a deux espèces de tomahawks, le tomahawk à pipe et le tomahawk sans pipe. Le premier ne peut être lancé, la tête de la hache formant un fourneau de pipe, et le manche un tuyau : c'est le second que les sauvages manient et jettent avec une adresse remarquable comme le *dgerid* des Maures.

tume, se disposaient à braver les fatigues d'un voyage à travers les bois. L'une d'elles, celle qui paraissait la plus jeune, quoique toutes deux fussent encore dans leur jeunesse, laissa entrevoir son beau teint, ses cheveux blonds, ses yeux d'un bleu foncé, tandis qu'elle permettait à l'air du matin d'écarter le voile vert attaché à son chapeau de castor. Les teintes dont on voyait encore au-dessus des pins l'horizon chargé du côté de l'orient, n'étaient ni plus brillantes ni plus délicates que les couleurs de ses joues, et le beau jour qui commençait n'était pas plus attrayant que le sourire animé qu'elle accorda au jeune officier tandis qu'il l'aidait à se mettre en selle. La seconde, qui semblait obtenir une part égale des attentions du galant militaire, cachait ses charmes aux regards des soldats avec un soin qui paraissait annoncer l'expérience de quatre à cinq années de plus. On pouvait pourtant voir que toute sa personne, dont la grâce était relevée par son habit de voyage, avait plus d'embonpoint et de maturité que celle de sa compagne.

Dès qu'elles furent en selle, le jeune officier sauta lestement sur son beau cheval de bataille, et tous trois saluèrent Webb, qui, par politesse, resta à la porte de sa cabane jusqu'à ce qu'ils fussent partis. Détournant alors la tête de leurs chevaux, ils prirent l'amble, suivis de leurs domestiques, et se dirigèrent vers la sortie septentrionale du camp.

Pendant qu'elles parcouraient cette courte distance, on ne les entendit pas prononcer une parole; seulement la plus jeune des deux dames poussa une légère exclamation lorsque le coureur indien passa inopinément près d'elle pour se mettre en avant de la cavalcade sur la route militaire. Ce mouvement subit de l'Indien n'arracha pas un cri d'effroi à la seconde, mais dans sa surprise elle laissa aussi son voile se soulever, et ses traits indiquaient en même temps la pitié, l'admiration et l'horreur, tandis que ses yeux noirs suivaient tous les mouvements du sauvage. Les cheveux de cette dame étaient noirs et brillants comme le plumage du corbeau; son teint n'était pas brun, mais coloré; cependant il n'y avait rien de vulgaire ni d'outré dans cette physionomie parfaitement régulière et pleine de dignité. Elle sourit comme de pitié du moment d'oubli auquel elle s'était laissé entraîner, et en souriant, elle montra des dents d'une blancheur éclatante. Rabattant alors son voile, elle baissa la tête, et continua à marcher en silence, comme si ses pensées eussent été occupées de toute autre chose que de la scène qui l'entourait.

CHAPITRE II.

> Seule, seule! Quoi! seule?
> SHAKSPEARE.

Tandis qu'une des aimables dames dont nous venons d'esquisser le portrait, s'égarait ainsi dans ses pensées, l'autre se remit promptement de la légère alarme qui avait excité son exclamation ; et souriant elle-même de sa faiblesse, elle dit sur le ton du badinage, au jeune officier qui était à son côté :

— Voit-on souvent dans les bois des apparitions de semblables spectres, Heyward? ou ce spectacle est-il un divertissement spécial qu'on a voulu nous procurer? En ce dernier cas, la reconnaissance doit nous fermer la bouche ; mais, dans le premier, Cora et moi nous aurons grand besoin de recourir au courage héréditaire que nous nous vantons de posséder, même avant que nous rencontrions le redoutable Montcalm.

— Cet Indien est un coureur de notre armée, répondit le jeune officier auquel elle s'était adressée, et il peut passer pour un héros à la manière de son pays. Il s'est offert pour nous conduire au lac par un sentier peu connu, mais plus court que le chemin que nous serions obligés de prendre en suivant la marche lente d'une colonne de troupes, et par conséquent beaucoup plus agréable.

— Cet homme ne me plaît pas, répondit la jeune dame en tressaillant avec un air de terreur affectée qui en cachait une véritable. Sans doute vous le connaissez bien, Duncan, sans quoi vous ne vous seriez pas si entièrement confié à lui?

— Dites plutôt, Alice, s'écria Heyward avec feu, que je ne vous aurais pas confiée à lui. Oui, je le connais, ou je ne lui aurais pas accordé ma confiance, et surtout en ce moment. Il est, dit-on, Canadien de naissance, et cependant il a servi avec nos amis les Mohawks qui, comme vous le savez, sont une des six nations alliées[1]. Il a été amené parmi nous, à ce que j'ai entendu dire, par suite de quelque incident étrange dans lequel votre père se trouvait mêlé, et celui-ci le traita, dit-on, avec sévérité dans cette circonstance. Mais j'ai oublié cette vieille histoire ; il suffit qu'il soit maintenant notre ami.

— S'il a été l'ennemi de mon père, il me plaît moins encore, s'écria Alice, maintenant sérieusement effrayée. Voudriez-vous bien lui dire quelques mots, major Heyward, afin que je puisse entendre sa voix? C'est peut-être une folie, mais vous m'avez souvent entendue dire que j'accorde quelque confiance au présage qu'on peut tirer du son de la voix humaine.

— Ce serait peine perdue, répliqua le jeune major ; il ne répondrait probablement que par quelque exclamation. Quoiqu'il comprenne peut-être l'anglais, il affecte, comme la plupart des sauvages, de ne pas le savoir, et il daignerait moins que jamais le parler dans un moment où la guerre exige qu'il déploie toute sa dignité. Mais il s'arrête : le sentier que nous devons suivre est sans doute près d'ici.

Le major Heyward ne se trompait pas dans sa conjecture. Lorsqu'ils furent arrivés à l'endroit où l'Indien les attendait, celui-ci leur montra de la main un sentier si étroit que deux personnes ne pouvaient y passer de front, et qui s'enfonçait dans la forêt qui bordait la route militaire.

— Voilà donc notre chemin, dit le major en baissant la voix.
— Ne montrez point de défiance, ou vous pourriez faire naître le danger que vous appréhendez.

— Qu'en pensez-vous, Cora? demanda Alice agitée par l'inquiétude ; si nous suivions la marche du détachement, ne serions-nous pas plus en sûreté, quelque désagrément qu'il pût en résulter?

— Ne connaissant pas les coutumes des sauvages, Alice, dit

---

[1]. Il exista pendant longtemps une confédération parmi les tribus indiennes occupant le nord-ouest de la colonie de New-York, qui fut d'abord désignée sous le nom des Cinq Nations. Plus tard, elle admit une autre tribu, et prit le titre des Six Nations. La confédération première était composée des Mohawks, des Oneidas, des Sénécas, des Cayugas, et des Onondagas. La sixième tribu s'appelait Tuscaroras. Il y a des restes de tous ces peuples encore existants sur des territoires qui leur sont assignés par le gouvernement, mais ils disparaissent tous les jours, soit par la mort, soit parce qu'ils se transportent au milieu de scènes plus en rapport avec leurs habitudes. Sous peu, il ne restera plus rien, que leur nom, de ces peuples extraordinaires, dans les régions où leurs pères ont vécu pendant des siècles. L'État de New-York a des comtés qui portent leurs noms, excepté celui des Mohawks et celui des Tuscaroras; mais une des rivières principales de cet État s'appelle La Mohawk.

Heyward, vous vous méprenez sur le lieu où il peut exister quelque danger. Si les ennemis sont déjà arrivés sur le *portage*, ce qui n'est nullement probable puisque nous avons des éclaireurs en avant, ils se tiendront sur les flancs du détachement pour attaquer les traîneurs et ceux qui pourront s'écarter. La route du corps d'armée est connue, mais la nôtre ne peut l'être, puisqu'il n'y a pas une heure qu'elle a été déterminée.

— Faut-il nous méfier de cet homme parce que ses manières ne sont pas les nôtres, et que sa peau n'est pas blanche? demanda froidement Cora.

Alice n'hésita plus, et donnant un coup de houssine à son narrangaset[1], elle fut la première à suivre le coureur et à entrer dans le sentier étroit et obscur, où à chaque instant des buissons gênaient la marche. Le jeune homme regarda Cora avec une admiration manifeste, et laissant passer sa compagne plus jeune, mais non plus belle, il s'occupa à écarter lui-même les branches des arbres pour que celle qui le suivait pût passer avec plus de facilité. Il paraît que les domestiques avaient reçu leurs instructions d'avance, car au lieu d'entrer dans le bois, ils continuèrent à suivre la route qu'avait prise le détachement. Cette mesure, dit Heyward, avait été suggérée par la sagacité de leur guide, afin de laisser moins de traces de leur passage, si par hasard quelques sauvages canadiens avaient pénétré si loin en avant de l'armée.

Pendant quelques minutes le chemin fut trop embarrassé par les broussailles pour que les voyageurs pussent converser; mais lorsqu'ils eurent traversé la lisière du bois, ils se trouvèrent sous une voûte de grands arbres que les rayons du soleil ne pouvaient percer, mais où le chemin était plus libre. Dès que le guide reconnut que les chevaux pouvaient s'avancer sans obstacle, il prit une marche qui tenait le milieu entre le pas et le trot, de manière à maintenir toujours à l'amble les coursiers de ceux qui le suivaient.

---

1. *Narrangaset.* Dans l'État de Rhode-Island il y a une baie appelée *Narrangaset*, portant le nom d'une puissante tribu qui habitait autrefois ces rivages. Ce pays abondait autrefois en chevaux bien connus en Amérique sous le nom de Narrangàset. Ils étaient petits et d'une couleur appelée ordinairement *sorrel* (alezan, saure) en Amérique. Ils se distinguaient par leur pas. Les chevaux de cette race étaient et sont encore recherchés comme chevaux de selle, à cause de leur sobriété et de l'aisance de leur allure. Comme ils ont aussi le pied très-sûr, les narrangasets étaient généralement recherchés pour servir de monture aux femmes qui étaient obligées de voyager parmi les racines et les trous des *nouveaux-pays*.

Le jeune officier venait de tourner la tête pour adresser quelques mots à sa campagne aux yeux noirs, quand un bruit, annonçant la marche de quelques chevaux, se fit entendre dans le lointain. Il arrêta son coursier sur-le-champ, ses deux compagnes l'imitèrent, et l'on fit une halte pour chercher l'explication d'un événement auquel on ne s'attendait pas.

Après quelques instants, ils virent un poulain courant comme un daim à travers les troncs des pins, et le moment d'après ils aperçurent l'individu dont nous avons décrit la conformation singulière dans le chapitre précédent, s'avançant avec toute la vitesse qu'il pouvait donner à sa maigre monture sans en venir avec elle à une rupture ouverte. Pendant le court trajet qu'ils avaient eu à faire depuis le quartier général de Webb jusqu'à la sortie du camp, nos voyageurs n'avaient pas eu occasion de remarquer le personnage bizarre qui s'approchait d'eux en ce moment. S'il possédait le pouvoir d'arrêter les yeux qui par hasard tombaient un instant sur lui, quand il était à pied avec tous les avantages glorieux de sa taille colossale, les grâces qu'il déployait comme cavalier n'étaient pas moins remarquables.

Quoiqu'il ne cessât d'éperonner les flancs de sa jument, tout ce qu'il pouvait obtenir d'elle était un mouvement de galop des jambes de derrière, que celles de devant secondaient un instant, après quoi celles-ci, reprenant le petit trot, donnaient aux autres un exemple qu'elles ne tardaient pas à suivre. Le changement rapide de l'un de ces deux pas en l'autre formait une sorte d'illusion d'optique, au point que le major, qui se connaissait parfaitement en chevaux, ne pouvait découvrir quelle était l'allure de celui que son cavalier pressait avec tant de persévérance pour arriver de son côté.

Les mouvements de l'industrieux cavalier n'étaient pas moins bizarres que ceux de sa monture. A chaque changement d'évolution de celle-ci, le premier levait sa grande taille sur ses étriers, ou se laissait retomber comme accroupi, produisant ainsi, par l'allongement ou le raccourcissement de ses grandes jambes, une telle augmentation ou diminution de stature, qu'il aurait été impossible de conjecturer quelle pouvait être sa taille véritable. Si l'on ajoute à cela qu'en conséquence des coups d'éperon réitérés et qui frappaient toujours du même côté, la jument paraissait courir plus vite de ce côté que de l'autre, et que le flanc maltraité était constamment indiqué par les coups de queue qui le balayaient sans cesse, nous aurons le tableau de la monture et du maître.

Le front mâle et ouvert d'Heyward était devenu sombre ; mais il s'éclaircit peu à peu quand il put distinguer cette figure originale, et ses lèvres laissèrent échapper un sourire quand l'étranger ne fut plus qu'à quelques pas de lui. Alice ne fit pas de grands efforts pour retenir un éclat de rire, et les yeux noirs et pensifs de Cora brillèrent même d'une gaieté que l'habitude plutôt que la nature parut contribuer à modérer.

— Cherchez-vous quelqu'un ici? demanda Heyward à l'inconnu, quand celui-ci ralentit son pas en arrivant près de lui. J'espère que vous n'êtes pas un messager de mauvaises nouvelles?

— Oui, sans doute, répondit celui-ci en se servant de son castor triangulaire pour produire une ventilation dans l'air concentré de la forêt, et laissant ses auditeurs incertains à laquelle des deux questions du major cette réponse devait s'appliquer — Oui, sans doute, répéta-t-il après s'être rafraîchi le visage et avoir repris haleine, je cherche quelqu'un. J'ai appris que vous vous rendiez à William-Henry, et comme j'y vais aussi, j'ai conclu qu'une augmentation de bonne compagnie ne pouvait qu'être agréable des deux côtés.

— Le partage des voix ne pourrait se faire avec justice ; nous sommes trois, et vous n'avez à consulter que vous-même.

— Il n'y aurait pas plus de justice à laisser un homme seul se charger du soin de deux jeunes dames, répliqua l'étranger d'un ton qui semblait tenir le milieu entre la simplicité et la causticité vulgaire. Mais si c'est un véritable homme, et que ce soient de véritables femmes, elles ne songeront qu'à se dépiter l'une l'autre, et adopteront par esprit de contradiction l'avis de leur compagnon. Ainsi donc vous n'avez pas plus de consultation à faire que moi.

La jolie Alice baissa la tête presque sur la bride de son cheval, pour se livrer en secret à un nouvel accès de gaieté ; elle rougit quand les roses plus vives des joues de sa belle compagne pâlirent tout à coup, et elle se remit en marche au petit pas, comme si elle eût déjà été ennuyée de cette entrevue.

— Si vous avez dessein d'aller au lac, dit Heyward avec hauteur, vous vous êtes trompé de route. Le chemin est au moins à un demi-mille derrière vous.

— Je le sais, répliqua l'inconnu sans se laisser déconcerter par ce froid accueil; j'ai passé une semaine à Edouard, et il aurait fallu que je fusse muet pour ne pas prendre des informations sur la route que je devais suivre; et si j'étais muet, adieu ma profession. Après une espèce de grimace, manière indirecte d'exprimer modestement sa satisfaction d'un trait d'esprit qui était parfaitement inintelligible pour ses auditeurs, il ajouta avec le ton de gravité convenable : — Il n'est pas à propos qu'un homme de ma profession se familiarise trop avec ceux qu'il est chargé d'instruire, et c'est pourquoi je n'ai pas voulu suivre la marche du détachement. D'ailleurs, j'ai pensé qu'un homme de votre rang doit savoir mieux que personne quelle est la meilleure route, et je me suis décidé à me joindre à votre compagnie, pour vous rendre le chemin plus agréable par un entretien amical.

— C'est une décision très-arbitraire et prise un peu à la hâte, s'écria le major, ne sachant s'il devait se mettre en colère ou éclater de rire. Mais vous parlez d'instruction, de profession; seriez-vous adjoint au corps provincial comme maître de la noble science de la guerre? Etes-vous un de ces hommes qui tracent des lignes et des angles pour expliquer les mystères des mathématiques?

L'étranger regarda un instant avec un étonnement bien prononcé celui qui l'interrogeait ainsi; et changeant ensuite son air satisfait de lui-même pour donner à ses traits une expression d'humilité solennelle, il lui répondit :

— J'espère n'avoir commis d'offense contre personne, et je n'ai pas d'excuses à faire, n'ayant commis aucun péché notable depuis la dernière fois que j'ai prié Dieu de me pardonner mes fautes passées. Je n'entends pas bien ce que vous voulez dire relativement aux lignes et aux angles; et quant à l'explication des mystères, je la laisse aux saints hommes qui en ont reçu la vocation. Je ne réclame d'autre mérite que quelques connaissances dans l'art glorieux d'offrir au ciel d'humbles prières et de ferventes actions de grâces par le secours de la psalmodie.

— Cet homme est évidemment un disciple d'Apollon, s'écria Alice qui, revenue de son embarras momentané, s'amusait de cet entretien. Je le prends sous ma protection spéciale. Ne froncez pas le sourcil, Heyward, et par complaisance pour mon oreille curieuse, permettez qu'il voyage avec nous. D'ailleurs, ajouta-t-elle en baissant la voix et en jetant un regard sur Cora qui marchait à pas lents sur les traces de leur guide sombre et silencieux, ce sera un ami ajouté à notre force en cas d'événement.

— Croyez-vous, Alice, que je conduirais tout ce que j'aime par un chemin où je supposerais qu'il pourrait exister le moindre danger à craindre?

— Ce n'est pas à quoi je songe en ce moment, Heyward; mais cet étranger m'amuse, et puisqu'il a de la musique dans l'âme, ne soyons pas assez malhonnêtes pour refuser sa compagnie.

Elle lui adressa un regard persuasif, et étendit sa houssine en avant. Leurs yeux se rencontrèrent un instant; le jeune officier retarda son départ pour le prolonger, et Alice ayant baissé les siens, il céda à la douce influence de l'enchanteresse, fit sentir l'éperon à son coursier, et fut bientôt à côté de Cora.

— Je suis charmée de vous avoir rencontré, l'ami, dit Alice à l'étranger en lui faisant signe de la suivre, et en remettant son cheval à l'amble. Des parents, peut-être trop indulgents, m'ont persuadé que je ne suis pas tout à fait indigne de figurer dans un duo, et nous pouvons égayer la route en nous livrant à notre goût favori. Ignorante comme je le suis, je trouverais un grand avantage à recevoir les avis d'un maître expérimenté.

— C'est un rafraîchissement pour l'esprit comme pour le corps de se livrer à la psalmodie en temps convenable, répliqua le maître de chant, en la suivant sans se faire prier, et rien ne soulagerait autant qu'une occupation si consolante. Mais il faut indispensablement quatre parties pour produire une mélodie parfaite. Vous avez tout ce qui annonce un dessus aussi doux que riche; grâce à la faveur spéciale du ciel, je puis porter le ténor jusqu'à la note la plus élevée; mais il nous manque un contre et une basse-taille. Cet officier du roi, qui hésitait à m'admettre dans sa compagnie, paraît avoir cette dernière voix, à en juger par les intonations qu'elle produit quand il parle.

— Prenez garde de juger témérairement et trop à la hâte, s'écria Alice en souriant: les apparences sont souvent trompeuses. Quoique le major Heyward puisse quelquefois produire les tons de la basse-taille, comme vous venez de les entendre, je puis vous assurer que le son naturel de sa voix approche beaucoup plus du ténor.

— A-t-il donc beaucoup de pratique dans l'art de la psalmodie? lui demanda son compagnon avec simplicité.

Alice éprouvait une grande disposition à partir d'un éclat de rire, mais elle eut assez d'empire sur elle-même pour réprimer ce signe extérieur de gaieté.

— Je crains, répondit-elle, qu'il n'ait un goût plus décidé pour les chants profanes. La vie d'un soldat, les chances auxquelles il est exposé, les travaux continuels auxquels il se livre, ne sont pas propres à lui donner un caractère rassis.

— La voix est donnée à l'homme, comme ses autres talents, pour qu'il en use, et non pour qu'il en abuse, répliqua gravement son compagnon. Personne ne peut me reprocher d'avoir jamais négligé les dons que j'ai reçus du ciel. Ma jeunesse, comme celle du roi David, a été entièrement consacrée à la musique; mais je rends grâces à Dieu de ce que jamais une syllabe de vers profanes n'a souillé mes lèvres.

— Vos études se sont donc bornées au chant sacré?

— Précisément. De même que les psaumes de David offrent des beautés qu'on ne trouve dans aucune autre langue, ainsi la mélodie qui y a été adaptée est au-dessus de toute harmonie profane. J'ai le bonheur de pouvoir dire que ma bouche n'exprime que les désirs et les pensées du roi d'Israël lui-même, car quoique le le temps et les circonstances puissent exiger quelques légers changements, la traduction dont nous nous servons dans les colonies de la Nouvelle-Angleterre l'emporte tellement sur toutes les autres par sa richesse, son exactitude et sa simplicité spirituelle, qu'elle approche autant qu'il est possible du grand ouvrage de l'auteur inspiré. Jamais je ne marche, jamais je ne séjourne, jamais je ne me couche sans avoir avec moi un exemplaire de ce livre divin. Le voici. C'est la vingt-sixième édition, publiée à Boston, *anno Domini* 1744, et intitulée : « Psaumes, Hymnes et Cantiques spirituels de l'Ancien et du Nouveau-Testament, fidèlement traduits en vers anglais pour l'usage, l'édification et la consolation des saints en public et en particulier, et spécialement dans la Nouvelle-Angleterre. »

Pendant qu'il prononçait l'éloge de cette production des poëtes de son pays, le psalmodiste tirait de sa poche le livre dont il parlait, et ayant affermi sur son nez une paire de lunettes montées en fer, il ouvrit le volume avec un air de vénération solennelle. Alors, sans plus de circonlocutions, et sans autre apologie que le mot — Écoutez ! — il appliqua à sa bouche l'instrument dont nous avons déjà parlé, en tira un son très-élevé et très-aigu, que sa voix répéta une octave plus bas, et chanta ce qui suit d'un ton doux, sonore et harmonieux, qui bravait la musique, la poésie, et même le mouvement irrégulier de sa mauvaise monture :

« Combien il est doux, ô voyez combien il est ravissant pour
« des frères d'habiter toujours dans la concorde et la paix ! tel
« fut ce baume précieux qui se répandit depuis la tête jusqu'à la
« barbe d'Aaron, et de sa barbe descendit jusque dans les plis de
« sa robe [1]. »

Ce chant élégant était accompagné d'un geste qui y était parfaitement approprié, et qu'on n'aurait pu imiter qu'après un long apprentissage. Chaque fois qu'une note montait sur l'échelle de la gamme, sa main droite s'élevait proportionnellement, et quand le ton baissait, sa main suivait également la cadence, et venait toucher un instant les feuillets du livre saint. Une longue habitude lui avait probablement rendu nécessaire cet accompagnement manuel, car il continua avec la plus grande exactitude jusqu'à la fin de la strophe, et il appuya particulièrement sur les deux syllabes du dernier vers.

Une telle interruption du silence de la forêt ne pouvait manquer de frapper les autres voyageurs qui étaient un peu en avant. L'Indien dit à Heyward quelques mots en mauvais anglais, et celui-ci, retournant sur ses pas et s'adressant à l'étranger, interrompit pour cette fois l'exercice de ses talents en psalmodie.

— Quoique nous ne courions aucun danger, dit-il, la prudence nous engage à voyager dans cette forêt avec le moins de bruit possible. Vous me pardonnerez donc, Alice, si je nuis à vos plaisirs en priant votre compagnon de réserver ses chants pour une meilleure occasion.

— Vous y nuirez sans doute, répondit Alice d'un ton malin, car je n'ai jamais entendu les paroles et les sons s'accorder si peu,

---

[1]. Le personnage de David n'a pas été, selon l'auteur, bien compris en Europe. C'est le type d'une classe d'hommes particulière aux États-Unis. M. Fenimore Cooper se rappelle avoir vu lui-même le temps où le chant des psaumes était une des récréations favorites de la société américaine; aussi n'a-t-il prétendu jeter sur ce personnage qu'une teinte très-légère d'ironie.

et je m'occupais de recherches scientifiques sur les causes qui pouvaient unir une exécution parfaite à une poésie misérable, quand votre basse-taille est venue rompre le charme de mes méditations.

— Je ne sais ce que vous entendez par ma basse-taille, répondit Heyward évidemment piqué de cette remarque ; mais je sais que votre sûreté, Alice, que la sûreté de Cora m'occupent en ce moment infiniment plus que toute la musique d'Haendel.

Le major se tut tout à coup, tourna vivement la tête vers un gros buisson qui bordait le sentier, et jeta un regard de soupçon sur le guide indien, qui continuait à marcher avec une gravité imperturbable. Il croyait avoir vu briller à travers les feuilles les yeux noirs de quelque sauvage ; mais n'apercevant rien et n'entendant aucun bruit, il crut s'être trompé, et, souriant de sa méprise, il reprit la conversation que cet incident avait interrompue.

Heyward ne s'était pourtant pas mépris, ou du moins sa méprise n'avait consisté qu'à laisser endormir un instant son active vigilance. La cavalcade ne fut pas plus tôt passée que les branches du buisson s'entr'ouvrirent pour faire place à une tête d'homme aussi hideuse que pouvaient la rendre l'art d'un sauvage et toutes les passions qui l'animent. Il suivit des yeux les voyageurs qui se retiraient, et une satisfaction féroce se peignit sur ses traits quand il vit la direction que prenaient ceux dont il comptait faire ses victimes. Le guide, qui marchait à quelque distance en avant, avait déjà disparu à ses yeux : les formes gracieuses des deux dames, que le major suivait pas à pas, se montrèrent encore quelques instants à travers les arbres ; enfin le maître de chant, qui formait l'arrière-garde, devint invisible à son tour dans l'épaisseur de la forêt.

CHAPITRE III.

Avant que ces champs fussent défrichés et cultivés, nos fleuves remplissaient leur lit jusqu'à leurs bords les plus élevés ; la mélodie des ondes animait les forêts verdoyantes et sans limites, les torrents bondissaient, les ruisseaux s'égaraient, et les sources jaillissaient sous l'ombrage.

BRUYANT, poëte américain.

Laissant le trop confiant Heyward et ses deux jeunes compagnes s'enfoncer plus avant dans le sein d'une forêt qui recélait de si perfides habitants, nous profiterons du privilége accordé aux auteurs, et nous placerons maintenant le lieu de la scène à quelques milles à l'ouest de l'endroit où nous les avons laissés.

Dans le cours de cette journée, deux hommes s'étaient arrêtés sur les bords d'une rivière peu large, mais très-rapide, à une heure de distance du camp de Webb. Ils avaient l'air d'attendre l'arrivée d'un tiers, ou l'annonce de quelque mouvement imprévu. La voûte immense de la forêt s'étendait jusque sur la rivière, en couvrait les eaux, et donnait une teinte sombre à leur surface. Enfin les rayons du soleil commencèrent à perdre de leur force, et la chaleur excessive du jour se modéra à mesure que les vapeurs sortant des fontaines, des lacs et des rivières, s'élevaient comme un rideau dans l'atmosphère. Le profond silence qui accompagne les chaleurs de juillet dans les solitudes de l'Amérique régnait dans ce lieu écarté, et n'était interrompu que par la voix basse des deux individus dont nous venons de parler, et par le bruit sourd que faisait le pivert en frappant les arbres de son bec, le cri discordant du geai, et le son éloigné d'une chute d'eau.

Ces faibles sons étaient trop familiers à l'oreille des deux interlocuteurs pour détourner leur attention d'un entretien qui les intéressait davantage. L'un d'eux avait la peau rouge et les accoutrements bizarres d'un naturel des bois ; l'autre, quoique équipé d'une manière grossière et presque sauvage, annonçait par son teint, quelque brûlé qu'il fût par le soleil, qu'il avait droit de réclamer une origine européenne.

Le premier était assis sur une vieille souche couverte de mousse, dans une attitude qui lui permettait d'ajouter à l'effet de son langage expressif par les gestes calmes mais éloquents d'un Indien qui discute. Son corps presque nu présentait un effrayant emblème de mort, tracé en blanc et en noir. Sa tête rasée de très-près n'offrait d'autres cheveux que cette touffe[1] que l'esprit *chevaleresque* des Indiens conserve sur le sommet de la tête, comme pour narguer l'ennemi qui voudrait le scalper[2], et n'avait pour tout ornement qu'une grande plume d'aigle, dont l'extrémité lui tombait sur l'épaule gauche; un tomahawk et un couteau à scalper de fabrique anglaise étaient passés dans sa ceinture, et un fusil de munition, de l'espèce de ceux dont la politique des blancs armait les sauvages leurs alliés, était posé en travers sur ses genoux. Sa large poitrine, ses membres bien formés et son air grave faisaient reconnaître un guerrier parvenu à l'âge mûr; mais nul symptôme de vieillesse ne paraissait encore avoir diminué sa vigueur.

Le corps du blanc, à en juger par les parties que ses vêtements laissaient à découvert, paraissait être celui d'un homme qui depuis sa plus tendre jeunesse avait mené une vie dure et pénible. Il approchait plus de la maigreur que de l'embonpoint; mais tous ses muscles semblaient endurcis par l'habitude des fatigues et de l'intempérie des saisons. Il portait un vêtement de chasse vert, bordé de jaune[3], et un bonnet de peau dont la fourrure était usée. Il avait aussi un couteau passé dans une ceinture semblable à celle qui serrait les vêtements plus rares de l'Indien; mais point de tomahawk. Ses *moccusins*[4] étaient ornés à la manière des naturels du pays, et ses jambes étaient couvertes de

1. Les guerriers de l'Amérique du Nord se rasaient les cheveux et ne conservaient qu'une petite touffe sur le sommet de la tête, afin que leurs ennemis pussent s'en servir en arrachant le *scalp* au moment de leur chute. Le scalp était le seul trophée admissible de la victoire; aussi il était plus important d'obtenir le *scalp* d'un guerrier que de le tuer. Quelques tribus attachaient une grande importance à l'honneur de frapper un corps mort. Ces pratiques ont presque entièrement disparu parmi les Indiens des États de l'Atlantique.

2. Le lecteur doit excuser l'introduction du mot *scalper*. Il se présentera trop souvent pour y suppléer par une périphrase.

3. *Hunting-shirt*, espèce de blouse de chasse. C'est un vêtement pittoresque, court et orné de franges et de glands. Les couleurs ont la prétention d'imiter les nuances du feuillage, afin de cacher le chasseur aux yeux de sa proie. Plusieurs corps des milices américaines ont été habillés ainsi, et cet uniforme est un des plus remarquables des temps modernes. La blouse de chasse est souvent blanche.

4. Ou *mocassine*, espèce de chaussure.

guêtres de peau lacées sur les côtés, et attachées au-dessus du genou avec un nerf de daim. Une gibecière et une poudrière complétaient son accoutrement; et un fusil à long canon[1], arme que les industrieux Européens avaient appris aux sauvages à regarder comme la plus meurtrière, était appuyé contre un tronc d'arbre voisin. L'œil de ce chasseur, ou de ce batteur d'estrade, ou quel qu'il fût, était petit, vif, ardent et toujours en mouvement, roulant sans cesse de côté et d'autre pendant qu'il parlait, comme s'il eût guetté quelque gibier ou craint l'approche de quelque ennemi. Malgré ces symptômes de méfiance, sa physionomie n'était pas celle d'un homme habitué au crime; elle avait même, au moment dont nous parlons, l'expression d'une brusque honnêteté.

— Vos traditions même se prononcent en ma faveur, Chingachgook, dit-il en se servant de la langue qui était commune à toutes les peuplades qui habitaient autrefois entre l'Hudson et le Potomac, et dont nous donnerons une traduction libre en faveur de nos lecteurs, tout en tâchant d'y conserver ce qui peut servir à caractériser l'individu et son langage. Vos pères vinrent du couchant, traversèrent la grande rivière, combattirent les habitants du pays, et s'emparèrent de leurs terres; les miens vinrent du côté où le firmament se pare le matin de brillantes couleurs, après avoir traversé le grand lac d'eau salée[2], et ils se mirent en besogne en suivant à peu près l'exemple que les vôtres avaient donné. Que Dieu soit donc juge entre nous, et que les amis ne se querellent pas à ce sujet!

— Mes pères ont combattu l'homme rouge à armes égales, répondit l'Indien avec fierté. N'y a-t-il donc pas de différence, OEil-de-Faucon, entre la flèche armée de pierre de nos guerriers et la balle de plomb avec laquelle vous tuez?

— Il y a de la raison dans un Indien, quoique la nature lui ait donné une peau rouge, dit le blanc en secouant la tête en homme qui sentait la justesse de cette observation.

Il parut un moment convaincu qu'il ne défendait pas la meilleure cause; mais enfin, rassemblant ses forces intellectuelles, il

---

1. Le fusil de l'armée est toujours court, celui du chasseur est long.
2. Le Mississipi. Le chasseur fait allusion à une tradition qui est très-populaire parmi les États de l'Atlantique; on déduit de cette circonstance une nouvelle preuve de leur origine asiatique, quoiqu'une grande incertitude règne dans l'histoire des Indiens.

répondit à l'objection de son antagoniste aussi bien que le permettaient ses connaissances bornées.

— Je ne suis pas savant, ajouta-t-il, et je ne rougis pas de l'avouer ; mais, en jugeant d'après ce que j'ai vu faire à vos compatriotes en chassant le daim et l'écureuil, je suis porté à croire qu'un fusil aurait été moins dangereux entre les mains de leurs grands-pères qu'un arc et une flèche armée d'une pierre bien affilée, quand elle est décochée par un Indien.

— Vous contez l'histoire comme vos pères vous l'ont apprise, répliqua Chingachgook en faisant un geste dédaigneux de la main. Mais que racontent vos vieillards? Disent-ils à leurs jeunes guerriers que lorsque les Visages-Pâles ont combattu les Hommes-Rouges, ils avaient le corps peint pour la guerre, et qu'ils étaient armés de haches de pierre et de fusils de bois?

— Je n'ai pas de préjugés, et je ne suis pas homme à me vanter de mes avantages naturels, quoique mon plus grand ennemi, et c'est un Iroquois, n'osât nier que je suis un véritable blanc, répondit le batteur d'estrade en jetant un regard de satisfaction secrète sur ses mains brûlées par le soleil. Je veux bien convenir que les hommes de ma couleur ont quelques coutumes que, comme honnête homme, je ne saurais approuver. Par exemple, ils sont dans l'usage d'écrire dans des livres ce qu'ils ont fait et ce qu'ils ont vu, au lieu de le raconter dans leurs villages, où l'on pourrait donner un démenti en face à un lâche fanfaron, et où le brave peut prendre ses camarades à témoin de la vérité de ses paroles. En conséquence de cette mauvaise coutume, un homme qui a trop de conscience pour mal employer son temps, au milieu des femmes, à apprendre à déchiffrer les marques noires mises sur du papier blanc, peut n'entendre parler jamais des exploits de ses pères, ce qui l'encouragerait à les imiter et à les surpasser. Quant à moi, je suis convaincu que tous les Bumppos étaient bons tireurs, car j'ai une dextérité naturelle pour le fusil, et elle doit m'avoir été transmise de génération en génération, comme les saints commandements nous disent que nous sont transmises toutes nos qualités bonnes ou mauvaises, quoique je ne voulusse avoir à répondre pour personne en pareille matière. Au surplus, toute histoire a ses deux faces : ainsi je vous demande, Chingachgook, ce qui se passa quand nos pères se rencontrèrent pour la première fois.

Un silence d'une minute suivit cette question, et l'Indien, s'étant recueilli pour s'armer de toute sa dignité, commença son court récit avec un ton solennel qui servait à en rehausser l'apparence de vérité.

— Écoutez-moi, OEil-de-Faucon, dit-il, et vos oreilles ne recevront pas de mensonges. Je vous dirai ce que m'ont dit mes pères, et ce qu'ont fait les Mohicans. Il hésita un instant, puis, jetant sur son compagnon un regard circonspect, il continua d'un ton qui tenait le milieu entre l'interrogation et l'affirmation : — L'eau du fleuve qui coule sous nos pieds ne devient-elle pas salée à certaines époques, et le courant n'en remonte-t-il pas alors vers sa source ?

— On ne peut nier que vos traditions ne vous rapportent la vérité à cet égard, car j'ai vu de mes propres yeux ce que vous me dites, quoiqu'il soit difficile d'expliquer pourquoi l'eau qui est d'abord si douce se charge ensuite de tant d'amertume.

— Et le courant ? demanda l'Indien, qui attendait la réponse avec tout l'intérêt d'un homme qui désire entendre la confirmation d'une merveille qu'il est forcé de croire, quoiqu'il ne la conçoive pas ; — les pères de Chingachgook n'ont pas menti.

— La sainte Bible n'est pas plus vraie, répondit le chasseur, et il n'y a rien de plus véritable dans toute la nature : c'est ce que les blancs appellent la marée montante ou le contre-courant, et c'est une chose qui est assez claire et facile à expliquer. L'eau de la mer entre pendant six heures dans la rivière, et en sort pendant six heures, et voici pourquoi : quand l'eau de la mer est plus haute que celle de la rivière, elle y entre jusqu'à ce que la rivière devienne plus haute à son tour, et alors elle en sort.

— L'eau des rivières qui sortent de nos bois et qui se rendent dans le grand lac coule toujours de haut en bas jusqu'à ce qu'elles deviennent comme ma main, reprit l'Indien en étendant le bras horizontalement, et alors elle ne coule plus.

— C'est ce qu'un honnête homme ne peut nier, dit le blanc, un peu piqué du faible degré de confiance que l'Indien semblait accorder à l'explication qu'il venait de lui donner du mystère du flux et du reflux ; et je conviens que ce que vous dites est vrai sur une petite échelle et quand le terrain est de niveau. Mais tout dépend de l'échelle sur laquelle vous mesurez les choses : sur la petite échelle la terre est de niveau, mais, sur la grande, elle est ronde. De cette manière, l'eau peut être stagnante dans les grands lacs d'eau douce, comme vous et moi nous le savons, puisque nous l'avons vu; mais quand vous venez à répandre l'eau sur un grand espace comme la mer, où la terre est ronde, comment croire raisonnablement que l'eau puisse rester en repos? Autant vaudrait vous imaginer qu'elle resterait tranquille derrière les rochers noirs qui sont à un mille de nous, quoique vos propres oreilles vous apprennent en ce moment qu'elle se précipite par-dessus.

Si les raisonnements philosophiques du blanc ne semblaient pas satisfaisants à l'Indien, celui-ci avait trop de dignité pour faire parade de son incrédulité; il eut l'air de l'écouter en homme qui était convaincu, et il reprit son récit avec le même ton de solennité.

— Nous arrivâmes de l'endroit où le soleil se cache pendant la nuit, en traversant les grandes plaines qui nourrissent les buffles sur les bords de la grande rivière; nous combattîmes les Alligewis, et la terre fut rougie de leur sang. Depuis les bords de la grande rivière jusqu'aux rivages du grand lac d'eau salée, nous ne rencontrâmes plus personne. Les Maquas nous suivaient à quelque distance. Nous dîmes que le pays nous appartiendrait depuis l'endroit où l'eau ne remonte plus dans ce fleuve jusqu'à une rivière située à vingt journées de distance du côté de l'été. Nous conservâmes en hommes le terrain que nous avions conquis en guerriers. Nous repoussâmes les Maquas au fond des bois avec les ours: ils ne goûtèrent le sel que du bout des lèvres; ils ne pêchèrent pas dans le grand lac d'eau salée, et nous leur jetâmes les arêtes de nos poissons.

— J'ai entendu raconter tout cela, et je le crois, dit le chasseur, voyant que l'Indien faisait une pause; mais ce fut longtemps avant que les Anglais arrivassent dans ce pays.

— Un pin croissait alors où vous voyez ce châtaignier. Les premiers Visages-Pâles qui vinrent parmi nous ne parlaient pas anglais; ils arrivèrent dans un grand canot, quand mes pères eurent enterré le tomahawk [1] au milieu des hommes rouges. Alors, OEil-de-Faucon, — et la voix de l'Indien ne trahit la vive émotion qu'il éprouvait en ce moment qu'en descendant à ce ton bas et guttural qui rendait presque harmonieuse la langue de ce peuple,

---

1. Les Indiens enterraient un tomahawk pour exprimer que la guerre était finie.

— alors, Œil-de-Faucon, nous ne faisions qu'un peuple, et nous étions heureux. Nous avions des femmes qui nous donnaient des enfants ; le lac salé nous fournissait du poisson ; les bois, des daims ; l'air, des oiseaux ; nous adorions le Grand-Esprit, et nous tenions les Maquas à une telle distance de nous, qu'ils ne pouvaient entendre nos chants de triomphe.

— Et savez-vous ce qu'était alors votre famille? Mais vous êtes un homme juste, pour un Indien, et comme je suppose que vous avez hérité de leurs qualités, vos pères doivent avoir été de braves guerriers, des hommes sages ayant place autour du feu du grand conseil.

— Ma peuplade est la mère des nations ; mais mon sang coule dans mes veines sans mélange. Les Hollandais débarquèrent et présentèrent à mes pères l'eau de feu [1]. Ils en burent jusqu'à ce que le ciel parût se confondre avec la terre, et ils crurent follement avoir trouvé le Grand-Esprit. Ce fut alors qu'ils perdirent leurs possessions ; ils furent repoussés loin du rivage pied par pied, et moi qui suis un chef et un Sagamore, je n'ai jamais vu briller le soleil qu'à travers les branches des arbres, et je n'ai jamais visité les tombeaux de mes pères.

— Les tombeaux inspirent des pensées graves et solennelles, dit le blanc, touché de l'air calme et résigné de son compagnon ; leur aspect fortifie souvent un homme dans ses bonnes intentions. Quant à moi, je m'attends à laisser mes membres pourrir sans sépulture dans les bois, à moins qu'ils ne servent de pâture aux loups. Mais où se trouve maintenant votre peuplade qui alla rejoindre ses parents dans le Delaware il y a tant d'années?

— Où sont les fleurs de tous les étés qui se sont succédé depuis ce temps? Elles se sont fanées, elles sont tombées les unes après les autres. Il en est de même de ma famille, de ma peuplade ; tous sont partis tour à tour pour la terre des esprits. Je suis sur le sommet de la montagne, il faut que je descende dans la vallée, et quand Uncas m'y aura suivi, il n'existera plus une goutte du sang des Sagamores, car mon fils est le dernier des Mohicans.

— Uncas est ici, dit une autre voix à peu de distance, avec le même ton doux et guttural ; que voulez-vous à Uncas?

Le chasseur tira son couteau de sa gaîne de cuir, et fit un mou-

---

1. *L'eau-de-vie.*

vement involontaire de l'autre main pour saisir son fusil; mais l'Indien ne parut nullement ému de cette interruption inattendue, et ne détourna pas même la tête pour voir qui parlait ainsi.

Presque au même instant un jeune guerrier passa sans bruit entre eux d'un pas léger, et alla s'asseoir sur le bord du fleuve. Le père ne fit aucune exclamation de surprise, et tous restèrent en silence pendant quelques minutes, chacun paraissant attendre l'instant où il pourrait parler sans montrer la curiosité d'une femme ou l'impatience d'un enfant. L'homme blanc sembla vouloir se conformer à leurs usages, et, remettant son couteau dans sa gaine, il observa la même réserve.

Enfin Chingachgook levant lentement les yeux vers son fils : — Eh bien ! lui demanda-t-il, les Maquas osent-ils laisser dans ces bois l'empreinte de leurs moccasins?

— J'ai été sur leurs traces, répondit le jeune Indien, et je sais qu'ils y sont en nombre égal aux doigts de mes deux mains; mais ils se cachent en poltrons.

— Les brigands cherchent à scalper ou à piller, dit l'homme blanc, à qui nous laisserons le nom d'OEil-de-Faucon que lui donnaient ses compagnons. — L'actif Français Montcalm enverra ses espions jusque dans notre camp, plutôt que d'ignorer la route que nous avons voulu suivre.

— Il suffit, dit le père en jetant les yeux vers le soleil qui s'abaissait vers l'horizon; ils seront chassés comme des daims de leur retraite. OEil-de-Faucon, mangeons ce soir, et faisons voir demain aux Maquas que nous sommes des hommes.

— Je suis aussi disposé à l'un qu'à l'autre, répondit le chasseur; mais pour attaquer ces lâches Iroquois, il faut les trouver; et pour manger, il faut avoir du gibier. — Ah! parlez du diable et vous verrez ses cornes. Je vois remuer dans les broussailles, au pied de cette montagne, la plus belle paire de bois que j'aie aperçue de toute cette saison. Maintenant, Uncas, ajouta-t-il en baissant la voix en homme qui avait appris la nécessité de cette précaution, je gage trois charges de poudre contre un pied de wampum [1], que je vais frapper l'animal entre les deux yeux, et plus près de l'œil droit que du gauche.

---

1. Le *wampum* est la *monnaie* des sauvages de l'Amérique septentrionale : ils composent le wampum avec des coquillages d'une certaine espèce qu'ils unissent en forme de chapelets, de ceintures, etc.; cette monnaie se mesure au lieu de se compter. Des présents de wampum précèdent tous les traités de paix et d'amitié.

— Impossible, s'écria le jeune Indien en se levant avec toute la vivacité de la jeunesse ; on n'aperçoit que le bout de ses cornes.

— C'est un enfant, dit le blanc en secouant la tête et en s'adressant au père ; croit-il que quand un chasseur voit quelque partie du corps d'un daim, il ne connaisse pas la position du reste ?

Il prit son fusil, l'appuya contre son épaule, et il se préparait à donner une preuve de l'adresse dont il se vantait, quand le guerrier rabattit son arme avec la main.

— OEil-de-Faucon, lui dit-il, avez-vous envie de combattre les Maquas ?

— Ces Indiens connaissent la nature des bois comme par instinct, dit le chasseur en appuyant par terre la crosse de son fusil, en homme convaincu de son erreur ; et se tournant vers le jeune homme : — Uncas, lui dit-il, il faut que j'abandonne ce daim à votre flèche, sans quoi nous pourrions le tuer pour ces coquins d'Iroquois.

Le père fit un geste d'approbation, et son fils, se voyant ainsi autorisé, se jeta ventre à terre, et s'avança vers l'animal en rampant et avec précaution. Lorsqu'il fut à distance convenable du buisson, il arma son arc d'une flèche avec le plus grand soin, tandis que les bois du daim s'élevaient davantage, comme s'il eût senti l'approche d'un ennemi. Un instant après on entendit le son de la corde tendue ; une ligne blanche sillonna l'air et pénétra dans les broussailles, d'où le daim sortit en bondissant. Uncas évita adroitement l'attaque de son ennemi rendu furieux par sa blessure, lui plongea son couteau dans la gorge tandis qu'il passait près de lui, et l'animal, faisant un bond terrible, tomba dans la rivière dont les eaux se teignirent de son sang.

— Voilà qui est fait avec l'adresse d'un Indien, dit le chasseur avec un air de satisfaction, et cela méritait d'être vu. Il paraît pourtant qu'une flèche a besoin d'un couteau pour finir la besogne.

— Chut ! s'écria Chingachgook, se tournant vers lui avec la vivacité d'un chien de chasse qui sent la piste du gibier.

— Quoi ! il y en a donc une troupe ! dit le chasseur, dont les yeux commençaient à briller de toute l'ardeur de sa profession habituelle. S'ils viennent à portée d'une balle, il faut que j'en abatte un, quand même les Six Nations devraient entendre le coup de fusil. — Entendez-vous quelque chose, Chingachgook? Quant à moi, les bois sont muets pour mes oreilles.

— Il n'y avait qu'un seul daim, et il est mort, répondit l'Indien en se baissant tellement que son oreille touchait presque la terre; mais j'entends marcher.

— Les loups ont peut-être fait fuir les daims dans les bois, et les poursuivent dans les broussailles.

— Non, non, dit l'Indien en se relevant avec un air de dignité, et en se rasseyant sur la souche avec son calme ordinaire; ce sont des chevaux d'hommes blancs que j'entends. Ce sont vos frères, OEil-de-Faucon; vous leur parlerez.

— Sans doute je leur parlerai, et dans un anglais auquel le roi ne serait pas honteux de répondre. Mais je ne vois rien approcher, et je n'entends aucun bruit ni d'hommes ni de chevaux. Il est bien étrange qu'un Indien reconnaisse l'approche d'un blanc plus aisément qu'un homme qui, comme ses ennemis mêmes en conviendront, n'a aucun mélange dans son sang, quoiqu'il ait vécu assez longtemps avec les Peaux-Rouges pour en être soupçonné. — Ah! j'ai entendu craquer une branche sèche. — Maintenant j'entends remuer les broussailles. — Oui, oui; je prenais ce bruit pour celui de la chute d'eau. — Mais les voici qui arrivent. -- Dieu les garde des Iroquois!

CHAPITRE IV.

> Va, va ton chemin; avant que tu sois sorti de ce bois je te ferai payer cet outrage.
>
> SHAKSPEARE. *Le songe d'une nuit d'été.*

LE batteur d'estrade avait à peine prononcé les paroles qui terminent le chapitre précédent, que le chef de ceux dont l'oreille exercée et vigilante de l'Indien avait reconnu l'approche, se montra complétement. Un de ces sentiers pratiqués par les daims lors de leur passage périodique dans les bois, traversait une petite vallée peu éloignée, et aboutissait à la rivière précisément à l'endroit où l'homme blanc et ses deux compagnons rouges s'étaient postés.

Les voyageurs qui avaient occasionné une surprise si rare dans les profondeurs des forêts, s'avançaient à pas lents, en suivant ce sentier, vers le chasseur qui, placé en avant des deux Indiens, était prêt à les recevoir.

— Qui va là? s'écria celui-ci en saisissant son fusil nonchalamment appuyé sur son épaule gauche, et en plaçant l'index sur le chien, mais avec un air de précaution plutôt que de menace; qui sont ceux qui ont bravé pour venir ici les dangers du désert et des bêtes féroces qu'il renferme?

— Des chrétiens, répondit celui qui marchait en tête des voyageurs, des amis des lois et du roi; des gens qui ont parcouru cette forêt depuis le lever du soleil sans prendre aucune nourriture, et qui sont cruellement fatigués de leur marche.

— Vous vous êtes donc perdus, et vous avez reconnu dans quel embarras on se trouve quand on ne sait s'il faut prendre à droite ou à gauche?

— Vous avez raison : l'enfant à la mamelle n'est pas plus sous la dépendance de celui qui le porte, et nous n'avons pas pour nous guider plus de connaissances qu'il n'en aurait. Savez-vous à quelle distance nous sommes d'un fort de la couronne, nommé William-Henry?

— Quoi! s'écria le chasseur en partant d'un grand éclat de rire qu'il réprima aussitôt de crainte d'être entendu par quelque ennemi aux aguets; vous avez perdu la piste comme un chien qui aurait le lac Horican entre lui et son gibier? William-Henry! Si vous êtes ami du roi et que vous ayez affaire à l'armée, vous feriez mieux de suivre le cours de cette rivière jusqu'au fort Edouard; vous y trouverez le général Webb qui y perd son temps au lieu de s'avancer en tête des défilés pour repousser cet audacieux Français au delà du lac Champlain.

Avant que le chasseur eût pu recevoir une réponse à cette proposition, un autre cavalier sortit des broussailles et s'avança vers lui.

— Et à quelle distance sommes-nous donc du fort Edouard? demanda ce nouveau venu. Nous sommes partis ce matin de l'endroit où vous nous conseillez de nous rendre, et nous désirons aller à l'autre fort qui est à l'extrémité du lac.

— Vous avez donc perdu l'usage de vos yeux avant de prendre votre chemin? car la route qui traverse tout le portage a deux bonnes verges de largeur, et je doute fort qu'il y ait une rue aussi large dans tout Londres, pas même le palais du roi.

— Nous ne contesterons ni l'existence ni la bonté de cette route, reprit le premier interlocuteur, en qui nos lecteurs ont sans doute déjà reconnu le major Heyward. Il nous suffira de vous dire que nous nous sommes fiés à un guide indien qui nous avait promis de nous conduire par un sentier plus court, quoique moins large, et que nous avons eu une trop bonne idée de ses connaissances : en un mot, nous ne savons où nous sommes.

— Un Indien qui se perd dans les bois ! s'écria le chasseur en secouant la tête d'un air d'incrédulité ; quand le soleil brûle l'extrême cime des arbres ! quand les rivières remplissent les chutes d'eau ! quand chaque brin de mousse qu'il aperçoit lui dit de quel côté l'étoile du nord brillera pendant la nuit ! Les bois sont remplis de sentiers tracés par les daims pour se rendre sur le bord des rivières, et toutes les troupes d'oies sauvages n'ont pas encore pris leur vol vers le Canada ! il est bien étonnant qu'un Indien se perde entre l'Horican et le coude de la rivière. Est-ce un Mohawk?

— Il ne l'est point par naissance ; mais il a été adopté dans cette peuplade. Je crois qu'il est né plus avant du côté du nord, et que c'est un de ceux que vous appelez *Hurons*.

— Oh ! oh ! s'écrièrent les deux Indiens, qui pendant cette conversation étaient restés assis, immobiles, et en apparence indifférents à ce qui se passait, mais qui se levèrent alors avec une vivacité et un air d'intérêt qui prouvaient que la surprise les avait jetés hors de leur réserve habituelle.

— Un Huron ! répéta le chasseur en secouant encore la tête avec un air de méfiance manifeste ; c'est une race de brigands, peu m'importe par qui ils soient adoptés. Puisque vous vous êtes fiés à un homme de cette nation, toute ma surprise c'est que vous n'en ayez pas rencontré d'autres.

— Vous oubliez que je vous ai dit que notre guide est devenu un Mohawk, un de nos amis ; il sert dans notre armée.

— Et moi je vous dis que celui qui est né Mingo mourra Mingo. Un Mohawk ! parlez-moi d'un Delaware ou d'un Mohican pour l'honnêteté ; et quand ils se battent, ce qu'ils ne font pas toujours, puisqu'ils ont souffert que leurs traîtres d'ennemis les Maquas leur donnassent le nom de femmes ; quand ils se battent, dis-je, c'est parmi eux que vous trouverez un vrai guerrier.

— Suffit, suffit, dit Heyward avec quelque impatience ; je ne vous demande pas un certificat d'honnêteté pour un homme que je connais et que vous ne connaissez pas. Vous n'avez pas répondu à ma question. A quelle distance sommes-nous du gros de l'armée et du fort Edouard ?

— Il semble que cela dépend de celui qui vous servira de guide. On croirait qu'un cheval comme le vôtre pourrait faire beaucoup de chemin entre le lever et le coucher du soleil.

— Je ne veux pas faire avec vous assaut de paroles inutiles, l'ami, dit Heyward tâchant de modérer son mécontentement, et parlant avec plus de douceur. Si vous voulez nous dire à quelle distance est le fort Edouard, et nous y conduire, vous n'aurez pas à vous plaindre d'avoir été mal payé de vos peines.

— Et si je le fais, qui peut m'assurer que je ne servirai pas de guide à un ennemi ; que je ne conduirai pas un espion de Montcalm dans le voisinage de l'armée ? Tous ceux qui parlent anglais ne sont pas pour cela des sujets fidèles.

— Si vous servez dans les troupes dont je présume que vous êtes un batteur d'estrade, vous devez connaître le soixantième régiment du roi.

— Le soixantième ! vous me citeriez peu d'officiers au service du roi en Amérique dont je ne connaisse le nom, quoique je porte une redingote de chasse au lieu d'un habit écarlate.

— En ce cas vous devez connaître le nom du major de ce régiment.

— Du major ! s'écria le chasseur en se redressant avec un air de fierté ; s'il y a dans le pays un homme qui connaisse le major Effingham, c'est celui qui est devant vous.

— Il y a plusieurs majors dans ce corps. Celui que vous me citez est le plus ancien, et je veux parler de celui qui a obtenu ce grade le dernier, et qui commande les compagnies en garnison à William-Henry.

— Oui, oui, j'ai entendu dire qu'un jeune homme fort riche qui vient d'une des provinces situées bien loin du côté du sud, a obtenu cette place. Il est bien jeune pour occuper un pareil rang, et passer ainsi sur le corps de gens dont la tête commence à blanchir ; et cependant on assure qu'il a toutes les connaissances d'un bon soldat et qu'il est homme d'honneur.

— Quel qu'il puisse être et quels que soient les droits qu'il peut avoir à son rang, c'est lui qui vous parle en ce moment, et par conséquent vous ne pouvez voir en lui un ennemi.

Le chasseur regarda Heyward avec un air de surprise, ôta son bonnet, et lui parla d'un ton moins libre qu'auparavant, quoique de manière à laisser apercevoir encore quelques doutes :

— On m'a assuré qu'un détachement devait partir du camp ce matin pour se rendre sur les bords du lac.

— On vous a dit la vérité ; mais j'ai préféré prendre un chemin plus court, me fiant aux connaissances de l'Indien dont je vous ai parlé.

— Qui vous a trompé, qui vous a égaré, et qui vous a ensuite abandonné.

— Il n'a rien fait de tout cela. Du moins il ne m'a pas abandonné, car il est à quelques pas en arrière.

— Je serais charmé de le voir. Si c'est un véritable Iroquois, je puis le dire à son air de corsaire et à la manière dont il est peint.

A ces mots le chasseur passa derrière la jument du maître en psalmodie, dont le poulain profitait de cette halte pour mettre à contribution le lait de sa mère. Il entra dans le sentier, rencontra à quelques pas les deux dames, qui attendaient avec inquiétude le résultat de cette conférence, et qui n'étaient même pas sans appréhension. Un peu plus loin, le coureur indien avait le dos appuyé contre un arbre, et il soutint les regards pénétrants du chasseur avec le plus grand calme, mais d'un air si sombre et si sauvage qu'il suffisait pour inspirer la terreur.

Ayant fini son examen, le chasseur se retira. En repassant près des dames il s'arrêta un instant, comme pour admirer leur beauté, et répondit avec un air de satisfaction manifeste à l'inclination de tête qu'Alice accompagna d'un sourire agréable. En passant près de la jument qui allaitait son poulain, il fit encore une courte pause, cherchant à deviner qui pouvait être celui qui la montait. Enfin il retourna près d'Heyward.

— Un Mingo est un Mingo, lui dit-il en secouant la tête et en parlant avec précaution ; et Dieu l'ayant fait tel, il n'est au pouvoir ni des Mohawks ni d'aucune autre peuplade de le changer. Si nous étions seuls, et que vous voulussiez laisser ce noble coursier à la merci des loups, je pourrais vous conduire moi-même à Edouard en une heure de temps ; car il n'en faudrait pas davantage pour nous y rendre d'ici : mais ayant avec vous des dames comme celles que je viens de voir, c'est une chose impossible.

— Et pourquoi? elles sont fatiguées, mais elles sont encore en état de faire quelques milles.

— C'est une chose physiquement impossible, répéta le chasseur du ton le plus positif. Je ne voudrais pas faire un mille dans ces bois après la nuit tombée, en compagnie avec ce coureur, pour le meilleur fusil qui soit dans les colonies. Il y a des Iroquois cachés dans cette forêt, et votre Mohawk bâtard sait trop bien où les trouver pour que je le prenne pour compagnon.

— Est-ce là votre opinion? dit Heyward en se baissant sur sa selle et en parlant à voix basse. J'avoue que moi-même je n'ai pas été sans soupçons, quoique j'aie tâché de les cacher et d'affecter de la confiance, pour ne pas effrayer mes compagnes. C'est parce que je me méfiais de lui que j'ai refusé de le suivre davantage, et que j'ai pris le parti de marcher en avant.

— Je n'ai eu besoin que de jeter les yeux sur lui pour m'assurer qu'il était un de ces bandits, dit le chasseur en appuyant un doigt sur ses lèvres en signe de circonspection. Le brigand est appuyé contre cet érable à sucre dont vous voyez les branches s'élever au-dessus des broussailles ; sa jambe droite est avancée sur la même ligne que le tronc, et de l'endroit où je suis, je puis, ajouta-t-il en frappant légèrement sur son fusil, lui envoyer entre la cheville et le genou une balle qui le guérira de l'envie de rôder dans les bois pendant un grand mois. Si je retournais à lui, le rusé coquin se méfierait de quelque chose, et disparaîtrait à travers les arbres comme un daim effarouché.

— N'en faites rien, je n'y puis consentir ; il est possible qu'il soit innocent : et pourtant si j'étais bien convaincu de sa trahison !...

— On ne risque pas de se tromper en regardant un Iroquois comme un traître, dit le chasseur en levant son fusil comme par un mouvement d'instinct.

— Arrêtez! s'écria Heyward : je n'approuve pas ce projet. Il faut en chercher quelque autre ; et cependant j'ai tout lieu de croire que le coquin m'a trompé.

Le chasseur qui, obéissant au major, avait déjà renoncé au dessein de mettre le coureur hors d'état de courir, réfléchit un instant, et fit un geste qui fit arriver sur-le-champ à ses côtés ses deux compagnons rouges. Il leur parla avec vivacité en leur langue naturelle; et quoique ce fût à voix basse, ses gestes, qui se dirigeaient souvent vers le haut des branches de l'érable à sucre, indiquaient assez qu'il leur décrivait la situation de leur ennemi caché. Ils eurent bientôt compris les instructions qu'il leur donnait, et laissant leurs armes à feu, ils se séparèrent, firent un long détour, et entrèrent dans l'épaisseur du bois, chacun de son côté, avec tant de précaution qu'il était impossible d'entendre le bruit de leur marche.

— Maintenant allez le retrouver, dit le chasseur à Heyward, et donnez de l'occupation à ce bandit en lui parlant : ces deux Mohicans s'en empareront sans rien gâter à la peinture de son corps.

— Je m'en emparerai bien moi-même, dit Heyward avec fierté.

— Vous! Et que pourriez-vous faire à cheval contre un Indien dans les broussailles?

— Je mettrai pied à terre.

— Et croyez-vous que lorsqu'il verra un de vos pieds hors de l'étrier, il vous donnera le temps de dégager l'autre? Quiconque a affaire aux Indiens dans les bois doit faire comme eux, s'il veut réussir dans ce qu'il entreprend. Allez donc, parlez à ce coquin avec un air de confiance, et qu'il croie que vous pensez qu'il est le plus fidèle ami que vous ayez en ce monde.

Heyward se disposa à suivre ce conseil, quoique la nature du rôle qu'il allait jouer répugnât à son caractère de franchise. Cependant chaque moment lui persuadait de plus en plus que sa confiance aveugle et intrépide avait placé dans une situation très-critique les deux dames qu'il était chargé de protéger. Le soleil venait déjà de disparaître, et les bois, privés de sa lumière [1], se couvraient de cette obscurité profonde qui lui rappelait que l'heure choisie ordinairement par le sauvage pour exécuter les projets atroces d'une vengeance sans pitié était sur le point d'arriver.

Excité par de si vives alarmes, il quitta le chasseur sans lui répondre, et celui-ci entra en conversation à voix haute avec l'étranger qui s'était joint le matin avec si peu de cérémonie à la compagnie du major. En passant près de ses compagnes, Heyward leur dit quelques mots d'encouragement, et vit avec plaisir qu'elles

---

1. Cette scène se passait au 42e degré de latitude, où le crépuscule ne dure jamais longtemps.

ne semblaient pas se douter que l'embarras dans lequel elles se trouvaient pût avoir d'autre cause qu'un accident fortuit. Les laissant croire qu'il s'occupait d'une consultation sur le chemin qu'ils devaient suivre, il avança encore, et arrêta son cheval devant l'arbre contre lequel le coureur était encore appuyé.

— Vous voyez, Magua, lui dit-il en tâchant de prendre un ton de confiance et de franchise, que voici la nuit tombante; et cependant nous ne sommes pas plus près de William-Henry que lorsque nous sommes partis du camp de Webb, au lever du soleil. Vous vous êtes trompé de chemin, et je n'ai pas eu plus de succès que vous. Mais heureusement j'ai rencontré un chasseur, que vous entendez causer maintenant avec notre chanteur ; il connaît tous les sentiers et toutes les retraites de ces bois, et il m'a promis de nous conduire dans un endroit où nous pourrons nous reposer en sûreté jusqu'au point du jour.

— Est-il seul? demanda l'Indien en mauvais anglais, en fixant sur le major des yeux étincelants.

— Seul! répéta Heyward en hésitant, car il était trop novice dans l'art de la dissimulation pour pouvoir s'y livrer sans embarras; non, Magua, il n'est pas seul, puisque nous sommes avec lui.

— En ce cas, le Renard-Subtil s'en ira, dit le coureur en relevant avec le plus grand sang-froid une petite valise qu'il avait déposée à ses pieds, et les Visages-Pâles ne verront plus d'autres gens que ceux de leur propre couleur.

— S'en ira! Qui? Qui appelez-vous le Renard-Subtil?

— C'est le nom que ses pères canadiens ont donné à Magua, répondit le coureur d'un air qui montrait qu'il était fier d'avoir obtenu la distinction d'un surnom, quoiqu'il ignorât probablement que celui dont on l'avait gratifié n'était pas propre à lui assurer une réputation de droiture. La nuit est la même chose que le jour pour le Renard-Subtil quand Munro l'attend.

— Et quel compte le Renard-Subtil rendra-t-il des deux filles du commandant de William-Henry? osera-t-il dire au bouillant Écossais qu'il les a laissées sans guide, après avoir promis de leur en servir?

— La tête grise a la voix forte et le bras long; mais le Renard entendra-t-il l'une et sentira-t-il l'autre, quand il sera dans les bois?

— Mais que diront les Mohawks? ils lui feront des jupons, et l'obligeront à rester au wigwam [1] avec les femmes, car il ne leur paraîtra plus digne de figurer avec les hommes et parmi les guerriers.

— Le Renard connaît le chemin des grands lacs; et il est en état de retrouver les os de ses pères.

— Allons, Magua, allons; ne sommes-nous pas amis? pourquoi y aurait-il une altercation entre nous? Munro vous a promis une récompense pour vos services, et je vous en promets une autre quand vous aurez achevé de nous les rendre. Reposez vos membres fatigués, ouvrez votre valise, et mangez un morceau. Nous avons peu de temps à perdre; quand ces dames seront un peu reposées, nous nous remettrons en route.

— Les Visages-Pâles sont les chiens de leurs femmes, murmura l'Indien en sa langue naturelle; et quand elles ont envie de manger, il faut que leurs guerriers quittent le tomahawk pour nourrir leur paresse.

— Que dites-vous, le Renard?

— Le Renard dit : C'est bon.

L'Indien leva les yeux sur Heyward avec une attention marquée; mais, rencontrant ses regards, il détourna la tête, s'assit par terre avec nonchalance, ouvrit sa valise, en tira quelques provisions, et se mit à manger, après avoir jeté autour de lui un coup d'œil de précaution.

— C'est bien, dit le major; le Renard aura des forces et de bons yeux pour retrouver le chemin demain matin. Il se tut un instant en entendant dans le lointain un bruit léger de feuillages agités; mais, sentant la nécessité de distraire l'attention du sauvage, il ajouta sur-le-champ : — Il faudra nous mettre en route avant le lever du soleil, sans quoi Montcalm pourrait se trouver sur notre passage, et nous boucher le chemin du fort.

Pendant qu'il parlait ainsi, la main de Magua tomba sur sa cuisse; quoique ses yeux fussent fixés sur la terre, sa tête était tournée de côté, ses oreilles même semblaient se dresser; il était dans une immobilité complète; en un mot, tout son extérieur était celui d'une statue représentant l'attention.

Heyward, qui surveillait tous ses mouvements avec vigilance,

---

1. Le wigwam est la tente des sauvages, et signifie aussi le camp ou le village d'une tribu, etc.

dégagea doucement son pied droit de l'étrier, et avança la main vers la peau d'ours qui couvrait ses pistolets d'arçon, dans l'intention d'en prendre un ; mais ce projet fut déjoué par la vigilance du coureur, dont les yeux, sans se fixer sur rien, et sans mouvement apparent, semblaient tout voir en même temps. Tandis qu'il hésitait sur ce qu'il avait à faire, l'Indien se leva doucement et avec tant de précaution, que ce mouvement ne causa pas le moindre bruit. Heyward sentit alors qu'il devenait urgent de prendre un parti, et, passant une jambe par-dessus sa selle, il descendit de cheval, déterminé à retenir de force son perfide compagnon, et comptant sur sa vigueur pour y réussir. Cependant, pour ne pas lui donner l'alarme, il conserva encore un air de calme et de confiance.

— Le Renard-Subtil ne mange pas, dit-il en lui donnant le nom qui paraissait flatter davantage la vanité de l'Indien ; son grain n'a-t-il pas été bien apprêté ? il a l'air trop sec. Veut-il me permettre de l'examiner ?

Magua le laissa porter la main dans sa valise, et souffrit même qu'elle touchât la sienne, sans montrer aucune émotion, sans rien changer à son attitude d'attention profonde. Mais quand il sentit les doigts du major remonter doucement le long de son bras nu, il le renversa d'un grand coup dans l'estomac, sauta par-dessus son corps, et en trois bonds s'enfonça dans l'épaisseur de la forêt du côté opposé, en poussant un cri perçant. Un instant après, Chingachgook arriva sans bruit comme un spectre, et s'élança à la poursuite du fuyard ; un grand cri d'Uncas sembla annoncer qu'il l'avait aperçu ; un éclair soudain illumina un moment la forêt, et la détonation qui le suivit prouva que le chasseur venait de tirer un coup de fusil.

CHAPITRE V.

> Ce fut dans une nuit semblable que Thisbé craintive foula aux pieds la rosée des champs et aperçut l'ombre du lion.
> SHAKSPEARE, *Le Marchand de Venise.*

La fuite soudaine de son guide, les cris de ceux qui le poursuivaient, le coup qu'il avait reçu, l'explosion inattendue qu'il venait d'entendre, tout contribua à jeter le major Heyward dans une stupeur qui le tint dans l'inaction quelques instants. Se rappelant alors combien il était important de s'assurer de la personne du fugitif, il s'élança dans les broussailles pour courir sur ses traces. Mais à peine avait-il fait trois cents pas, qu'il rencontra ses trois compagnons qui avaient déjà renoncé à une poursuite inutile.

— Pourquoi vous décourager si promptement? s'écria-t-il; le misérable doit être caché derrière quelqu'un de ces arbres, et nous pouvons encore nous en rendre maîtres. Nous ne sommes pas en sûreté s'il reste en liberté.

— Voulez-vous charger un nuage de donner la chasse au vent? demanda le chasseur d'un ton mécontent; j'ai entendu le bandit se glisser à travers les feuilles comme un serpent noir, et l'ayant entrevu un instant près du gros pin que voici, j'ai lâché mon coup à tout hasard, mais je n'ai pas réussi. Et cependant si tout autre que moi avait tiré sur ce chien, j'aurais dit qu'il n'avait pas mal ajusté : personne ne niera que je n'aie de l'expérience à cet égard, et que je ne doive m'y connaître. Regardez ce sumac, il porte quelques feuilles rouges, et cependant nous ne sommes pas encore dans la saison où elles doivent avoir cette couleur.

— C'est du sang ! c'est celui de Magua ! Il est blessé, il est possible qu'il soit tombé à quelques pas.

— Non, non, ne le croyez pas. Je n'ai fait qu'effleurer le cuir, et l'animal n'en a couru que plus vite. Quand une balle ne fait qu'une égratignure à la peau, elle produit le même effet qu'un coup d'éperon donné à un cheval, et cet effet est d'accélérer le mouvement. Mais quand elle pénètre dans les chairs, le gibier, après un ou deux bonds, tombe ordinairement, que ce soit un daim ou un Indien.

— Mais pourquoi renoncer à la poursuite? Nous sommes quatre contre un homme blessé.

— Êtes-vous donc las de vivre?: ce diable rouge vous attirerait jusque sous les tomahawks de ses camarades pendant que vous vous échaufferiez à sa poursuite. Pour un homme qui s'est si souvent endormi en entendant pousser le cri de guerre, j'ai agi inconsidérément en lâchant un coup de fusil dont le bruit a pu être entendu de quelque embuscade. Mais c'était une tentation si naturelle! Allons, mes amis, il ne faut pas rester plus longtemps dans ces environs, et il faut en déguerpir de manière à donner le change au plus malin Mingo, ou nos chevelures sécheront demain en plein air en face du camp de Montcalm.

Cet avis effrayant que le chasseur donna du ton d'un homme qui comprenait parfaitement toute l'étendue du danger, mais avait tout le courage nécessaire pour le braver, rappela cruellement au souvenir d'Heyward les deux belles compagnes qu'il s'était chargé de protéger, et qui ne pouvaient avoir d'espoir qu'en lui. Jetant les yeux autour de lui, et faisant de vains efforts pour percer les ténèbres qui s'épaississaient sous la voûte de la forêt, il se désespérait en songeant qu'éloignées de tout secours humain, deux jeunes personnes seraient peut-être bientôt à la merci de barbares qui, comme les animaux féroces, attendaient la nuit pour porter à leurs victimes des coups plus sûrs et plus dangereux. Son imagination exaltée, trompée par le peu de clarté qui restait encore, changeait en fantômes effrayants, tantôt un buisson que le vent agitait, tantôt un tronc d'arbre renversé par les ouragans. Vingt fois il crut voir les horribles figures des sauvages se montrant entre les branches, et épiant tous les mouvements de la petite troupe. Levant alors les yeux vers le ciel, il vit que quelques légers nuages, auxquels le soleil couchant avait donné une teinte de rose, perdaient déjà leur couleur; et le fleuve qui coulait au bas de la colline ne se distinguait plus que parce que son lit faisait contraste avec les bois épais qui le bordaient des deux côtés.

— Quel parti prendre? s'écria-t-il enfin, cédant aux inquiétudes qui le tourmentaient dans un danger si pressant; ne m'abandonnez pas, pour l'amour du ciel! défendez les malheureuses femmes que j'accompagne, et fixez vous-même à ce service tel prix qu'il vous plaira.

Ses compagnons, qui conversaient entre eux dans la langue des Indiens, ne firent pas attention à cette prière aussi fervente que subite. Quoiqu'ils parlassent à voix basse et avec précaution, Heyward, en s'approchant d'eux, reconnut la voix du jeune homme qui répondait avec chaleur et véhémence à quelques mots que son père venait de prononcer d'un ton plus calme. Il était évident qu'ils discutaient quelque projet qui concernait la sûreté des voyageurs. Ne pouvant supporter l'idée d'un délai que son imagination inquiète lui représentait comme pouvant faire naître de nouveaux périls, il s'avança vers le groupe dans l'intention de faire d'une manière encore plus précise les offres d'une récompense généreuse. En ce moment le chasseur, faisant un geste de la main, comme pour annoncer qu'il cédait un point contesté, s'écria en anglais, comme par forme de monologue :

— Uncas a raison. Ce ne serait pas agir en homme que d'abandonner à leur destin deux pauvres femmes sans défense, quand même nous devrions perdre pour toujours notre refuge ordinaire. — Monsieur, ajouta-t-il en s'adressant au major qui arrivait, si vous voulez protéger ces tendres boutons contre la fureur des plus terribles ouragans, nous n'avons pas un moment à perdre, et il faut vous armer de toute votre résolution.

— Vous ne pouvez douter de mes sentiments, et j'ai déjà offert...

— Offrez vos prières à Dieu, qui seul peut nous accorder assez de prudence pour tromper la malignité des démons que cache cette forêt; mais dispensez-vous de vos offres d'argent. Nous ne vivrons peut-être pas assez longtemps, vous pour tenir de pareilles promesses, et nous pour en profiter. Ces deux Mohicans et moi nous ferons tout ce que l'homme peut faire pour sauver ces deux tendres fleurs, qui, quelque douces qu'elles soient, ne furent jamais créées pour le désert.—Oui, nous les défendrons, et sans attendre d'autre récompense que celle que Dieu accorde toujours à ceux qui font le bien. Mais d'abord il faut nous promettre deux choses, tant pour vous que pour vos amis, sans quoi, au lieu de vous servir, nous pourrions nous nuire à nous-mêmes.

— Quelles sont-elles?

— La première, c'est d'être silencieux comme ces bois, quoi qu'il puisse arriver. La seconde, c'est de ne jamais faire connaître à qui que ce soit l'endroit où nous allons vous conduire.

— Je me soumets à ces deux conditions; et autant qu'il est en mon pouvoir, je les ferai observer par mes compagnons.

— En ce cas, suivez-moi, car nous perdons un temps qui est aussi précieux que le sang que perd un daim blessé.

Malgré l'obscurité croissante de la nuit, Heyward distingua le geste d'impatience que fit le chasseur en reprenant sa marche rapide, et il s'empressa de le suivre pas à pas. En arrivant à l'endroit où il avait laissé les deux dames qui l'attendaient avec une impatience mêlée d'inquiétude, il leur apprit brièvement les conditions imposées par le nouveau guide, et leur fit sentir la nécessité de garder le silence, et d'avoir assez d'empire sur elles-mêmes pour retenir toute exclamation que la crainte pourrait vouloir leur arracher.

Cet avis était assez alarmant par lui-même, et elles ne l'entendirent pas sans une secrète terreur.

Cependant l'air d'assurance et d'intrépidité du major, aidé peut-être par la nature du danger, leur donna du courage, et les mit en état, du moins à ce qu'elles crurent, de supporter les épreuves inattendues auxquelles il était possible qu'elles fussent bientôt soumises. Sans répondre un seul mot, et sans un instant de délai, elles souffrirent que le major les aidât à descendre de cheval; puis Heyward, prenant les deux chevaux en lesse, marcha en avant, suivi de ses deux compagnes, et arriva au bout de quelques instants sur le bord de la rivière, où le chasseur était déjà réuni avec les deux Mohicans et le maître en psalmodie.

— Et que faire de ces créatures muettes? dit le chasseur qui semblait seul chargé de la direction des mouvements de toute la troupe; leur couper la gorge et les jeter ensuite dans la rivière, ce serait encore perdre bien du temps; et les laisser ici, ce serait avertir les Mingos qu'ils n'ont pas bien loin à aller pour trouver leurs maîtres.

— Jetez-leur la bride sur le cou, et chassez-les dans la forêt, dit le major.

— Non; il vaut mieux donner le change à ces bandits, et leur faire croire qu'il faut qu'ils courent aussi vite que des chevaux s'ils veulent attraper leur proie. Ah! Chingachgook, qu'entends-je dans les broussailles?

— C'est ce coquin de poulain qui arrive.

— Il faut que le poulain meure, dit le chasseur en saisissant la crinière de l'animal ; et celui-ci lui ayant échappé : Uncas, ajouta-t-il, une flèche !

— Arrêtez ! s'écria à haute voix le propriétaire de l'animal condamné, sans faire attention que ses compagnons ne parlaient qu'à voix basse ; épargnez l'enfant de Miriam ; c'est le beau rejeton d'une mère fidèle ; il est incapable de nuire à personne volontairement.

— Quand les hommes luttent pour conserver la vie que Dieu leur a donnée, les jours de leurs semblables même ne paraissent pas plus précieux que ceux des animaux des forêts. Si vous prononcez encore un mot, je vous laisse à la merci des Maquas.—Une flèche, Uncas, et tirez à bout portant ; nous n'avons pas le temps d'un second coup.

Il parlait encore, que le poulain blessé se dressa sur ses jambes de derrière, pour retomber aussitôt sur ses genoux de devant. Il faisait un effort pour se relever, quand Chingachgook lui enfonça son couteau dans la gorge aussi vite que la pensée, et le précipita ensuite dans la rivière.

Cet acte de cruauté apparente, mais de véritable nécessité, fit sentir mieux que jamais aux voyageurs dans quel péril ils se trouvaient, et l'air de résolution calme de ceux qui avaient été les acteurs de cette scène porta dans leur âme une nouvelle impression de terreur. Les deux sœurs se serrèrent l'une contre l'autre en frémissant, et Heyward, mettant la main comme par instinct sur un de ses pistolets qu'il avait passés dans sa ceinture en descendant de cheval, se plaça entre elles et ces ombres épaisses qui semblaient jeter un voile impénétrable sur les profondeurs de la forêt.

Cependant les deux Indiens ne perdirent pas un instant, et prenant les chevaux par la bride, ils les forcèrent à entrer dans le lit de la rivière.

A quelque distance du rivage ils firent un détour, et furent bientôt cachés par la hauteur de la rive, le long de laquelle ils marchaient dans une direction opposée au cours de l'eau.

Pendant ce temps, le chasseur mettait à découvert un canot d'écorce caché sous un buisson dont les longues branches formaient une sorte de voûte sur la surface de l'eau, après quoi il fit signe aux deux dames d'y entrer. Elles obéirent en silence, non sans jeter un regard de frayeur derrière elles du côté du bois, qui ne paraissait plus qu'une barrière noire étendue le long des rives du fleuve.

Dès que Cora et Alice furent assises, le chasseur fit signe au major d'entrer comme lui dans la rivière, et chacun d'eux poussant un côté de la barque fragile, ils la firent remonter contre le courant, suivis par le propriétaire consterné du poulain mort. Ils avancèrent ainsi quelque temps dans un silence qui n'était interrompu que par le murmure des eaux et le léger bruit que faisait la nacelle en les fendant. Le major ne faisait rien que d'après les signes de son guide, qui tantôt se rapprochait du rivage, tantôt s'en éloignait, suivant qu'il voulait éviter des endroits où l'eau était trop basse pour que la nacelle pût y passer, où trop profonde pour qu'un homme pût y marcher sans risquer d'être entraîné. De temps en temps il s'arrêtait, et au milieu du silence profond que le bruit croissant de la chute d'eau rendait encore plus solennel, il écoutait avec attention si nul son ne sortait des forêts endormies. Quand il s'était assuré que tout était tranquille, et que ses sens exercés ne lui rapportaient aucun indice de l'approche des ennemis qu'il craignait, il se remettait en marche lentement et avec précaution.

Enfin, ils arrivèrent à un endroit où l'œil toujours aux aguets du major découvrit à peu de distance un groupe d'objets noirs, sur un point où la hauteur de la rive ensevelissait la rivière dans une obscurité profonde. Ne sachant s'il devait avancer, il montra du doigt à son compagnon l'objet qui l'inquiétait.

— Oui, oui, dit le chasseur avec calme : les Indiens ont caché les animaux avec leur jugement naturel. L'eau ne garde aucune trace du passage, et l'obscurité d'un tel trou rendrait aveugle un hibou.

Ils ne tardèrent pas à arriver à ce point, et toute la troupe se trouvant réunie, une autre consultation eut lieu entre le chasseur et les deux Mohicans. Pendant ce temps, ceux dont la destinée dépendait de la bonne foi et de l'intelligence de ces habitants des bois, eurent le loisir d'examiner leur situation plus en détail.

La rivière était resserrée en cet endroit entre des rochers escarpés, et la cime de l'un d'eux s'avançait jusqu'au-dessus du point où le canot était arrêté. Tous ces rochers étant couverts de grands arbres, on aurait dit qu'elle coulait sous une voûte, ou dans un ravin étroit et profond. Tout l'espace situé entre ces rochers couverts d'arbres dont la cime se dessinait faiblement sur l'azur du firmament, était rempli d'épaisses ténèbres; derrière eux, la vue était bornée par un coude que faisait la rivière, et l'on n'apercevait que la ligne noire des eaux. Mais en face, et à ce qu'il paraissait à peu de distance, l'eau semblait tomber du ciel pour se précipiter dans de profondes cavernes, avec un bruit qui se faisait entendre bien loin dans les bois. C'était un lieu qui semblait consacré à la retraite et à la solitude, et les deux sœurs, en contemplant les beautés de ce site à la fois gracieux et sauvage, respirèrent plus librement, et commencèrent à se croire plus en sûreté.

Les chevaux avaient été attachés à quelques arbres qui croissaient dans les fentes des rochers; et ils devaient y rester toute la nuit les jambes dans l'eau. Un mouvement général qui eut lieu alors parmi les conducteurs ne permit pas aux voyageurs d'admirer davantage les charmes que la nuit prêtait à cet endroit. Le chasseur fit placer Heyward, ses deux compagnes et le maître de chant à l'un des bouts du canot, et prit possession de l'autre, aussi ferme que s'il eût été sur le gaillard d'arrière d'un vaisseau de ligne. Les deux Indiens retournèrent à l'endroit qu'ils avaient quitté pour les accompagner jusqu'au canot, et le chasseur, appuyant une longue perche contre une pointe de rocher, donna à sa nacelle une impulsion qui la porta au milieu de la rivière. La lutte entre le courant rapide et la frêle barque qui le remontait fut pénible pendant quelques minutes, et l'événement en paraissait douteux. Ayant reçu l'ordre de ne pas changer de place et de ne faire aucun geste, de crainte que le moindre mouvement ne fît chavirer le canot, les passagers osaient à peine respirer, et regardaient en tremblant l'eau menaçante. Vingt fois ils se crurent sur le point d'être engloutis; mais l'adresse du pilote expérimenté triomphait toujours. Un vigoureux effort, un effort désespéré, à ce que pensèrent les deux sœurs, termina cette navigation pénible. A l'instant où Alice se couvrait les yeux par un instinct de terreur, convaincue qu'ils allaient être entraînés dans le tourbillon qui bouillonnait au pied de la cataracte, la barque s'arrêtait près d'une plate-forme de rocher dont la surface ne s'élevait qu'à deux pouces au-dessus de l'eau.

— Où sommes-nous, et que nous reste-t-il à faire? demanda Heyward, voyant que le chasseur ne faisait plus usage ni des rames ni de l'aviron.

— Vous êtes au pied du Glenn, lui répondit le batteur d'estrade parlant tout haut, et ne craignant plus que sa voix s'entendît au loin, au milieu du vacarme de la cataracte; et ce qui nous reste à faire, c'est de débarquer avec précaution, de peur de faire chavirer le canot, car vous suivriez la même route que vous venez de faire, et d'une manière moins agréable, quoique plus prompte. La rivière est dure à remonter quand les eaux sont hautes, et, en conséquence, cinq personnes sont trop pour une pauvre barque qui n'est composée que d'écorce et de gomme. Allons, montez sur le rocher, et j'irai chercher les deux Mohicans avec le daim qu'ils n'ont pas oublié de charger sur un des chevaux. Autant vaudrait abandonner sa chevelure au couteau des Mingos que de jeûner au milieu de l'abondance.

Ses passagers ne se firent pas presser pour obéir à ses ordres. A peine le dernier pied était-il posé sur le rocher, que la barque s'éloigna avec la rapidité d'une flèche. On vit un instant la grande taille du chasseur, qui semblait glisser sur les ondes, puis il disparut dans l'obscurité.

Privés de leur guide, les voyageurs ne savaient ce qu'ils devaient faire; ils n'osaient même s'avancer sur le rocher, de crainte qu'un faux pas fait dans les ténèbres ne les précipitât dans une de ces profondes cavernes où l'eau s'engloutissait avec bruit à droite et à gauche. Leur attente ne fut pourtant pas longue : aidé par les deux Mohicans, le chasseur reparut bientôt avec le canot, et il fut de retour auprès de la plate-forme en moins de temps que le major ne calculait qu'il lui en faudrait pour rejoindre ses compagnons.

— Nous voici maintenant dans un fort, avec bonne garnison, et munis de provisions, s'écria Heyward d'un ton encourageant, et nous pouvons braver Montcalm et ses alliés. Dites-moi, ma brave sentinelle, pouvez-vous voir ou entendre d'ici quelqu'un de ceux que vous appelez Iroquois?

— Je les appelle Iroquois, parce que je regarde comme ennemi tout naturel qui parle une langue étrangère, quoiqu'il prétende servir le roi. Si Webb veut trouver de l'honneur et de la bonne foi dans des Indiens, qu'il fasse venir les peuplades des Delawares, et qu'il renvoie ses avides Mohawks, ses perfides Onéidas, et six nations de coquins, au fond du Canada, où tous ces brigands devraient être.

— Ce serait changer des amis belliqueux pour des alliés inutiles. J'ai entendu dire que les Delawares ont déposé le tomahawk, et ont consenti à porter le nom de femmes[1] !

— Oui, à la honte éternelle des Hollandais et des Iroquois, qui ont dû employer le secours du diable pour les déterminer à un pareil traité ! mais je les ai connus vingt ans, et j'appellerai menteur quiconque dira que le sang qui coule dans les veines d'un Delaware est le sang d'un lâche. Vous avez chassé leurs peuplades du bord de la mer, et après cela vous voudriez croire ce que disent leurs ennemis, afin de vous mettre la conscience en repos et dormir paisiblement. — Oui, oui, tout Indien qui ne parle pas la langue des Delawares est pour moi un Iroquois, n'importe que sa peuplade ait ses villages[2] dans York ou dans le Canada.

Le major s'apercevant que l'attachement inébranlable du chasseur à la cause de ses amis les Delawares et les Mohicans, car c'étaient d'eux branches de la même peuplade, paraissait devoir prolonger une discussion inutile, changea adroitement le sujet de la conversation.

— Qu'il y ait eu un traité à ce sujet, ou non, dit-il, je sais parfaitement que vos deux compagnons actuels sont des guerriers aussi braves que prudents. Ont-ils vu ou entendu quelqu'un de nos ennemis ?

— Un Indien est un homme qui se fait sentir avant de se laisser voir, répondit le chasseur en jetant nonchalamment par terre le daim qu'il portait sur ses épaules ; je me fie à d'autres signes que ceux qui peuvent frapper les yeux, quand je me trouve dans le voisinage des Mingos.

— Vos oreilles vous ont-elles appris qu'ils aient découvert notre retraite ?

— J'en serais bien fâché, quoique nous soyons dans un lieu où l'on pourrait soutenir une bonne fusillade. Je ne nierai pourtant pas que les chevaux n'aient tremblé lorsque je passais près d'eux tout à l'heure, comme s'ils eussent senti le loup ; et un loup est un animal qui rôde souvent à la suite d'une troupe d'Indiens,

---

1. Le lecteur se rappellera que New-York était originairement une colonie hollandaise.

2. *Castles.* Les principaux villages des Indiens sont encore appelés châteaux (castles) par les blancs de New-York. *Oneida-Castle* n'est plus qu'un hameau à moitié ruiné ; cependant ce nom lui est encore conservé.

dans l'espoir de profiter des restes de quelque daim tué par les sauvages.

— Vous oubliez celui qui est à vos pieds, et dont l'odeur a pu également attirer les loups. Vous ne songez pas au poulain mort.

— Pauvre Miriam ! s'écria douloureusement le maître de chant, ton enfant était prédestiné à devenir la proie des bêtes farouches? Élevant alors la voix au milieu du tumulte des eaux, il chanta la strophe suivante :

« Il frappa le premier-né de l'Égypte, les premiers-nés de l'homme
« et ceux de la bête : ô Égypte ! quels miracles éclatèrent au milieu
« de toi sur Pharaon et ses serviteurs ! »

— La mort de son poulain lui pèse sur le cœur, dit le chasseur ; mais c'est un bon signe de voir un homme attaché aux animaux qui lui appartiennent. Mais puisqu'il croit à la prédestination, il se dira que ce qui est arrivé devait arriver, et avec cette consolation il reconnaîtra qu'il était juste d'ôter la vie à une créature muette pour sauver celle d'êtres doués de raison. — Au surplus ce que vous disiez des loups peut être vrai, et c'est une raison de plus pour dépecer ce daim sur-le-champ, et en jeter les issues dans la rivière, sans quoi nous aurions une troupe de loups hurlant sur les rochers, comme pour nous reprocher chaque bouchée que nous avalerions ; et quoique la langue des Delawares soit comme un livre fermé pour les Iroquois, les rusés coquins ont assez d'instinct pour comprendre la raison qui fait hurler un loup.

Tout en faisant ces observations, le chasseur préparait tout ce qui lui était nécessaire pour la dissection du daim. En finissant de parler, il quitta les voyageurs, et s'éloigna, accompagné des deux Mohicans, qui semblaient comprendre toutes ses intentions sans qu'il eût besoin de les leur expliquer. Tous les trois disparurent tour à tour, semblant s'évanouir devant la surface d'un rocher noir qui s'élevait à quelques toises du bord de l'eau.

CHAPITRE VI.

Ces chants qui jadis étaient si doux à Sion, il en choisit judicieusement quelques-uns, et d'un air solennel : Adorons le Seigneur, dit-il.

BURNS.

HEYWARD et ses deux compagnes virent ce mouvement mystérieux avec une inquiétude secrète ; car quoique la conduite de l'homme blanc ne leur eût donné jusqu'alors aucun motif pour concevoir des soupçons, son équipement grossier, son ton brusque et hardi, l'antipathie prononcée qu'il montrait pour les objets de sa haine, le caractère inconnu de ses deux compagnons silencieux, étaient autant de causes qui pouvaient faire naître la méfiance dans des esprits que la trahison d'un guide indien avait remplis si récemment d'une juste alarme.

Le maître de chant semblait seul indifférent à tout ce qui se passait. Il s'était assis sur une pointe de rocher, et paraissait absorbé dans des réflexions qui n'étaient pas d'une nature agréable, à en juger par les soupirs qu'il poussait à chaque instant. Bientôt on entendit un bruit sourd, comme si quelques personnes parlaient dans les entrailles de la terre, et tout à coup une lumière frappant les yeux des voyageurs, leur dévoila les secrets de cette retraite.

A l'extrémité d'une caverne profonde creusée dans le rocher, et dont la longueur paraissait encore augmentée par la perspective et par la nature de la lumière qui y brillait, était assis le chasseur, tenant en main une grosse branche de pin enflammée. Cette lueur vive, tombant en plein sur sa physionomie basanée et ses vêtements caractéristiques, donnait quelque chose de pittoresque à l'aspect d'un individu qui, vu à la clarté du jour, aurait encore attiré les regards par son costume étrange, la raideur de membres qui semblaient être de fer, et le mélange singulier de sagacité, de vigilance et de simplicité, que ses traits exprimaient tour à tour.

A quelques pas en avant de lui était Uncas, que sa position et sa proximité permettaient de distinguer complétement. Les voyageurs regardèrent avec intérêt la taille droite et souple du jeune Mohican, dont toutes les attitudes et tous les mouvements avaient une grâce naturelle. Son corps était plus couvert qu'à l'ordinaire par un vêtement de chasse, mais on voyait briller son œil noir, fier et intrépide, quoique doux et calme. Ses traits bien dessinés offraient le teint rouge de sa nation dans toute sa pureté ; son front élevé était plein de dignité, et sa tête noble ne présentait à la vue que cette touffe de cheveux que les sauvages conservent par bravoure, et comme pour défier leurs ennemis de la leur enlever.

C'était la première fois que Duncan Heyward et ses compagnes avaient eu le loisir d'examiner les traits prononcés de l'un des deux Indiens qu'ils avaient rencontrés si à propos, et ils se sentirent soulagés du poids accablant de leur inquiétude en voyant l'expression fière et déterminée, mais franche et ouverte, de la physionomie du jeune Mohican. Ils sentirent qu'ils pouvaient avoir devant les yeux un être plongé dans la nuit de l'ignorance, mais non un perfide plein de ruses se consacrant volontairement à la trahison. L'ingénue Alice le regardait avec la même admiration qu'elle aurait accordée à une statue grecque ou romaine qu'un miracle aurait appelée à la vie ; et Heyward, quoique accoutumé à voir la perfection des formes qu'on remarque souvent chez les sauvages que la corruption n'a pas encore atteints, exprima ouvertement sa satisfaction.

— Je crois, lui répondit Alice que je dormirais tranquillement sous la garde d'une sentinelle aussi généreuse et aussi intrépide que le paraît ce jeune homme. Bien certainement, Duncan, ces meurtres barbares, ces scènes épouvantables de torture, dont nous avons tant entendu parler, dont nous avons lu tant d'horribles relations, ne se passent jamais en présence de semblables êtres.

— C'est certainement un rare exemple des qualités que ce peuple possède, répondit le major ; et je pense comme vous qu'un tel front et de tels yeux sont faits pour intimider des ennemis plutôt que pour tromper des victimes. Mais ne nous trompons pas nous-mêmes en attendant de ce peuple d'autres vertus que celles qui sont à la portée des sauvages. Les brillants exemples de grandes qualités ne sont que trop rares chez les chrétiens ; comment seraient-ils plus fréquents chez les Indiens? Espérons pourtant, pour l'honneur de la nature humaine, qu'on peut aussi en rencontrer chez eux, que ce jeune Mohican ne trompera pas nos pressentiments, et qu'il sera pour nous tout ce que son extérieur annonce, un ami brave et fidèle.

— C'est parler comme il convient au major Howard, dit Cora. En voyant cet enfant de la nature, qui pourrait songer à la couleur de sa peau?

Un silence de quelques instants, et dans lequel il paraissait entrer quelque embarras, suivit cette remarque caractéristique. Il fut interrompu par la voix du chasseur, qui criait aux voyageurs d'entrer dans la caverne.

— Le feu commence à donner trop de clarté, leur dit-il quand ils furent entrés, et elle pourrait amener les Mingos sur nos traces. Uncas, baissez la couverture, et que ces coquins n'y voient que du noir. Nous n'aurons pas un souper tel qu'un major des Américains royaux aurait droit de l'attendre, mais j'ai vu des détachements de ce corps se trouver très-contents de manger de la venaison toute crue et sans assaisonnement [1]. Ici nous avons du moins, comme vous le voyez, du sel en abondance, et voilà du feu qui va nous faire d'excellentes grillades. Voilà des branches de sassafras sur lesquelles ces dames peuvent s'asseoir. Ce ne sont pas des siéges aussi brillants que leurs fauteuils d'*acajou;* ils ne sont pas garnis de coussins rembourrés, mais ils exhalent une odeur douce et suave [2]. Allons, l'ami, ne songez plus au poulain; c'était une créature innocente qui n'avait pas encore beaucoup souffert : sa mort lui épargnera la gêne de la selle et la fatigue des jambes.

Uncas fit ce qui lui avait été ordonné, et quand OEil-de-Faucon eut cessé de parler, on n'entendit plus que le bruit de la cataracte, qui ressemblait à celui d'un tonnerre lointain.

1. *Relish.* Dans le langage vulgaire, l'assaisonnement d'un plat est appelé par les Américains *relish,* et l'on semble attacher plus d'importance à l'assaisonnement qu'au mets principal. Ces termes provinciaux sont souvent placés dans la bouche des acteurs, suivant leur condition. La plupart de ces termes sont d'un usage local, et d'autres sont tout à fait particuliers à la classe d'hommes à laquelle le personnage appartient. Dans le cas présent le chasseur se sert de ce mot sans faire positivement allusion au *sel* dont la société était abondamment pourvue.

2. Il y a ici un jeu de mots qu'il faut désespérer de traduire. L'acajou se dit en anglais *mahogany :* OEil-de-Faucon le prononce *my hog-Guinea,* ce qui veut dire *mon cochon de Guinée,* et il ajoute que le sassafras a une odeur bien supérieure à celle du cochon de Guinée et de tous les cochons du monde. C'est un calembour sauvage qui ne ferait peut-être pas fortune à Paris; mais il est intraduisible.

— Sommes-nous en sûreté dans cette caverne? demanda Heyward. N'y a-t-il nul danger de surprise? Un seul homme armé se plaçant à l'entrée nous tiendrait à sa merci.

Une grande figure semblable à un spectre sortit du fond obscur de la caverne, s'avança derrière le chasseur, et prenant dans le foyer un tison enflammé, l'éleva en l'air pour éclairer le fond de cet antre. A cette apparition soudaine, Alice poussa un cri de terreur, et Cora même se leva précipitamment; mais un mot d'Heyward les rassura en leur apprenant que celui qu'elles voyaient était leur ami Chingachgook. L'Indien, levant une autre couverture, leur fit voir que la caverne avait une seconde issue, et, sortant avec sa torche, il traversa ce qu'on pourrait appeler une crevasse des rochers, à angle droit avec la grotte dans laquelle ils étaient, mais n'étant couverte que par la voûte des cieux, et aboutissant à une autre caverne à peu près semblable à la première.

— On ne prend pas de vieux renards comme Chingachgook et moi dans un terrier qui n'a qu'une entrée, dit le chasseur en riant. Vous pouvez voir maintenant si la place est bonne. Le rocher est d'une pierre calcaire, et tout le monde sait qu'elle est bonne et douce, de sorte qu'elle ne fait pas un trop mauvais oreiller quand les broussailles et le bois de sapin sont rares. Eh bien! la cataracte tombait autrefois à quelques pas de l'endroit où nous sommes, et elle formait une nappe d'eau aussi belle et aussi régulière qu'on puisse en voir sur tout l'Hudson. Mais le temps est un grand destructeur de beauté, comme ces jeunes dames ont encore à l'apprendre, et la place est bien changée. Les rochers sont pleins de crevasses, et la pierre en est plus molle à certains endroits que dans d'autres; de sorte que l'eau y a pénétré, y a formé des creux, a reculé en arrière, s'est frayé un nouveau chemin, et s'est divisée en deux chutes qui n'ont plus ni forme ni régularité.

— Et dans quelle partie de ces rochers sommes-nous? demanda le major.

— Nous sommes près de l'endroit où la Providence avait d'abord placé les eaux, mais où, à ce qu'il paraît, elles ont été trop rebelles pour rester. Trouvant le rocher moins dur des deux côtés, elles l'ont percé pour y passer, après nous avoir creusé ces deux trous pour nous cacher, et ont laissé à sec le milieu de la rivière.

— Nous sommes donc dans une île?

— Oui; ayant une chute d'eau de chaque côté, et la rivière par devant et par derrière. Si nous avions la lumière du jour, je vous engagerais à monter sur le rocher pour vous faire voir la perversité de l'eau. Elle tombe sans règle et sans méthode. Tantôt elle saute, tantôt elle se précipite; ici elle se glisse, là elle s'élance; dans un endroit elle est blanche comme la neige, dans un autre elle est verte comme l'herbe; d'un côté elle forme des torrents qui semblent vouloir entr'ouvrir la terre; d'un autre, elle murmure comme un ruisseau et a la malice de former des tourbillons, pour user la pierre comme si ce n'était que de l'argile. Tout l'ordre de la rivière a été dérangé. A deux cents toises d'ici, en remontant, elle coule paisiblement, comme si elle voulait être fidèle à son ancien cours; mais alors les eaux se séparent, et vont battre leurs rives à droite et à gauche; elles semblent même regarder en arrière, comme si c'était à regret qu'elles quittent le désert pour aller se mêler avec l'eau salée. Oui, Madame, ce tissu aussi fin qu'une toile d'araignée, que vous portez autour du cou, n'est qu'un filet à prendre du poisson auprès des dessins délicats que la rivière trace en certains endroits sur le sable, comme si, ayant secoué le joug, elle voulait essayer toutes sortes de métiers. Et que lui en revient-il cependant? Après avoir fait ses fantaisies quelques instants, comme un enfant entêté, la main qui l'a faite la force à sauter le pas; ses eaux se réunissent, et elle va paisiblement se perdre dans la mer, où il a été ordonné de tout temps qu'elle se perdrait.

Quoique les voyageurs entendissent avec plaisir une description du Glenn [1] faite avec tant de simplicité, et qui les portait à croire qu'ils se trouvaient en lieu de sûreté, ils n'étaient pas disposés à apprécier les agréments de cette caverne aussi favorablement qu'OEil-de-Faucon. D'ailleurs leur situation ne leur permettait guère de chercher à approfondir toutes les beautés naturelles de

---

1. Les chutes du Glenn sont sur l'Hudson, à environ quarante ou cinquante milles au-dessus de la tête de la marée, c'est-à-dire au lieu où la rivière devient navigable pour des sloops. La description de cette pittoresque et remarquable petite cataracte est suffisamment correcte; quoique l'application de l'eau aux usages de la vie civilisée ait matériellement altéré ses beautés. L'île rocheuse et les deux cavernes sont bien connues des voyageurs, et la première supporte maintenant la pile d'un pont qui est jeté sur la rivière, immédiatement au-dessus de la chute. Pour expliquer le goût d'OEil-de-Faucon, on doit se rappeler que les hommes prisent le plus ce dont ils jouissent le moins. Ainsi, dans un nouveau pays, les bois et autres beautés naturelles, que dans l'ancien monde on conserverait à tout prix, sont détruits simplement dans la vue d'*améliorer* (*improving*), comme on dit aujourd'hui.

cet endroit; et comme le chasseur, tout en leur parlant, n'avait interrompu ses opérations de cuisine que pour leur indiquer avec une fourchette cassée dont il se servait, la direction de quelques parties du fleuve rebelle, ils ne furent pas fâchés que la péroraison de son discours fût consacrée à leur annoncer que le souper était prêt.

Les voyageurs, qui n'avaient rien pris de la journée, avaient grand besoin de ce repas, et, quelque simple qu'il fût, ils y firent honneur. Uncas se chargea de pourvoir à tous les besoins des dames, et il leur rendit tous les petits services qu'il était en son pouvoir, avec un mélange de grâce et de dignité qui amusa beaucoup Heyward, car il n'ignorait pas que c'était une innovation aux usages des Indiens, qui ne permettent pas aux guerriers de s'abaisser à aucuns travaux domestiques, et surtout en faveur de leurs femmes. Cependant, comme les droits de l'hospitalité étaient sacrés parmi eux, cette violation des coutumes nationales et cet oubli de la dignité masculine ne donnèrent lieu à aucun commentaire.

S'il se fût trouvé dans la compagnie quelqu'un assez peu occupé pour jouer le rôle d'observateur, il aurait pu remarquer que le jeune chef ne montrait pas une impartialité parfaite dans les services qu'il rendait aux deux sœurs. Il est vrai qu'il présentait à Alice, avec toute la politesse convenable, la calebasse remplie d'eau limpide, et l'assiette de bois bien taillée, remplie d'une tranche de venaison; mais quand il avait les mêmes attentions pour sa sœur, ses yeux noirs se fixaient sur la physionomie expressive de Cora, avec une douceur qui en bannissait la fierté qu'on y voyait ordinairement briller. Une ou deux fois il fut obligé de parler pour attirer l'attention de celles qu'il servait, et il le fit en mauvais anglais, mais assez intelligible, et avec cet accent indien que sa voix gutturale rendait si doux [1], que les deux sœurs le regardaient avec étonnement et admiration. Quelques mots s'échangèrent pendant le cours de ces services rendus et reçus, et ils établirent entre les parties toutes les apparences d'une liaison cordiale.

Cependant la gravité de Chingachgook restait imperturbable; il s'était assis dans l'endroit le plus voisin de la lumière; et ses hôtes, dont les regards inquiets se dirigeaient souvent vers lui, en pouvaient mieux distinguer l'expression naturelle de ses traits,

---

1. Le sens des mots indiens se détermine principalement par le ton avec lequel ils sont prononcés.

sous les couleurs bizarres dont il était chamarré. Ils trouvèrent une ressemblance frappante entre le père et le fils, sauf la différence qu'y apportaient le nombre des années et celui des fatigues et des travaux que chacun d'eux avait subis. La fierté habituelle de sa physionomie semblait remplacée par ce calme indolent auquel se livre un guerrier indien quand nul motif ne l'appelle à mettre en action son énergie. Il était pourtant facile de voir, à l'expression rapide que ses traits prenaient de temps en temps, qu'il n'aurait fallu qu'exciter un instant ses passions pour que les traits artificiels dont il s'était bigarré le visage afin d'intimider ses ennemis, produisissent tout leur effet.

D'un autre côté, l'œil actif et vigilant du chasseur n'était jamais en repos ; il mangeait et buvait avec un appétit que la crainte d'aucun danger ne pouvait troubler, mais son caractère de prudence ne se démentait jamais. Vingt fois la calebasse ou le morceau de venaison restèrent suspendus devant ses lèvres, tandis qu'il penchait la tête de côté comme pour écouter si nul son étranger ne se mêlait au bruit de la cataracte ; mouvement qui ne manquait jamais de rappeler péniblement à nos voyageurs combien leur situation était précaire, et qui leur faisait oublier la singularité du local où la nécessité les avait forcés à chercher un asile. Mais comme ces pauses fréquentes n'étaient suivies d'aucune observation, l'inquiétude qu'elles causaient se dissipait bientôt.

— Allons, l'ami, dit Œil-de-Faucon vers la fin du repas, en retirant de dessous des feuilles un petit baril, et en s'adressant au chanteur qui, assis à son côté, rendait une justice complète à sa science en cuisine, goûtez ma bière de sapinette : elle vous fera oublier le malheureux poulain, et ranimera en vous le principe de la vie. Je bois à notre meilleure amitié, et j'espère qu'un avorton de cheval ne sèmera pas de rancune entre nous. Comment vous nommez-vous ?

— La Gamme, David La Gamme, répondit le maître en psalmodie, après s'être machinalement essuyé la bouche avec le revers de la main, pour se préparer à noyer ses chagrins dans le breuvage qui lui était offert.

— C'est un fort beau nom, répliqua le chasseur après avoir vidé une calebasse de la liqueur qu'il brassait lui-même, et qu'il parut savourer avec le plaisir d'un homme qui s'admire dans ses productions ; un fort beau nom vraiment, et je suis convaincu qu'il vous a été transmis par des ancêtres respectables. Je suis admirateur des noms, quoique les coutumes des blancs à cet égard soient bien loin de valoir celles des sauvages. Le plus grand lâche que j'aie jamais connu s'appelait Lion, et sa femme Patience avait l'humeur si querelleuse, qu'elle vous aurait fait fuir plus vite qu'un daim poursuivi par une meute de chiens. Chez les Indiens, au contraire, un nom est une affaire de conscience, et il indique en général ce qu'est celui qui le porte. Par exemple, Chingachgook signifie grand serpent, non qu'il soit réellement un serpent, grand ou petit, mais on lui a donné ce nom parce qu'il connaît tous les replis et les détours du cœur humain, qu'il sait garder prudemment le silence, et qu'il frappe ses ennemis à l'instant où ils s'y attendent le moins. Et quel est votre métier ?

— Maître indigne dans l'art de la psalmodie.

— Comment dites-vous ?

— J'apprends à chanter aux jeunes gens de la levée du Connecticut.

— Vous pourriez être mieux employé. Les jeunes chiens ne rient et ne chantent déjà que trop dans les bois, où ils ne devraient pas respirer plus haut qu'un renard dans sa tanière. Savez-vous manier le fusil ?

— Grâce au ciel, je n'ai jamais eu occasion de toucher ces instruments meurtriers.

— Vous savez peut-être dessiner, tracer sur du papier le cours des rivières et la situation des montagnes dans le désert, afin que ceux qui suivent l'armée puissent les reconnaître en les voyant ?

— Je ne m'occupe pas de semblables choses.

— Avec de pareilles jambes, un long chemin doit être court pour vous. Je suppose que vous êtes quelquefois chargé de porter les ordres du général ?

— Non ; je ne m'occupe que de ma vocation, qui est de donner des leçons de musique sacrée.

— C'est une singulière vocation ! passer sa vie comme l'oiseau-moqueur [1] à imiter tous les tons hauts ou bas qui peuvent sortir du gosier de l'homme ; eh bien ! l'ami, je suppose que c'est le talent dont vous avez été doué ; je regrette seulement que vous n'en ayez pas reçu un meilleur, comme celui d'être bon tireur, par exemple.

---

1. On connaît l'aptitude de ces oiseaux à imiter la voix et le chant des autres.

Mais voyons, montrez-nous votre savoir-faire dans votre métier, ce sera une manière amicale de nous souhaiter le bonsoir : il est temps que ces dames aillent reprendre des forces pour le voyage de demain, car il faudra partir de grand matin, et avant que les Maquas aient commencé à remuer.

— J'y consens avec grand plaisir, répondit David en ajustant sur son nez ses lunettes montées en fer et tirant de sa poche son cher petit volume. Que peut-il y avoir de plus convenable et de plus consolant, ajouta-t-il en s'adressant à Alice, que de chanter les actions de grâces du soir après une journée où nous avons couru tant de périls? Ne m'accompagnerez-vous pas?

Alice sourit ; mais regardant Heyward, elle rougit et hésita.

— Et pourquoi non? dit le major à demi-voix ; sûrement ce que vient de vous dire celui qui porte le nom du roi-prophète mérite considération dans un pareil moment.

Encouragée par ces paroles, Alice se décida à faire ce que lui demandait David et ce que lui suggéraient en même temps sa piété, son goût pour la musique, et sa propre inclination. Le livre fut ouvert à un hymne qui était assez bien adapté à la situation dans laquelle se trouvaient les voyageurs, et où le poëte traducteur, se bornant à imiter simplement le monarque inspiré d'Israël, avait rendu plus de justice à la poésie brillante du prophète couronné. Cora déclara qu'elle chanterait avec sa sœur, et le cantique sacré commença après que le méthodique David eut préludé avec son instrument, suivant son usage, pour donner le ton.

L'air était lent et solennel. Tantôt il s'élevait aussi haut que pouvait atteindre la voix harmonieuse des deux sœurs, tantôt il baissait tellement que le bruit des eaux semblait former un accompagnement à leur mélodie. Le goût naturel et l'oreille juste de David gouvernaient les sons, et les modifiaient de manière à les adapter au local dans lequel il chantait, et jamais des accents aussi purs n'avaient retenti dans le creux de ces rochers. Les Indiens étaient immobiles, avaient les yeux fixes et écoutaient avec une attention qui semblait les métamorphoser en statues de pierre. Le chasseur, qui avait d'abord appuyé son menton sur sa main avec l'air d'une froide indifférence, sortit bientôt de cet état d'apathie. A mesure que les strophes se succédaient, la raideur de ses traits se relâchait : ses pensées se reportaient au temps de son enfance, où ses oreilles avaient été frappées de semblables sons, quoique produits par des voix bien moins douces, dans les églises des colonies. Ses yeux commencèrent à devenir humides ; avant la fin du cantique, de grosses larmes sortirent d'une source qui paraissait desséchée depuis longtemps, et coulèrent sur des joues qui n'étaient plus accoutumées qu'aux eaux des orages.

Les chanteurs appuyaient sur un de ces tons bas et en quelque sorte mourants que l'oreille saisit avec tant de volupté, quand un cri qui semblait n'avoir rien d'humain ni de terrestre fut apporté par les airs, et pénétra non-seulement dans les entrailles de la caverne, mais jusqu'au fond du cœur de ceux qui y étaient réunis. Un silence profond lui succéda, et l'on aurait dit que ce bruit horrible et extraordinaire retenait les eaux suspendues dans leur chute.

— Qu'est-ce que cela? murmura Alice après quelques instants d'inquiétude terrible.

— Que signifie ce bruit? demanda Heyward à voix haute.

Ni le chasseur ni aucun des Indiens ne lui répondirent. Ils écoutaient comme s'ils se fussent attendus à entendre répéter une seconde fois le même cri ; leur visage exprimait l'étonnement dont ils étaient eux-mêmes saisis. Enfin ils causèrent un moment en langue delaware, et Uncas sortit de la caverne par l'issue opposée à celle par laquelle les voyageurs y étaient entrés. Après son départ, le chasseur répondit en anglais à la question qui avait été faite.

— Ce que c'est ou ce que ce n'est pas, dit-il, voilà ce que personne ici ne saurait dire, quoique Chingachgook et moi nous ayons parcouru les forêts depuis plus de trente ans. Je croyais qu'il n'existait pas un cri d'Indien ou de bête sauvage que mes oreilles n'eussent entendu ; mais je viens de reconnaître que je n'étais qu'un homme plein de présomption et de vanité.

— N'est-ce pas le cri que poussent les guerriers sauvages quand ils veulent épouvanter leurs ennemis? demanda Cora en ajustant son voile avec un calme que sa sœur ne partageait pas.

— Non, non! répondit le chasseur ; c'était un cri terrible, épouvantable, qui avait quelque chose de surnaturel ; mais si vous entendez une fois le cri de guerre, vous ne vous y méprendrez jamais. Eh bien! ajouta-t-il en voyant rentrer le jeune chef, et en lui parlant en son langage, qu'avez-vous vu? Notre lumière perce-t-elle à travers les couvertures?

La réponse fut courte, faite dans la même langue, et elle parut décisive.

LE DERNIER DES MOHICANS.

— On ne voit rien du dehors, dit OEil-de-Faucon en secouant la tête d'un air mécontent, et la clarté qui règne ici ne peut nous trahir. Passez dans l'autre caverne, vous qui avez besoin de dormir, et tâchez d'y trouver le sommeil, car il faut que nous nous levions avant le soleil, et que nous tâchions d'arriver à Édouard pendant que les Mingos auront encore les yeux fermés.

Cora donna l'exemple à sa sœur en se levant sur-le-champ, et Alice se prépara à l'accompagner. Cependant, avant de sortir, elle pria tout bas le major de les suivre. Uncas leva la couverture pour les laisser passer; et comme les sœurs se retournaient pour le remercier de cette attention, elles virent le chasseur assis devant les tisons qui s'éteignaient, le front appuyé sur ses deux mains, de manière à prouver qu'il était occupé à réfléchir profondément sur le bruit inexplicable qui avait interrompu si inopinément leurs dévotions du soir.

Heyward prit une branche de sapin embrasée, traversa le passage, entra dans la seconde caverne, et y ayant placé sa torche, de manière qu'elle pût continuer à brûler, il se trouva seul avec ses deux compagnes, pour la première fois depuis qu'ils avaient quitté les remparts du fort Édouard.

— Ne nous quittez pas, Duncan, dit Alice au major. Il est impossible que nous songions à dormir en un lieu comme celui-ci, quand cet horrible cri retentit encore à nos oreilles.

— Examinons d'abord, répondit Heyward, si vous êtes bien en sûreté dans votre forteresse, et ensuite nous parlerons du reste.

Il s'avança jusqu'au fond de la caverne, et il y trouva une issue comme à la première; elle était également cachée par une couverture qu'il souleva, et il respira alors l'air pur et frais qui venait de la rivière. Une dérivation de l'onde coulait avec rapidité dans un lit étroit et profond creusé par elle dans le rocher, précisément à ses pieds; elle refluait sur elle-même, s'agitait avec violence, bouillonnait, écumait, et se précipitait ensuite en forme de cataracte dans un gouffre. Cette défense naturelle lui parut un boulevard qui devait mettre à l'abri de toute crainte.

— La nature a établi de ce côté une barrière impénétrable, leur dit-il en leur faisant remarquer ce spectacle imposant avant de laisser retomber la couverture; et comme vous savez que vous êtes gardées en avant par de braves et fidèles sentinelles, je ne vois pas pourquoi vous ne suivriez pas le conseil de notre bon hôte. Je suis sûr que Cora conviendra avec moi que le sommeil vous est nécessaire à toutes deux.

— Cora peut reconnaître la sagesse de cet avis sans être en état de le mettre en pratique, répondit la sœur aînée en se plaçant à côté d'Alice sur un amas de branches et de feuilles de sassafras. Quand nous n'aurions pas entendu ce cri épouvantable, assez d'autres causes devraient écarter le sommeil de nos yeux. Demandez-vous à vous-même, Heyward, si des filles peuvent oublier les inquiétudes que doit éprouver un père quand il songe que des enfants qu'il attend passent la nuit il ne sait où, au milieu d'une forêt déserte, et parmi des dangers de toute espèce !

— Votre père est un soldat, Cora; il sait qu'il est possible de s'égarer dans ces bois, et...

— Mais il est père, Duncan, et la nature ne peut perdre ses droits.

— Que d'indulgence il a toujours eue pour tous mes désirs, pour mes fantaisies, pour mes folies! dit Alice en s'essuyant les yeux. Nous avons eu tort, ma sœur, de vouloir nous rendre auprès de lui dans un pareil moment!

— J'ai peut-être eu tort d'insister si fortement pour obtenir son consentement ; mais j'ai voulu lui prouver que si d'autres le négligeaient, ses enfants du moins lui restaient fidèles.

— Quand il apprit votre arrivée à Édouard, dit le major, il s'établit dans son cœur une lutte violente entre la crainte et l'amour paternel; mais ce dernier sentiment, rendu plus vif par une si longue séparation, ne tarda pas à l'emporter. C'est le courage de ma noble Cora qui les conduit, me dit-il, et je ne veux pas tromper son espoir. Plût au ciel que la moitié de sa fermeté animât celui qui est chargé de garder l'honneur de notre souverain!

— Et n'a-t-il point parlé de moi, Heyward? demanda Alice avec une sorte de jalousie affectueuse. Il est impossible qu'il ait tout à fait oublié celle qu'il appelait sa petite Elsie!

— Cela est impossible, après l'avoir si bien connue, répondit le major. Il a parlé de vous dans les termes les plus tendres, et a dit une foule de choses que je ne me hasarderai pas à répéter, mais dont je sens bien vivement toute la justesse. Il était une fois...

Duncan s'interrompit, car tandis que ses yeux étaient fixés sur Alice, qui le regardait avec tout l'empressement d'une tendresse filiale qui craignait de perdre une seule de ses paroles, le même cri horrible qui les avait déjà effrayés se fit entendre une seconde fois.

Quelques minutes se passèrent dans le silence de la consternation, et tous trois se regardaient, attendant avec inquiétude la répétition du même cri. Enfin la couverture qui fermait la première entrée se souleva lentement, et le chasseur parut à la porte avec un front dont la fermeté commençait à s'ébranler devant un mystère qui semblait les menacer d'un danger inconnu, contre lequel son adresse, son courage et son expérience pouvaient échouer.

CHAPITRE VII.

Ils ne dorment point; je les vois assis sur ce rocher, formant un groupe frappé de crainte.

GRAY.

— Rester cachés plus longtemps quand de tels sons se font entendre dans la forêt, dit le chasseur, ce serait négliger un avertissement qui nous est donné pour notre bien. Ces jeunes dames peuvent rester où elles sont, mais les Mohicans et moi, nous allons monter la garde sur le rocher, et je suppose qu'un major du soixantième régiment voudra nous tenir compagnie.

— Notre danger est-il donc si pressant? demanda Cora.

— Celui qui peut créer des sons si étranges, et qui les fait entendre pour l'utilité de l'homme, peut savoir quel est notre danger. Quant à moi, je croirais me révolter contre la volonté du ciel si je m'enterrais sous une caverne avec de tels avis dans l'air. Le pauvre diable qui passe sa vie à chanter a été ému lui-même par ce cri, et il dit qu'il est prêt à marcher à la bataille. S'il ne s'agissait que d'une bataille, c'est une chose que nous connaissons tous, et cela serait bientôt arrangé; mais j'ai entendu dire que quand de pareils cris se font entendre entre le ciel et la terre, ils annoncent une guerre d'une autre espèce.

— Si nous n'avons à redouter que des dangers résultant de causes surnaturelles, dit Cora avec fermeté, nous n'avons pas de grands motifs d'alarmes; mais êtes-vous bien certain que nos ennemis n'aient pas inventé quelque nouveau moyen pour nous frapper de terreur, afin que leur victoire en devienne plus facile?

— Madame, répondit le chasseur d'un ton solennel, j'ai écouté pendant trente ans tous les sons qu'on peut entendre dans les forêts, je les ai écoutés aussi bien qu'un homme puisse écouter quand sa vie dépend souvent de la finesse de son ouïe. Il n'y a pas de hurlement de la panthère, de sifflement de l'oiseau-moqueur, d'invention diabolique des Mingos, qui puisse me tromper. J'ai entendu les forêts gémir comme des hommes dans leur affliction, j'ai entendu l'éclair craquer dans l'air, comme le bois vert, tout en dardant une flamme fourchue, et jamais je n'ai pensé entendre autre chose que le bon plaisir de celui qui tient dans sa main tout ce qui existe. Mais ni les Mohicans, ni moi, qui suis un homme blanc sans mélange de sang, nous ne pouvons expliquer le cri que nous avons entendu deux fois en si peu de temps. Nous croyons donc que c'est un signe qui nous est donné pour notre bien.

— Cela est fort extraordinaire, s'écria Heyward en reprenant ses pistolets qu'il avait déposés dans un coin de la caverne lorsqu'il y était entré; mais que ce soit un signe de paix ou un signal de guerre, il ne faut pas moins y faire attention. — Montrez-moi le chemin, l'ami, et je vous suis.

En sortant de la caverne pour entrer dans le passage, ou pour mieux dire la crevasse qui la séparait de l'autre, ils sentirent leurs forces se renouveler dans une atmosphère rafraîchie et purifiée par les eaux limpides de la rivière. Une brise en ridait la surface, et semblait accélérer la chute de l'eau dans les gouffres où elle tombait avec un bruit semblable à celui du tonnerre. A l'exception de ce bruit et du souffle des vents, la scène était aussi tranquille que la nuit et la solitude pouvaient la rendre. La lune était levée, et ses rayons frappaient déjà sur la rivière et sur les bois, ce qui semblait redoubler l'obscurité de l'endroit où ils étaient arrivés au pied du rocher qui s'élevait derrière eux. En vain chacun d'eux, profitant de cette faible clarté, portait ses yeux sur les deux rives, pour y chercher quelque signe de vie qui pût leur expliquer la nature des sons effrayants qu'ils avaient entendus, leurs regards déçus ne pouvaient découvrir que des arbres et des rochers.

— On ne voit ici que le calme et la tranquillité d'une belle soirée, dit le major à demi-voix. Combien une telle scène nous paraîtrait belle en tout autre moment, Cora! Imaginez-vous être en toute sûreté; et ce qui augmente peut-être actuellement votre terreur, sera pour vous une sorte de jouissance.

— Écoutez! s'écria vivement Alice.

Cet avis était inutile. Le même cri, répété pour la troisième fois, venait de se faire entendre : il semblait partir du sein des eaux, du milieu du lit du fleuve, et se répandait de là dans les bois d'alentour, répété par tous les échos des rochers.

— Y a-t-il ici quelqu'un qui puisse donner un nom à de pareils sons? dit le chasseur; en ce cas qu'il parle, car, pour moi, je juge qu'ils n'appartiennent pas à la terre.

— Oui, il y a ici quelqu'un qui peut vous détromper, dit Heyward. Je reconnais maintenant ces sons parfaitement, je les ai entendus plus d'une fois sur le champ de bataille et en diverses occasions qui se présentent souvent dans la vie d'un soldat : c'est l'horrible cri que pousse un cheval à l'agonie; il est arraché par la souffrance, et quelquefois aussi par une terreur excessive. Ou mon cheval est la proie de quelque animal féroce, ou il se voit en danger, sans moyen de l'éviter. J'ai pu ne pas le reconnaître quand nous étions dans la caverne; mais, en plein air, je suis sûr que je ne puis me tromper.

Le chasseur et ses deux compagnons écoutèrent cette explication bien simple avec l'empressement joyeux de gens qui sentent de nouvelles idées succéder dans leur esprit aux idées beaucoup moins agréables qui l'occupaient. Les deux sauvages firent une exclamation de surprise et de plaisir en leur langue, et Œil-de-Faucon, après un moment de réflexion, répondit au major :

— Je ne puis nier ce que vous dites, car je ne me connais guère en chevaux, quoiqu'il n'en manque pas dans le pays où je suis né. Il est possible qu'il y ait une troupe de loups sur le rocher qui s'avance sur leur tête, et les pauvres créatures appellent le secours de l'homme aussi bien qu'elles le peuvent. — Uncas, descendez la rivière dans le canot, et jetez un tison enflammé au milieu de cette bande furieuse, sans quoi la peur fera ce que les loups ne peuvent venir à bout de faire, et nous nous trouverons demain sans montures, quand nous aurions besoin de voyager grand train.

Le jeune chef était déjà descendu sur le bord de l'eau, et il s'apprêtait à monter dans le canot pour exécuter cet ordre, quand de longs hurlements partant du bord de la rivière, et qui se prolongèrent quelques minutes jusqu'à ce qu'ils se perdissent dans le fond des bois, annoncèrent que les loups avaient abandonné une proie qu'ils ne pouvaient atteindre, ou qu'une terreur soudaine les avait mis en fuite. Uncas revint sur-le-champ, et il eut une nouvelle conférence à voix basse avec son père et le chasseur.

— Nous avons été ce soir, dit alors celui-ci, comme des chasseurs qui ont perdu les points cardinaux, et pour qui le soleil a été caché toute la journée ; mais à présent nous commençons à voir les signes qui doivent nous diriger, et le sentier est dégagé d'épines. Asseyez-vous à l'ombre du rocher ; elle est plus épaisse que celle que donnent les pins ; et attendons ce qu'il plaira au Seigneur d'ordonner de nous. Ne parlez qu'à voix basse, et peut-être vaudrait-il mieux que personne ne s'entretînt qu'avec ses propres pensées, d'ici à quelque temps.

Il prononça ces mots d'un ton grave, sérieux, et fait pour produire une vive impression, quoiqu'il ne donnât plus aucune marque de crainte. Il était évident que la faiblesse momentanée qu'il avait montrée avait disparu, grâce à l'explication d'un mystère que son expérience était insuffisante pour pénétrer ; et quoiqu'il sentît qu'ils étaient encore dans une position très-précaire, il était armé de nouveau de toute l'énergie qui lui était naturelle pour lutter contre tout ce qui pourrait arriver. Les deux Mohicans semblaient partager le même sentiment, et ils se placèrent à quelque distance l'un de l'autre, de manière à avoir en vue les deux rives et à être cachés eux-mêmes dans l'obscurité.

En de pareilles circonstances, il était naturel que nos voyageurs imitassent la prudence de leurs compagnons. Heyward alla chercher dans la caverne quelques brassées de sassafras, qu'il étendit dans l'intervalle étroit qui séparait les deux grottes, et y fit asseoir les deux sœurs, qui se trouvaient ainsi à l'abri des balles ou des flèches que l'on pourrait lancer de l'une ou de l'autre rive ; ayant calmé leurs inquiétudes en les assurant qu'aucun danger ne pouvait arriver sans qu'elles en fussent averties, il se plaça lui-même assez près d'elles pour pouvoir leur parler sans être obligé de trop élever la voix. David La Gamme, imitant les deux sauvages, étendit ses grands membres dans une crevasse du rocher, de manière à ne pouvoir être aperçu.

Les heures se passèrent ainsi sans autre interruption. La lune était arrivée à son zénith, et sa douce clarté tombait presque perpendiculairement sur les deux sœurs endormies dans les bras l'une de l'autre. Heyward étendit sur elles le grand châle de Cora, se privant ainsi d'un spectacle qu'il aimait à contempler, et chercha à son tour un oreiller sur le rocher. David faisait déjà entendre des sons dont son oreille délicate aurait été blessée si elle avait pu les recueillir. En un mot, les quatre voyageurs se laissèrent aller au sommeil.

Mais leurs protecteurs infatigables ne se relâchèrent pas un instant de leur vigilance. Immobiles comme le roc dont chacun d'eux semblait faire partie, leurs yeux seuls se tournaient sans cesse de côté et d'autre le long de la ligne obscure tracée par les arbres qui garnissaient les deux bords du fleuve et qui formaient les lisières de la forêt. Pas un mot ne leur échappait, et l'examen le plus attentif n'aurait pu faire reconnaître qu'ils respiraient. Il était évident que cette circonspection, excessive en apparence, leur était inspirée par une expérience que toute l'adresse de leurs ennemis ne pouvait tromper; cependant leur surveillance ne leur fit découvrir aucun danger. Enfin la lune descendit vers l'horizon, et une faible lueur se montrant au-dessus de la cime des arbres, à un détour que faisait la rivière à quelque distance, annonça que l'aurore ne tarderait pas à paraître.

Alors une de ces statues s'anima; le chasseur se leva, se glissa en rampant le long du rocher, et éveilla le major.

— Il est temps de nous mettre en route, lui dit-il; éveillez vos dames, et soyez prêts à monter dans le canot dès que je vous en donnerai le signal.

— Avez-vous eu une nuit tranquille? lui demanda Heyward; quant à moi, je crois que le sommeil a triomphé de ma vigilance.

— Tout est encore aussi tranquille que l'heure de minuit, répondit OEil-de-Faucon. Du silence, mais de la promptitude.

Le major fut sur ses jambes en un clin d'œil, et il leva sur-le-champ le châle dont il avait couvert les deux sœurs. Ce mouvement éveilla Cora à demi, et elle étendit la main comme pour repousser ce qui troublait son repos, tandis qu'Alice murmurait d'une voix douce : — Non, mon père, nous n'étions pas abandonnées; Duncan était avec nous.

— Oui, charmante innocente, dit à voix basse le jeune homme transporté, Duncan est avec vous, et tant que la vie lui sera conservée, tant que quelque danger vous menacera, il ne vous abandonnera jamais. Alice, Cora, éveillez-vous! voici l'instant de partir.

Un cri d'effroi poussé par la plus jeune des deux sœurs, et la vue de l'aînée, debout devant lui, image de l'horreur et de la consternation, furent la seule réponse qu'il reçut. Il finissait à peine de parler, quand des cris et des hurlements épouvantables retentirent dans les bois et refoulèrent tout son sang vers son cœur. On aurait dit que tous les démons de l'enfer s'étaient emparés de l'air qui les entourait, et exhalaient leur fureur barbare par les sons les plus sauvages ; on ne pouvait distinguer de quel côté partaient ces cris, quoiqu'ils parussent remplir le bois et qu'ils arrivassent sur la rivière, sur les rochers et jusque dans les cavernes.

Ce tumulte éveilla David : il leva sa grande taille dans toute sa hauteur en se bouchant les oreilles des deux mains, et s'écria : — Quel tapage ! l'enfer s'est-il ouvert pour que nous entendions de pareils sons ?

Douze éclairs brillèrent en même temps sur la rive opposée ; autant d'explosions les suivirent de près, et le pauvre La Gamme tomba privé de tout sentiment sur la même place où il venait de dormir si profondément. Les deux Mohicans répondirent hardiment par des cris semblables aux nouveaux cris de triomphe que poussèrent leurs ennemis en voyant tomber David. L'échange de coups de fusil fut vif et rapide ; mais les combattants, de chaque côté, étaient trop habiles et trop prudents pour se montrer à découvert.

Le major, pensant que la fuite était alors leur unique ressource, attendait avec impatience que le bruit des rames lui annonçât l'arrivée du canot près de la plate-forme ; il voyait la rivière couler avec sa rapidité ordinaire ; mais le canot ne se montrait pas. Il commençait à soupçonner le chasseur de les avoir cruellement abandonnés, quand une traînée de lumière partant du rocher situé derrière lui, et qui fut suivie d'un hurlement d'agonie, lui apprit que le messager de mort parti du long fusil d'Œil-de-Faucon avait frappé une victime. A ce premier échec, les assaillants se retirèrent sur-le-champ, et tout redevint aussi tranquille qu'avant ce tumulte inopiné.

Le major profita du premier moment de calme pour porter l'infortuné David dans la crevasse étroite qui protégeait les deux sœurs, et une minute après toute la petite troupe était réunie dans le même endroit.

— Le pauvre diable a sauvé sa chevelure, dit le chasseur avec un grand sang-froid, en passant la main sur la tête de David ; mais c'est une preuve qu'un homme peut naître avec une langue trop longue et une cervelle trop étroite. N'était-ce pas un acte de folie que de montrer six pieds de chair et d'os sur un rocher nu, à des sauvages enragés? Toute ma surprise, c'est qu'il s'en soit tiré la vie sauve.

— N'est-il pas mort? demanda Cora d'une voix qui faisait contraste avec la fermeté qu'elle affectait; pouvons-nous faire quelque chose pour soulager ce malheureux?

— Ne craignez rien, la vie ne lui manque pas encore; il reviendra bientôt à lui, et il en sera plus sage, jusqu'à ce que son heure arrive. Et jetant sur David un regard oblique, tout en rechargeant son fusil avec un sang-froid admirable,—Uncas, ajouta le chasseur, portez-le dans la caverne, et étendez-le sur le sassafras. Plus il restera de temps en cet état, et mieux cela vaudra, car je doute qu'il puisse trouver sur ces rochers de quoi mettre à l'abri ses grands membres, et les Iroquois ne se paieront pas de ses chants.

— Vous croyez donc qu'ils reviendront à la charge? demanda le major.

— Croirais-je qu'un loup affamé se contentera d'avoir mangé une bouchée? Ils ont perdu un homme, et c'est leur coutume de se retirer quand ils ne réussissent pas à surprendre leurs ennemis et qu'ils font une perte; mais nous les verrons revenir avec de nouveaux expédients pour se rendre maîtres de nous, et faire un trophée de nos chevelures. Notre seule espérance est de tenir bon sur ce rocher jusqu'à ce que Munro nous envoie du secours; et Dieu veuille que ce soit bientôt, et que le chef du détachement connaisse bien les usages des Indiens!

Et tandis qu'il parlait ainsi, son front était couvert d'une sombre inquiétude, mais qui se dissipa comme un léger nuage sous les rayons du soleil.

— Vous entendez ce que nous avons à craindre, Cora, dit Heyward; mais vous savez aussi que nous avons tout à attendre de l'expérience de votre père et des inquiétudes que lui causera votre absence. Venez donc avec Alice dans cette caverne, où du moins vous n'aurez rien à redouter des balles de nos farouches ennemis s'ils se présentent, et où vous pourrez donner à notre infortuné compagnon les soins que vous inspirera votre compassion.

Les deux sœurs le suivirent dans la seconde des deux cavernes, où David commençait à donner quelques signes de vie, et, le recommandant à leurs soins, il fit un mouvement pour les quitter.

— Duncan!... dit Cora d'une voix tremblante à l'instant où il

6

allait sortir de la grotte, et ce mot suffit pour l'arrêter. Il tourna la tête: les couleurs du teint de Cora avaient fait place à une pâleur mortelle; ses lèvres tremblaient, et elle le regardait d'un air d'intérêt qui le fit courir à elle sur-le-champ... Souvenez-vous, Duncan, continua-t-elle, combien votre sûreté est nécessaire à la nôtre; n'oubliez pas le dépôt sacré qu'un père vous a confié; songez que tout dépend de votre prudence et de votre discrétion, et ne perdez jamais de vue, ajouta-t-elle, combien vous êtes cher à tout ce qui porte le nom de Munro. A ces dernières paroles Cora retrouva tout le vermillon de son teint, qui colora même son front.

— Si quelque chose pouvait ajouter à l'amour de la vie, ce serait une si douce assurance, répondit le major en laissant involontairement tomber un regard sur Alice, qui gardait le silence. Notre hôte vous dira que, comme major du soixantième régiment, je dois contribuer à la défense de la place; mais notre tâche sera facile; il ne s'agit que de tenir en respect une troupe de sauvages pendant quelques heures.

Sans attendre de réponse, il s'arracha au charme qui le retenait auprès des deux sœurs, et alla rejoindre le chasseur et ses compagnons, qu'il trouva dans le passage étroit qui communiquait d'une caverne à l'autre.

— Je vous répète, Uncas, disait le chasseur lorsque le major arriva, que vous gaspillez votre poudre; vous en mettez une charge trop forte, et le recul du fusil empêche la balle de suivre la direction précise qu'on veut lui donner. Peu de poudre, ce qu'il faut de plomb, et un long bras, avec cela on manque rarement d'arracher à un Mingo son hurlement de mort. Du moins c'est ce que l'expérience m'a appris. Allons, allons, chacun à son poste, car personne ne peut dire ni quand ni par quel côté un Maqua [1] attaquera son ennemi.

Les deux Indiens se rendirent en silence au même lieu où ils avaient passé toute la nuit, à quelque distance l'un de l'autre, dans des crevasses de rochers qui commandaient les approches de la cataracte. Quelques petits pins rabougris avaient pris racine au centre de la petite île, et y formaient une espèce de buisson, et ce

---

[1] Il faut observer qu'Œil-de-Faucon donne différents noms à ses ennemis. Mingo et Maqua sont des termes de mépris, et Iroquois est un nom donné par les Français. Les Indiens font rarement usage du même nom lorsque différentes tribus parlent les unes des autres.

fut là que se placèrent le chasseur et Heyward. Ils s'y établirent derrière un rempart de grosses pierres, aussi bien que les circonstances le permettaient. Derrière eux s'élevait un rocher de forme ronde que l'eau du fleuve battait en vain et qui la forçait à se précipiter en se bifurquant dans les abîmes dont nous avons déjà parlé. Comme le jour commençait à paraître, les deux rives n'opposaient plus à l'œil une barrière de ténèbres impénétrables, et la vue pouvait percer dans la forêt jusqu'à une certaine distance.

Ils restèrent assez longtemps à leur poste, sans que rien annonçât que les ennemis eussent dessein de revenir à la charge, et le major commença à espérer que les sauvages, découragés par le peu de succès de leur première attaque, avaient renoncé à en faire une nouvelle. Il se hasarda à faire part à son compagnon de cette idée rassurante.

— Vous ne connaissez pas la nature d'un Maqua, lui répondit OEil-de-Faucon en secouant la tête d'un air incrédule, si vous vous imaginez qu'il battra en retraite aussi facilement sans avoir seulement une de nos chevelures. Ils étaient ce matin une quarantaine à hurler, et ils savent trop bien combien nous sommes pour renoncer si tôt à leur chasse. Chut! regardez là-bas dans la rivière, près de la première chute d'eau. Je veux mourir si les coquins n'ont pas eu l'audace d'y passer à la nage; et comme notre malheur le veut, ils ont été assez heureux pour se maintenir au milieu de la rivière et éviter les deux courants. Les voilà qui vont arriver à la pointe de l'île! Silence, ne vous montrez pas, ou vous aurez la tête scalpée, sans plus de délai qu'il n'en faut pour faire tourner un couteau tout autour.

Heyward souleva la tête avec précaution, et vit ce qui lui parut avec raison un miracle d'adresse et de témérité. L'action de l'eau avait à la longue usé le rocher de manière à rendre la première chute moins violente et moins perpendiculaire qu'elle ne l'est ordinairement dans les cataractes. Quelques-uns de ces ennemis acharnés avaient eu l'audace de s'abandonner au courant, espérant ensuite pouvoir gagner la pointe de l'île, aux deux côtés de laquelle étaient les deux formidables chutes d'eau, et assouvir leur vengeance en sacrifiant leurs victimes.

A l'instant où le chasseur cessait de parler, quatre d'entre eux montrèrent leur tête au-dessus de quelques troncs d'arbres que la rivière avait entraînés, et qui, s'étant arrêtés à la pointe de l'île, avaient peut-être suggéré aux sauvages l'idée de leur périlleuse entreprise. Un cinquième était un peu plus loin ; mais il n'avait pu résister au courant : il faisait de vains efforts pour regagner la ligne de l'île ; il tendait de temps en temps un bras à ses compagnons, comme pour leur demander du secours ; ses yeux étincelants semblaient sortir de leur orbite ; enfin la violence de l'eau l'emporta ; il fut précipité dans l'abîme, un hurlement de désespoir parut sortir du fond du gouffre, et il y resta englouti.

Une impulsion de générosité naturelle fit faire un mouvement à Duncan, pour voir s'il était possible de secourir un homme qui périssait ; mais il se sentit arrêté par la main de son compagnon.

— Qu'allez-vous faire? lui demanda celui-ci d'une voix basse mais ferme ; voulez-vous attirer sur nous une mort inévitable en apprenant aux Mingos où nous sommes? C'est une charge de poudre épargnée, et les munitions nous sont aussi précieuses que l'haleine au daim poursuivi. Mettez une nouvelle amorce à vos pistolets, car l'humidité de l'air, causée par la cataracte, peut s'être communiquée à la poudre ; et apprêtez-vous à un combat corps à corps aussitôt que j'aurai tiré mon coup.

A ces mots, il mit un doigt dans sa bouche et fit entendre un sifflement prolongé, auquel on répondit de l'autre côté du rocher, où étaient placés les deux Mohicans. Ce son fit encore paraître les têtes des nageurs, qui cherchaient à distinguer d'où il partait : mais elles disparurent au même instant. En ce moment, un léger bruit que le major entendit derrière lui lui fit tourner la tête, et il vit Uncas qui arrivait près d'eux en rampant. OEil-de-Faucon lui dit quelques mots en delaware, et le jeune homme prit la place qui lui fut indiquée avec une admirable prudence et un sang-froid imperturbable. Heyward éprouvait toute l'irritation de l'impatience ; mais le chasseur, en ce moment critique, crut encore pouvoir donner quelques leçons à ses jeunes compagnons sur l'usage des armes à feu.

— De toutes les armes, dit-il, le fusil à long canon et bien trempé est la plus dangereuse, quand elle se trouve en bonnes mains, quoiqu'elle exige un bras vigoureux, un coup d'œil juste et une charge bien mesurée pour rendre tous les services qu'on en attend. Les armuriers ne réfléchissent pas assez sur leur métier en fabriquant leurs fusils de chasse, et les joujoux qu'on appelle pistolets d'ar...

Il fut interrompu par Uncas, qui fit entendre à demi-voix l'exclamation ordinaire de sa nation : — Hugh! hugh!

— Je les vois, je les vois bien, dit OEil-de-Faucon; ils se préparent à monter sur l'île, sans quoi ils ne montreraient pas leur poitrine rouge hors de l'eau. Eh bien! qu'ils viennent, ajouta-t-il en examinant de nouveau son amorce et sa pierre à fusil; le premier qui avancera rencontrera sûrement la mort, quand ce serait Montcalm lui-même.

En ce moment les quatre sauvages mirent le pied sur l'île, au milieu des hurlements épouvantables qui partirent en même temps des bois voisins. Heyward mourait d'envie de courir à leur rencontre, mais il modéra son impatience inquiète en voyant le calme inébranlable de ses compagnons. Quand les sauvages se mirent à gravir les rochers qu'ils avaient réussi à gagner, et qu'en poussant des cris féroces ils commencèrent à avancer vers l'intérieur de l'île, le fusil du chasseur se leva lentement du milieu des pins, le coup partit, et l'Indien qui marchait le premier, faisant un bond comme un daim blessé, fut précipité du haut des rochers.

— Maintenant, Uncas, dit le chasseur, les yeux étincelants d'ardeur, et tirant son grand couteau, attaquez celui de ces coquins qui est le plus éloigné, et nous aurons soin des deux autres.

Uncas s'élança pour obéir, et chacun n'avait qu'un ennemi à combattre. Heyward avait donné au chasseur un de ses pistolets; ils firent feu tous deux dès qu'ils furent à portée, mais sans plus de succès l'un que l'autre.

— Je le savais, je vous le disais, s'écria le chasseur en jetant avec dédain par-dessus les rochers l'instrument qu'il méprisait. Arrivez, chiens de l'enfer, arrivez ! Vous trouverez un homme dont le sang n'est pas croisé.

A peine avait-il prononcé ces mots, qu'il se trouva en face d'un sauvage d'une taille gigantesque, et dont les traits annonçaient la férocité : Duncan, au même instant, se trouvait attaqué par le second. Le chasseur et son adversaire se saisirent avec une adresse égale par celui de leurs bras qui était armé du couteau meurtrier. Pendant une minute ils se mesurèrent des yeux, chacun d'eux faisant des efforts inouïs pour dégager son bras sans lâcher celui de son adversaire. Enfin les muscles robustes et endurcis du blanc l'emportèrent sur les membres moins exercés de son antagoniste. Le bras de celui-ci céda aux efforts redoublés d'OEil-de-Faucon, qui, recouvrant enfin l'usage de sa main droite, plongea l'arme acérée dans le cœur de son adversaire, qui tomba sans vie à ses pieds.

Pendant ce temps, Heyward avait à soutenir une lutte encore plus dangereuse. Dès sa première attaque, son épée avait été brisée par un coup du redoutable couteau de son ennemi, et comme il n'avait aucune autre arme défensive, il ne pouvait plus compter que sur sa vigueur et sur la résolution du désespoir. Mais il avait affaire à un antagoniste qui ne manquait ni de vigueur ni de courage. Heureusement il réussit à le désarmer, son couteau tomba sur le rocher, et de ce moment il ne fut plus question que de savoir lequel des deux parviendrait à en précipiter l'autre. Chaque effort qu'ils faisaient les approchait du bord de l'abîme, et Duncan vit que l'instant était arrivé où il fallait déployer toutes ses forces pour sortir vainqueur de ce combat. Mais le sauvage était également redoutable, et tous deux n'étaient plus qu'à deux pas du précipice au bas duquel était le gouffre où les eaux de la rivière s'engloutissaient. Heyward avait la gorge serrée par la main de son adversaire; il voyait sur ses lèvres un sourire féroce qui semblait annoncer qu'il consentait à périr s'il pouvait entraîner son ennemi dans sa ruine; il sentait que son corps cédait peu à peu à une force supérieure de muscles, et il éprouvait l'angoisse d'un pareil moment dans toute son horreur. En cet instant d'extrême danger, il vit paraître entre le sauvage et lui un bras rouge et la lame brillante d'un couteau : l'Indien lâcha prise tout à coup : des flots de sang jaillissaient de sa main, qui venait d'être coupée, et tandis que le bras sauveur d'Uncas tirait Heyward en arrière, son pied précipita dans l'abîme le farouche ennemi, dont les regards étaient encore menaçants.

— En retraite ! en retraite ! cria le chasseur, qui venait alors de triompher de son adversaire; en retraite! votre vie en dépend. Il ne faut pas croire que ce soit une affaire terminée.

Le jeune Mohican poussa un grand cri de triomphe, suivant l'usage de sa nation, et les trois vainqueurs, descendant du rocher, retournèrent au poste qu'ils occupaient avant le combat.

CHAPITRE VIII.

Vengeurs de leur patrie, ils attendent encore.

La prédiction que venait de faire le chasseur n'était pas sans motif. Pendant le combat que nous venons de décrire, nulle voix humaine ne s'était mêlée au bruit de la cataracte ; on aurait dit que l'intérêt qu'il inspirait imposait silence aux sauvages assemblés sur la rive opposée, et les tenait en suspens, tandis que les changements rapides qui survenaient dans la position des combattants leur interdisaient un feu qui aurait pu être fatal à un ami aussi bien qu'à un ennemi. Mais dès que la victoire se fut déclarée, des hurlements de rage, de vengeance et de férocité s'élevèrent sur toute la lisière de la forêt ; ils remplirent les airs, et les coups de fusil se succédèrent avec rapidité, comme si ces barbares eussent voulu venger sur les rochers et les arbres la mort de leurs compagnons.

Chingachgook était resté à son poste pendant tout le combat, avec une résolution inébranlable, et, y étant à couvert, il rendait aux sauvages un feu qui ne leur faisait pas plus de mal qu'il n'en recevait. Lorsque le cri de triomphe d'Uncas était arrivé à ses oreilles, le père satisfait en avait témoigné sa joie par un cri semblable, après quoi on ne s'aperçut plus qu'il était à son poste que par les coups de fusil qu'il continuait à tirer. Plusieurs minutes se passèrent ainsi avec la vitesse de la pensée, les assaillants ne discontinuant pas leur feu, tantôt par volées, par coups détachés. Les rochers, les arbres, les arbrisseaux portaient les marques des balles autour des assiégés ; mais ils étaient tellement à l'abri dans la retraite qu'ils avaient choisie, que David était le seul parmi eux qui eût été blessé.

— Qu'ils brûlent leur poudre, dit le chasseur avec le plus grand sang-froid, tandis que les balles sifflaient sur sa tête et sur celle de ses compagnons ; quand ils auront fini, nous aurons du plomb à ramasser, et je crois que les bandits se lasseront du jeu avant que ces vieilles pierres leur demandent quartier. Uncas, je vous répète que vous mettez une charge de poudre trop forte; jamais fusil qui repousse ne lance une balle au but. Je vous avais dit de viser ce mécréant au-dessous de la ligne blanche de son front, et votre balle a passé deux pouces au-dessus. Les Mingos ont la vie dure; et l'humanité nous ordonne d'écraser un serpent le plus vite possible.

Il avait parlé ainsi en anglais, et un léger sourire du jeune Mohican prouva qu'il entendait ce langage, et qu'il avait bien compris ce qu'OEil-de-Faucon venait de dire. Cependant il n'y répondit pas, et ne chercha pas à se justifier.

— Je ne puis vous permettre d'accuser Uncas de manquer de jugement ni d'adresse, dit le major. Il vient de me sauver la vie avec autant de sang-froid que de courage, et il s'est fait un ami qui n'aura jamais besoin qu'on lui rappelle ce service.

Uncas se souleva à demi pour tendre la main à Heyward. Pendant ce témoignage d'affection, une telle intelligence brillait dans les regards du jeune sauvage, que sa nation et sa couleur disparurent aux yeux de Duncan.

OEil-de-Faucon regardait avec une indifférence qui n'était pourtant pas de l'insensibilité la marque d'amitié que se donnaient ces deux jeunes gens. — La vie, dit-il d'un ton calme, est une obligation que des amis se doivent souvent l'un à l'autre dans le désert. J'ose dire que moi-même j'ai rendu quelques services de ce genre à Uncas, et je me souviens fort bien qu'il s'est placé cinq fois entre la mort et moi, trois fois en combattant les Mingos, une autre en traversant l'Horican, et la dernière quand...

— Voici un coup qui était mieux ajusté que les autres, s'écria le major en faisant un mouvement involontaire, pendant qu'une balle rebondissait sur le rocher qu'elle venait de frapper à côté de lui.

Le chasseur ramassa la balle, et l'ayant examinée avec soin, il dit en secouant la tête : — Cela est bien étrange ! une balle ne s'aplatit pas en tombant. Tire-t-on sur nous du haut des nuages ?

Le fusil d'Uncas était déjà pointé vers le ciel, et OEil-de-Faucon, en en suivant la direction, trouva sur-le-champ l'explication de ce mystère. Un grand chêne s'élevait sur la rive droite du fleuve précisément en face de l'endroit où ils se trouvaient. Un sauvage avait monté sur ses branches, et de là il dominait sur ce que les trois alliés avaient regardé comme un fort inaccessible aux balles. Cet ennemi, caché par le tronc de l'arbre, se montrait en partie, comme pour voir l'effet qu'avait produit son premier feu.

— Ces démons escaladeront le ciel pour tomber sur nous, dit le chasseur; ne tirez pas encore, Uncas; attendez que je sois prêt, et nous ferons feu des deux côtés en même temps.

Uncas obéit. OEil-de-Faucon donna le signal; les deux coups partirent ensemble; les feuilles et l'écorce du chêne jaillirent en l'air et furent emportées par le vent; mais l'Indien, protégé par le tronc, ne fut pas atteint, et se montrant alors avec un sourire féroce, il tira un second coup dont la balle perça le bonnet du chasseur. Des hurlements sauvages partirent encore de la forêt, et une grêle de plomb recommença à siffler sur la tête des assiégés, comme si leurs ennemis avaient voulu les empêcher de quitter un lieu où ils espéraient qu'ils tomberaient enfin sous les coups du guerrier entreprenant qui avait établi son poste au haut du chêne.

— Il faut mettre ordre à cela, dit le chasseur en regardant autour de lui avec un air d'inquiétude. — Uncas, appelez votre père, nous avons besoin de toutes nos armes pour faire tomber cette chenille de cet arbre.

Le signal fut donné sur-le-champ, et avant qu'OEil-de-Faucon eût rechargé son fusil, Chingachgook était arrivé. Quand son fils lui eut fait remarquer la situation de leur dangereux ennemi, l'exclamation hugh! s'échappa de ses lèvres, après quoi il ne montra aucun symptôme, ni de surprise, ni de crainte. Le chasseur et les deux Mohicans causèrent un instant en langue delaware, après quoi ils se séparèrent pour exécuter le plan qu'ils avaient concerté, le père et le fils se plaçant ensemble sur la gauche, et OEil-de-Faucon sur la droite.

Depuis le moment qu'il avait été découvert, le guerrier posté sur le chêne avait continué son feu sans autre interruption que le temps nécessaire pour recharger son fusil. La vigilance de ses ennemis l'empêchait de bien ajuster, car dès qu'il laissait à découvert une partie de son corps, elle devenait le but des coups des Mohicans ou du chasseur. Cependant ses balles arrivaient bien près de leur destination; Heyward, que son uniforme mettait plus en évidence, eut ses habits percés de plusieurs balles; un dernier coup lui effleura le bras, et en fit couler quelques gouttes de sang.

Enhardi par ce succès, le sauvage fit un mouvement pour ajuster le major avec plus de précision, et ce mouvement mit à découvert sa jambe et sa cuisse droite. Les yeux vifs et vigilants des deux Mohicans s'en aperçurent; leurs deux coups partirent à l'instant même, et ne produisirent qu'une explosion. Pour cette fois l'un des deux coups, peut-être tous les deux, avait porté. Le sauvage voulut retirer à lui sa cuisse blessée, et l'effort qu'il dut faire découvrit l'autre côté de son corps. Prompt comme l'éclair, le chasseur fit feu à son tour, et au même instant on vit le fusil du Huron lui échapper des mains, lui-même tomber en avant, ses deux cuisses blessées ne pouvant plus le soutenir; mais dans sa chute il s'accrocha des deux mains à une branche, qui plia sous son poids sans se rompre, et il resta suspendu entre le ciel et le gouffre, sur le bord duquel croissait le chêne.

— Par pitié, envoyez-lui une autre balle, s'écria Heyward en détournant les yeux de ce spectacle horrible.

— Pas un caillou! répondit OEil-de-Faucon; sa mort est certaine, nous n'avons pas de poudre à brûler inutilement; car les combats des Indiens durent quelquefois des jours entiers. — Il s'agit de leurs chevelures ou des nôtres, et Dieu qui nous a créés, a mis dans notre cœur l'amour de la vie.

Il n'y avait rien à répondre à un raisonnement politique de cette nature. En ce moment les hurlements des sauvages cessèrent de se faire entendre; ils interrompirent leur feu, et des deux côtés tous les yeux étaient fixés sur le malheureux qui se trouvait dans une situation si désespérée. Son corps cédait à l'impulsion du vent, et quoiqu'il ne lui échappât ni plainte ni gémissement, on voyait sur sa physionomie, malgré l'éloignement, l'angoisse d'un désespoir qui semblait encore braver et menacer ses ennemis.

Trois fois OEil-de-Faucon leva son fusil, par un mouvement de pitié, pour abréger ses souffrances, trois fois la prudence lui en fit appuyer la crosse par terre. Enfin une main du Huron épuisé tomba sans mouvement à son côté, et les efforts inutiles qu'il fit pour la relever et saisir de nouveau la branche à laquelle l'autre l'attachait encore donnait à ce spectacle un nouveau degré d'horreur. Le chasseur ne put y résister plus longtemps; son coup partit, la tête du sauvage se pencha sur sa poitrine, ses membres frissonnèrent, sa seconde main cessa de serrer la branche qui le soutenait, et tombant dans le gouffre ouvert sous ses pieds, il disparut pour toujours.

Les Mohicans ne poussèrent pas le cri de triomphe; ils se regardaient l'un l'autre comme saisis d'horreur. Un seul hurlement se fit entendre du côté de la forêt, et un profond silence y succéda.

OEil-de-Faucon semblait uniquement occupé de ce qu'il venait de faire, et il se reprochait même tout haut d'avoir cédé à un moment de faiblesse.

— J'ai agi en enfant, dit-il; c'était ma dernière charge de poudre et ma dernière balle; qu'importait qu'il tombât dans l'abîme mort ou vif? il fallait qu'il finît par y tomber. — Uncas, courez au canot, et rapportez-en la grande corne; c'est tout ce qu'il nous reste de poudre, et nous en aurons besoin jusqu'au dernier grain, ou je ne connais pas les Mingos.

Le jeune Mohican partit sur-le-champ, laissant le chasseur fouiller dans toutes ses poches, et secouer sa corne vide avec un air de mécontentement. Cet examen peu satisfaisant ne dura pourtant pas longtemps, car il en fut distrait par un cri perçant que poussa Uncas, et qui fut même pour l'oreille peu expérimentée de Duncan le signal de quelque nouveau malheur inattendu. Tourmenté d'inquiétude pour le dépôt précieux qu'il avait laissé dans la caverne, il se leva sur-le-champ, sans songer au danger auquel il s'exposait en se montrant à découvert. Un même mouvement de surprise et d'effroi fit que ses deux compagnons l'imitèrent, et tous trois coururent avec rapidité vers le défilé qui séparait les deux grottes, tandis que leurs ennemis leur tiraient quelques coups de fusil dont aucun ne les atteignit. Le cri d'Uncas avait fait sortir de la caverne les deux sœurs et même David, dont la blessure n'était pas sérieuse. Toute la petite troupe se trouva donc réunie, et il ne fallut qu'un coup d'œil jeté sur le fleuve pour apprendre ce qui avait occasionné le cri du jeune chef.

A peu de distance du rocher, on voyait le canot voguer de manière à prouver que le cours en était dirigé par quelque agent caché. Dès que le chasseur l'aperçut, il appuya son fusil contre son épaule, comme par instinct, appuya sur la détente, mais la pierre ne produisit qu'une étincelle inutile.

— Il est trop tard! s'écria-t-il avec un air de dépit et de désespoir; il est trop tard! le brigand a gagné le courant; et quand nous aurions de la poudre, à peine pourrions-nous lui envoyer une balle plus vite qu'il ne vogue maintenant.

Comme il finissait de parler, le Huron, courbé dans le canot, se voyant hors de portée, se montra à découvert, leva les mains en l'air pour se faire remarquer par ses compagnons, et poussa un cri de triomphe, auquel des hurlements de joie répondirent, comme si une bande de démons se fût réjouie de la chute d'une âme chrétienne.

— Vous avez raison de vous réjouir, enfants de l'enfer, dit OEil-de-Faucon en s'asseyant sur une pointe de rocher, et en repoussant du pied son arme inutile. Voilà les trois meilleurs fusils qui se trouvent dans ces bois, qui ne valent pas mieux qu'une branche de bois vermoulu, ou les cornes jetées par les daims l'année dernière.

— Et qu'allons-nous faire maintenant? demanda Heyward, ne voulant pas céder au découragement, et désirant connaître quelles ressources il leur restait; qu'allons-nous devenir?

Le chasseur ne lui répondit qu'en tournant une main autour de sa chevelure d'une manière si expressive, qu'il ne fallait pas de paroles pour expliquer ce qu'il voulait dire.

— Nous ne sommes pas encore réduits à cette extrémité, reprit le major; nous pouvons nous défendre dans les cavernes, nous opposer à leur débarquement.

— Avec quoi? demanda OEil-de-Faucon d'un ton calme : avec les flèches d'Uncas? avec des larmes de femmes? — Non, non; le temps de la résistance est passé. Vous êtes jeune, vous êtes riche, vous avez des amis; avec tout cela, je sens qu'il est dur de mourir. Mais, ajouta-t-il en jetant un coup d'œil sur les deux Mohicans, souvenons-nous que notre sang est pur, et prouvons à ces habitants de la forêt que le blanc peut souffrir et mourir avec autant de fermeté que l'homme rouge, quand son heure est arrivée.

Heyward, ayant jeté un coup d'œil rapide dans la direction qu'avaient prise les yeux du chasseur, vit la confirmation de toutes ses craintes dans la conduite des deux Indiens. Chingachgook, assis dans une attitude de dignité sur un autre fragment de rocher, avait déjà ôté de sa ceinture son couteau et son tomahawk, dépouillé sa tête de sa plume d'aigle, et il passait la main sur sa touffe de cheveux, comme pour la préparer à l'opération qu'il s'attendait à subir incessamment. Sa physionomie était calme, quoique pensive, et ses yeux noirs et brillants, perdant l'ardeur qui les avait animés pendant le combat, prenaient une expression plus analogue à la situation dans laquelle il se trouvait.

— Notre position n'est pas encore désespérée, dit le major; il peut nous arriver du secours à chaque instant. Je ne vois pas d'ennemis dans les environs; ils se sont retirés; ils ont renoncé à un combat dans lequel ils ont reconnu qu'ils ont beaucoup plus à perdre qu'à gagner.

— Il est possible qu'il se passe une heure, deux heures, répondit OEil-de-Faucon, avant que les maudits Serpents arrivent, comme il est possible qu'ils soient déjà à portée de nous entendre; mais ils arriveront, et de manière à ne nous laisser aucune espérance. — Chingachgook, mon frère, ajouta-t-il en se servant alors de la langue des Delawares, nous venons de combattre ensemble pour la dernière fois, et les Maquas pousseront le cri de triomphe en donnant la mort au sage Mohican et au Visage-Pâle dont ils redoutaient la vue la nuit comme le jour.

— Que les femmes des Mingos pleurent leur mort! dit Chingachgook avec sa dignité ordinaire et avec une fermeté inébranlable; le Grand-Serpent des Mohicans s'est introduit dans les wigwams, et il a empoisonné leur triomphe par les cris des enfants dont les pères n'y rentreront jamais. Onze guerriers ont été étendus sur la terre, loin des tombeaux de leurs pères, depuis la dernière fonte des neiges, et personne ne dira où l'on peut les trouver, tant que la langue de Chingachgook gardera le silence. Qu'ils tirent leur couteau le mieux affilé, qu'ils lèvent leur tomahawk le plus lourd, car leur plus dangereux ennemi est entre leurs mains. Uncas, mon fils, dernière branche d'un noble tronc, appelle-les lâches, dis-leur de se hâter, ou leurs cœurs s'amolliront, et ils ne seront plus que des femmes.

— Ils sont à la pêche de leurs morts, répondit la voix douce et grave du jeune Indien; les Hurons flottent dans la rivière avec les anguilles; ils tombent des chênes comme le fruit mûr, et les Delawares en rient.

— Oui, oui, dit le chasseur, qui avait écouté les discours caractéristiques des deux Indiens; ils s'échauffent le sang, et ils exciteront les Maquas à les expédier promptement : mais quant à moi dont le sang est sans mélange, je saurai mourir comme doit mourir un blanc, sans paroles insultantes dans la bouche, et sans amertume dans le cœur.

— Et pourquoi mourir? dit en s'avançant vers lui Cora, que la terreur avait retenue jusqu'alors appuyée sur le rocher; le chemin vous est ouvert en ce moment; vous êtes sans doute en état de traverser cette rivière à la nage; fuyez dans les bois que vos ennemis viennent de quitter, et invoquez le secours du ciel. Allez, braves gens; vous n'avez déjà couru que trop de risques pour nous; ne vous attachez pas plus longtemps à notre malheureuse fortune.

— Vous ne connaissez guère les Iroquois, si vous croyez qu'ils ne surveillent pas tous les sentiers qui conduisent dans les bois, répondit OEil-de-Faucon, qui ajouta avec simplicité : Il est bien vrai qu'en nous laissant seulement emporter par le courant nous serions bientôt hors de la portée de leurs balles et même du son de leurs voix.

— Pourquoi donc tardez-vous? s'écria Cora; jetez-vous dans la rivière; n'augmentez pas le nombre des victimes d'un ennemi sans pitié.

— Non, dit le chasseur en tournant ses regards autour de lui avec un air de fierté; il vaut mieux mourir en paix avec soi-même que de vivre avec une mauvaise conscience. Que pourrions-nous répondre à Munro, quand il nous demanderait où nous avons laissé ses enfants et pourquoi nous les avons quittés?

— Allez le trouver, et dites-lui de nous envoyer de prompts secours, s'écria Cora avec un généreux enthousiasme; dites-lui que les Hurons nous entraînent dans les déserts du côté du nord, mais qu'avec de la vigilance et de la célérité il peut encore nous sauver. Et s'il arrivait que le secours vînt trop tard, ajouta-t-elle d'une voix plus émue, mais qui reprit bientôt sa fermeté, portez-lui les derniers adieux, les assurances de tendresse, les bénédictions et les prières de ses deux filles; dites-lui de ne pas pleurer leur fin prématurée, et d'attendre avec une humble confiance l'instant où le ciel lui permettra de les rejoindre.

Les traits endurcis du chasseur parurent agités d'une manière peu ordinaire. Il avait écouté avec grande attention; et quand Cora eut fini de parler, il s'appuya le menton sur une main et garda le silence en homme qui réfléchissait sur la proposition qu'il venait d'entendre.

— Il y a de la raison dans cela, dit-il enfin, et l'on ne peut nier que ce ne soit l'esprit du christianisme; mais ce qui peut être bien pour un homme rouge peut être mal pour un blanc qui n'a pas une goutte de sang mêlé à alléguer pour excuse. Chingachgook, Uncas, avez-vous entendu ce que vient de dire la femme blanche aux yeux noirs?

Il leur parla quelques instants en delaware, et ses discours, quoique prononcés d'un ton calme et tranquille, semblaient avoir quelque chose de décidé. Chingachgook l'écouta avec sa gravité accoutumée, parut sentir l'importance de ce qu'il disait et y réfléchir profondément. Après avoir hésité un moment, il fit de la tête et de la main un geste d'approbation, et prononça en anglais le mot —Bon!—avec l'emphase ordinaire à sa nation. Replaçant alors dans sa ceinture son tomahawk et son couteau, il se rendit en silence sur le bord du rocher, du côté opposé à la rive que les ennemis avaient occupée, s'y arrêta un instant, montra les bois qui étaient de l'autre côté, dit quelques mots en sa langue, comme pour indiquer le chemin qu'il devait suivre, se jeta dans la rivière, gagna le courant rapide, et disparut en peu d'instants aux yeux des spectateurs.

Le chasseur différa un moment son départ pour adresser quelques mots à la généreuse Cora, qui semblait respirer plus librement en voyant le succès de ses remontrances.

— La sagesse est quelquefois accordée aux jeunes gens comme aux vieillards, lui dit-il, et ce que vous avez dit est sage, pour ne rien dire de plus. Si l'on vous entraîne dans les bois, c'est-à-dire ceux de vous qu'on pourra épargner pour l'instant, cassez autant de branches que vous le pourrez sur votre passage, et appuyez le pied en marchant afin d'en imprimer les traces sur la terre : si l'œil d'un homme peut les apercevoir, comptez sur un ami qui vous suivra jusqu'au bout du monde avant de vous abandonner.

Il prit la main de Cora, la serra avec affection, releva son fusil qu'il regarda un instant d'un air douloureux, et l'ayant caché avec soin sous les broussailles, il s'avança vers le bord de l'eau, au même endroit que Chingachgook avait choisi. Il resta un moment, comme encore incertain de ce qu'il devait faire, et, regardant autour de lui avec un air de dépit, il s'écria : — S'il m'était resté une corne de poudre, jamais je n'aurais subi une telle honte ! — A ces mots, se précipitant dans la rivière, il disparut en peu d'instants, comme l'avait fait le Mohican.

Tous les yeux se tournèrent alors vers Uncas, qui restait appuyé contre le rocher avec un sang-froid imperturbable. Après un court silence, Cora lui montra la rivière, et lui dit :

— Vous voyez que vos amis n'ont pas été aperçus ; ils sont probablement maintenant en sûreté ; pourquoi tardez-vous à les suivre ?

— Uncas veut rester ici, répondit le jeune Indien en mauvais anglais, du ton le plus calme.

— Pour augmenter l'horreur de notre captivité et diminuer les chances de notre délivrance! s'écria Cora, baissant les yeux sous les regards ardents du jeune Indien. — Partez, généreux jeune homme, continua-t-elle, peut-être avec un sentiment secret de l'ascendant qu'elle avait sur lui; partez, et soyez le plus confidentiel de mes messagers. Allez trouver mon père, et dites-lui que nous lui demandons de vous confier les moyens de nous remettre en liberté. Partez sur-le-champ, je vous en prie, je vous en conjure!

L'air calme et tranquille d'Uncas se changea en une expression sombre et mélancolique; mais il n'hésita plus. Il s'élança en trois bonds jusqu'au bord du rocher, et se précipita dans la rivière, où ceux qui le suivaient des yeux le perdirent de vue. L'instant d'après ils virent sa tête reparaître au milieu du courant rapide, et il disparut presque aussitôt dans l'éloignement.

Ces trois épreuves qui paraissaient avoir réussi n'avaient occupé que quelques minutes d'un temps qui était alors si précieux. Dès qu'Uncas ne fut plus visible, Cora se tourna vers le major, et lui dit d'une voix presque tremblante :

— J'ai entendu vanter votre habileté à nager, Duncan; ne perdez donc pas de temps, et suivez le bon exemple que viennent de vous donner ces êtres généreux et fidèles.

— Est-ce là ce que Cora Munro attend de celui qui s'est chargé de la protéger? demanda Heyward en souriant avec amertume.

— Ce n'est pas le moment de s'occuper de subtilités et de faire valoir des sophismes, s'écria-t-elle avec véhémence; nous devons maintenant ne considérer que notre devoir. Vous ne pouvez nous rendre aucun service dans la situation où nous nous trouvons, et vous devez chercher à sauver une vie précieuse pour d'autres amis.

Il ne lui répondit rien; mais il jeta un regard douloureux sur Alice, qui s'appuyait sur son bras, presque incapable de se soutenir.

— Réfléchissez, après tout, continua Cora après un court intervalle pendant lequel elle parut lutter contre des appréhensions plus vives qu'elle ne voulait le laisser paraître, que la mort est le pire qui puisse nous arriver; et c'est un tribut que toute créature doit payer au moment où il plaît au Créateur de l'exiger.

Heyward répondit d'une voix sombre et d'un air mécontent de son importunité : — Cora, il est des maux pires que la mort même, et que la présence d'un homme prêt à mourir pour vous peut détourner.

Cora ne répliqua rien, et, se couvrant le visage de son schall, elle prit le bras d'Alice et rentra avec elle dans la seconde caverne.

CHAPITRE IX.

> Livre-toi à la joie en toute sécurité; dissipe, ma bien-aimée, par des sourires, les sombres images qui pèsent sur ton front naturellement si pur..
>
> *La Mort d'Agrippine.*

Le silence soudain et presque magique qui succédait au tumulte du combat, et que troublait seulement la voix de la cataracte, eut un tel effet sur l'imagination d'Heyward, qu'il croyait presque sortir d'un rêve; et quoique tout ce qu'il avait vu, tout ce qu'il avait fait, tous les événements qui venaient de se passer fussent profondément gravés dans sa mémoire, il avait quelque peine à se persuader que ce fût une réalité. Ignorant encore le destin de ceux qui avaient confié leur sûreté à la rapidité du courant, il écouta d'abord avec grande attention si quelque signal, quelque cri de joie ou de détresse annoncerait la réussite ou la fin désastreuse de leur hasardeuse entreprise. Mais ce fut en vain qu'il écouta; toute trace de ses compagnons avait disparu avec Uncas, et il fallait qu'il restât dans l'incertitude sur leur destinée.

Dans un moment de doute si pénible, Duncan n'hésita pas à s'avancer sur les bords du rocher, sans prendre pour sa sûreté aucune des précautions qui lui avaient été si souvent recommandées pendant le combat; mais il ne put découvrir aucun indice qui lui annonçât, soit que ses amis fussent en sûreté, soit que des ennemis approchassent ou fussent cachés dans les environs. La forêt qui bordait la rivière semblait de nouveau abandonnée par tout ce qui jouissait du don de la vie. Les hurlements dont elle avait retenti étaient remplacés par le seul bruit de la chute d'eau; un oiseau de proie, perché sur les branches desséchées d'un pin mort situé à quelque distance, et qui avait été spectateur immobile du combat, prit son essor en ce moment, et décrivit de grands cercles dans les airs pour y chercher une proie ; tandis qu'un geai, dont la voix criarde avait été couverte par les clameurs des sauvages, fit entendre son cri discordant, comme pour se féliciter d'être laissé en possession de ses domaines déserts. Ces divers traits caractéristiques de la solitude firent pénétrer dans le cœur d'Heyward un rayon d'espérance ; il se sentit en état de faire de nouveaux efforts, et reprit quelque confiance en lui-même.

— On ne voit pas les Hurons, dit-il en se rapprochant de David qui était assis sur une grosse pierre, le dos appuyé contre le rocher, et dont l'esprit n'était pas encore bien remis du choc que sa tête avait reçu en tombant, chute qui avait contribué à lui faire perdre connaissance plus que la balle qui l'avait atteint ; retirons-nous dans la caverne, et laissons le soin du reste à la Providence.

— Je me souviens, dit le maître en psalmodie, d'avoir uni ma voix à celle de deux aimables dames pour rendre au ciel des actions de grâces, et depuis ce temps le jugement du ciel m'a châtié de mes péchés. Je me suis assoupi d'un sommeil qui n'était pas un sommeil, et mes oreilles ont été déchirées par des sons discordants, comme si la plénitude des temps fût arrivée, et que la nature eût oublié son harmonie.

— Pauvre diable ! dit Heyward, il s'en est fallu de bien peu que la plénitude des temps ne fût arrivée pour toi. Mais allons, suivez-moi ; je vais vous conduire dans un lieu où vous n'entendrez d'autres sons que ceux de votre psalmodie.

— Il y a de la mélodie dans le bruit d'une cataracte, dit David en se pressant le front de la main, et les sons d'une chute d'eau n'ont rien de désagréable à l'oreille. Mais l'air n'est-il pas encore rempli de cris horribles et confus, comme si les esprits de tous les damnés…

— Non, non, dit Heyward en l'interrompant, les hurlements des démons ont cessé, et j'espère que ceux qui les poussaient se sont retirés ; tout est tranquille et silencieux, excepté l'eau du fleuve ; entrez donc dans la caverne, et vous y pourrez faire naître ces sons que vous aimez tant à entendre.

David sourit mélancoliquement, et cependant un éclair de satisfaction brilla dans ses yeux lorsqu'il entendit cette allusion à sa profession chérie. Il n'hésita donc point à se laisser conduire dans un endroit qui lui promettait de pouvoir se livrer à son goût, et appuyé sur le bras du major il entra dans la caverne.

Le premier soin d'Heyward, dès qu'ils y furent entrés, fut d'en boucher l'entrée par un amas de branches de sassafras qui en dérobait la vue à l'extérieur; et derrière ce faible rempart, il étendit les couvertures des Indiens, pour la rendre encore plus obscure, tandis qu'un faible jour pénétrait dans la grotte par la seconde issue qui était fort étroite, et qui, comme nous l'avons déjà dit, donnait sur un bras de la rivière qui allait se réunir à l'autre un peu plus bas.

— Je n'aime pas, dit-il tout en achevant ses fortifications, ce principe qui apprend aux Indiens à céder sans résistance dans les cas qui leur paraissent désespérés. Notre maxime qui dit que l'espérance dure autant que la vie, est plus consolante et convient mieux au caractère d'un soldat. Quant à vous, Cora, je n'ai pas besoin de vous adresser des paroles d'encouragement; votre fermeté, votre raison, vous apprennent tout ce qui peut convenir à votre sexe; mais ne pouvons-nous trouver quelque moyen pour sécher les larmes de cette jeune sœur tremblante qui pleure sur votre sein?

— Je suis plus calme, Duncan, dit Alice en se dérobant aux bras de sa sœur, et en tâchant de montrer quelque tranquillité à travers ses larmes; je suis beaucoup plus calme à présent. Nous devons être en sûreté dans ce lieu solitaire; nous n'y avons rien à craindre; qui pourrait nous y découvrir? Mettons notre espoir en ces hommes généreux qui se sont déjà exposés à tant de périls pour nous servir.

— Notre chère Alice parle maintenant en fille de Munro, dit Heyward en s'avançant pour lui serrer la main; avec deux pareils exemples de courage sous les yeux, quel homme ne rougirait de ne pas se montrer un héros!

Il s'assit alors au milieu de la caverne, et serra fortement dans sa main le pistolet qui lui restait, tandis que le froncement de ses sourcils annonçait la résolution désespérée dont il était armé. Si les Hurons viennent, ils ne pénétreront pas encore en ce lieu aussi facilement qu'ils le pensent, murmura-t-il à demi-voix; et appuyant la tête contre le rocher, il sembla attendre les événements avec patience et résignation, les yeux toujours fixés sur la seule issue qui restât ouverte, et qui était défendue par la rivière.

Un long et profond silence succéda aux derniers mots qu'avait prononcés le major. L'air frais du matin avait pénétré dans la grotte, et sa douce influence avait produit un heureux effet sur l'esprit de ceux qui s'y trouvaient. Chaque minute qui s'écoulait sans amener avec elle de nouveaux dangers, ranimait dans leur cœur l'étincelle d'espérance qui commençait à y renaître, quoique aucun d'eux n'osât communiquer aux autres un espoir que le moment d'après pouvait détruire.

David seul semblait étranger à ces émotions. Un rayon de lumière partant de l'étroite sortie de la caverne tombait sur lui, et le montrait occupé à feuilleter son petit livre, comme s'il eût cherché un cantique plus convenable à sa situation qu'aucun de ceux qui avaient frappé ses yeux jusqu'alors. Il agissait probablement ainsi d'après un souvenir confus de ce que lui avait dit le major en l'amenant dans la caverne. Enfin ses soins diligents obtinrent leur récompense. Sans apologie, sans explication, il s'écria tout à coup à haute voix : — L'Ile de Wight[1]! Prenant son instrument favori, il en tira quelques sons pour se donner le ton juste; et sa voix harmonieuse fit entendre le prélude de l'air qu'il venait d'annoncer.

— N'y a-t-il pas de danger? demanda Cora en fixant ses yeux noirs sur le major.

— Le pauvre diable! dit Heyward; sa voix est maintenant trop faible pour qu'on puisse l'entendre au milieu du bruit de la cataracte. Laissons-le donc se consoler à sa manière, puisqu'il peut le faire sans aucun risque.

— L'Ile de Wight! répéta David en regardant autour de lui avec un air de gravité imposante qui aurait réduit au silence une vingtaine d'écoliers babillards; c'est un bel air, et les paroles en sont solennelles. Chantons-les donc avec tout le respect convenable.

Après un moment de silence dont le but était d'attirer de plus en plus l'attention de ses auditeurs, le chanteur fit entendre sa voix, d'abord sur un ton bas, qui, s'élevant graduellement, finit par remplir la caverne de sons harmonieux. La mélodie, que la faiblesse de la voix rendait plus touchante, répandit peu à peu son influence sur ceux qui l'écoutaient; elle triomphait même du misérable travestissement du cantique du Psalmiste, que La Gamme avait choisi avec tant de soin; et la douceur inexprimable de la

---

[1]. C'est une particularité de la psalmodie américaine, que les airs sont distingués les uns des autres par des noms de villes ou de provinces, etc., comme *Danemark, Lorraine, Ile de Wight,* et ces trois derniers sont les plus estimés.

voix faisait oublier le manque total de talent du poëte. Alice sentit ses pleurs se sécher, et fixa sur le chanteur ses yeux attendris, avec une expression de plaisir qui n'était point affectée et qu'elle ne cherchait pas à cacher. Cora accorda un sourire d'approbation aux pieux efforts de celui qui portait le nom du roi-prophète, et le front d'Heyward se dérida tandis qu'il perdait un instant de vue l'étroite ouverture qui éclairait la caverne, et qu'il admirait alternativement l'enthousiasme qui brillait dans les regards du chanteur, et l'éclat plus doux des yeux encore humides de la jeune Alice.

Le musicien s'aperçut de l'intérêt qu'il excitait; son amour-propre satisfait lui inspira de nouveaux efforts, et sa voix regagna tout son volume et sa richesse, sans rien perdre de sa douceur. Les voûtes de la caverne retentissaient de ses sons mélodieux, quand un cri horrible, se faisant entendre au loin, lui coupa la voix aussi complétement que si on lui eût mis tout à coup un bâillon.

— Nous sommes perdus! s'écria Alice en se jetant dans les bras de Cora, qui les ouvrit pour la recevoir.

— Pas encore, pas encore, dit Heyward; ce cri des sauvages part du centre de l'île; il a été occasionné par la vue de leurs compagnons morts. Nous ne sommes pas découverts, et nous pouvons encore espérer.

Quelque faible que fût cette espérance, Duncan ne la fit pas luire inutilement, car ses paroles servirent du moins à faire sentir aux deux sœurs la nécessité d'attendre les événements en silence. D'autres cris suivirent le premier, et l'on entendit bientôt les voix des sauvages qui accouraient de l'extrémité de la petite île, et qui arrivèrent enfin sur le rocher qui couvrait les deux cavernes. L'air continuait à retentir de hurlements féroces tels que l'homme peut en produire, et seulement quand il est dans l'état de la barbarie la plus complète.

Ces sons affreux éclatèrent bientôt autour d'eux de toutes parts; les uns appelaient leurs compagnons du bord de l'eau, et les autres leur répondaient du haut des rochers. Des cris plus dangereux se firent entendre dans le voisinage de la crevasse qui séparait les deux cavernes, et ils se mêlaient à ceux qui partaient du ravin dans lequel quelques Hurons étaient descendus. En un mot, ces cris effrayants se multipliaient tellement et semblaient si voisins, qu'ils firent sentir mieux que jamais aux quatre individus réfugiés dans la grotte la nécessité de garder le plus profond silence.

Au milieu de ce tumulte, un cri de triomphe partit à peu de distance de l'entrée de la grotte qui était masquée avec des branches de sassafras amoncelées. Heyward abandonna alors toute espérance, convaincu que cette issue avait été découverte. Cependant il se rassura en entendant les sauvages courir vers l'endroit où le chasseur avait caché son fusil, que le hasard venait de faire trouver. Il lui était alors facile de comprendre une partie de ce que disaient les Hurons, car ils mêlaient à leur langue naturelle beaucoup d'expressions empruntées à celle qu'on parle dans le Canada [1]. Plusieurs voix s'écrièrent en même temps : La Longue-Carabine! et les échos répétèrent ce nom, donné à un célèbre chasseur qui servait quelquefois de batteur d'estrade dans le camp anglais, et ce fut ainsi que Heyward apprit quel était celui qui avait été son compagnon.

Les mots — la Longue-Carabine! la Longue-Carabine! passaient de bouche en bouche, et toute la troupe semblait s'être réunie autour d'un trophée qui paraissait indiquer la mort de celui qui en avait été le propriétaire. Après une consultation bruyante fréquemment interrompue par les éclats d'une joie sauvage, les Hurons se séparèrent et coururent de tous côtés en faisant retentir l'air du nom d'un ennemi dont Heyward comprit, d'après quelques-unes de leurs expressions, qu'ils espéraient trouver le corps dans quelque fente de rocher.

— Voici le moment de la crise, dit-il tout bas aux deux sœurs qui tremblaient. Si cette grotte échappe à leurs recherches, nous sommes en sûreté. Dans tous les cas nous sommes certains, d'après ce qu'ils viennent de dire, que nos amis ne sont pas tombés entre leurs mains, et d'ici à deux heures nous pouvons espérer que Webb nous aura envoyé du secours.

Quelques minutes se passèrent dans le silence de l'inquiétude, et tout annonçait que les sauvages redoublaient de soin et d'attention dans leurs recherches. Plus d'une fois on les entendit passer dans l'étroit défilé qui séparait les deux cavernes; on le reconnaissait au bruissement des feuilles de sassafras qu'ils froissaient, et des branches sèches qui se brisaient sous leurs pieds. Enfin la pile amoncelée par Heyward céda un peu, et un faible rayon de lumière

---

[1]. Le français.

pénétra de ce côté dans la grotte. Cora serra Alice contre son sein, dans une angoisse de terreur, et Duncan se leva avec la promptitude de l'éclair. De grands cris poussés en ce moment, et qui partaient évidemment de la caverne voisine, indiquèrent que les Hurons l'avaient enfin découverte et venaient d'y entrer; et d'après le nombre des voix qu'on entendait, il paraissait que toute la troupe y était réunie, ou s'était rassemblée à l'entrée.

Les deux cavernes étaient à si peu de distance l'une de l'autre que le major regarda alors comme impossible qu'on ne découvrît pas leur retraite; et rendu désespéré par cette idée cruelle, il s'élança vers la fragile barrière qui ne le séparait que de quelques pieds de ses ennemis acharnés; il s'approcha même de la petite ouverture que le hasard y avait pratiquée; et y appliqua l'œil pour reconnaître les mouvements des sauvages.

A portée de son bras était un Indien d'une taille colossale, dont la voix forte semblait donner des ordres que les autres exécutaient. Un peu plus loin il vit la première caverne remplie de Hurons qui en examinaient tous les recoins avec la plus scrupuleuse attention. Le sang qui avait coulé de la blessure de David avait communiqué sa couleur aux feuilles de sassafras sur un amas desquelles on l'avait couché. Les naturels s'en aperçurent, et ils poussèrent des cris de joie semblables aux hurlements d'une meute de chiens qui retrouve la piste qu'elle avait perdue. Ils se mirent sur-le-champ à éparpiller toutes les branches, comme pour voir si elles ne cachaient pas l'ennemi qu'ils avaient si longtemps haï et redouté; et pour s'en débarrasser, ils les jetèrent dans l'intervalle qui séparait les deux cavernes. Un guerrier à physionomie féroce et sauvage s'approcha du chef, tenant en main une brassée de ces branches, et lui fit remarquer avec un air de triomphe les traces de sang dont elles étaient couvertes en prononçant avec vivacité quelques phrases dont Heyward devina le sens en entendant répéter plusieurs fois les mots — la Longue-Carabine. — Il jeta alors les branches qu'il portait sur l'amas de celles que le major avait accumulées devant l'entrée de la seconde caverne, et boucha le jour que le hasard y avait pratiqué. Ses compagnons, imitant son exemple, y jetèrent pareillement les branches qu'ils emportaient de la première caverne, et ajoutèrent ainsi sans le vouloir à la sécurité de ceux qui s'étaient réfugiés dans la seconde. Le peu de solidité de ce boulevard était précisément ce qui en faisait la force; car personne ne songeait à déranger une masse de broussailles que chacun croyait que ses compagnons avaient contribué à former dans ce moment de confusion.

A mesure que les couvertures placées à l'intérieur étaient repoussées par les branches qu'on accumulait au dehors et qui commençaient à former une masse plus compacte, Duncan respirait plus librement. Ne pouvant plus rien voir, il retourna à la place qu'il occupait auparavant au centre de la grotte, et d'où il pouvait voir l'issue qui donnait sur la rivière. Pendant qu'il s'y rendait, les Indiens parurent renoncer à faire des recherches; on les entendit sortir de la caverne en paraissant se diriger vers l'endroit d'où ils s'étaient fait entendre en arrivant, et leurs hurlements de désespoir annonçaient qu'ils étaient assemblés autour des corps des compagnons qu'ils avaient perdus pendant l'attaque de l'île.

Le major se hasarda alors à lever les yeux sur ses compagnes; car pendant ce court intervalle de danger imminent, il avait craint que l'inquiétude peinte sur son front n'augmentât les alarmes des deux jeunes personnes, dont la terreur était déjà si grande.

— Ils sont partis, Cora, dit-il à voix basse; Alice, ils sont retournés d'où ils sont venus; nous sommes sauvés. Rendons-en grâces au ciel, qui seul a pu nous délivrer de ces ennemis sans pitié.

— Que le ciel accepte donc mes ferventes actions de grâces! s'écria Alice en s'arrachant des bras de sa sœur, et en se jetant à genoux sur le roc; ce ciel qui a épargné les pleurs d'un bon père! qui a sauvé la vie de ceux que j'aime tant!

Heyward et Cora, plus maîtresse d'elle-même que sa sœur, virent avec attendrissement cet élan de forte émotion, et le major pensa que jamais la piété ne s'était montrée sous une forme plus séduisante que celle de la jeune Alice. Ses yeux brillaient du feu de la reconnaissance, ses joues avaient repris toute leur fraîcheur, et ses traits éloquents annonçaient que sa bouche se préparait à exprimer les sentiments dont son cœur était rempli. Mais quand ses lèvres s'ouvrirent, la parole sembla s'y glacer; la pâleur de la mort couvrit de nouveau son visage, ses yeux devinrent fixes et immobiles d'horreur; ses deux mains, qu'elle avait levées vers le ciel, se dirigèrent en ligne horizontale vers l'issue qui donnait sur la rivière, et tout son corps fut agité de violentes convulsions. Les yeux d'Heyward suivirent sur-le-champ la direction des bras d'Alice, et sur la rive opposée du bras de la rivière qui coulait dans le ravin, il vit un homme dans les traits sauvages et féroces duquel il reconnut son guide perfide le Renard-Subtil.

En ce moment de surprise et d'horreur, la prudence du major ne l'abandonna point. Il vit à l'air de l'Indien que ses yeux, accoutumés au grand jour, n'avaient pas encore pu pénétrer à travers l'obscurité qui régnait dans la grotte. Il se flatta même qu'en se retirant avec ses deux compagnes dans un renfoncement encore plus sombre où David était déjà, ils pourraient encore échapper à ses regards; mais une expression de satisfaction féroce qui se peignit tout à coup sur les traits du sauvage lui apprit qu'il était trop tard, et qu'ils étaient découverts.

L'air de triomphe brutal qui annonçait cette terrible vérité fut insupportable au major; il n'écouta que son ressentiment, et ne songeant qu'à immoler son perfide ennemi, il lui tira un coup de pistolet. L'explosion retentit dans la caverne comme l'éruption d'un volcan, et lorsque la fumée fut dissipée, Heyward ne vit plus personne à l'endroit où il avait aperçu l'Indien. Il courut à l'ouverture, et vit le traître se glisser derrière un rocher qui le déroba à ses yeux.

Un profond silence avait succédé parmi les Indiens à l'explosion qui leur semblait sortie des entrailles de la terre. Mais lorsque le Renard eut poussé un long cri qu'un accent de joie rendait intelligible, un hurlement général y répondit : tous ses compagnons se réunirent de nouveau, rentrèrent dans l'espèce de défilé qui séparait les cavernes, et avant que Heyward eût le temps de revenir de sa consternation, la faible barrière de sassafras fut renversée, les sauvages se précipitèrent dans la grotte, et saisissant les quatre individus qui s'y trouvaient, ils les entraînèrent en plein air, au milieu de toute la troupe des Hurons triomphants.

CHAPITRE X.

> J'ai peur que notre sommeil ne soit aussi prolongé
> demain matin que nos veilles l'ont été la nuit
> dernière.
>
> SHAKSPEARE. *Le songe d'une nuit d'été.*

Dès que Heyward fut revenu du choc violent que lui avait fait éprouver cette infortune soudaine, il commença à faire ses observations sur l'air et les manières des sauvages vainqueurs. Contre l'usage des naturels, habitués à abuser de leurs avantages, ils avaient respecté non-seulement les deux sœurs, non-seulement le maître en psalmodie, mais le major lui-même, quoique son costume militaire et surtout ses épaulettes eussent attiré l'attention de quelques individus qui y avaient porté la main plusieurs fois avec le désir évident de s'en emparer ; mais un ordre du chef, prononcé d'un ton d'autorité, eut le pouvoir de les contenir, et Heyward fut convaincu qu'on avait quelque motif particulier pour les épargner, du moins quant à présent.

Tandis que les plus jeunes de ces sauvages admiraient la richesse d'un costume dont leur vanité aurait aimé à se parer, les guerriers plus âgés et plus expérimentés continuaient à faire des perquisitions dans les deux cavernes et dans toutes les fentes des rochers, d'un air qui annonçait que les fruits qu'ils venaient de recueillir de leur victoire ne leur suffisaient pas encore. N'ayant pu découvrir les victimes qu'ils désiraient surtout immoler à leur vengeance, ces barbares se rapprochèrent de leurs prisonniers, et leur demandèrent d'un ton furieux en mauvais français ce qu'était devenu la Longue-Carabine. Heyward affecta de ne pas comprendre leurs questions, et David, ne sachant pas le français, n'eut pas besoin de recourir à l'affectation. Enfin, fatigué de leurs importunités et craignant de les irriter par un silence trop opiniâtre, il chercha des yeux Magua afin d'avoir l'air de s'en servir comme d'interprète pour répondre à un interrogatoire qui devenait plus pressant et plus menaçant de moment en moment.

La conduite de ce sauvage formait un contraste frappant avec celle de ses compagnons. Il n'avait pris aucune part aux nouvelles recherches qu'on avait faites depuis la capture des quatre prisonniers; il avait laissé ceux de ses camarades que la soif du pillage tourmentait, ouvrir la petite valise du maître en psalmodie et s'en partager les effets. Placé à quelque distance derrière les autres Hurons, il avait l'air si tranquille, si satisfait, qu'il était évident que, quant à lui du moins, il avait obtenu tout ce qu'il désirait gagner par sa trahison. Quand les yeux du major rencontrèrent les regards sinistres quoique calmes de son guide, il les détourna d'abord avec horreur; mais sentant la nécessité de dissimuler dans un pareil moment, il fit un effort sur lui-même pour lui adresser la parole.

— Le Renard-Subtil est un trop brave guerrier, lui dit-il, pour refuser d'expliquer à un ennemi sans armes ce que lui demandent ceux dont il est le captif.

— Ils lui demandent où est le Chasseur qui connaît tous les sentiers des bois, répondit Magua en mauvais anglais; et appuyant en même temps la main avec un sourire féroce sur des feuilles de sassafras qui bandaient une blessure qu'il avait reçue à l'épaule; la Longue-Carabine, ajouta-t-il : son fusil est bon, son œil ne se ferme jamais; mais de même que le petit fusil du chef blanc, il ne peut rien contre la vie du Renard-Subtil.

— Le Renard est trop brave, dit Heyward, pour songer à une blessure qu'il a reçue à la guerre et pour la reprocher à la main qui la lui a faite.

— Étions-nous en guerre, répliqua Magua, quand l'Indien fatigué se reposait au pied d'un chêne pour manger son grain? qui avait rempli la forêt d'ennemis embusqués? qui a voulu lui saisir le bras? qui avait la paix sur la langue et le sang dans le cœur? Magua avait-il dit que sa hache de guerre était hors de terre et que sa main l'en avait retirée?

Heyward, n'osant rétorquer l'argument de son accusateur en lui reprochant la trahison qu'il avait lui-même méditée, et dédaignant de chercher à désarmer son ressentiment par quelque apologie, garda le silence. Magua, de son côté, ne parut pas vouloir continuer la controverse, et s'appuyant de nouveau contre le rocher dont il s'était écarté un instant, il reprit son attitude d'indifférence. Mais le cri de — la Longue-Carabine ! — se renouvela dès que les sauvages impatients s'aperçurent que cette courte conférence était terminée.

— Vous l'entendez, dit Magua avec un air de nonchalance ; les Hurons demandent le sang de la Longue-Carabine, ou ils feront couler celui de ceux qui le cachent.

— Il est parti, échappé, bien loin de leur portée, répondit le major.

Magua sourit dédaigneusement.

— Quand l'homme blanc meurt, dit-il, il se croit en paix ; mais l'homme rouge sait comment tourmenter l'esprit même de son ennemi. Où est son corps ? montrez sa tête aux Hurons.

— Il n'est pas mort ; il s'est échappé.

— Est-il un oiseau qui n'ait qu'à déployer ses ailes ? demanda l'Indien en secouant la tête avec un air d'incrédulité. Est-il un poisson qui puisse nager sans regarder le soleil ? Le chef blanc lit dans ses livres, et croit que les Hurons n'ont pas de jugement.

— Sans être un poisson, la Longue-Carabine peut nager. Après avoir brûlé toute sa poudre, il s'est jeté dans le courant qui l'a entraîné bien loin, pendant que les yeux des Hurons étaient couverts d'un nuage.

— Et pourquoi le chef blanc ne l'a-t-il pas imité ? pourquoi est-il resté ? Est-il une pierre qui va au fond de l'eau, ou sa chevelure lui brûle-t-elle la tête ?

— Si votre camarade qui a perdu la vie dans le gouffre pouvait vous répondre, il vous dirait que je ne suis pas une pierre qu'un faible effort suffit pour y précipiter, répondit le major, croyant devoir faire usage de ce style d'ostentation qui excite toujours l'admiration des sauvages ; les hommes blancs pensent que les lâches seuls abandonnent leurs femmes.

Magua murmura entre ses dents quelques mots inintelligibles, et dit ensuite : — Et les Delawares savent-ils nager aussi bien que se glisser entre les broussailles ? — Où est le Grand-Serpent ?

Heyward vit par cette demande que ses ennemis connaissaient mieux que lui les deux sauvages qui avaient été ses compagnons de danger.

— Il est parti de même à l'aide du courant, répondit-il.

— Et le Cerf-Agile ? je ne le vois pas ici.

— Je ne sais de qui vous voulez parler, répondit le major, cherchant à gagner du temps.

— Uncas, dit Magua, prononçant ce nom delaware avec encore plus de difficulté que les mots anglais. *Bounding-Elk* est le nom que l'homme blanc donne au jeune Mohican.

— Nous ne pouvions pas nous entendre, répondit Heyward, désirant prolonger la discussion; le mot *elk* signifie un élan; comme celui *deer* un daim; et c'est par le mot *stag* qu'on désigne un cerf.

— Oui, oui, dit l'Indien en se parlant à lui-même dans sa langue naturelle, les Visages-Pâles sont des femmes bavardes; ils ont plusieurs mots pour la même chose, tandis que la Peau-Rouge explique tout par le son de sa voix. — Et s'adressant alors au major, en reprenant son mauvais anglais, mais sans vouloir changer le nom que les Canadiens avaient donné au jeune Mohican : — Le daim est agile, mais faible, dit-il; l'élan et le cerf sont agiles, mais forts; et le fils du Grand-Serpent est le Cerf-Agile. A-t-il sauté par-dessus la rivière pour gagner les bois?

— Si vous voulez parler du fils du Mohican, répondit Heyward, il s'est échappé comme son père et la Longue-Carabine, en se confiant au courant.

Comme il n'y avait rien d'invraisemblable pour un Indien dans cette manière de s'échapper, Magua ne montra plus d'incrédulité; il admit même la vérité de ce qu'il venait d'entendre, avec une promptitude qui était une nouvelle preuve du peu d'importance qu'il attachait personnellement à la capture de ces trois individus. Mais il fut évident que ses compagnons ne partageaient pas le même sentiment.

Les Hurons avaient attendu le résultat de ce court entretien avec la patience qui caractérise les sauvages, et dans le plus profond silence. Quand ils virent les deux interlocuteurs rester muets, tous leurs yeux se tournèrent sur Magua, lui demandant de cette manière expressive le résultat de ce qui venait d'être dit. L'Indien étendit le bras vers la rivière, et quelques mots joints à ce geste suffirent pour leur faire comprendre ce qu'étaient devenus ceux qu'ils voulaient sacrifier à leur vengeance.

Dès que ce fait fut généralement connu, les sauvages poussèrent des hurlements horribles qui annonçaient de quelle fureur ils étaient transportés en apprenant que leurs victimes leur avaient échappé. Les uns couraient comme des frénétiques, en battant l'air de leurs bras; les autres crachaient dans la rivière, comme pour la punir d'avoir favorisé l'évasion des fugitifs et privé les vainqueurs de leurs droits légitimes. Quelques-uns, et ce n'étaient pas les moins redoutables, jetaient de sombres regards sur les captifs qui étaient en leur pouvoir, et semblaient ne s'abstenir d'en venir à des actes de violence contre eux que par l'habitude qu'ils avaient de commander à leurs passions; il en était qui joignaient à ce langage muet des gestes menaçants. Un d'entre eux alla même jusqu'à saisir d'une main les beaux cheveux qui flottaient sur le cou d'Alice, tandis que de l'autre, brandissant un couteau autour de sa tête, il semblait annoncer de quelle horrible manière elle serait dépouillée de ce bel ornement.

Le jeune major ne put supporter cet affreux spectacle, et tenta un effort aussi désespéré qu'inutile pour voler au secours d'Alice; mais on lui avait lié les mains, et au premier mouvement qu'il fit, il sentit la main lourde du chef indien s'appesantir sur son épaule. Convaincu qu'une résistance impuissante ne pourrait servir qu'à irriter encore davantage ces barbares, il se soumit donc à son destin, et chercha à rendre quelque courage à ses malheureuses compagnes, en leur disant qu'il était dans le caractère des sauvages d'effrayer par des menaces qu'ils n'avaient pas l'intention d'exécuter.

Mais tout en prononçant des paroles de consolation qui avaient pour but de calmer les appréhensions des deux sœurs, Heyward n'était pas assez faible pour se tromper lui-même. Il savait que l'autorité d'un chef indien était établie sur des fondements bien peu solides, et qu'il la devait plus souvent à la supériorité de ses forces physiques qu'à aucune cause morale. Le danger devait donc se calculer en proportion du nombre des êtres sauvages qui les entouraient. L'ordre le plus positif de celui qui paraissait leur chef pouvait être violé à chaque instant par le premier furieux qui voudrait sacrifier une victime aux mânes d'un ami ou d'un parent. Malgré tout son calme apparent et son courage, il avait donc le désespoir et la mort dans le cœur, quand il voyait un de ces hommes féroces s'approcher des deux malheureuses sœurs, ou seulement fixer de sombres regards sur des êtres si peu en état de résister au moindre acte de violence.

Ses craintes se calmèrent pourtant un peu quand il vit le chef appeler autour de lui ses guerriers pour tenir une espèce de conseil de guerre. La délibération fut courte; peu d'orateurs prirent la parole, et la détermination parut unanime. Les gestes que tous ceux qui parlèrent dirigeaient du côté du camp de Webb, semblaient indiquer qu'ils craignaient une attaque de ce côté : cette considération fut probablement ce qui accéléra leur résolution, et ce qui mit ensuite une grande promptitude dans leurs mouvements.

Pendant cette courte conférence, Heyward eut le loisir d'admirer la prudence avec laquelle les Hurons avaient effectué leur débarquement après la cessation des hostilités.

On a déjà dit que la moitié de cette petite île était un rocher au pied duquel s'étaient arrêtés quelques troncs d'arbres que les eaux y avaient entraînés. Ils avaient choisi ce point pour y faire leur descente, probablement parce qu'ils ne croyaient pas pouvoir remonter le courant rapide, formé plus bas par la réunion des deux chutes d'eau. Pour y réussir, ils avaient porté le canot dans les bois, jusqu'au delà de la cataracte; ils y avaient placé leurs armes et leurs munitions, et tandis que deux sauvages les plus expérimentés se chargeaient de le conduire avec le chef, les autres le suivaient à la nage. Ils avaient débarqué ainsi au même endroit qui avait été si fatal à ceux de leurs compagnons qui y étaient arrivés les premiers, mais avec l'avantage d'être en nombre bien supérieur et d'avoir des armes à feu. Il était impossible de douter que tel eût été leur arrangement pour arriver, puisqu'ils le conservèrent pour partir. On transporta le canot par terre, d'une extrémité de l'île à l'autre, et on le lança à l'eau près de la plateforme où le chasseur avait lui-même amené ses compagnons.

Comme les remontrances étaient inutiles et la résistance impossible, Heyward donna l'exemple de la soumission à la nécessité en entrant dans le canot dès qu'il en reçut l'ordre, et il y fut suivi par David-la-Gamme. Le pilote chargé de conduire le canot, y prit place ensuite, et les autres sauvages le suivirent en nageant. Les Hurons ne connaissaient ni les bas-fonds, ni les rochers à fleur d'eau du lit de cette rivière, mais ils étaient trop experts dans ce genre de navigation pour commettre aucune erreur, et pour ne pas remarquer les signes qui les annoncent. Le frêle esquif suivit donc le courant rapide sans aucun accident, et au bout de quelques instants les captifs descendirent sur la rive méridionale du fleuve, presque en face de l'endroit où ils s'étaient embarqués la soirée précédente.

Les Indiens y tinrent une autre consultation qui ne fut pas plus longue que la première, et pendant ce temps quelques sauvages allèrent chercher les chevaux, dont les hennissements de terreur avaient probablement contribué à faire découvrir leurs maîtres. La troupe alors se divisa ; le chef, suivi de la plupart de ses gens, monta sur le cheval du major, traversa la rivière, et disparut dans les bois, laissant les prisonniers sous la garde de six sauvages, à la tête desquels était le Renard-Subtil. Ce mouvement inattendu renouvela les inquiétudes d'Heyward.

D'après la modération peu ordinaire de ces sauvages, il avait aimé à se persuader qu'on les gardait prisonniers pour les livrer à Montcalm. Comme l'imagination de ceux qui sont dans le malheur sommeille rarement, et qu'elle n'est jamais plus active que lorsqu'elle est excitée par quelque espérance, si faible et si éloignée qu'elle puisse être, il avait même pensé que le général français pouvait se flatter que l'amour paternel l'emporterait chez Munro sur le sentiment de ce qu'il devait à son roi ; car, quoique Montcalm passât pour un esprit entreprenant, pour un homme plein de courage, on le regardait aussi comme expert dans ces ruses politiques, qui ne respectent pas toujours les règles de la morale, et qui déshonoraient si généralement à cette époque la diplomatie européenne.

Mais en ce moment tous ces calculs ingénieux se trouvaient dérangés par la conduite des Hurons. Le chef, et ceux qui l'avaient suivi, se dirigeaient évidemment vers l'extrémité de l'Orican ; et ils restaient au pouvoir des autres, qui allaient les conduire sans doute au fond des déserts. Désirant sortir à tout prix de cette cruelle incertitude, et voulant dans une circonstance si urgente essayer le pouvoir de l'argent, il surmonta la répugnance qu'il avait à parler à son ancien guide, et se retournant vers Magua, qui avait pris l'air et le ton d'un homme qui devait maintenant donner des ordres aux autres, il lui dit d'un ton amical, et qui annonçait autant de confiance qu'il put prendre sur lui d'en montrer :

— Je voudrais adresser à Magua des paroles qu'il ne convient qu'à un si grand chef d'entendre.

L'Indien se retourna, le regarda avec mépris, et lui répondit :

— Parlez, les arbres n'ont point d'oreilles.

— Mais les Hurons ne sont pas sourds ; et les paroles qui peuvent passer par les oreilles des grands hommes d'une nation enivreraient les jeunes guerriers. Si Magua ne veut pas écouter, l'officier du roi saura garder le silence.

Le sauvage dit quelques mots avec insouciance à ses compagnons, qui s'occupaient gauchement à préparer les chevaux des deux sœurs, et s'éloignant d'eux de quelques pas, il fit un geste avec précaution pour indiquer à Heyward de venir le joindre.

— Parlez à présent, dit-il, si vos paroles sont telles que le Renard-Subtil doive les entendre.

— Le Renard-Subtil a prouvé qu'il était digne du nom honorable que lui ont donné ses pères canadiens, dit le major. Je reconnais maintenant la prudence de sa conduite; je vois tout ce qu'il a fait pour nous servir, et je ne l'oublierai pas quand l'heure de la récompense sera arrivée. Oui, le Renard a prouvé qu'il est non-seulement un grand guerrier, un grand chef dans le conseil, mais encore qu'il sait tromper ses ennemis.

— Qu'a donc fait le Renard? demanda froidement l'Indien.

— Ce qu'il a fait? répondit Heyward; il a vu que les bois étaient remplis de troupes d'ennemis, à travers lesquels il ne pouvait passer sans donner dans quelque embuscade, et il a feint de se tromper de chemin afin de les éviter; ensuite il a fait semblant de retourner à sa peuplade, à cette peuplade qui l'avait chassé comme un chien de ses wigwams, afin de regagner sa confiance, et quand nous avons enfin reconnu quel était son dessein, ne l'avons-nous pas bien secondé en nous conduisant de manière à faire croire aux Hurons que l'homme blanc pensait que son ami le Renard était son ennemi? Tout cela n'est-il pas vrai? Et quand le Renard eut, par sa prudence, fermé les yeux et bouché les oreilles des Hurons, ne leur a-t-il pas fait oublier qu'ils l'avaient forcé à se réfugier chez les Mohawks? Ne les a-t-il pas engagés ensuite à s'en aller follement du côté du nord, en le laissant sur la rive méridionale du fleuve avec leurs prisonniers? Et maintenant ne va-t-il pas retourner sur ses pas et reconduire à leur père les deux filles du riche Écossais à tête grise? Oui, oui, Magua, j'ai vu tout cela, et j'ai déjà pensé à la manière dont on doit récompenser tant de prudence et d'honnêteté. D'abord le chef de William-Henry sera généreux comme doit l'être un si grand chef pour un tel service. La médaille[1] que porte Magua sera d'or au lieu d'être d'étain; sa corne sera toujours pleine de poudre; les dollars sonneront dans sa poche en aussi grande quantité que les cailloux sur les bords de l'Horican; et les

---

1. Il a longtemps été d'usage parmi les blancs qui voulaient se concilier les Indiens les plus importants, de leur donner des médailles pour porter à la place de leurs grossiers ornements. Celles qui sont données par les Anglais ont pour empreinte l'image du roi régnant, et celles qui sont données par les Américains, l'image du président.

daims viendront lui lécher la main, car ils sauront qu'ils ne pourraient échapper au long fusil qui lui sera donné. Quant à moi, je ne sais comment surpasser la générosité de l'Écossais, mais je... oui... je...

— Que fera le jeune chef qui est arrivé du côté où le soleil est le plus brûlant? demanda l'Indien, voyant Heyward hésiter parce qu'il désirait terminer son énumération par ce qui excite le plus vivement les désirs de ces peuplades sauvages.

— Il fera couler devant le wigwam de Magua, répondit le major, une rivière d'*eau de feu* aussi intarissable que celle qu'il a maintenant sous les yeux, au point que le cœur du grand chef sera plus léger que les plumes de l'oiseau-mouche, et son haleine plus douce que l'odeur du chèvrefeuille sauvage.

Magua avait écouté dans un profond silence le discours insinuant et adroit de Duncan, qui s'était expliqué avec lenteur pour produire plus d'impression. Quand le major parla du stratagème qu'il supposait avoir été employé par l'Indien pour tromper sa propre nation, celui-ci prit un air de gravité prudente. Quand il fit allusion aux injures qu'il présumait avoir forcé le Huron à s'éloigner de sa peuplade, il vit briller dans les yeux de Magua un éclair de férocité si indomptable, qu'il crut avoir touché la corde sensible; et quand il arriva à la partie de son discours où il cherchait à exciter la cupidité, comme il avait voulu animer l'esprit de vengeance, il obtint du moins une sérieuse attention de son auditeur. La question que le Renard lui avait adressée avait été faite avec tout le calme et toute la dignité d'un Indien; mais il était facile de voir à l'expression de ses traits qu'il réfléchissait profondément à la réponse qu'il devait faire à son tour.

Après quelques instants de silence, le Huron porta une main sur les feuilles qui servaient de bandage à son épaule blessée, et dit avec énergie :

— Les amis font-ils de pareilles marques?

— Une blessure faite par la Longue-Carabine à un ennemi aurait-elle été aussi légère?

— Les Delawares rampent-ils comme des serpents dans les broussailles pour infecter de leur venin ceux qu'ils aiment?

— Le Grand-Serpent se serait-il laissé entendre par des oreilles qu'il aurait voulu rendre sourdes?

— Le chef blanc brûle-t-il jamais sa poudre contre ceux qu'il regarde comme ses frères?

—Manque-t-il jamais son but quand il veut sérieusement tuer?

Ces questions et les réponses se succédèrent rapidement, et furent suivies d'un autre intervalle de silence. Duncan crut que l'Indien hésitait, et, pour s'assurer la victoire, il recommençait l'énumération de toutes les récompenses qui lui seraient accordées, quand celui-ci l'interrompit par un geste expressif.

— Cela suffit, dit-il; le Renard-Subtil est un chef sage, et vous verrez ce qu'il fera. Allez, et que votre bouche soit fermée. Quand Magua parlera, il sera temps de lui répondre.

Heyward, s'apercevant que les yeux de l'Indien étaient fixés avec une sorte d'inquiétude sur ses compagnons, se retira sur-le-champ, pour ne pas avoir l'air d'avoir des intelligences suspectes avec leur chef. Magua s'approcha des chevaux, et affecta d'être satisfait des soins que ses camarades avaient pris pour les équiper. Il fit signe alors au major d'aider les deux sœurs à se mettre en selle, car il ne daignait se servir de la langue anglaise que dans les occasions importantes et indispensables.

Il ne restait plus aucun prétexte plausible de délai, et Duncan, quoique bien à contre-cœur, rendant à ses compagnes désolées le service qui lui était ordonné, tâcha de calmer leurs craintes en leur faisant part à voix basse et en peu de mots des nouvelles espérances qu'il avait conçues. Les deux sœurs tremblantes avaient grand besoin de quelque consolation, car à peine osaient-elles lever les yeux, de crainte de rencontrer les regards farouches de ceux qui étaient devenus les maîtres de leur destinée. La jument de David avait été emmenée par la première troupe, de sorte que le maître de chant fut obligé de marcher à pied aussi bien que Duncan. Cette circonstance ne parut pourtant nullement fâcheuse à celui-ci, qui pensa qu'il pourrait en profiter pour rendre la marche des sauvages moins rapide, car il tournait encore bien souvent ses regards du côté du fort Édouard, dans le vain espoir d'entendre dans la forêt quelque bruit qui indiquerait l'arrivée du secours dont ils avaient un si pressant besoin.

Quand tout fut préparé, Magua donna le signal du départ, et reprenant ses fonctions de guide, il se mit lui-même en tête de la petite troupe pour la conduire. David marchait après lui; l'étourdissement que lui avait causé sa chute était complétement dissipé, la douleur de sa blessure était moins vive, et il semblait avoir pleine connaissance de sa fâcheuse position. Les deux sœurs le suivaient, ayant le major à leur côté ; les Indiens fermaient la marche, et ne se relâchaient pas un instant de leur précaution et de leur vigilance.

Ils marchèrent ainsi quelque temps dans un profond silence, qui n'était interrompu que par quelques mots de consolation que le major adressait de temps en temps à ses deux compagnes, et par quelques pieuses exclamations par lesquelles David exhalait l'amertume de ses pensées, en voulant exprimer une humble résignation. Ils s'avançaient vers le sud, dans une direction presque opposée à la route qui conduisait à William-Henry. Cette circonstance pouvait faire croire que Magua n'avait rien changé à ses premiers desseins ; mais Heyward ne pouvait supposer qu'il résistât à la tentation des offres séduisantes qu'il lui avait faites, et il savait que le chemin le plus détourné conduit toujours à son but un Indien qui croit devoir recourir à la ruse.

Ils firent ainsi plusieurs milles dans des bois dont on ne pouvait apercevoir la fin, et rien n'annonçait qu'ils fussent près du but de leur voyage. Le major examinait souvent la situation du soleil, dont les rayons doraient alors les branches des pins sous lesquels ils marchaient. Il soupirait après l'instant où la politique de Magua lui permettrait de prendre une route plus conforme à ses espérances. Enfin il s'imagina que le rusé sauvage, désespérant de pouvoir éviter l'armée de Montcalm, qui avançait du côté du nord, se dirigeait vers un établissement bien connu situé sur la frontière, appartenant à un officier distingué qui y faisait sa résidence habituelle, et qui jouissait d'une manière spéciale des bonnes grâces des Six Nations. Être remis entre les mains de sir William Johnson lui paraissait une alternative préférable à celle de gagner les déserts du Canada pour tourner l'armée de Montcalm ; mais, avant d'y arriver, il restait encore bien des lieues à faire dans la forêt, et chaque pas l'éloignait davantage du théâtre de la guerre où l'appelaient son honneur et son devoir.

Cora seule se rappela les instructions que le chasseur leur avait données en les quittant, et toutes les fois que l'occasion s'en présentait, elle étendait la main pour saisir une branche d'arbre dans l'intention de la briser. Mais la vigilance infatigable des Indiens rendait l'exécution de ce dessein aussi difficile que dangereuse, et elle renonçait à ce projet, en rencontrant les regards farouches des sombres gardiens qui la surveillaient, se hâtant alors de faire un geste indiquant une alarme qu'elle n'éprouvait pas, afin d'écarter leurs soupçons. Une fois pourtant, une seule fois elle réussit à briser une branche de sumac, et par une pensée soudaine elle laissa tomber un de ses gants pour laisser une marque plus certaine de leur passage. Cette ruse n'échappa point à la pénétration du Huron qui était près d'elle; il ramassa le gant, le lui rendit, brisa et froissa quelques branches de sumac, de manière à faire croire que quelque animal sauvage avait traversé ce buisson, et porta la main sur son tomahawk avec un regard si expressif et si menaçant, que Cora en perdit complétement l'envie de laisser après elle le moindre signe qui indiquât leur route.

A la vérité, les chevaux pouvaient imprimer sur la terre les traces de leurs pieds; mais chaque troupe des Hurons en avait emmené deux, et cette circonstance pouvait induire en erreur ceux qui auraient pu arriver pour leur donner du secours.

Heyward aurait appelé vingt fois leur conducteur, et se serait hasardé à lui faire une remontrance, si l'air sombre et réservé du sauvage ne l'eût découragé. Pendant toute sa marche, Magua se retourna à peine deux ou trois fois pour jeter un regard sur la petite troupe, et ne prononça jamais un seul mot. N'ayant pour guide que le soleil, ou consultant peut-être ces marques qui ne sont connues que de la sagacité des Indiens, il marchait d'un pas assuré, sans jamais hésiter, et presque en ligne directe, dans cette immense forêt, coupée par de petites vallées, des montagnes peu élevées, des ruisseaux et des rivières. Que le sentier fût battu, qu'il fût à peine indiqué ou qu'il disparût totalement, il n'en marchait ni avec moins de vitesse, ni d'un pas moins assuré : il semblait même insensible à la fatigue. Toutes les fois que les voyageurs levaient les yeux, ils le voyaient à travers les troncs de pins, marchant toujours du même pas et le front haut. La plume dont il avait paré sa tête était sans cesse agitée par le courant d'air que produisait la rapidité de sa marche.

Cette marche rapide avait pourtant son but. Après avoir traversé une vallée où serpentait un beau ruisseau, il se mit à gravir une petite montagne, mais si escarpée, que les deux sœurs furent obligées de descendre de cheval pour pouvoir le suivre. Lorsqu'ils en eurent gagné le sommet, ils se trouvèrent sur une plate-forme où croissaient quelques arbres, au pied de l'un desquels Magua s'était déjà étendu pour y chercher le repos dont toute la troupe avait le plus grand besoin.

CHAPITRE XI.

Maudite soit ma tribu si je lui pardonne !
SHAKSPEARE. *Le Marchand de Venise.*

MAGUA avait choisi pour la halte qu'il voulait faire une de ces petites montagnes escarpées et de forme pyramidale, qui ressemblent à des élévations artificielles, et qui se trouvent en si grand nombre dans les vallées des États-Unis. Celle-ci était assez haute ; le sommet en était aplati, et la pente rapide, mais avec une irrégularité plus qu'ordinaire d'un côté. Les avantages que cette hauteur présentait pour s'y reposer, semblaient consister uniquement dans son escarpement et sa forme, qui rendaient une surprise presque impossible, et la défense plus facile que partout ailleurs. Mais comme Heyward n'espérait plus de secours, après le temps qui s'était écoulé et la distance qu'on avait parcourue, il regardait ces circonstances sans le moindre intérêt, et ne s'occupait qu'à consoler et encourager ses malheureuses compagnes. On avait détaché la bride des deux chevaux pour leur donner les moyens de paître le peu d'herbe qui croissait sur cette montagne, et l'on avait étalé devant les quatre prisonniers, assis à l'ombre d'un bouleau dont les branches s'élevaient en dais sur leurs têtes, quelques restes de provisions que l'on avait emportés de la caverne.

Malgré la rapidité de leur marche, un des Indiens avait trouvé l'occasion de percer un faon d'une flèche. Il avait porté l'animal sur ses épaules jusqu'à l'instant où l'on s'était arrêté. Ses compagnons, choisissant alors les morceaux qui leur paraissaient les plus délicats, se mirent à en manger la chair crue, sans aucun apprêt de cuisine. Magua fut le seul qui ne participa point à ce repas révoltant ; il restait assis à l'écart, et paraissait plongé dans de profondes réflexions.

Cette abstinence, si remarquable dans un Indien, attira enfin l'attention du major. Il se persuada que le Huron délibérait sur les moyens qu'il emploierait pour éluder la vigilance de ses compagnons, et se mettre en possession des récompenses qui lui étaient promises. Désirant aider de ses conseils les plans qu'il pouvait former, et ajouter encore à la force de la tentation, il se leva, fit quelques pas comme au hasard, et arriva enfin près du Huron, sans avoir l'air d'en avoir formé le dessein prémédité.

— Magua n'a-t-il pas marché assez longtemps en face du soleil pour n'avoir plus aucun danger à craindre des Canadiens? lui demanda-t-il, comme s'il n'eût pas douté de la bonne intelligence qui régnait entre eux; n'est-il pas à propos que le chef de William-Henry revoie ses deux filles avant qu'une autre nuit ait endurci son cœur contre leur perte, et le rende peut-être moins libéral dans ses dons?

— Les Visages-Pâles aiment-ils moins leurs enfants le matin que le soir? demanda l'Indien d'un ton froid.

— Non, certainement, répondit Heyward, s'empressant de réparer l'erreur qu'il craignait d'avoir commise; l'homme blanc peut oublier, et oublie souvent le lieu de la sépulture de ses pères; il cesse quelquefois de songer à ceux qu'il devrait toujours aimer et qu'il a promis de chérir, mais la tendresse d'un père pour son enfant ne meurt jamais qu'avec lui.

— Le cœur du vieux chef blanc est-il donc si tendre? demanda Magua. Pensera-t-il longtemps aux enfants que ses squaws[1] lui ont donnés? Il est dur envers ses guerriers, et il a des yeux de pierre.

— Il est sévère quand son devoir l'exige, et envers ceux qui le méritent, dit le major; mais il est juste et humain à l'égard de ceux qui se conduisent bien. J'ai connu beaucoup de bons pères, mais je n'ai jamais vu une tendresse aussi vive pour ses enfants. Vous avez vu la tête grise au premier rang de ses guerriers, Magua; mais moi j'ai vu ses yeux baignés de larmes tandis qu'il me parlait des deux filles qui sont maintenant en votre pouvoir.

Heyward se tut tout à coup, car il ne savait comment interpréter l'expression que prenaient les traits de l'Indien, qui l'écoutait avec une attention marquée. D'abord il fut tenté de supposer que la joie évidente que montrait le Huron en entendant parler ainsi de l'amour de Munro pour ses filles prenait sa source dans l'espoir que sa récompense en serait plus brillante et mieux assurée; mais,

---

1. Nom que les Indiens donnent à leurs femmes.

à mesure qu'il parlait, il voyait cette joie prendre un caractère de férocité si atroce, qu'il lui fut impossible de ne pas craindre qu'elle fût occasionnée par quelque passion plus puissante et plus sinistre que la cupidité.

— Retirez-vous, lui dit l'Indien, supprimant en un instant tout signe extérieur d'émotion, et y substituant un calme semblable à celui du tombeau; retirez-vous, et allez dire à la fille aux yeux noirs que Magua veut lui parler. Le père n'oubliera pas ce que la fille aura promis.

Duncan regarda ce discours comme inspiré par le désir de tirer de Cora, soit une récompense encore plus forte, soit une nouvelle assurance que les promesses qui lui avaient été faites seraient fidèlement exécutées. Il retourna donc près du bouleau sous lequel les deux sœurs se reposaient de leurs fatigues, et il leur fit part du désir qu'avait montré Magua de parler à l'aînée.

— Vous connaissez quelle est la nature des désirs d'un Indien, lui dit-il en la conduisant vers l'endroit où le sauvage l'attendait; soyez prodigue de vos offres de poudre, de couvertures, et surtout d'eau-de-vie, l'objet le plus précieux aux yeux de toutes ces peuplades; et vous feriez bien de lui promettre aussi quelques présents de votre propre main, avec cette grâce qui vous est si naturelle. Songez bien, Cora, que c'est de votre adresse et de votre présence d'esprit que votre vie et celle d'Alice peuvent dépendre dans cette conférence.

— Et la vôtre, Heyward?

— La mienne est de peu d'importance; je l'ai déjà dévouée à mon roi, et elle appartient au premier ennemi qui aura le pouvoir de la sacrifier. Je ne laisse pas un père pour me regretter. Peu d'amis donneront des larmes à une mort que j'ai cherchée plus d'une fois sur le chemin de la gloire. Mais silence! nous approchons de l'Indien. — Magua, voici la jeune dame à qui vous désirez parler.

Le Huron se leva lentement, et resta près d'une minute silencieux et immobile. Il fit alors un signe de la main, comme pour intimer au major l'ordre de se retirer.

— Quand le Huron parle à des femmes, dit-il d'un ton froid, toutes les oreilles de sa peuplade sont fermées.

Duncan parut hésiter à obéir.

— Retirez-vous, Heyward, lui dit Cora avec un sourire calme;

la délicatesse vous en fait un devoir. Allez retrouver Alice, et tâchez de lui faire concevoir d'heureuses espérances.

Elle attendit qu'il fût parti, et se tournant alors vers Magua, elle lui dit d'une voix ferme, avec toute la dignité de son sexe :

— Que veut dire le Renard à la fille de Munro?

— Écoutez, dit le Huron en lui appuyant sa main sur le bras, comme pour attirer plus fortement son attention, mouvement auquel Cora résista avec autant de calme que de fermeté en retirant son bras à elle ; Magua était un chef et un guerrier parmi les Hurons des lacs ; il avait vu les soleils de vingt étés faire couler dans les rivières les neiges de vingt hivers avant d'avoir aperçu un Visage-Pâle, et il était heureux. Alors ses pères du Canada vinrent dans les bois, lui apprirent à boire de l'eau de feu, et il devint un furieux. Les Hurons le chassèrent loin des sépultures de ses ancêtres comme ils auraient chassé un buffle sauvage. Il suivit les bords des lacs, et arriva à la ville de Canon. Là il vivait de sa chasse et de sa pêche; mais on le repoussa encore dans les bois, au milieu de ses ennemis; et enfin le chef, qui était né Huron, devint un guerrier parmi les Mohawks.

— J'ai entendu dire quelque chose de cette histoire, dit Cora en voyant qu'il s'interrompait pour maîtriser les passions qu'enflammait en son cœur le souvenir des injustices qu'il prétendait avoir été commises à son égard.

— Est-ce la faute de Magua, continua-t-il, si sa tête n'a pas été faite de rocher? Qui lui a donné de l'eau de feu à boire? qui l'a changé en furieux? Ce sont les Visages-Pâles, les hommes de votre couleur.

— Et s'il existe des hommes inconsidérés et sans principes, dont le teint ressemble au mien, est-il juste que j'en sois responsable?

— Non; Magua est un homme et non pas un fou. Il sait que les femmes comme vous n'entr'ouvrent jamais leurs lèvres pour donner passage à l'eau de feu; le Grand-Esprit vous a donné la sagesse.

— Que puis-je donc dire ou faire relativement à vos infortunes, pour ne pas dire vos erreurs?

— Écoutez, comme je vous l'ai déjà dit. — Quand vos pères anglais et français tirèrent de la terre la hache de guerre, le Renard leva son tomahawk avec les Mohawks et marcha contre sa propre nation. Les Visages-Pâles ont repoussé les Peaux-Rouges

au fond des bois, et maintenant, quand nous combattons c'est un blanc qui nous commande. Le vieux chef de l'Horican, votre père, était le grand capitaine de notre nation. Il disait aux Mohawks de faire ceci, de faire cela, et il était obéi. Il fit une loi qui disait que si un Indien buvait de l'eau de feu et venait alors dans les wigwams de toile [1] de ses guerriers, il serait puni. Magua ouvrit follement la bouche, et la liqueur ardente l'entraîna dans la cabane de Munro.
— Que fit alors la tête grise? — Que sa fille le dise!

— Il n'oublia pas la loi qu'il avait faite, et il rendit justice en faisant punir le coupable.

— Justice! répéta l'Indien en jetant sur la jeune fille, dont les traits étaient calmes et tranquilles, un regard de côté dont l'expression était féroce; est-ce donc justice que de faire le mal soi-même, et d'en punir les autres? Magua n'était pas coupable, c'était l'eau de feu qui parlait et qui agissait pour lui; mais Munro n'en voulut rien croire. Le chef huron fut saisi, lié à un poteau et battu de verges comme un chien, en présence de tous les guerriers à visage pâle.

Cora garda le silence, car elle ne savait comment rendre excusable aux yeux d'un Indien cet acte de sévérité peut-être imprudente de son père.

— Voyez! continua Magua en entr'ouvrant le léger tissu d'indienne qui couvrait en partie sa poitrine; voici les cicatrices qui ont été faites par des balles et des couteaux; un guerrier peut les montrer et s'en faire honneur devant toute sa nation: mais la tête grise a imprimé sur le dos du chef huron des marques qu'il faut qu'il cache, comme un squaw, sous cette toile peinte par des hommes blancs.

— J'avais pensé qu'un guerrier indien était patient; que son esprit ne sentait pas, ne connaissait pas les tourments qu'on faisait endurer à son corps.

— Lorsque les Chippewas lièrent Magua au poteau et lui firent cette blessure, répondit le Huron avec un geste de fierté en passant le doigt sur une longue cicatrice qui lui traversait toute la poitrine, le Renard leur rit au nez et leur dit qu'il n'appartenait qu'à des squaws de porter des coups si peu sensibles. Son esprit était alors monté au-dessus des nuages; mais quand il sentit les

1. Les tentes.

coups humiliants de Munro, son esprit était sous la terre.—L'esprit d'un Huron ne s'enivre jamais, il ne peut perdre la mémoire.

— Mais il peut être apaisé. Si mon père a commis une injustice à votre égard, prouvez-lui, en lui rendant ses deux filles, qu'un Huron peut pardonner une injure; vous savez ce que le major Heyward vous a promis, et moi-même...

Magua secoua la tête et lui défendit de répéter des offres qu'il méprisait.

— Que voulez-vous donc? demanda Cora, convaincue douloureusement que la franchise du trop généreux Duncan s'était laissé abuser par la duplicité maligne d'un sauvage.

— Ce que veut un Huron est de rendre le bien pour le bien et le mal pour le mal.

— Vous voulez donc vous venger de l'insulte que vous a faite Munro, sur deux filles sans défense? J'aurais cru qu'un chef tel que vous aurait regardé comme plus digne d'un homme de chercher à le rencontrer face à face, et d'en tirer la satisfaction d'un guerrier.

— Les Visages-Pâles ont de longs bras et des couteaux bien affilés, répondit l'Indien avec un sourire de joie farouche; pourquoi le Renard-Subtil irait-il au milieu des mousquets des guerriers blancs, quand il tient entre ses mains l'esprit de son ennemi?

— Faites-moi du moins connaître vos intentions, Magua, dit Cora en faisant un effort presque surnaturel pour parler avec calme. Avez-vous dessein de nous emmener prisonnières dans les bois, ou de nous donner la mort? n'existe-t-il pas de récompenses, de moyens de réparer votre injure, qui puissent vous adoucir le cœur? Du moins rendez la liberté à ma jeune sœur, et faites tomber sur moi toute votre colère. Achetez la richesse en la rendant à son père, et que votre vengeance se contente d'une seule victime. La perte de ses deux filles conduirait un vieillard au tombeau; et quel profit, quelle satisfaction en retirera le Renard?

— Écoutez encore! — La fille aux yeux bleus pourra retourner à l'Horican, et dire au vieux chef tout ce qui a été fait, si la fille aux yeux noirs veut me jurer par le Grand-Esprit de ses pères de ne pas me dire de mensonges.

— Et que voulez-vous que je vous promette? demanda Cora, conservant un ascendant secret sur les passions indomptables du sauvage, par son sang-froid et son air de dignité.

— Quand Magua quitta sa peuplade, sa femme fut donnée à un autre chef. Maintenant il a fait la paix avec les Hurons, et il va retourner près de la sépulture de ses pères, sur les bords du grand lac. Que la fille du chef anglais consente à le suivre et à habiter pour toujours son wigwam.

Quelque révoltante qu'une telle proposition pût être pour Cora, elle conserva pourtant encore assez d'empire sur elle-même pour y répondre sans montrer la moindre faiblesse.

— Et quel plaisir pourrait trouver Magua à partager son wigwam avec une femme qu'il n'aime point, avec une femme d'une nation et d'une couleur différentes de la sienne? Il vaut mieux qu'il accepte l'or de Munro, et qu'il achète par sa générosité la main et le cœur de quelque jeune Huronne.

L'Indien resta près d'une minute sans lui répondre; mais ses regards farouches se fixèrent sur elle avec une expression telle qu'elle baissa les yeux, et redouta quelque proposition d'une nature encore plus horrible. Enfin Magua reprit la parole, et lui dit avec le ton de l'ironie la plus insultante :

— Lorsque les coups de verges tombaient sur le dos du chef huron, il savait déjà où trouver la femme qui en supporterait la souffrance. Quel plaisir pour Magua de voir tous les jours la fille de Munro porter son eau, semer et récolter son grain, et faire cuire sa venaison! Le corps de la tête grise pourra dormir au milieu de ses canons; mais son esprit : ha! ha! le Renard-Subtil le tiendra sous son couteau.

— Monstre! s'écria Cora dans un transport d'indignation causé par l'amour filial, tu mérites bien le nom qui t'a été donné! Un démon seul pouvait imaginer une vengeance si atroce! Mais tu t'exagères ton pouvoir. Tu verras que c'est véritablement l'esprit de Munro que tu as entre tes mains, et il défie ta méchanceté!

Le Huron répondit à cet élan de sensibilité par un sourire de dédain qui prouvait que sa résolution était inaltérable, et il lui fit signe de se retirer, comme pour lui dire que la conférence était finie.

Cora, regrettant presque le mouvement de vivacité auquel elle s'était laissé entraîner, fut obligée de lui obéir; car Magua l'avait déjà quittée pour aller rejoindre ses compagnons, qui finissaient leur dégoûtant repas. Heyward courut à la rencontre de la sœur d'Alice, et lui demanda le résultat d'une conversation pendant laquelle il avait toujours eu les yeux fixés sur les deux interlocuteurs. Mais ils étaient déjà à deux pas d'Alice, et Cora, craignant d'augmenter encore ses alarmes, évita de répondre directement à cette question, et ne montra qu'elle n'avait obtenu aucun succès que par ses traits pâles et défaits, et par les regards inquiets qu'elle jetait sans cesse sur leurs gardiens.

Sa sœur lui demanda à son tour si elle savait du moins à quel sort elles étaient réservées ; mais elle n'y répondit qu'en étendant un bras vers le groupe de sauvages, et en s'écriant avec une agitation dont elle ne fut pas maîtresse, tandis qu'elle pressait Alice contre son sein :

— Là ! là ! — Lisez notre destin sur leurs visages ! — Ne l'y voyez-vous pas ?

Ce geste et sa voix entrecoupée firent encore plus d'impression que ses paroles sur ceux qui l'écoutaient, et tous leurs regards furent bientôt fixés sur le point où les siens étaient arrêtés avec une attention qu'un moment si critique ne justifiait que trop.

Quand Magua fut arrivé près des sauvages qui étaient étendus par terre avec une sorte d'indolence brutale, il commença à les haranguer avec le ton de dignité d'un chef indien. Dès les premiers mots qu'il prononça, ses auditeurs se levèrent, et prirent une attitude d'attention respectueuse. Comme il parlait sa langue naturelle, les prisonniers, quoique la vigilance des Indiens ne leur eût pas permis de se placer à une grande distance, ne pouvaient que former des conjectures sur ce qu'il leur disait, d'après les inflexions de sa voix et la nature des gestes expressifs qui accompagnent toujours l'éloquence d'un sauvage.

D'abord le langage et les gestes de Magua parurent calmes. Lorsqu'il eut suffisamment éveillé l'attention de ses compagnons, il avança si souvent la main dans la direction des grands lacs, qu'Édouard fut porté à en conclure qu'il leur parlait du pays de leurs pères et de leur peuplade éloignée. Les auditeurs laissaient échapper de temps en temps une exclamation qui paraissait une manière d'applaudir, et ils se regardaient les uns les autres comme pour faire l'éloge de l'orateur.

Le Renard était trop habile pour ne pas profiter de cet avantage. Il leur parla de la route longue et pénible qu'ils avaient faite en quittant leurs bois et leurs wigwams pour venir combattre les ennemis de leurs pères du Canada. Il rappela les guerriers de leur nation, vanta leurs exploits, leurs blessures, le nombre de chevelures qu'ils avaient enlevées, et n'oublia pas de faire l'éloge de ceux qui l'écoutaient. Toutes les fois qu'il en désignait un en particulier, on voyait les traits de celui-ci briller de fierté, et il n'hésitait pas à confirmer par ses gestes et ses applaudissements la justice des louanges qui lui étaient accordées.

Quittant alors l'accent animé et presque triomphant qu'il avait pris pour énumérer leurs anciens combats et toutes leurs victoires, il baissa le ton pour décrire plus simplement la cataracte du Glenn, la position inaccessible de la petite île, ses rochers, ses cavernes, sa double chute d'eau. Il prononça le nom de la Longue-Carabine, et s'interrompit jusqu'à ce que le dernier écho eût répété les longs hurlements qui suivirent ce mot. Il montra du doigt le jeune guerrier anglais captif, et décrivit la mort du vaillant Huron qui avait été précipité dans un abîme en combattant avec lui. Il peignit ensuite la mort de celui qui, suspendu entre le ciel et la terre, avait offert un si horrible spectacle pendant quelques instants, en appuyant sur son courage et sur la perte qu'avait faite leur nation par la mort d'un guerrier si intrépide. Il donna de semblables éloges à tous ceux qui avaient péri dans l'attaque de l'île, et toucha son épaule pour montrer la blessure qu'il avait lui-lui-même reçue.

Lorsqu'il eut fini ce récit des événements récents qui venaient de se passer, sa voix prit un accent guttural, doux, plaintif, et il parla des femmes et des enfants de ceux qui avaient perdu la vie, de l'abandon dans lequel ils allaient se trouver, de la misère à laquelle ils seraient réduits, de l'affliction à laquelle ils étaient condamnés, et de la vengeance qui leur était due.

Alors, rendant tout à coup à sa voix toute son étendue, il s'écria avec énergie : — Les Hurons sont-ils des chiens, pour supporter de pareilles choses ! Qui ira dire à la femme de Menowgua que les poissons dévorent son corps, et que sa nation n'en a pas tiré vengeance ? Qui osera se présenter devant la mère de Wassawattimie, cette femme si fière, avec des mains qui ne seront pas teintes de sang ? Que répondrons-nous aux vieillards qui nous demanderont combien nous rapportons de chevelures, quand nous n'en aurons pas une seule à leur faire voir ? Toutes les femmes nous montreront au doigt. Il y aurait une tache noire sur le nom des Hurons, et il faut du sang pour l'effacer.

Sa voix alors se perdit au milieu des cris de rage qui s'élevèrent, comme si, au lieu de quelques Indiens, toute la peuplade eût été rassemblée sur le sommet de cette montagne.

Pendant que Magua prononçait ce discours, les infortunés qui y étaient le plus intéressés voyaient trop clairement sur les traits de ceux qui l'écoutaient le succès qu'il obtenait. Ils avaient répondu à son récit mélancolique par un cri d'affliction; à sa peinture de leurs triomphes par des cris d'allégresse; à ses éloges par des gestes qui les confirmaient. Quand il leur parla de courage, leurs regards s'animèrent d'un nouveau feu; quand il fit allusion au mépris dont les accableraient les femmes de leur nation, ils baissèrent la tête sur leur poitrine; mais dès qu'il eut prononcé le mot de vengeance, et qu'il leur eut fait sentir qu'elle était entre leurs mains, c'était toucher une corde qui ne manque jamais de vibrer dans le cœur d'un sauvage, toute la troupe poussa à l'instant des cris de rage, et les furieux coururent vers leurs prisonniers le couteau dans une main et le tomahawk levé dans l'autre.

Heyward les vit arriver, se précipita entre les deux sœurs et ces ennemis forcenés, et quoique sans armes, attaquant le premier avec toute la force que donne le désespoir, il réussit d'autant mieux à l'arrêter un instant, que le sauvage ne s'attendait pas à cette résistance. Cette circonstance donna le temps à Magua d'intervenir, et par ses cris, mais surtout par ses gestes, il parvint à fixer de nouveau sur lui l'attention de ses compagnons. Il était pourtant bien loin de céder à un mouvement de commisération; car la nouvelle harangue qu'il prononça n'avait pour but que de les engager à ne point donner une mort si prompte à leurs victimes, et à prolonger leur agonie; proposition qui fut accueillie par les acclamations d'une joie féroce, et qu'on se disposa à mettre à exécution sans plus de délai.

Deux guerriers robustes se précipitèrent en même temps sur Heyward, tandis qu'un autre s'avançait contre le maître en psalmodie, qui paraissait un adversaire moins redoutable. Cependant aucun des deux captifs ne céda à son sort sans une résistance vigoureuse, quoique inutile. David lui-même renversa le sauvage qui l'assaillait, et ce ne fut qu'après l'avoir dompté que les barbares, réunissant leurs efforts, triomphèrent enfin du major. On le lia avec des branches flexibles, et on l'attacha au tronc d'un sapin dont les branches avaient été utiles à Magua pour raconter en pantomime la catastrophe du Huron.

Lorsque Duncan put lever les yeux pour chercher ses compagnons, il eut la pénible certitude que le même sort les attendait tous. A sa droite était Cora, attachée comme lui à un arbre, pâle, agitée, mais dont les yeux pleins d'une fermeté qui ne se démentait pas, suivaient encore tous les mouvements de leurs ennemis. Les liens qui enchaînaient Alice à un autre sapin, à sa gauche, lui rendaient un service qu'elle n'aurait pu attendre de ses jambes, car elle semblait plus morte que vive; elle avait la tête penchée sur sa poitrine, et ses membres tremblants n'étaient soutenus que par les branches au moyen desquelles on l'avait garrottée. Ses mains étaient jointes comme pour prier; mais au lieu de lever les yeux vers le ciel pour s'adresser au seul être dont elle pût attendre du secours, elle les fixait sur Duncan avec une sorte d'égarement qui semblait tenir de la naïveté de l'enfance. David avait combattu; cette circonstance, toute nouvelle pour lui, l'étonnait lui-même; il gardait un profond silence, et réfléchissait s'il n'avait pas eu tort d'en agir ainsi.

Cependant la soif de vengeance des Hurons ne se ralentissait pas, et ils se préparaient à l'assouvir avec tous les raffinements de cruauté que la pratique de plusieurs siècles avait rendus familiers à leur nation. Les uns coupaient des branches pour en former des bûchers autour de leurs victimes; les autres taillaient des chevilles de bois pour les enfoncer dans la chair des prisonniers quand ils seraient exposés à l'action d'un feu lent. Deux d'entre eux cherchaient à courber vers la terre deux jeunes sapins voisins l'un de l'autre pour y attacher Heyward par les deux bras, et les laisser reprendre leur position verticale. Mais ces tourments divers ne suffisaient pas encore pour rassasier la vengeance de Magua.

Tandis que les monstres moins ingénieux qui composaient sa bande préparaient sous les yeux de leurs infortunés captifs les moyens ordinaires et connus de la torture à laquelle ils étaient destinés, il s'approcha de Cora et lui fit remarquer avec un sourire infernal tous les préparatifs de mort.

— Eh bien! ajouta-t-il, que dit la fille de Munro? Sa tête est trop fière pour se reposer sur un oreiller dans le wigwam d'un Indien; cette tête se trouvera-t-elle mieux quand elle roulera comme une pierre ronde au bas de la montagne, pour servir de jouet aux loups? Son sein ne veut pas nourrir les enfants d'un Huron ; elle verra les Hurons souiller ce sein de leur salive.

— Que veut dire ce monstre? s'écria Heyward, ne concevant rien à ce qu'il entendait.

— Rien, répondit Cora avec autant de douceur que de fermeté : c'est un sauvage, un sauvage ignorant et barbare, et il ne sait ni ce qu'il dit ni ce qu'il fait. Employons nos derniers moments à demander au ciel qu'il puisse se repentir et obtenir son pardon.

— Pardon! s'écria l'Indien qui, se méprenant dans sa fureur, crut qu'on le suppliait de pardonner. La mémoire d'un Huron est plus longue que la main des Visages-Pâles, et sa merci plus courte que leur justice. Parlez : renverrai-je à son père la tête aux cheveux blonds et vos deux autres compagnons? Consentez-vous à suivre Magua sur les bords du grand lac pour porter son eau et préparer sa nourriture ?

— Laissez-moi! lui dit Cora avec un air d'indignation qu'elle ne put dissimuler, et d'un ton si solennel qu'il imposa un instant au barbare, vous mêlez de l'amertume à mes dernières prières, et vous vous placez entre mon Dieu et moi.

La légère impression qu'elle avait produite sur Magua ne fut pas de longue durée.

— Voyez, dit-il en lui montrant Alice avec une joie barbare, elle pleure ; elle est encore bien jeune pour mourir! Renvoyez-la à Munro pour prendre soin de ses cheveux gris, et conservez la vie dans le cœur du vieillard.

Cora ne put résister au désir de jeter un regard sur sa sœur, et elle vit dans ses yeux la terreur, le désespoir, l'amour de la vie, si naturel à tout ce qui respire.

— Que dit-il, ma chère Cora? s'écria la voix tremblante d'Alice; ne parle-t-il pas de nous renvoyer à notre père ?

Cora resta quelques instants les yeux attachés sur sa sœur, les traits agités de vives émotions qui se disputaient l'empire dans son cœur. Enfin elle put parler, et sa voix, en perdant son éclat accoutumé, avait pris l'expression d'une tendresse presque maternelle.

— Alice, lui dit-elle, le Huron nous offre la vie à toutes deux ; il fait plus, il promet de vous rendre, vous et notre cher Duncan, à la liberté, à nos amis, à notre malheureux père, si... je puis dompter ce cœur rebelle, cet orgueil de fierté, au point de consentir...

La voix lui manqua ; elle joignit les mains, et leva les yeux vers le ciel, comme pour supplier la sagesse infinie de lui inspirer ce qu'elle devait dire, ce qu'elle devait faire.

— De consentir à quoi? s'écria Alice; continuez, ma chère Cora! qu'exige-t-il de nous? Oh! que ne s'est-il adressé à moi! avec quel plaisir je saurais mourir pour vous sauver, pour sauver Duncan, pour conserver une consolation à notre pauvre père!

— Mourir! répéta Cora d'un ton plus calme et plus ferme; la mort ne serait rien; mais l'alternative est horrible! Il veut, continua-t-elle en baissant la tête de honte d'être obligée de divulguer la proposition dégradante qui lui avait été faite, il veut que je le suive dans les déserts, que j'aille avec lui joindre la peuplade des Hurons, que je passe toute ma vie avec lui, en un mot que je devienne sa femme. Parlez maintenant, Alice, sœur de mon affection, et vous aussi, major Heyward, aidez ma faible raison de vos conseils. Dois-je acheter la vie par un tel sacrifice? Vous, Alice, vous, Duncan, consentez-vous à la recevoir de mes mains à un tel prix? Parlez! dites-moi tous deux ce que je dois faire; je me mets à votre disposition.

— Si je voudrais de la vie à ce prix! s'écria le major avec indignation. Cora! Cora! ne vous jouez pas ainsi de notre détresse! ne parlez plus de cette détestable alternative! la pensée seule en est plus horrible que mille morts!

— Je savais que telle serait votre réponse, dit Cora, dont le teint s'anima à ces mots et dont les regards brillèrent un instant comme l'éclair. Mais que dit ma chère Alice? il n'est rien que je ne sois prête à faire pour elle, et elle n'entendra pas un murmure.

Heyward et Cora écoutaient en silence et avec la plus vive attention; mais nulle réponse ne se fit entendre. On aurait dit que le peu de mots qui venaient d'être prononcés avaient anéanti ou du moins suspendu l'usage de toutes les facultés d'Alice. Ses bras étaient tombés à ses côtés, et ses doigts étaient agités par de légères convulsions. Sa tête était penchée sur sa poitrine, ses jambes avaient fléchi sous elle, et elle n'était soutenue que par la ceinture de feuilles qui l'attachait à un bouleau. Cependant, au bout de quelques instants, les couleurs reparurent sur ses joues, et sa tête recouvra le mouvement pour exprimer par un geste expressif combien elle était loin de désirer que sa sœur fît le sacrifice dont elle venait de parler, et le feu de ses yeux se ranima pendant qu'elle s'écriait :

— Non, non, non! mourons plutôt! mourons ensemble, comme nous avons vécu.

— Eh bien! meurs donc! s'écria Magua en grinçant les dents de rage quand il entendit une jeune fille qu'il croyait faible et sans énergie montrer tout à coup tant de fermeté. Il lança contre elle une hache de toutes ses forces, et l'arme meurtrière, fendant l'air sous les yeux d'Heyward, coupa une tresse des cheveux d'Alice, et s'enfonça profondément dans l'arbre, à un pouce au-dessus de sa tête.

Ce spectacle mit Heyward hors de lui-même; le désespoir lui donna de nouvelles forces; un violent effort rompit les liens qui le tenaient attaché, et il se précipita sur un autre sauvage qui, en poussant un hurlement horrible, levait son tomahawk pour en porter un coup plus sûr à sa victime. Les deux combattants luttèrent un instant, et tombèrent tous deux sans se lâcher, mais le corps presque nu du Huron offrait moins de prise au major; son adversaire lui échappa, et lui appuyant un genou sur la poitrine, il leva son couteau pour le lui plonger dans le cœur. Duncan voyait l'instrument de mort prêt à s'abaisser sur lui, quand une balle passa en sifflant près de son oreille; le bruit d'une explosion se fit entendre en même temps; Heyward sentit sa poitrine soulagée du poids qui pesait sur lui, et son ennemi, après avoir chancelé un moment, tomba sans vie à ses pieds.

CHAPITRE XII.

Le Clown. Je pars, Monsieur, et dans un moment je serai de retour auprès de vous.

(Shakspeare, *La soirée des Rois*.)

Les Hurons restèrent immobiles en voyant la mort frapper si soudainement un de leurs compagnons. Mais tandis qu'ils cherchaient à voir quel était celui qui avait été assez hardi et assez sûr de son coup pour tirer sur son ennemi sans crainte de blesser celui qu'il voulait sauver, le nom de la Longue-Carabine sortit simultanément de toutes les bouches, et apprit au major quel était son libérateur. De grands cris partant d'un buisson où les Hurons avaient déposé leurs armes à feu, leur répondirent à l'instant, et les Indiens poussèrent de nouveaux rugissements de rage en voyant leurs ennemis placés entre eux et leurs fusils.

OEil-de-Faucon, trop impatient pour se donner le temps de recharger sa longue carabine qu'il avait retrouvée dans le buisson, fendit l'air en se précipitant sur eux, une hache à la main. Mais quelque rapide que fût sa course, il fut encore devancé par un jeune sauvage qui, un couteau dans une main, et brandissant de l'autre le redoutable tomahawk, courut se placer en face de Cora. Un troisième ennemi, dont le corps à demi nu était peint des emblèmes effrayants de la mort, suivait les deux premiers dans une attitude non moins menaçante. Aux cris de fureur des Hurons succédèrent des exclamations de surprise, lorsqu'ils reconnurent les ennemis qui accouraient contre eux; et les noms — le Cerf-Agile! le Grand-Serpent! — furent successivement prononcés.

Magua fut le premier qui sortit de l'espèce de stupeur dont cet événement imprévu les avait frappés, et voyant sur-le-champ qu'il n'avait que trois adversaires à redouter, il encouragea ses compagnons par sa voix et son exemple; et poussant un grand cri, il courut, le couteau à la main, au-devant de Chingachgook, qui s'arrêta pour l'attendre. Ce fut le signal d'un combat général; aucun des deux partis n'avait d'armes à feu, car les Hurons se trouvaient dans l'impossibilité de reprendre leurs fusils, et la précipitation du chasseur n'avait pas donné le temps aux Mohicans de s'en emparer. L'adresse et la force du corps devaient donc décider de la victoire.

Uncas étant le plus avancé, fut le premier attaqué par un Huron, à qui il brisa le crâne d'un coup de tomahawk, et cette première victoire ayant rendu le nombre des combattants égal, chacun d'eux n'eut affaire qu'à un ennemi. Heyward arracha la hache de Magua restée enfoncée dans l'arbre où Alice était attachée, et s'en servit pour se défendre contre le sauvage qui l'attaqua.

Les coups se succédaient comme les grains d'une grêle d'orage, et ils étaient parés avec une adresse presque égale. Cependant la force supérieure d'OEil-de-Faucon l'emporta bientôt sur son antagoniste qu'un coup de tomahawk étendit sur le carreau.

Pendant ce temps, Heyward, cédant à une ardeur trop bouillante, avait lancé sa hache contre le Huron qui le menaçait, au lieu d'attendre qu'il fût assez près de lui pour l'en frapper. Le sauvage atteint au front, parut chanceler, et s'arrêta dans sa course un instant. L'impétueux major, enflammé par cette apparence de succès, se précipita sur lui sans armes, et reconnut bientôt qu'il avait commis une imprudence; car il eut besoin de toute sa présence d'esprit et de toute sa vigueur pour détourner les coups désespérés que son ennemi lui portait avec son couteau. Ne pouvant l'attaquer à son tour, il parvint à l'entourer de ses bras, et à serrer ceux du sauvage contre ses côtés; mais ce violent effort épuisait ses forces, et ne pouvait durer longtemps. Il sentait même qu'il allait se trouver à la merci de son adversaire, quand il entendit près de lui une voix s'écrier :

— Mort et extermination! Point de quartier aux maudits Mingos!

Et au même instant la crosse du fusil du chasseur, tombant avec une force irrésistible sur la tête nue du Huron, l'envoya rejoindre ceux de ses compagnons qui avaient déjà cessé d'exister.

Dès que le jeune Mohican eut terrassé son premier antagoniste, il jeta les yeux autour de lui, comme un lion courroucé, pour en chercher un autre. Dans le premier instant du combat, le cinquième Huron, se trouvant sans antagoniste, avait d'abord fait quelques pas pour aider Magua à se défaire de Chingachgook; mais un esprit infernal de vengeance le fit changer de dessein tout à coup, et poussant un rugissement de rage, il courut aussitôt vers Cora, et lui lança sa hache de loin, comme pour l'avertir du sort qu'il lui réservait. L'arme bien affilée ne fit pourtant qu'effleurer l'arbre, mais elle coupa les liens qui y attachaient Cora. Elle se trouva en liberté de fuir, mais elle n'en profita que pour courir près d'Alice, et la serrant dans ses bras, elle chercha d'une main tremblante à détacher les branches qui la retenaient captive. Ce trait de généreuse affection aurait ému tout autre qu'un monstre; mais le sanguinaire Huron y fut insensible : il poursuivit Cora, la saisit par ses beaux cheveux qui tombaient en désordre sur son cou et ses épaules, et la forçant à le regarder, il fit briller à ses yeux son couteau, en le faisant tourner autour de sa tête, comme pour lui faire voir de quelle manière cruelle il allait la dépouiller de cet ornement. Mais il paya bien cher ce moment de satisfaction féroce. Uncas venait d'apercevoir cette scène cruelle, et la foudre n'est pas plus prompte à frapper. En trois bonds le jeune Mohican tomba sur ce nouvel ennemi, et le choc fut si violent qu'ils en furent tous deux renversés. Ils se relevèrent en même temps, combattirent avec une fureur égale, leur sang coula; mais le combat fut bientôt terminé, car à l'instant où le couteau d'Uncas entrait dans le cœur du Huron, le tomahawk d'Heyward et la crosse du fusil du chasseur lui brisaient le crâne.

La lutte du Grand-Serpent avec le Renard-Subtil n'était point décidée; et ces guerriers barbares prouvaient qu'ils méritaient bien les surnoms qui leur avaient été donnés. Après avoir été occupés quelque temps à porter et à parer des coups dirigés par une haine mutuelle contre la vie l'un de l'autre, ils se saisirent au corps, tombèrent tous deux, et continuèrent leur lutte par terre, entrelacés comme des serpents.

A l'instant où les autres combats venaient de se terminer, l'endroit où celui-ci se continuait encore ne pouvait se distinguer que par un nuage de poussière et de feuilles sèches qui s'en élevait, et qui semblait l'effet d'un tourbillon. Pressés par des motifs différents d'amour filial, d'amitié et de reconnaissance, Uncas, le chasseur et le major y coururent à la hâte pour porter du secours à leur compagnon. Mais en vain le couteau d'Uncas cherchait un passage pour percer le cœur de l'ennemi de son père; en vain OEil-de-Faucon levait la crosse de son fusil pour la lui faire tomber sur la tête; en vain Heyward épiait l'instant de pouvoir saisir un bras ou une jambe du Huron; les mouvements convulsifs des deux combattants, couverts de sang et de poussière, étaient si rapides que leurs deux corps semblaient n'en former qu'un seul, et nul d'eux n'osait frapper, de peur de se tromper de victime, et de donner la mort à celui dont il voulait sauver la vie.

Il y avait des instants bien courts où l'on voyait briller les yeux féroces du Huron, comme ceux de l'animal fabuleux qu'on a nommé basilic, et à travers le tourbillon de poussière qui l'environnait, il pouvait lire dans les regards de ceux qui l'entouraient, qu'il n'avait ni merci ni pitié à attendre; mais avant qu'on eût eu le temps de faire descendre sur lui le coup qu'on lui destinait, sa place était prise par le visage enflammé du Mohican. Le lieu du combat avait ainsi changé de place insensiblement, et il se passait alors presque à l'extrémité de la plate-forme qui couronnait la petite montagne. Enfin Chingachgook trouva le moyen de porter à son ennemi un coup du couteau dont il était armé, et à l'instant même Magua lâcha prise, poussa un profond soupir, et resta étendu sans mouvement et sans donner aucun signe de vie. Le Mohican se releva aussitôt, et fit retentir les bois de son cri de triomphe.

— Victoire aux Delawares! victoire aux Mohicans! s'écria OEil-de-Faucon; mais, ajouta-t-il aussitôt, un bon coup de crosse de fusil pour l'achever, donné par un homme dont le sang n'est pas mêlé, ne privera notre ami ni de l'honneur de la victoire, ni du droit qu'il a à la chevelure du vaincu.

Il leva son fusil en l'air pour en faire descendre la crosse sur la tête du Huron renversé; mais au même instant le Renard-Subtil fit un mouvement soudain qui le rapprocha du bord de la montagne; il se laissa glisser le long de la rampe, et disparut en moins d'une minute au milieu des buissons. Les deux Mohicans, qui avaient cru leur ennemi mort, restèrent un instant comme pétrifiés, et poussant ensuite un grand cri, ils se mirent à sa poursuite avec l'ardeur de deux lévriers qui sentent la piste du gibier; mais le chasseur, dont les préjugés l'emportaient toujours sur son sentiment naturel de justice, en tout ce qui concernait les Mingos, les fit changer de dessein et les rappela sur la montagne.

— Laissez-le aller, leur dit-il; où voudriez-vous le trouver? il est déjà blotti dans quelque terrier. Il vient de prouver que ce n'est pas pour rien qu'on l'a nommé le Renard, le lâche trompeur qu'il est! Un honnête Delaware, se voyant vaincu de franc jeu, se serait laissé donner le coup de grâce sans résistance; mais ces brigands de Maquas tiennent à la vie comme des chats sauvages. Il faut les tuer deux fois avant d'être sûr qu'ils sont morts. — Laissez-le aller! il est seul, il n'a ni fusil, ni tomahawk; il est blessé, et il a du chemin à faire avant de rejoindre les Français ou ses camarades. C'est comme un serpent à qui on a arraché ses dents venimeuses; il ne peut plus nous faire de mal, du moins jusqu'à ce que nous soyons en lieu de sûreté. — Mais voyez, Uncas, ajouta-t-il en delaware, voilà votre père qui fait déjà sa récolte de chevelures. Je crois qu'il serait bon de faire une ronde pour s'assurer que tous ces vagabonds sont bien morts; car s'il leur prenait envie de se relever comme cet autre et d'aller le rejoindre, ce serait peut-être encore une besogne à recommencer.

Et à ces mots, l'honnête mais implacable chasseur alla visiter chacun des cinq cadavres étendus à peu de distance les uns des autres, les remuant avec le pied, et employant même la pointe de son couteau pour s'assurer qu'il n'existait plus en eux une étincelle de vie, avec une indifférence aussi froide que celle d'un boucher qui arrange sur son étal les membres des moutons qu'il vient d'égorger. Mais il avait été prévenu par Chingachgook, qui s'était déjà emparé des trophées de la victoire, les chevelures des vaincus.

Uncas au contraire, renonçant à ses habitudes et peut-être même à sa nature pour céder à une délicatesse d'instinct, suivit Heyward, qui courut vers ses compagnes, et lorsqu'ils eurent détaché les liens qui retenaient encore Alice et que Cora n'avait pu rompre, les deux aimables sœurs se jetèrent dans les bras l'une de l'autre.

Nous n'essaierons pas de peindre la reconnaissance dont elles furent pénétrées pour l'arbitre suprême de tous les événements en se voyant rendues d'une manière inespérée à la vie, à leur père. Les actions de grâces furent solennelles et silencieuses. Alice s'était précipitée à genoux dès que la liberté lui avait été rendue, et elle ne se releva que pour se jeter de nouveau dans les bras de sa sœur en l'accablant des plus tendres caresses, qui lui furent rendues avec usure. Elle sanglota en prononçant le nom de son père, et au milieu de ses larmes, ses yeux doux comme ceux d'une colombe brillaient du feu de l'espoir qui la ranimait et donnait à tous ses traits une expression qui semblait avoir quelque chose de céleste.

— Nous sommes sauvées ! s'écria-t-elle ; nous sommes sauvées ! Nous serons encore pressées dans les bras de notre tendre père ; et son cœur ne sera pas déchiré par le cruel regret de notre perte. — Et vous aussi, Cora, vous, ma chère sœur, vous qui êtes plus que ma sœur, vous m'êtes rendue ! — Et vous, Duncan, ajouta-t-elle en le regardant avec un sourire d'innocence angélique, notre cher et brave Duncan, vous êtes sauvé de cet affreux péril !

A ces paroles prononcées avec une chaleur qui tenait de l'enthousiasme, Cora ne répondit qu'en pressant tendrement sa sœur sur son sein ; Heyward ne rougit pas de verser des larmes ; et Uncas, couvert du sang des ennemis et du sien, et en apparence spectateur impassible de cette scène attendrissante, prouvait par l'expression de ses regards qu'il était en avance de plusieurs siècles peut-être sur ses sauvages compatriotes.

Pendant ces scènes d'une émotion si naturelle, OEil-de-Faucon s'étant bien assuré qu'aucun des ennemis étendus par terre ne possédait plus le pouvoir de leur nuire, s'approcha de David et le délivra des liens qu'il avait endurés jusqu'alors avec une patience exemplaire.

— Là! dit le chasseur en jetant derrière lui la dernière branche qu'il venait de couper, vous voilà encore une fois en toute liberté de vos membres, quoique vous ne vous en serviez pas avec plus de jugement que la nature n'en a montré en les façonnant. Si vous ne vous offensez pas des avis d'un homme qui n'est pas plus vieux que vous, mais qui peut dire qu'ayant passé la plus grande partie de sa vie dans les déserts il a acquis plus d'expérience qu'il n'a d'années, je vous dirai ce que je pense : c'est que vous feriez sagement de vendre au premier fou que vous rencontrerez cet instrument qui sort à moitié de votre poche, et avec l'argent que vous en recevrez d'acheter quelque arme qui puisse vous être utile, quand ce ne serait qu'un méchant pistolet. Par ce moyen, et avec du soin et de l'industrie, vous pourrez arriver à quelque chose ; car je m'imagine qu'à présent vos yeux doivent vous dire clairement que le corbeau même vaut mieux que l'oiseau-moqueur : le premier contribue du moins à faire disparaître de la surface de la terre les cadavres corrompus, et l'autre n'est bon qu'à donner de l'embarras dans les bois en abusant par des sons trompeurs tous ceux qui l'entendent.

— Les armes et les clairons pour la bataille, répondit le maître de chant redevenu libre, et le chant d'actions de grâces pour la victoire ! — Ami, dit-il en tendant au chasseur une petite main délicatement formée, tandis que ses yeux humides étincelaient, je te rends grâces de ce que mes cheveux croissent encore sur mon chef. Il peut s'en trouver de plus beaux et de mieux frisés ; mais je me suis toujours contenté des miens, et je les ai trouvés convenables à la tête qu'ils couvrent. Si je n'ai point pris part à la bataille, c'est moins faute de bonne volonté qu'à cause des liens dont les païens m'avaient chargé. Tu t'es montré vaillant et habile pendant le combat, et si je te remercie avant de m'acquitter d'autres devoirs plus solennels et plus importants, c'est parce que tu as prouvé que tu es digne des éloges d'un chrétien.

— Ce que j'ai fait n'est qu'une bagatelle, répondit OEil-de-Faucon, regardant La Gamme avec un peu moins d'indifférence, depuis que celui-ci lui avait adressé des expressions de reconnaissance si peu équivoques, et vous en pourrez voir autant plus d'une fois, si vous restez plus longtemps parmi nous. Mais j'ai retrouvé mon vieux compagnon, le tueur de daims, ajouta-t-il en frappant sur le canon de son fusil, et cela seul vaut une victoire. Ces Iroquois sont malins, mais ils ont oublié leur malice en laissant leurs armes à feu hors de leur portée. Si Uncas et son père avaient eu l'esprit de prendre un fusil comme moi, nous serions arrivés contre ces bandits avec trois balles au lieu d'une, et tous y auraient passé, le coquin qui s'est sauvé comme les autres. Mais le ciel l'a ordonné ainsi, et tout est pour le mieux.

— Vous avez raison, répondit La Gamme, et vous avez le véritable esprit du christianisme. Celui qui doit être sauvé sera sauvé, et celui qui doit être damné sera damné. C'est la doctrine de vérité, et elle est consolante pour le vrai chrétien.

Le chasseur, qui s'était assis et qui examinait toutes les parties de son fusil avec le même soin qu'un père examine tous les membres de l'enfant qui vient de faire une chute dangereuse, leva les yeux sur lui avec un air de mécontentement qu'il ne cherchait pas à déguiser, et ne lui laissa pas le temps d'en dire davantage.

— Doctrine ou non doctrine, dit-il, c'est une croyance de coquin, et qui sera maudite par tout honnête homme. Je puis croire que le Huron que voilà devait recevoir la mort de ma main, parce que je le vois de mes propres yeux. Mais qu'il puisse trouver une récompense là-haut, c'est ce que je ne croirai que si j'en suis témoin ; comme vous ne me ferez jamais croire que Chingachgook que voilà là-bas puisse être condamné au dernier jour.

— Vous n'avez nulle garantie pour une doctrine si audacieuse, nulle autorité pour la soutenir, s'écria David, imbu des distinctions subtiles et métaphysiques dont on avait de son temps, et surtout dans sa province, obscurci la noble simplicité de la révélation en cherchant à pénétrer le mystère impénétrable de la nature divine; votre temple est construit sur le sable, et le premier ouragan en ébranlera les fondations. Je vous demande quelles sont vos autorités pour une assertion si peu charitable. (David, comme tous ceux qui veulent soutenir un système, n'était pas toujours très-heureux dans le choix de ses expressions.) Citez-moi le chapitre et le verset qui contiennent un texte à l'appui de votre doctrine, et dites-moi dans lequel des livres saints il se trouve.

— Des livres ! répéta OEil-de-Faucon avec le ton du plus souverain mépris : me prenez-vous pour un enfant pendu au tablier d'une de nos vieilles grand'mères ? Croyez-vous que cette bonne carabine qui est sur mes genoux soit une plume d'oie, ma corne à poudre un cornet à encre, et ma gibecière un mouchoir pour emporter mon dîner à l'école? Des livres! quel besoin de livres a un homme comme moi, qui suis un guerrier du désert, quoique mon sang soit pur? je n'en ai jamais lu qu'un seul, et les paroles qui y sont écrites sont trop claires et trop simples pour avoir besoin de commentaire, quoique je puisse me vanter d'y avoir lu constamment pendant quarante longues années.

— Et comment nommez-vous ce livre? demanda le maître en psalmodie, se méprenant sur le sens que son compagnon attachait à ce qu'il venait de dire.

— Il est ouvert devant vos yeux, répondit le chasseur, et celui à qui il appartient n'en est point avare; il permet qu'on y lise. J'ai entendu dire qu'il y a des gens qui ont besoin de livres pour se convaincre qu'il y a un Dieu. Il est possible que les hommes, dans les établissements, défigurent ses ouvrages au point de rendre douteux au milieu des marchands et des prêtres ce qui est clair et évident dans le désert. Mais s'il y a quelqu'un qui doute, il n'a qu'à me suivre d'un soleil à l'autre dans le fond des bois, et je lui en ferai voir assez pour lui apprendre qu'il n'est qu'un fou, et que sa plus grande folie est de vouloir s'élever au niveau d'un être dont il ne peut jamais égaler ni la bonté ni le pouvoir.

Du moment que David reconnut qu'il discutait avec un homme qui puisait sa foi dans les lumières naturelles, et qui méprisait toutes les subtilités de la métaphysique, il renonça sur-le-champ à une controverse dont il crut qu'il ne pouvait retirer ni honneur ni profit. Pendant que le chasseur parlait encore, il s'était assis à son tour, et prenant son petit volume de psaumes et ses lunettes montées en fer, il se prépara à remplir un devoir que l'assaut que son orthodoxie venait de recevoir pouvait seul avoir suspendu si longtemps. David était dans le fait un ménestrel du Nouveau-Monde, bien loin certes des temps de ces troubadours inspirés qui, dans l'ancien, célébraient le renom profane d'un baron ou d'un prince; mais c'était un barde dans l'esprit du pays qu'il habitait, et il était prêt à exercer sa profession pour célébrer la victoire qui venait d'être remportée, ou plutôt pour en rendre grâces au ciel. Il attendit patiemment qu'Œil-de-Faucon eût fini de parler, et levant alors les yeux et la voix, il dit tout haut :

— Je vous invite, mes amis, à vous joindre à moi pour remercier le ciel de nous avoir sauvés des mains des barbares infidèles, et à écouter le cantique solennel sur le bel air appelé *Northampton*.

Il indiqua la page où se trouvaient les vers qu'il allait chanter, comme si ses auditeurs avaient eu en main un livre semblable pour les y chercher, et suivant son usage il appliqua son instrument à ses lèvres pour prendre et donner le ton avec la même gravité que s'il eût été dans un temple. Mais pour cette fois nulle voix n'accompagna la sienne, car les deux sœurs étaient alors occupées à se donner les marques de tendresse réciproque dont nous avons déjà parlé. La tiédeur apparente de son auditoire ne le déconcerta nullement, et il commença son cantique, qu'il termina sans interruption.

Le chasseur l'écouta tout en finissant l'inspection de son fusil; mais les chants de David ne parurent pas produire sur lui la même émotion qu'ils lui avaient occasionnée dans la grotte. En un mot, jamais ménestrel n'avait exercé ses talents devant un auditoire plus insensible; et cependant, en prenant en considération la piété fervente et sincère du chanteur, il est permis de croire que jamais les chants d'un barde n'arrivèrent plus près du trône de celui à qui sont dus tout honneur et tout respect. OEil-de-Faucon se leva enfin en hochant la tête, murmurant quelques mots parmi lesquels on ne put entendre que ceux de — gosier, d'Iroquois, — et il alla examiner l'état de l'arsenal des Hurons. Chingachgook se joignit à lui, et reconnut son fusil avec celui de son fils. Heyward et même David y trouvèrent aussi de quoi s'armer, et les munitions ne manquaient pas pour que les armes pussent devenir utiles.

Lorsque les deux amis eurent fait leur choix et terminé la distribution du reste, le chasseur annonça qu'il était temps de songer au départ. Les chants de David avaient cessé, et les deux sœurs commençaient à être plus maîtresses de leurs émotions. Soutenues par Heyward et par le jeune Mohican, elles descendirent cette montagne qu'elles avaient gravie avec des guides si différents, et dont le sommet avait pensé être le théâtre d'une scène si horrible. Remontant ensuite sur leurs chevaux, qui avaient eu le temps de se reposer et de paître l'herbe et les bourgeons des arbrisseaux, elles suivirent les pas d'un conducteur qui, dans des moments si terribles, leur avait montré tant de zèle et d'attachement. Leur première course ne fut pas longue. OEil-de-Faucon, quittant un sentier que les Hurons avaient suivi en venant, tourna sur la droite, traversa un ruisseau peu profond, et s'arrêta dans une petite valle ombragée par quelques ormeaux. Elle n'était qu'à environ un quart de mille de la fatale montagne, et les chevaux n'avaient été utiles aux deux sœurs que pour les mettre en état de passer le ruisseau à pied sec.

Les Indiens et le chasseur paraissaient connaître cet endroit; car dès qu'ils y furent arrivés, appuyant leurs fusils contre un arbre, ils commencèrent à balayer les feuilles sèches non loin du pied de trois saules pleureurs, et ayant ouvert la terre à l'aide de leurs couteaux, on en vit jaillir une source d'eau pure et limpide. OEil-de-Faucon regarda alors autour de lui, comme s'il eût cherché quelque chose qu'il comptait trouver et qu'il n'apercevait pas.

— Ces misérables coquins les Mohawks, ou leurs frères les Turcaroras et les Onondagas, sont venus se désaltérer ici, dit-il, et les vagabonds ont emporté la gourde. Voilà ce que c'est que de rendre service à des chiens qui en abusent. Dieu a étendu la main sur ces déserts en leur faveur, et a fait sortir des entrailles de la terre une source d'eau vive qui peut narguer toutes les boutiques d'apothicaires des colonies; et voyez! les vauriens l'ont bouchée, et ont marché sur la terre dont ils l'ont couverte, comme s'ils étaient des brutes, et non des créatures humaines!

Pendant que le chasseur exhalait ainsi son dépit, Uncas lui présenta silencieusement la gourde qu'il avait trouvée placée avec soin sur les branches d'un saule, et qui avait échappé aux regards impatients de son compagnon. L'ayant remplie d'eau, OEil-de-Faucon alla s'asseoir à quelques pas, la vida, à ce qu'il parut, avec un grand plaisir, et se mit à faire un examen sérieux des restes de vivres qu'avaient laissés les Hurons, et qu'il avait eu soin de placer dans sa carnassière.

— Je vous remercie, dit-il à Uncas en lui rendant la gourde vide. Maintenant nous allons voir comment vivent ces scélérats de Hurons dans leurs expéditions. — Voyez cela! Les coquins connaissent les meilleurs morceaux d'un faon, et l'on croirait qu'ils sont en état de découper et de faire cuire une tranche de venaison aussi bien que le meilleur cuisinier du pays. Mais tout est cru, car les Iroquois sont de véritables sauvages. — Uncas, prenez mon briquet, et allumez du feu ; un morceau de grillade ne sera pas de trop après les fatigues que nous avons éprouvées.

Voyant que leurs guides avaient sérieusement envie de faire un repas, Heyward aida les deux sœurs à descendre de cheval, les fit asseoir sur le gazon pour qu'elles prissent quelques instants de repos, et pendant que les préparatifs de cuisine allaient leur train, la curiosité le porta à s'informer par quel heureux concours de circonstances les trois amis étaient arrivés si à propos pour les sauver.

— Comment se fait-il que nous vous ayons revu si tôt, mon généreux ami, dit-il au batteur d'estrade, et que vous n'ayez amené aucun secours de la garnison d'Édouard?

— Si nous avions dépassé le coude de la rivière, nous serions arrivés à temps pour couvrir vos corps de feuilles, mais trop tard pour sauver vos chevelures. Non, non ; au lieu de nous épuiser et de perdre notre temps en courant au fort, nous sommes restés en embuscade sur les bords de la rivière pour épier les mouvements des Hurons.

— Vous avez donc vu tout ce qui s'est passé?

— Point du tout. Les yeux des Indiens sont trop clairvoyants pour qu'on puisse leur échapper, et nous nous tenions soigneusement cachés. Mais le plus difficile était de forcer ce jeune homme à rester en repos près de nous. Ah! Uncas, vous vous êtes conduit en femme curieuse plutôt qu'en guerrier de votre nation!

Les yeux perçants d'Uncas se fixèrent un instant sur le chasseur, mais il ne lui répondit pas, et ne montra aucun signe qui annonçât le moindre repentir de sa conduite. Au contraire, Heyward crut remarquer que l'expression des traits du jeune Mohican était fière et dédaigneuse, et que s'il gardait le silence sur ce reproche, c'était autant par respect pour ceux qui l'écoutaient que par suite de sa déférence habituelle pour son compagnon blanc.

— Mais vous avez vu que nous étions découverts? ajouta le major.

— Nous l'avons entendu, répondit Œil-de-Faucon en appuyant sur ce mot : les hurlements des Indiens sont un langage assez clair pour des gens qui ont passé leur vie dans les bois. Mais à l'instant où vous avez débarqué, nous avons été obligés de nous glisser comme des serpents sous les broussailles pour ne pas être aperçus, et depuis ce moment nous ne vous avons plus revus qu'attachés à ces arbres là-bas, pour y périr à la manière indienne.

— Notre salut est l'ouvrage de la Providence, s'écria Heyward ; c'est presque un miracle que vous ayez pris le bon chemin, car les Hurons s'étaient séparés en deux troupes, et chacune d'elles emmenait deux chevaux.

— Ah ! répliqua le chasseur du ton d'un homme qui se rappelle un grand embarras dans lequel il s'est trouvé, cette circonstance pouvait nous faire perdre la piste, et cependant nous nous décidâmes à marcher de ce côté, parce que nous jugeâmes, et avec raison, que ces bandits n'emmèneraient pas leurs prisonniers du côté du nord. Mais quand nous eûmes fait quelques milles sans trouver une seule branche cassée, comme je l'avais recommandé, le cœur commença à me manquer, d'autant plus que je remarquais que toutes les traces des pieds étaient marquées par des moccasins.

— Les Hurons avaient pris la précaution de nous chausser comme eux, dit Duncan en levant le pied pour montrer la chaussure indienne dont on l'avait garni.

— C'était une invention digne d'eux, mais nous avions trop d'expérience pour que cette ruse pût nous donner le change.

— Et à quelle circonstance sommes-nous redevables que vous ayez persisté à marcher sur la même route ?

— A une circonstance que devrait être honteux d'avouer un homme blanc qui n'a pas le moindre mélange de sang indien dans ses veines ; au jugement du jeune Mohican sur une chose que j'aurais dû connaître mieux que lui, et que j'ai encore peine à croire, à présent que j'en ai reconnu la vérité de mes propres yeux.

— Cela est extraordinaire ! Et ne me direz-vous pas quelle est cette circonstance ?

— Uncas fut assez hardi, répondit le chasseur en jetant un regard d'intérêt et de curiosité sur les chevaux des deux sœurs, pour nous assurer que les montures de ces dames plaçaient à terre en même temps les deux pieds du même côté, ce qui est contraire à l'allure de tous les animaux à quatre pieds ou à quatre pattes que j'aie connus, à l'exception de l'ours. Et cependant voilà deux chevaux qui marchent de cette manière, comme mes propres yeux viennent de le voir, et comme le prouvaient les traces que nous avons suivies pendant vingt longs milles.

— C'est un mérite particulier à ces animaux. Ils viennent des bords de la baie de Narraganset, dans la petite province des Plantations de la Providence. Ils sont infatigables, et célèbres par la douceur de leur allure, quoiqu'on parvienne à dresser d'autres chevaux à prendre le même pas.

— Cela peut être, dit OEil-de-Faucon qui avait écouté cette explication avec une attention toute particulière, cela est possible; car, quoique je sois un homme qui n'a pas une goutte de sang qui ne soit blanc, je me connais mieux en daims et en castors qu'en bêtes de somme. Le major Effingham a de superbes coursiers, mais je n'en ai jamais vu aucun marcher d'un pas si singulier.

— Sans doute, répliqua Duncan, parce qu'il désire d'autres qualités dans ses chevaux. Ceux-ci n'en sont pas moins d'une race très-estimée, et ils ont souvent l'honneur d'être destinés à porter des fardeaux semblables à ceux dont vous les voyez chargés.

Les Mohicans avaient suspendu un instant leurs opérations de cuisine pour écouter la fin de cette conversation, et lorsque le major eut fini de parler, ils se regardèrent l'un l'autre d'un air de surprise; le père laissa échapper son exclamation ordinaire, et le chasseur resta quelques instants à réfléchir, en homme qui veut ranger avec ordre dans son cerveau les nouvelles connaissances qu'il vient d'acquérir.

Enfin, jetant encore un regard curieux sur les deux chevaux, il ajouta : — J'ose dire qu'on peut voir des choses encore plus étranges dans les établissements des Européens en ce pays; car l'homme abuse terriblement de la nature quand il peut une fois prendre le dessus sur elle. Mais n'importe quelle soit l'allure de ces animaux, naturelle ou acquise, droite ou de côté, Uncas l'avait remarquée, et leurs traces nous conduisirent à un buisson près duquel était l'empreinte du pied d'un cheval, et dont la plus haute branche, une branche de sumac, était cassée par le haut à une élévation qu'on ne pouvait atteindre qu'à cheval, tandis que celles de dessous étaient brisées et froissées comme à plaisir par un homme à pied. J'en conclus qu'un de ces rusés, ayant vu une de ces jeunes dames casser la haute branche, avait fait tout ce dégât pour faire croire que quelque animal sauvage s'était vautré dans ce buisson.

— Votre sagacité ne vous a pas trompé; car tout cela est précisément arrivé.

— Cela était facile à voir, et il ne fallait pas pour cela une sagacité bien extraordinaire. C'était une chose plus aisée à remarquer que l'allure d'un cheval. Il me vint alors à l'idée que les Mingos se rendraient à cette fontaine ; car les coquins connaissent bien la vertu de son eau.

— Elle a donc de la célébrité? demanda Heyward en examinant avec plus d'attention cette vallée retirée et la petite source qui s'y trouvait entourée d'une terre inculte.

— Il y a peu de Peaux-Rouges, voyageant du sud à l'est des grands lacs, qui n'en aient entendu vanter les qualités. — Voulez-vous la goûter vous-même?

Heyward prit la gourde, et, après avoir bu quelques gouttes de l'eau qu'elle contenait, il la rendit en faisant une grimace de dégoût et de mécontentement. Le chasseur sourit et secoua la tête d'un air de satisfaction.

— Je vois que la saveur ne vous en plaît pas, dit-il, et c'est parce que vous n'y êtes pas habitué. Il fut un temps où je ne l'aimais pas plus que vous, et maintenant je la trouve à mon goût, et j'en suis altéré comme le daim l'est de l'eau salée[1]. Vos meilleurs vins ne sont pas plus agréables à votre palais que cette eau ne l'est au gosier d'une Peau-Rouge, et surtout quand il se sent dépérir, car elle a une vertu fortifiante. — Mais je vois qu'Uncas a fini d'apprêter nos grillades, et il est temps de manger un morceau, car il nous reste une longue route à faire.

Ayant interrompu l'entretien par cette brusque transition, OEil-de-Faucon se mit à profiter des restes du faon qui avaient échappé à la voracité des Hurons. Le repas fut servi sans plus de cérémonie qu'on n'en avait mis à le préparer, et les deux Mohicans et lui satisfirent leur faim avec ce silence et cette promptitude qui caractérisent les hommes qui ne songent qu'à se mettre en état de se livrer à de nouveaux travaux et de supporter de nouvelles fatigues.

Dès qu'ils se furent acquittés de ce devoir nécessaire, tous trois vidèrent la gourde pleine de l'eau de cette source médicinale, alors solitaire et silencieuse, et autour de laquelle, depuis cin-

---

1. Plusieurs des animaux des forêts de l'Amérique s'arrêtent dans les lieux où se trouvent des sources d'eau salée. On les appelle *licks* ou *salt-licks*; dans le langage du pays cela signifie que le quadrupède est souvent obligé de lécher (*to licks*) la terre afin d'en obtenir les particules salées. Ces *licks* sont d'un grand secours aux chasseurs, parce qu'elles mettent sur la piste du gibier, qui se tient souvent dans les environs.

quante ans, la beauté, la richesse et les talents de tout le nord de l'Amérique se rassemblent pour y chercher le plaisir et la santé [1].

OEil-de-Faucon annonça ensuite qu'on allait partir. Les deux sœurs se mirent en selle, Duncan et David reprirent leurs fusils et se placèrent à leurs côtés ou derrière elles, suivant que le terrain le permettait ; le chasseur marchait en avant, suivant son usage, et les deux Mohicans fermaient la marche. La petite troupe s'avança assez rapidement vers le nord, laissant les eaux de la petite source chercher à se frayer un passage vers le ruisseau voisin, et les corps des Hurons morts pourrir sans sépulture sur le haut de la montagne ; destin trop ordinaire aux guerriers de ces bois pour exciter la commisération ou mériter un commentaire.

CHAPITRE XIII.

Je vais chercher un chemin plus facile.
PARNELL.

La route que prit OEil-de-Faucon coupait diagonalement ces plaines sablonneuses, couvertes de bois, et variées de temps en temps par des vallées et de petites montagnes, que les voyageurs avaient traversées le matin comme prisonniers de Magua. Le soleil commençait à baisser vers l'horizon, la chaleur n'était plus étouffante, et l'on respirait plus librement sous la voûte formée par les grands arbres de la forêt. La marche de nos voyageurs en était accélérée, et longtemps avant que le crépuscule commençât à tomber, ils avaient déjà fait du chemin.

De même que le sauvage dont il avait pris la place, le chasseur semblait se diriger d'après des indices secrets qu'il connaissait, marchait toujours du même pas, et ne s'arrêtait jamais pour délibérer. Un coup d'œil jeté en passant sur la mousse des arbres, un regard levé vers le soleil qui allait se coucher, la vue du cours des ruisseaux, suffisaient pour l'assurer qu'il ne s'était pas trompé de route, et ne lui laissaient aucun doute à ce sujet. Cependant la

---

[1]. Cette scène se passe dans le lieu où l'on a bâti depuis le village de Balliston, une des principales eaux thermales de l'Amérique.

forêt commençait à perdre ses riches teintes, et ce beau vert qui avait brillé toute la journée sur le feuillage de ses voûtes naturelles se changeait insensiblement en un noir sombre sous la lueur douteuse qui annonce l'approche de la nuit.

Tandis que les deux sœurs cherchaient à saisir à travers les arbres quelques-uns des derniers rayons de l'astre qui se couchait dans toute sa gloire, et qui bordaient d'une frange d'or et de pourpre une masse de nuages amassés à peu de distance au-dessus des montagnes occidentales, le chasseur s'arrêta tout à coup et se tourna vers ceux qui le suivaient :

— Voilà, dit-il en étendant le bras vers le ciel, le signal donné à l'homme par la nature pour qu'il cherche le repos et la nourriture dont il a besoin. Il serait plus sage s'il y obéissait, et s'il prenait une leçon à cet égard des oiseaux de l'air et des animaux des champs. Au surplus notre nuit sera bientôt passée, car il faudra que nous nous remettions en marche quand la lune paraîtra. Je me souviens d'avoir combattu les Maquas ici, aux environs, pendant la première guerre dans laquelle j'ai fait couler le sang humain. Nous construisîmes en cet endroit une espèce de petit fort en troncs d'arbres pour défendre nos chevelures ; si ma mémoire ne me trompe pas, nous devons le trouver à très-peu de distance sur la gauche.

Sans attendre qu'on répondît, le chasseur tourna brusquement sur la gauche, et entra dans un bois épais de jeunes châtaigniers. Il écartait les branches basses en homme qui s'attendait à chaque pas à découvrir l'objet qu'il cherchait. Ses souvenirs ne l'abusaient pas ; car après avoir fait deux ou trois cents pas au milieu de broussailles et de ronces qui s'opposaient à sa marche, il entra dans une clairière au milieu de laquelle était un tertre couvert de verdure, et couronné par l'édifice en question, négligé et abandonné depuis bien longtemps.

C'était un de ces bâtiments grossiers, honorés du nom de forts, que l'on construisait à la hâte quand la circonstance l'exigeait, et auxquels on ne songeait plus quand le moment du besoin était passé. Il tombait en ruine dans la solitude de la forêt, complétement abandonné et presque entièrement oublié. On trouve souvent dans la large barrière de déserts qui séparait autrefois les provinces ennemies, de pareils monuments du passage sanglant des hommes. Ce sont aujourd'hui des ruines qui se rattachent aux traditions de l'histoire des colonies, et qui sont parfaitement d'accord avec le caractère sombre de tout ce qui les environne [1]. Le toit d'écorces qui couvrait ce bâtiment s'était écroulé depuis bien des années, et les débris en étaient confondus avec le sol; mais les troncs de pins qui avaient été assemblés à la hâte pour en former les murailles, se maintenaient encore à leur place, quoiqu'un angle de l'édifice rustique eût considérablement fléchi et menaçât d'occasionner bientôt sa destruction totale.

Tandis qu'Eyward et ses compagnons hésitaient à approcher d'un bâtiment qui paraissait dans un tel état de décadence, OEil-de-Faucon et les deux Indiens y entrèrent non-seulement sans crainte, mais même avec un air évident d'intérêt. Tandis que le premier en contemplait les ruines, tant dans l'intérieur qu'à l'extérieur, avec la curiosité d'un homme dont les souvenirs devenaient plus vifs à chaque instant, Chingachgook racontait à son fils, dans sa langue naturelle, l'histoire abrégée du combat qui avait eu lieu pendant sa jeunesse en ce lieu écarté. Un accent de mélancolie se joignait à l'accent de son triomphe.

Pendant ce temps, les sœurs descendaient de cheval, et se préparaient avec plaisir à jouir de quelques heures de repos pendant la fraîcheur de la soirée, et dans une sécurité qu'elles croyaient que les animaux des forêts pouvaient seuls interrompre.

— Mon brave ami, demanda le major au chasseur qui avait déjà fini son examen rapide des lieux, n'aurions-nous pas mieux fait de choisir pour faire halte un endroit plus retiré, probablement moins connu et moins fréquenté?

— Vous trouveriez difficilement aujourd'hui, répondit OEil-de-Faucon d'un ton lent et mélancolique, quelqu'un qui sache que ce vieux fort a jamais existé. Il n'arrive pas tous les jours qu'on fasse

---

[1] Il y a quelques années, l'auteur chassait dans les environs des ruines du fort Oswego, élevé sur le territoire du lac Ontario. Il faisait la chasse aux daims dans une forêt qui s'étendait presque sans interruption l'espace de cinquante milles; il aperçut tout d'un coup six ou huit échelles étendues dans le bois à peu de distance les unes des autres; elles étaient grossièrement faites et en très-mauvais état; surpris de voir de tels objets dans un pareil lieu, il eut recours, pour en avoir l'explication, à un vieillard qui demeurait dans les environs.

« — Pendant la guerre de 1776, le fort Oswego était occupé par les Anglais; une expédition fut envoyée à travers deux cents milles de la forêt pour surprendre le fort. Il paraît qu'en arrivant au lieu où les échelles étaient déposées, les Américains apprirent qu'ils étaient attendus et en grand danger d'être coupés. Ils jetèrent leurs échelles et firent une rapide retraite. Ces échelles étaient restées pendant cinquante ans dans le lieu où elles avaient été ainsi déposées. »

des livres, et qu'on écrive des relations d'escarmouches semblables à celle qui a eu lieu ici autrefois entre les Mohicans et les Mohawks, dans une guerre qui ne regardait qu'eux. J'étais bien jeune alors, et je pris parti pour les Mohicans, parce que je savais que c'était une race injustement calomniée. Pendant quarante jours et quarante nuits, les coquins eurent soif de notre sang autour de ce bâtiment, dont j'avais conçu le plan, et auquel j'avais travaillé moi-même, étant, comme vous le savez, un homme dont le sang est sans mélange, et non un Indien. Les Mohicans m'aidèrent à le construire, et nous nous y défendîmes ensuite dix contre vingt, jusqu'à ce que le nombre fût à peu près égal des deux côtés ; alors nous fîmes une sortie contre ces chiens, et pas un d'eux ne retourna dans sa peuplade pour y annoncer le sort de ses compagnons. Oui, oui, j'étais jeune alors : la vue du sang était une chose toute nouvelle pour moi, et je ne pouvais me faire à l'idée que des créatures qui avaient été animées comme moi du principe de la vie, resteraient étendues sur la terre pour être dévorées par des bêtes féroces ; si bien que je ramassai tous les corps, je les enterrai de mes propres mains, et ce fut ce qui forma la butte sur laquelle ces dames sont assises, et qui n'est pas un trop mauvais siége, quoiqu'il ait pour fondation les ossements des Mohawks.

Les deux sœurs se levèrent avec précipitation en entendant ces mots ; car malgré les scènes terribles dont elles venaient d'être témoins, et dont elles avaient manqué d'être victimes, elles ne purent se défendre d'un mouvement d'horreur en apprenant qu'elles étaient assises sur la sépulture d'une horde de sauvages. Il faut avouer aussi que la sombre lueur du crépuscule qui s'épaississait insensiblement, le silence d'une vaste forêt, le cercle étroit dans lequel elles se trouvaient, et autour duquel de grands pins, très-proches les uns des autres, semblaient former une muraille, tout concourait à donner plus de force à cette émotion.

— Ils sont partis ; ils ne peuvent plus nuire à personne, continua le chasseur avec un sourire mélancolique en voyant leur alarme ; ils ne sont plus en état ni de pousser le cri de guerre, ni de lever leur tomahawk. — Et de tous ceux qui ont contribué à les placer où ils sont, il n'existe aujourd'hui que Chingachgook et moi. Les autres étaient ses frères et leur famille, et vous avez sous les yeux tout ce qui reste de leur race.

Les yeux des deux sœurs se portèrent involontairement sur les deux Indiens, pour qui ce peu de mots venaient de leur inspirer un nouvel intérêt causé par la compassion. On les distinguait à quelque distance dans l'obscurité. Uncas écoutait le récit que lui faisait son père, avec la vive attention qu'excitait en lui la relation des exploits des guerriers de sa race, dont il avait appris à respecter le courage et les vertus sauvages.

— J'avais cru que les Delawares étaient une nation pacifique, dit le major ; qu'ils ne faisaient jamais la guerre en personne, et qu'ils confiaient la défense de leur territoire à ces mêmes Mohawks contre lesquels vous avez combattu avec eux.

— Cela est vrai en partie, répondit OEil-de-Faucon, et pourtant au fond c'est un mensonge infernal. C'est un traité qui a été fait il y a bien longtemps, par les intrigues des Hollandais ; ils voulaient désarmer les naturels du pays, qui avaient le droit le plus incontestable sur le territoire où ils s'étaient établis. Les Mohicans, quoique faisant partie de la même nation, ayant affaire aux Anglais, ne furent pour rien dans ce marché, et se fièrent à leur bravoure pour se protéger ; et c'est ce que firent aussi les Delawares, lorsque leurs yeux furent une fois ouverts. Vous avez devant vous un chef des grands Samagores Mohicans. Sa famille autrefois pouvait chasser le daim sur une étendue de pays plus considérable que ce qui appartient aujourd'hui au Patron de l'Albany[1], sans traverser un ruisseau, sans gravir une montagne qui ne lui appartînt pas. Mais à présent que reste-t-il au dernier descendant de cette race ? Il pourra trouver six pieds de terre quand il plaira à Dieu, et peut-être y rester en paix, s'il a un ami qui veuille prendre la peine de le placer dans une fosse assez profonde pour que le soc de la charrue ne puisse l'y atteindre.

— Quelque intéressant que soit cet entretien, je crois qu'il faut l'interrompre, dit Heyward, craignant que le sujet que le chasseur entamait n'amenât une discussion qui pourrait nuire à une harmonie qu'il était si important de maintenir ; nous avons beaucoup marché, et peu de personnes de notre couleur sont douées de cette vigueur qui semble vous mettre en état de braver les fatigues comme les dangers.

---

[1]. On donne encore le titre de Patron au général Van Neupelen, qui est propriétaire d'un immense domaine dans le voisinage d'Albany. A New-York, ce propriétaire est généralement connu comme *le Patron* par excellence.

— Ce ne sont pourtant que les muscles et les os d'un homme dont le sang n'est pas croisé à la vérité, qui me mettent en état de me tirer d'affaire au milieu de tout cela, répondit le chasseur en regardant ses membres nerveux avec un air de satisfaction qui prouvait qu'il n'était pas insensible au compliment qu'il venait de recevoir. On peut trouver dans les établissements des hommes plus grands et plus gros ; mais vous pourriez vous promener plus d'un jour dans une ville avant d'y en rencontrer un qui soit en état de faire cinquante milles sans s'arrêter pour reprendre haleine, ou de suivre les chiens pendant une chasse de plusieurs heures. Cependant, comme toute chair ne se ressemble pas, il est raisonnable de supposer que ces dames désirent se reposer, après tout ce qui leur est arrivé aujourd'hui. — Uncas, découvrez la source qui doit se trouver sous ces feuilles, tandis que votre père et moi nous ferons un toit de branches de châtaigniers pour couvrir leurs têtes, et que nous leur préparerons un lit de feuilles sèches.

Ces mots terminèrent la conversation, et les trois amis se mirent à apprêter tout ce qui pouvait contribuer à mettre leurs compagnes à portée de prendre quelque repos aussi commodément que le local et les circonstances le permettaient. Une source d'eau pure, qui bien des années auparavant avait engagé les Mohicans à choisir cet endroit pour s'y fortifier momentanément, fut bientôt débarrassée des feuilles qui la couvraient, et répandit son cristal liquide au bas du tertre verdoyant. Un coin du bâtiment fut couvert de branches touffues, pour empêcher la rosée, toujours abondante en ce climat, d'y tomber ; un lit de feuilles sèches fut préparé dessous ce toit ; et ce qui restait du faon grillé par les soins du jeune Mohican, fournit encore un repas dont Alice et Cora prirent leur part par nécessité plutôt que par goût.

Les deux sœurs entrèrent alors dans le bâtiment en ruines ; et après avoir rendu grâces à Dieu de la protection signalée qu'il leur avait accordée, l'avoir supplié de la leur continuer, elles s'étendirent sur la couche qui leur avait été préparée. Bientôt, en dépit des souvenirs pénibles qui les agitaient, et de quelques appréhensions auxquelles elles ne pouvaient encore s'empêcher de se livrer, elles y trouvèrent un sommeil que la nature exigeait impérieusement.

Duncan avait résolu de passer la nuit à veiller à la porte du vieux bâtiment honoré du nom de fort; mais le chasseur, s'apercevant de son intention, lui dit en s'étendant tranquillement sur l'herbe, et en lui montrant Chingachgook :

— Les yeux d'un homme blanc sont trop peu actifs et trop peu clairvoyants pour faire le guet dans une circonstance comme celle-ci. Le Mohican veillera pour nous, ne songeons plus qu'à dormir.

— Je me suis endormi à mon poste la nuit dernière, dit Heyward, et j'ai moins besoin de repos que vous, dont la vigilance a fait plus d'honneur à la profession de soldat; livrez-vous donc tous trois au repos, et je me charge de rester en sentinelle.

— Je n'en désirerais pas une meilleure, répondit OEil-de-Faucon, si nous étions devant les tentes blanches du 60e régiment, et en face d'ennemis comme les Français; mais dans les ténèbres et au milieu du désert, votre jugement ne vaudrait pas mieux que celui d'un enfant, et toute votre vigilance ne servirait à rien. Faites donc comme Uncas et comme moi. — Dormez, et dormez sans rien craindre.

Heyward vit en effet que le jeune Indien s'était déjà couché au bas du tertre revêtu de gazon, en homme qui voulait mettre à profit le peu d'instants qu'il avait à donner au repos. David avait suivi cet exemple, et la fatigue d'une longue marche forcée l'emportant sur la douleur que lui causait sa blessure, des accents moins harmonieux que sa voix ordinaire annonçaient qu'il était déjà endormi. Ne voulant pas prolonger une discussion inutile, le major feignit de céder, et alla s'asseoir le dos appuyé sur les troncs d'arbres qui formaient les murailles du vieux fort, quoique bien déterminé à ne pas fermer l'œil avant d'avoir remis entre les mains de Munro le dépôt précieux dont il était chargé. Le chasseur, croyant qu'il allait dormir, ne tarda pas à s'endormir lui-même, et un silence aussi profond que la solitude dans laquelle ils étaient régna bientôt autour d'eux.

Pendant quelque temps Heyward réussit à empêcher ses yeux de se fermer, attentif au moindre son qui pourrait se faire entendre. Cependant sa vue se troubla à mesure que les ombres de la nuit s'épaississaient. Lorsque les étoiles brillèrent sur sa tête il distinguait encore ses deux compagnons étendus sur le gazon et Chingachgook debout et aussi immobile que le tronc d'arbre contre lequel il était appuyé à l'extrémité de la petite clairière dans laquelle ils s'étaient arrêtés. Enfin ses paupières appesanties formèrent un rideau à travers lequel il lui semblait voir briller les astres de la nuit. En cet état il entendait encore la douce respiration de ses deux compagnes, dormant à quelques pieds derrière lui, le bruit des feuilles agitées par le vent, et le cri lugubre d'un hibou. Quelquefois, faisant un effort pour entr'ouvrir les yeux, il les fixait un instant sur un buisson et les refermait involontairement, croyant avoir vu son compagnon de veille. Bientôt sa tête tomba sur son épaule, son épaule sentit le besoin d'être soutenue par la terre, et enfin il s'endormit d'un profond sommeil, rêvant qu'il était un ancien chevalier veillant devant la porte de la tente d'une princesse qu'il avait délivrée, et espérant de gagner ses bonnes grâces par une telle preuve de dévouement et de vigilance.

Combien il resta de temps dans cet état d'insensibilité, c'est ce qu'il ne sut jamais lui-même; mais il jouissait d'un repos tranquille qui n'était plus troublé par aucun rêve, quand il en fut tiré par un léger coup qui lui fut donné sur l'épaule. Éveillé en sursaut par ce signal, il fut sur ses pieds à l'instant même, avec un souvenir confus du devoir qu'il s'était imposé au commencement de la nuit.

— Qui va là? s'écria-t-il en cherchant son épée à l'endroit où il la portait ordinairement; ami, ou ennemi?

— Ami, répondit Chingachgook à voix basse; et lui montrant du doigt la reine de la nuit, qui lançait à travers les arbres un rayon oblique sur leur bivouac, il ajouta en mauvais anglais: — La lune est venue; le fort de l'homme blanc est encore loin, bien loin. Il faut partir pendant que le sommeil ferme les deux yeux du Français.

— Vous avez raison, répliqua le major; éveillez vos amis et bridez les chevaux, pendant que je vais avertir mes compagnes de se préparer à se remettre en marche.

— Nous sommes éveillées, Duncan, dit la douce voix d'Alice dans l'intérieur du bâtiment, et nous avons retrouvé des forces pour voyager après avoir si bien dormi. Mais vous, je suis sûre que vous avez passé toute la nuit à veiller pour nous, — et après une si longue et si pénible journée!

— Dites plutôt que j'aurais voulu veiller, Alice, répondit Heyward; mais mes perfides yeux m'ont trahi. Voici la seconde fois que je me montre indigne du dépôt qui m'a été confié.

— Ne le niez pas, Duncan, s'écria en souriant la jeune Alice qui sortit en ce moment du vieux bâtiment, le clair de lune éclairant tous les charmes que quelques heures de sommeil tranquille lui avaient rendus, je sais qu'autant vous êtes insouciant quand vous n'avez à songer qu'à vous-même, autant vous êtes vigilant quand il s'agit de la sûreté des autres. Ne pouvons-nous rester ici quelque temps pendant que vous et ces braves gens vous prendrez un peu de repos? Cora et moi nous nous chargerons de monter la garde à notre tour; et nous le ferons avec autant de soin que de plaisir.

— Si la honte pouvait m'empêcher de dormir, je ne fermerais les yeux de ma vie, répondit le jeune officier, commençant à se trouver assez mal à l'aise, et regardant les traits ingénus d'Alice pour voir s'il n'y apercevrait pas quelques symptômes d'une envie secrète de s'égayer à ses dépens; mais il n'y vit rien qui pût confirmer ce soupçon. — Il n'est que trop vrai, ajouta-t-il, qu'après avoir causé tous vos dangers par mon excès de confiance imprudente, je n'ai pas même le mérite de vous avoir gardées pendant votre sommeil, comme aurait dû le faire un soldat.

— Il n'y a que Duncan qui osât adresser à Duncan un tel reproche, dit Alice, dont la confiance généreuse s'obstinait à conserver l'illusion qui lui peignait son jeune amant comme un modèle achevé de toute perfection; croyez-moi donc, allez prendre un repos de quelques instants, et soyez sûr que Cora et moi nous remplirons le devoir d'excellentes sentinelles.

Heyward, plus embarrassé que jamais, allait se trouver dans la nécessité de faire de nouvelles protestations de son manque de vigilance, quand son attention fut attirée par une exclamation que fit tout à coup Chingachgook, quoique d'une voix retenue par la prudence, et par l'attitude que prit Uncas au même instant pour écouter.

— Les Mohicans entendent un ennemi, dit le chasseur, qui était depuis longtemps prêt à partir; — le vent leur fait sentir quelque danger.

— A Dieu ne plaise! s'écria Heyward, il y a déjà eu assez de sang répandu.

Cependant, tout en parlant ainsi, le major saisit son fusil, et s'avança vers l'extrémité de la clairière, disposé à expier sa faute vénielle en sacrifiant sa vie, s'il le fallait, pour la sûreté de ses compagnons.

— C'est quelque animal de la forêt qui rôde pour trouver une proie, dit-il à voix basse, aussitôt que les sons encore éloignés qui avaient frappé les oreilles des Mohicans arrivèrent jusqu'aux siennes.

— Silence! répondit le chasseur, c'est le pas de l'homme; je le reconnais, quelque imparfaits que soient mes sens comparés à ceux d'un Indien. Le coquin de Huron qui nous a échappé aura rencontré quelque parti avancé des sauvages de l'armée de Montcalm; ils auront trouvé notre piste, et l'auront suivie. Je ne me soucierais pas moi-même d'avoir encore une fois à répandre le sang humain en cet endroit, ajouta-t-il en jetant un regard inquiet sur les objets qui l'entouraient; mais il faut ce qu'il faut. Uncas, conduisez les chevaux dans le fort, et vous, mes amis, entrez-y aussi. Tout vieux qu'il est, c'est une protection, et il a été accoutumé à entendre les coups de fusil.

On lui obéit sur-le-champ; les deux Mohicans firent entrer les chevaux dans le vieux bâtiment; toute la petite troupe les y suivit et y resta dans le plus profond silence.

Le bruit des pas de ceux qui approchaient se faisait alors entendre trop distinctement pour qu'on pût douter qu'il était produit par des hommes. Bientôt on entendit des voix de gens qui s'appelaient les uns les autres dans un dialecte indien, et le chasseur, approchant sa bouche de l'oreille d'Heyward, lui dit qu'il reconnaissait celui des Hurons. Quand ils arrivèrent à l'endroit où les chevaux étaient entrés dans les broussailles, il fut évident qu'ils se trouvaient en défaut, ayant perdu les traces qui les avaient dirigés jusqu'alors.

Il paraissait, par le nombre des voix, qu'une vingtaine d'hommes au moins étaient rassemblés en cet endroit, et que chacun donnait son avis en même temps sur la marche qu'il convenait de suivre.

— Les coquins connaissent notre faiblesse, dit Œil-de-Faucon qui était à côté d'Heyward, et qui regardait ainsi que lui à travers une fente entre les troncs d'arbre; sans cela s'amuseraient-ils à bavarder inutilement comme des squaws? Écoutez, on dirait que chacun d'eux a deux langues et n'a qu'une jambe!

Heyward, toujours brave et quelquefois même téméraire quand il s'agissait de combattre, ne put, dans ce moment d'inquiétude pénible, faire aucune réponse à son compagnon. Il serra seulement son fusil plus fortement, et appliqua l'œil contre l'ouverture avec un redoublement d'attention, comme si sa vue eût pu percer à travers l'épaisseur du bois et en dépit de l'obscurité, pour voir les sauvages qu'il entendait.

Le silence se rétablit parmi eux, et le ton grave de celui qui prit la parole annonça que c'était le chef de la troupe qui parlait, et qui donnait des ordres qu'on écoutait avec respect. Quelques instants après, le bruit des feuilles et des branches prouva que les Hurons s'étaient séparés, et marchaient dans la forêt de divers côtés pour retrouver les traces qu'ils avaient perdues. Heureusement, la lune qui répandait un peu de clarté sur la petite clairière, était trop faible pour éclairer l'intérieur du bois, et l'intervalle que les voyageurs avaient traversé pour se rendre au vieux bâtiment était si court, que les sauvages ne purent distinguer aucune marque de leur passage, quoique, s'il eût fait jour, ils en eussent sûrement reconnu quelqu'une. Toutes leurs recherches furent donc inutiles.

Il ne se passa pourtant que quelques minutes avant qu'on entendit quelques sauvages s'approcher; et il devint évident qu'ils n'étaient plus qu'à quelques pas de distance de la ceinture de jeunes châtaigniers qui entourait la clairière.

— Ils arrivent, dit Heyward en reculant d'un pas pour passer le bout du canon de son fusil entre deux troncs d'arbres; faisons feu sur le premier qui se présentera.

— Gardez-vous-en bien, dit Œil-de-Faucon; une amorce brûlée ferait tomber sur nous toute la bande comme une troupe de loups affamés. Si Dieu veut que nous combattions pour sauver nos chevelures, rapportez-vous-en à l'expérience d'hommes qui connaissent les manières des sauvages, et qui ne tournent pas souvent le dos quand ils les entendent pousser leurs cris de guerre.

Duncan jeta un regard derrière lui, et vit les deux sœurs tremblantes serrées l'une contre l'autre à l'extrémité la plus reculée du bâtiment; tandis que les deux Mohicans, droits et fermes comme des pieux, se tenaient à l'ombre aux deux côtés de la porte, le fusil en main, et prêts à s'en servir dès que la circonstance l'exigerait. Réprimant son impétuosité, et décidé à attendre le signal de gens plus expérimentés dans ce genre de guerre, il se rapprocha de l'ouverture, pour voir ce qui se passait au dehors. Un grand Huron, armé d'un fusil et d'un tomahawk, entrait dans ce moment dans la clairière, et y avança de quelques pas. Tandis qu'il regardait le vieux bâtiment, la lune tombait en plein sur son visage, et faisait voir la surprise et la curiosité peintes sur ses traits. Il fit l'exclamation qui accompagne toujours dans un Indien la première de ces deux émotions, et sa voix fit venir à ses côtés un de ses compagnons.

Ces enfants des bois restèrent immobiles quelques instants, les yeux fixés sur l'ancien fort, et ils gesticulèrent beaucoup en conversant dans la langue de leur peuplade; ils s'en approchèrent à pas lents, s'arrêtant à chaque instant, comme des daims effarouchés, mais dont la curiosité lutte contre leurs appréhensions. Le pied de l'un d'eux heurta contre la butte dont nous avons parlé; il se baissa pour l'examiner, et ses gestes expressifs indiquèrent qu'il reconnaissait qu'elle couvrait une sépulture. En ce moment Eyward vit le chasseur faire un mouvement pour s'assurer que son couteau pouvait sortir facilement de sa gaîne, et armer son fusil. Le major en fit autant, et se prépara à un combat qui paraissait alors devenir inévitable.

Les deux sauvages étaient si près que le moindre mouvement qu'aurait fait l'un des deux chevaux n'aurait pu leur échapper. Mais lorsqu'ils eurent découvert quelle était la nature de l'élévation de terre qui avait attiré leurs regards, elle sembla seule fixer leur entretien. Ils continuaient à converser ensemble; mais le son de leur voix était bas et solennel, comme s'ils eussent été frappés d'un respect religieux mêlé d'une sorte d'appréhension vague. Ils se retirèrent avec précaution en jetant encore quelques regards sur le bâtiment en ruines, comme s'ils se fussent attendus à en voir sortir les esprits des morts qui avaient reçu la sépulture en ce lieu. Enfin ils rentrèrent dans le bois d'où ils étaient sortis, et disparurent.

OEil-de-Faucon appuya la crosse de son fusil par terre, et respira en homme qui, ayant retenu son haleine par prudence, éprouvait le besoin de renouveler l'air de ses poumons.

— Oui, dit-il, ils respectent les morts, et c'est ce qui leur sauve la vie pour cette fois, et peut-être aussi à nous-mêmes.

Heyward entendit cette remarque, mais n'y répondit pas. Toute son attention se dirigeait vers les Hurons qui se retiraient, qu'on ne voyait plus, mais qu'on entendait encore à peu de distance. Bientôt il fut évident que toute la troupe était de nouveau réunie autour d'eux, et qu'elle écoutait avec une gravité indienne le rapport que leur faisaient leurs compagnons de ce qu'ils avaient vu. Après quelques minutes de conversation, qui ne fut pas tumultueuse comme celle qui avait suivi leur arrivée, ils se remirent en marche; le bruit de leurs mouvements s'affaiblit et s'éloigna peu à peu, et enfin il se perdit dans les profondeurs de la forêt.

Le chasseur attendit pourtant qu'un signal de Chingachgook l'eût assuré qu'il n'existait plus aucun danger, et alors il dit à Uncas de conduire les chevaux sur la clairière, et à Heyward d'aider ses compagnes à y monter. Ces ordres furent exécutés sur-le-champ; on se mit en marche. Les deux sœurs jetèrent un dernier regard sur le bâtiment ruiné qu'elles venaient de quitter, et sur la sépulture des Mohawks, et la petite troupe rentra dans la forêt du côté opposé à celui par lequel elle était arrivée.

CHAPITRE XIV.

— Qui va là ?
— Paysans, pauvres gens de France.
SHAKSPEARE. *Henri VI.*

Nos voyageurs sortirent de la clairière, et entrèrent dans les bois dans un profond silence, dont la prudence faisait sentir à chacun d'eux la nécessité. Le chasseur reprit son poste à l'avant-garde comme auparavant; mais même quand ils furent à une distance qui les mettait à l'abri de toute crainte des ennemis, il marchait avec plus de lenteur et de circonspection que la soirée précédente, parce qu'il ne connaissait pas la partie du bois dans laquelle il avait cru devoir faire un circuit pour ne pas s'exposer à rencontrer les Hurons. Plus d'une fois il s'arrêta pour consulter ses compagnons, les deux Mohicans, leur faisant remarquer la position de la lune, celle de quelques étoiles, et examinant avec un soin tout particulier les écorces des arbres et la mousse qui les couvrait.

Pendant ces courtes haltes, Heyward et les deux sœurs écoutaient avec une attention que la crainte que leur inspiraient leurs ennemis barbares rendait doublement vive, si nul son ne leur annoncerait la proximité des sauvages; mais la vaste étendue des forêts semblait ensevelie dans un silence éternel. Les oiseaux, les animaux et les hommes, s'il s'en trouvait dans ce désert, semblaient également livrés au repos le plus profond. Tout à coup on entendit le bruit éloigné d'une eau courante, mais quoique ce ne fût qu'un faible murmure, il mit fin aux incertitudes de leurs guides, qui sur-le-champ dirigèrent leur marche de ce côté.

En arrivant sur les bords de la petite rivière, on fit une nouvelle halte; Œil-de-Faucon eut une courte conférence avec ses deux compagnons, après quoi, ôtant leurs moccasins, ils invitèrent Heyward et La Gamme à en faire autant. Ils firent descendre les chevaux dans le lit de la rivière, qui était peu profonde, y entrèrent eux-mêmes, et y marchèrent pendant près d'une heure pour dépister ceux qui voudraient suivre leurs traces. Lorsqu'ils la traversèrent pour entrer dans les bois sur l'autre rive, la lune s'était déjà cachée sous des nuages noirs qui s'amoncelaient du côté de l'occident; mais là le chasseur semblait se trouver de nouveau en pays connu; il ne montra plus ni incertitude ni embarras, et marcha d'un pas aussi rapide qu'assuré.

Bientôt le chemin devint plus inégal, les montagnes se rapprochaient des deux côtés, et les voyageurs s'aperçurent qu'ils allaient traverser une gorge. Œil-de-Faucon s'arrêta de nouveau, et attendant que tous ses compagnons fussent arrivés, il leur parla d'un ton circonspect que le silence et l'obscurité rendaient encore plus solennel.

— Il est aisé de connaître les sentiers et les ruisseaux du désert, dit-il, mais qui pourrait dire si une grande armée n'est pas campée de l'autre côté de ces montagnes?

— Nous ne sommes donc pas à une très-grande distance de William-Henry? demanda Heyward, s'approchant du chasseur avec intérêt.

— Nous avons encore un bon bout de chemin à faire, et ce n'est pas le plus facile; mais la plus grande difficulté, c'est de savoir comment et de quel côté nous approcherons du fort. Voyez, — ajouta Œil-de-Faucon en lui montrant à travers les arbres un endroit où était une pièce d'eau dont la surface tranquille réfléchissait l'éclat des étoiles; — voilà l'étang de Sang. Je suis sur un terrain que j'ai non-seulement souvent parcouru, mais sur lequel j'ai combattu depuis le lever jusqu'au coucher du soleil.

— Ah! c'est donc cette nappe d'eau qui est le tombeau des braves qui périrent dans cette affaire? J'en connaissais le nom, mais je ne l'avais jamais vue.

— Nous y livrâmes trois combats en un jour aux Hollando-Français, continua le chasseur, paraissant se livrer à la suite de ses réflexions plutôt que répondre au major. L'ennemi nous rencontra pendant que nous allions dresser une embuscade à son avant-garde, et il nous repoussa à travers le défilé, comme des daims effarouchés, jusque sur les bords de l'Horican. Là, nous nous ralliâmes derrière une palissade d'arbres abattus; nous attaquâmes l'ennemi sous les ordres de sir William, — qui fut fait sir William pour sa conduite dans cette journée, — et nous nous vengeâmes joliment de notre déroute du matin. Des centaines de Français et de Hollandais virent le soleil pour la dernière fois, et leur commandant lui-même, Dieskau[1], tomba entre nos mains tellement criblé de blessures, qu'il fut obligé de retourner dans son pays, hors d'état de faire désormais aucun service militaire.

— Ce fut une journée glorieuse! dit Heyward avec enthousiasme, et la renommée en répandit le bruit jusqu'à notre armée du midi.

— Oui, mais ce n'est pas la fin de l'histoire. Je fus chargé par le major Effingham, d'après l'ordre exprès de sir William lui-même, de passer le long du flanc des Français, et de traverser le portage, pour aller apprendre leur défaite au fort placé sur l'Hudson. Juste en cet endroit où vous voyez une hauteur couverte d'arbres, je rencontrai un détachement qui venait à notre secours, et je le conduisis sur le lieu où l'ennemi s'occupait à dîner, ne se doutant guère que la besogne de cette journée sanglante n'était pas encore terminée.

— Et vous le surprîtes?

— Si la mort doit être une surprise pour des gens qui ne songent qu'à se remplir l'estomac. Au surplus, nous ne leur donnâmes pas le temps de respirer, car ils ne nous avaient pas fait quartier dans la matinée, et nous avions tous à regretter des parents ou des

---

[1]. Le baron Dieskau, Allemand au service de France. Quelques années avant l'époque de cette histoire, cet officier fut défait par sir William Johnson, de Johnstown (État de New-York), sur les terres du lac George.

amis. Quand l'affaire fut finie, on jeta dans cet étang les morts, même les mourants, a-t-on dit, et j'en vis les eaux véritablement rouges, telles que jamais eau ne sortit des entrailles de la terre.

— C'est une sépulture bien tranquille pour des guerriers. — Vous avez donc fait beaucoup de service sur cette frontière?

— Moi! répondit le batteur d'estrade en se redressant avec un air de fierté militaire, il n'y a guère d'échos dans toutes ces montagnes qui n'aient répété le bruit de mes coups de fusil; et il n'y a pas un mille carré entre l'Horican et l'Hudson où ce tue-daim que vous voyez n'ait abattu un homme ou une bête. Mais quant à la tranquillité de cette sépulture, c'est une autre affaire. Il y a des gens dans le camp qui pensent et disent que, pour qu'un homme reste tranquille dans son sépulcre, il faut qu'il n'y soit point placé pendant que son âme est encore dans son corps; et dans la confusion du moment, on n'avait pas le temps de bien examiner qui était mort ou vivant. — Chut! ne voyez-vous pas quelque chose qui se promène sur le bord de l'étang?

— Il n'est guère probable que personne s'amuse à se promener dans la solitude que la nécessité nous oblige à traverser.

— Des êtres de cette espèce ne s'inquiètent pas de la solitude, et un corps qui passe la journée dans l'eau ne se met guère en peine de la rosée qui tombe la nuit, dit OEil-de-Faucon en serrant le bras d'Heyward avec une force qui fit reconnaître au jeune militaire qu'une terreur superstitieuse dominait en ce moment sur l'esprit d'un homme ordinairement si intrépide.

— De par le ciel! s'écria le major un instant après; c'est un homme! Il nous a vus! Il s'avance vers nous! — Préparez vos armes, mes amis; nous ne savons pas qui nous allons rencontrer.

— Qui vive? s'écria en français une voix forte qui, au milieu du silence et des ténèbres, ne semblait pas appartenir à un habitant de ce monde.

— Que dit-il? demanda le chasseur. Il ne parle ni indien ni anglais.

— Qui vive? répéta la même voix. Et ces mots furent accompagnés du bruit que fit un fusil, tandis que celui qui le portait prenait une attitude menaçante.

— France! répondit Heyward en la même langue, qu'il parlait aussi bien et aussi facilement que la sienne. Et en même temps, sortant de l'ombre des arbres qui le couvraient, il s'avança vers la sentinelle.

— D'où venez-vous, et où allez-vous de si bonne heure? demanda la sentinelle.

— Je viens de faire une reconnaissance, et je vais me coucher.

— Vous êtes donc officier du roi?

— Sans doute, mon camarade! Me prends-tu pour un officier de la colonie? Je suis capitaine dans les chasseurs.

Heyward parlait ainsi, parce qu'il voyait à l'uniforme de la sentinelle qu'il servait dans les grenadiers.

— J'ai avec moi les filles du commandant de William-Henry, que je viens de faire prisonnières, continua-t-il; n'en as-tu pas entendu parler? Je les conduis au général.

— Ma foi, Mesdames, j'en suis fâché pour vous, dit le jeune grenadier en portant la main à son bonnet avec grâce et politesse; mais c'est la fortune de la guerre. Vous trouverez notre général aussi poli qu'il est brave devant l'ennemi.

— C'est le caractère des militaires français, dit Cora avec une présence d'esprit admirable. Adieu, mon ami; je vous souhaiterais un devoir plus agréable à remplir.

Le soldat la salua, comme pour la remercier de son honnêteté; Heyward lui dit : — Bonne nuit, camarade; et la petite troupe continua sa route, laissant la sentinelle continuer sa faction sur le bord de l'étang, en fredonnant : Vive le vin! vive l'amour! air de son pays, que la vue de deux jeunes personnes avait peut-être rappelé à son souvenir.

— Il est fort heureux que vous ayez pu parler la langue du Français! dit OEil-de-Faucon, lorsqu'ils furent à une certaine distance, en remettant le chien de sa carabine au cran du repos, et en la replaçant négligemment sous son bras. J'ai vu sur-le-champ que c'était un de ces Français, et bien lui en a pris de nous parler avec douceur et politesse, sans quoi il aurait pu rejoindre ses concitoyens au fond de cet étang. — Sûrement c'était un corps de chair; car un esprit n'aurait pu manier une arme avec tant de précision et de fermeté.

Il fut interrompu par un long gémissement qui semblait partir des environs de la pièce d'eau qu'ils avaient quittée quelques minutes auparavant, et qui était si lugubre qu'un esprit superstitieux aurait pu l'attribuer à un fantôme sortant de son sépulcre.

— Oui, c'était un corps de chair ; mais qu'il appartienne encore à ce monde, c'est ce dont il est permis de douter, répondit Heyward en voyant que Chingachgook n'était point avec eux.

Comme il prononçait ces mots, on entendit un bruit semblable à celui que produirait un corps pesant en tombant dans l'eau. Un silence profond y succéda. Tandis qu'ils hésitaient s'ils devaient avancer ou attendre leur compagnon, dans une incertitude que chaque instant rendait encore plus pénible, ils virent paraître l'Indien, qui ne tarda pas à les rejoindre tout en attachant à sa ceinture une sixième chevelure, celle de la malheureuse sentinelle française, et en y replaçant son couteau et son tomahawk encore teints de sang. Il prit alors son poste accoutumé, sur les flancs de la petite troupe, et continua à marcher avec l'air satisfait d'un homme qui croit qu'il vient de faire une action digne d'éloges.

Le chasseur appuya par terre la crosse de son fusil, croisa ses deux mains sur le bout du canon, et resta quelques instants à réfléchir.

— Ce serait un acte de cruauté et de barbarie de la part d'un blanc, dit-il enfin en secouant la tête avec une expression mélancolique, mais c'est dans la nature d'un Indien, et je suppose que cela devait être ainsi. J'aurais pourtant préféré que ce malheur arrivât à un maudit Mingo plutôt qu'à ce joyeux jeune homme, qui est venu de si loin pour se faire tuer.

— N'en dites pas davantage, dit Heyward, craignant que ses compagnes ne vinssent à apprendre quelque chose de ce cruel incident, et maîtrisant son indignation par des réflexions à peu près semblables à celles du chasseur. C'est une affaire faite, dit-il, et nous ne pouvons y remédier. — Vous voyez évidemment que nous sommes sur la ligne des postes avancés de l'ennemi. Quelle marche vous proposez-vous de suivre ?

— Oui, répondit OEil-de-Faucon en appuyant son fusil sur son épaule, c'est une affaire faite, comme vous le dites, et il est inutile d'y songer davantage. Mais il paraît évident que les Français sont campés autour du fort ; et passer au milieu d'eux, c'est une aiguille difficile à enfiler.

— Il nous reste peu de temps pour y réussir, dit le major en levant les yeux vers un épais nuage de vapeurs qui commençait à se répandre dans l'atmosphère.

— Très-peu de temps sans doute, et néanmoins, avec l'aide de la Providence, nous avons deux moyens pour nous tirer d'affaire, et je n'en connais pas un troisième.

— Quels sont-ils? expliquez-vous promptement; le temps presse.

— Le premier serait de faire mettre pied à terre à ces deux dames, et d'abandonner leurs chevaux à la garde de Dieu. Alors, comme tout dort à présent dans le camp, en mettant les deux Mohicans à l'avant-garde, il ne leur en coûterait probablement que quelques coups de couteau et de tomahawk pour rendormir ceux dont le sommeil pourrait être troublé, et nous entrerions dans le fort en marchant sur leurs cadavres.

— Impossible! impossible! s'écria le généreux Heyward; un soldat pourrait peut-être se frayer un chemin de cette manière, mais jamais dans les circonstances où nous nous trouvons.

— Il est vrai que les pieds délicats de deux jeunes dames auraient peine à les soutenir sur un sentier que le sang aurait rendu glissant; mais j'ai cru que je pouvais proposer ce parti à un major du soixantième, quoiqu'il ne me plaise pas plus qu'à vous. Notre seule ressource est donc de sortir de la ligne de leurs sentinelles; après quoi, tournant vers l'ouest, nous entrerons dans les montagnes, où je vous cacherai si bien que tous les limiers du diable qui se trouvent dans l'armée de Montcalm passeraient des mois entiers sans trouver votre piste.

— Prenons donc ce parti, s'écria le major avec un accent d'impatience, et que ce soit sur-le-champ.

Il n'eut pas besoin d'en dire davantage, car à l'instant même OEil-de-Faucon, prononçant seulement les mots : — Suivez-moi! fit volte-face, et reprit le chemin qui les avait conduits dans cette situation dangereuse. Ils marchaient en silence et avec précaution, car ils avaient à craindre à chaque pas qu'une patrouille, un piquet, une sentinelle avancée ne leur barrât le chemin. En passant auprès de l'étang qu'ils avaient quitté si peu de temps auparavant, Heyward et le chasseur ne purent s'empêcher de jeter un coup d'œil à la dérobée sur ses bords. Ils y cherchèrent en vain le jeune grenadier qu'ils y avaient vu en faction; mais une mare de sang, près de l'endroit où était son poste, fut pour eux une confirmation de la déplorable catastrophe dont ils ne pouvaient déjà plus douter.

Le chasseur changeant alors de direction, marcha vers les montagnes qui bornent cette petite plaine du côté de l'occident. Il conduisit ses compagnons à grands pas, jusqu'à ce qu'ils se trouvassent ensevelis dans l'ombre épaisse que jetaient leurs sommets élevés et escarpés. La route qu'ils suivaient était pénible, car la vallée était parsemée d'énormes blocs de rochers, coupée par de profonds ravins, et ces divers obstacles, se présentant à chaque pas, ralentissaient nécessairement leur marche. Il est vrai que d'une autre part les hautes montagnes qui les entouraient les indemnisaient de leurs fatigues en leur inspirant un sentiment de sécurité.

Enfin ils commencèrent à gravir un sentier étroit et pittoresque qui serpentait entre des arbres et des pointes de rochers; tout annonçait qu'il n'avait pu être pratiqué, et qu'il ne pouvait être reconnu que par des gens habitués à la nature la plus sauvage. A mesure qu'ils s'élevaient au-dessus du niveau de la vallée, l'obscurité qui régnait autour d'eux devenait moins profonde, et les objets commencèrent à se dessiner à leurs yeux sous leurs couleurs véritables. Quand ils sortirent des bois formés d'arbres rabougris qui puisaient à peine quelques gouttes de séve dans les flancs arides de cette montagne, ils arrivèrent sur une plate-forme couverte de mousse qui en faisait le sommet, et ils virent les brillantes couleurs du matin se montrer à travers les pins qui croissaient sur une montagne située de l'autre côté de la vallée de l'Horican.

Le chasseur dit alors aux deux sœurs de descendre de cheval, et débarrassant de leurs selles et de leurs brides ces animaux fatigués, il leur laissa la liberté de se repaître où bon leur semblerait du peu d'herbe et de branches d'arbrisseaux qu'on voyait en cet endroit.

— Allez, leur dit-il, et cherchez votre nourriture où vous pourrez la trouver; mais prenez garde de devenir vous-mêmes la pâture des loups affamés qui rôdent sur ces montagnes.

— N'aurons-nous plus besoin d'eux? demanda Heyward; si l'on nous poursuivait?

— Voyez et jugez par vos propres yeux, répondit OEil-de-Faucon en s'avançant vers l'extrémité orientale de la plate-forme, et en faisant signe à ses compagnons de le suivre. S'il était aussi aisé de voir dans le cœur de l'homme que de découvrir d'ici tout ce qui se passe dans le camp de Montcalm, les hypocrites deviendraient rares, et l'astuce d'un Mingo serait reconnue aussi facilement que l'honnêteté d'un Delaware.

Lorsque les voyageurs se furent placés à quelques pieds du bord de la plate-forme, ils virent d'un seul coup d'œil que ce n'était pas sans raison que le chasseur leur avait dit qu'il les conduirait dans une retraite inaccessible aux plus fins limiers, et ils admirèrent la sagacité avec laquelle il avait choisi une telle position.

La montagne sur laquelle Heyward et ses compagnons se trouvaient alors s'élevait à environ mille pieds au-dessus du niveau de la vallée. C'était un cône immense, un peu en avant de cette chaîne qu'on remarque pendant plusieurs milles le long des rives occidentales du lac, et qui semble fuir ensuite vers le Canada en masses confuses de rochers escarpés, couverts de quelques arbres verts. Sous leurs pieds, les rives méridionales de l'Horican traçaient un grand demi-cercle d'une montagne à une autre, autour d'une plaine inégale et un peu élevée. Vers le nord se déroulait le Saint-Lac dont la nappe limpide, vue de cette hauteur, paraissait un ruban étroit, et qui était comme dentelé par des baies innombrables, embelli de promontoires de formes fantastiques, et rempli d'une foule de petites îles. A quelques milles plus loin, ce lac disparaissait à la vue, caché par des montagnes, ou couvert d'une masse de vapeurs qui s'élevaient de sa surface, et qui suivaient toutes les impulsions que lui donnait l'air du matin. Mais entre les cimes des deux montagnes on le revoyait trouvant un passage pour s'avancer vers le nord, et montrant ses belles eaux dans l'éloignement avant d'en aller verser le tribut dans le Champlain. Vers le sud étaient les plaines, ou pour mieux dire les bois, théâtre des aventures que nous venons de rapporter.

Pendant plusieurs milles dans cette direction, les montagnes dominaient tout le pays d'alentour; mais peu à peu on les voyait diminuer de hauteur, et elles finissaient par s'abaisser au niveau des terres qui formaient ce qu'on appelle le portage. Le long des deux chaînes de montagnes qui bordaient la vallée et les rives du lac, s'élevaient des nuages de vapeur qui, sortant des solitudes de la forêt, montaient en légers tourbillons, et qu'on aurait pu prendre pour autant de colonnes de fumée produites par les cheminées de villages cachés dans le fond des bois, tandis qu'en d'autres endroits elles avaient peine à se dégager du brouillard qui couvrait les endroits bas et marécageux. Un seul nuage d'une blancheur de neige flottait dans l'atmosphère, et était placé précisément au-dessus de la pièce d'eau qu'on nommait l'Étang-de-Sang.

Sur la rive méridionale du lac, et plutôt vers l'ouest que du côté de l'orient, on voyait les fortifications en terre et les bâtiments peu élevés de William-Henry. Les deux principaux bastions semblaient sortir des eaux du lac qui en baignaient les pieds, tandis qu'un fossé large et profond, précédé d'un marécage, en défendait les côtés et les angles. Les arbres avaient été abattus jusqu'à une certaine distance des lignes de défense du fort; mais partout ailleurs s'étendait un tapis vert, à l'exception des endroits où l'eau limpide du lac se présentait à la vue, et où des rochers escarpés élevaient leurs têtes noires bien au-dessus de la cime des arbres les plus élevés des forêts voisines.

En face du fort étaient quelques sentinelles occupées à surveiller les mouvements de l'ennemi; et dans l'intérieur même des murs on apercevait, à la porte des corps de garde, des soldats qui semblaient engourdis par le sommeil après les veilles de la nuit. Vers le sud-est, mais en contact immédiat avec le fort, était un camp retranché placé sur une éminence, où il aurait été beaucoup plus sage de construire le fort même. OEil-de-Faucon fit remarquer au major que les troupes qui s'y trouvaient étaient les compagnies auxiliaires qui avaient quitté Édouard quelques instants avant lui. Du sein des bois situés un peu vers le sud, on voyait en différents endroits, plus loin, s'élever une épaisse fumée, facile à distinguer des vapeurs plus diaphanes dont l'atmosphère commençait à se charger, ce que le chasseur regarda comme un indice sûr que des troupes de sauvages y étaient stationnées.

Mais ce qui intéressa le plus le jeune major fut le spectacle qu'il vit sur les bords occidentaux du lac quoique très près de sa rive méridionale. Sur une langue de terre qui, de l'élévation où il se trouvait, paraissait trop étroite pour contenir une armée si considérable, mais qui dans le fait s'étendait sur plusieurs milliers de pieds, depuis les bords de l'Horican jusqu'à la base des montagnes, des tentes avaient été dressées en nombre suffisant pour une armée de dix mille hommes : des batteries avaient déjà été établies en avant, et tandis que nos voyageurs regardaient, chacun avec des émotions différentes, une scène qui semblait une carte étendue sous leurs pieds, le tonnerre d'une décharge d'artillerie s'éleva de la vallée, et se propagea d'écho en écho jusqu'aux montagnes situées vers l'orient.

— La lumière du matin commence à poindre là-bas, dit le chasseur avec le plus grand sang-froid, et ceux qui ne dorment pas veulent éveiller les dormeurs au bruit du canon. Nous sommes arrivés quelques heures trop tard ; Montcalm a déjà rempli les bois de ses maudits Iroquois.

— La place est réellement investie, répondit Heyward ; mais ne nous reste-t-il donc aucun moyen pour y entrer ? Ne pourrions-nous du moins l'essayer ? Il vaudrait encore mieux être faits prisonniers par les Français que de tomber entre les mains des Indiens.

— Voyez comme ce boulet a fait sauter les pierres du coin de la maison du commandant ! s'écria Œil-de-Faucon, oubliant un instant qu'il parlait devant les deux filles de Munro. Ah ! ces Français savent pointer un canon, et ils abattront le bâtiment en moins de temps qu'il n'en a fallu pour le construire, quelque solide qu'il soit.

— Heyward, dit Cora, la vue d'un danger que je ne puis partager me devient insupportable. Allons trouver Montcalm, et demandons-lui la permission d'entrer dans le fort. Oserait-il refuser la demande d'une fille qui ne veut que rejoindre son père ?

— Vous auriez de la peine à arriver jusqu'à lui avec votre tête, répondit tranquillement le chasseur. Si j'avais à ma disposition une de ces cinq cents barques qui sont amarrées sur le bord du rivage, nous pourrions tenter d'entrer dans le fort ; mais... Ah ! le feu ne durera pas longtemps, car voilà un brouillard qui commence, et qui changera bientôt le jour en nuit, ce qui rendra la flèche d'un Indien plus dangereuse que le canon d'un chrétien. Eh bien ! cela peut nous favoriser, et si vous vous en sentez le courage, nous essaierons de faire une trouée ; car j'ai grande envie d'approcher de ce camp, quand ce ne serait que pour dire un mot à quelqu'un de ces chiens de Mingos que je vois rôder là-bas près de ce bouquet de bouleaux.

— Nous en avons le courage, dit Cora avec fermeté ; nous vous suivrons sans craindre aucun danger, quand il s'agit d'aller retrouver notre père.

Le chasseur se tourna vers elle, et la regarda avec un sourire d'approbation cordiale.

— Si j'avais avec moi, s'écria-t-il, seulement un millier d'hommes ayant de bons yeux, des membres robustes, et autant de courage que vous en montrez, avant qu'il se passe une semaine, je renverrais tous ces Français au fond de leur Canada, hurlant comme des chiens à l'attache ou comme des loups affamés. Mais allons, continua-t-il en s'adressant à ses autres compagnons, partons avant que le brouillard arrive jusqu'à nous; il continue de s'épaissir, et il servira à masquer notre marche. S'il m'arrive quelque accident, souvenez-vous de conserver toujours le vent sur la joue gauche, ou plutôt suivez les Mohicans, car ils ont un instinct qui leur fait connaître leur route la nuit comme le jour.

Il leur fit signe de la main de le suivre, et se mit à descendre la montagne d'un pas agile, mais avec précaution. Heyward aida la marche timide des deux sœurs; et ils arrivèrent au bas de la montagne avec moins de fatigue, et en beaucoup moins de temps qu'ils n'en avaient mis à la gravir.

Le chemin que le chasseur avait pris conduisit les voyageurs presque en face d'une poterne placée à l'ouest du fort, qui n'était guère qu'à un demi-mille de l'endroit où il s'était arrêté pour donner à Heyward le temps de le rejoindre avec ses deux compagnes. Favorisés par la nature du terrain et excités par leur empressement, ils avaient devancé la marche du brouillard qui couvrait alors tout l'Horican, et qu'un vent très-faible chassait lentement de leur côté : il devint donc nécessaire d'attendre que les vapeurs eussent étendu leur manteau sombre sur le camp des ennemis. Les deux Mohicans profitèrent de ce moment de délai pour avancer vers la lisière du bois et reconnaître ce qui se passait au dehors. Œil de-Faucon les suivit quelques instants après, afin de savoir plus vite ce qu'ils auraient vu, et d'y ajouter ses observations personnelles.

Son absence ne fut pas longue; il revint rouge de dépit, et exhala sur-le-champ son mécontentement en ces termes :

— Les rusés chiens de Français ont placé justement sur notre chemin un piquet de Peaux-Rouges et de Peaux-Blanches ! Et comment savoir, pendant le brouillard, si nous passerons à côté ou au beau milieu?

— Ne pouvons-nous faire un détour pour éviter l'endroit dangereux? demanda Heyward, sauf à rentrer ensuite dans le bon chemin.

— Quand on s'écarte une fois, pendant un brouillard, de la ligne qu'on doit suivre, répondit le chasseur, qui peut savoir quand et comment on la retrouvera? Il ne faut pas croire que les brouillards de l'Horican ressemblent à la fumée qui sort d'une pipe ou à celle qui suit un coup de mousquet.

Comme il finissait de parler, un boulet de canon passa dans le bois à deux pas de lui, frappa la terre, rejaillit contre un sapin, et retomba, sa force étant épuisée. Les deux Indiens arrivèrent presque en même temps que ce redoutable messager de mort, et Uncas parla au chasseur en langue delaware avec vivacité et en gesticulant beaucoup.

— Cela est possible, répondit OEil-de-Faucon, et il faut risquer l'affaire, car on ne doit pas traiter une fièvre chaude comme un mal de dents. — Allons, marchons ; voilà le brouillard arrivé

— Un instant! s'écria Heyward ; expliquez-moi d'abord quelles nouvelles espérances vous avez conçues.

— Cela sera bientôt fait, répliqua le chasseur, et l'espérance n'est pas grande, quoiqu'elle vaille mieux que rien. Uncas dit que le boulet que vous voyez a labouré plusieurs fois la terre en venant des batteries du fort jusqu'ici, et que, si tout autre indice nous manque pour diriger notre marche, nous pourrons en retrouver les traces. Ainsi donc, plus de discours et en avant, car pour peu que nous tardions, nous risquons de voir le brouillard se dissiper, et nous laisser à mi-chemin, exposés à l'artillerie des deux armées.

Reconnaissant que dans un pareil moment de crise il était plus convenable d'agir que de parler, Heyward se plaça entre les deux sœurs, afin d'accélérer leur marche, et principalement occupé à ne pas perdre de vue leur conducteur. Il fut bientôt évident que celui-ci n'avait pas exagéré l'épaisseur des brouillards de l'Horican, car à peine avaient-ils fait une cinquantaine de pas qu'ils se trouvèrent enveloppés d'une obscurité si profonde, qu'ils se distinguaient très-difficilement les uns les autres à quelques pieds de distance.

Ils avaient fait un petit circuit sur la gauche, et commençaient déjà à retourner vers la droite, étant alors, comme Heyward le calculait, à peu près à mi-chemin de la poterne tant désirée, quand tout à coup leurs oreilles furent saluées par un cri redoutable qui semblait partir à vingt pas d'eux.

— Qui vive ?

— En avant, vite ! dit le chasseur à voix basse.

— En avant! répéta Heyward sur le même ton.

— Qui vive? crièrent en même temps une douzaine de voix avec un accent de menace.

— C'est moi! dit Duncan pour gagner du temps, et doublant le pas en entraînant ses compagnes effrayées.

— Bête! qui, moi[1]?

— Un ami de la France, reprit Duncan sans s'arrêter.

— Tu m'as plus l'air d'un *ennemi* de la France. Arrête! ou de par Dieu, je te ferai ami du Diable! — Non? Feu, camarades, feu!

L'ordre fut exécuté à l'instant, et une vingtaine de coups de fusil partirent en même temps. Heureusement on avait tiré presque au hasard, et dans une direction qui n'était pas tout à fait celle des fugitifs. Cependant les balles ne passèrent pas très-loin d'eux, et les oreilles de David, peu exercées à ce genre de musique, crurent les entendre siffler à deux pouces de lui. Les Français poussèrent de grands cris, et Heyward entendit donner l'ordre de tirer une seconde fois, et de se mettre à la poursuite de ceux qui ne paraissaient pas vouloir se montrer. Le major expliqua en deux mots au chasseur ce qui venait de se dire en français, et celui-ci, s'arrêtant sur-le-champ, prit son parti avec autant de promptitude que de fermeté.

— Faisons feu à notre tour, dit-il; ils croiront que c'est une sortie de la garnison du fort; ils appelleront du renfort, et avant qu'il leur en arrive nous serons en sûreté.

Le projet était bien conçu; mais l'exécution ne réussit pas. La première décharge d'armes à feu avait excité l'attention générale du camp; la seconde y jeta l'alarme, depuis le bord du lac jusqu'au pied des montagnes, le tambour battit de tous côtés, et l'on y entendit un mouvement universel.

— Nous allons attirer sur nous leur armée entière, dit Heyward; en avant, mon brave ami, en avant! il y va de votre vie comme des nôtres.

Le chasseur paraissait disposé à suivre cet avis; mais dans ce moment de trouble et de confusion, il avait changé de position, et il ne savait de quel côté marcher. Il exposa en vain ses deux joues à l'action du vent; il ne faisait plus le moindre souffle d'air. En

---

1. L'auteur a mis en français les interpellations des sentinelles françaises et les réponses de Duncan, lorsqu'elles sont faites en français. Nous avons conservé les phrases telles qu'elles ont été écrites par l'auteur.

ce cruel embarras, Uncas remarqua des sillons tracés par le boulet qui était arrivé dans le bois, et qui avait emporté en cet endroit le haut de trois petites fourmilières.

— Laissez-moi en voir la direction, dit Œil-de-Faucon en se baissant pour l'examiner; et se relevant à l'instant, il se remit en marche avec rapidité.

Des voix, des cris, des jurements, des coups de fusil, se faisaient entendre de toutes parts, et même à assez peu de distance. Tout à coup un vif éclat de lumière fendit un moment le brouillard; une forte détonation qui le suivit fut répétée par tous les échos des montagnes, et plusieurs boulets traversèrent la plaine.

— C'est du fort! s'écria le chasseur en s'arrêtant sur-le-champ; et nous courons comme des fous vers les bois pour nous jeter sous les couteaux des Maquas!

Dès qu'ils se furent aperçus de leur méprise, ils se hâtèrent de la réparer, et, pour marcher plus vite, Duncan céda au jeune Mohican le soin de soutenir Cora, qui parut consentir à cet échange sans répugnance.

Cependant il était manifeste que, sans savoir précisément où les trouver, on les poursuivait avec ardeur, et chaque instant semblait devoir être celui de leur mort ou du moins de leur captivité.

— Point de quartier aux coquins! s'écria une voix qui semblait celle d'un officier dirigeant la poursuite, et qui était à peu de distance derrière eux.

Mais au même instant une voix forte, parlant avec un ton d'autorité, cria en face d'eux, du haut d'un bastion du fort :

— A vos postes, camarades! attendez que vous puissiez voir les ennemis; et alors tirez bas, et balayez le glacis.

— Mon père! mon père! s'écria une voix de femme partant du milieu du brouillard; c'est moi, c'est Alice, votre Elsie; c'est Cora! Sauvez vos deux filles!

— Arrêtez! s'écria la première voix avec le ton d'angoisse de toute la tendresse paternelle : ce sont elles! Le ciel me rend mes enfants! — Qu'on ouvre la poterne! — Une sortie, mon brave soixantième, une sortie! Mais ne brûlez pas une amorce! une charge à la baïonnette!

Nos voyageurs touchaient alors presque à la poterne, et ils en entendirent crier les gonds rouillés. Duncan en vit sortir une longue file de soldats en uniforme rouge. Il reconnut le bataillon qu'il commandait, et passant le bras d'Alice sous celui de David, il se mit à leur tête, et força bientôt ceux qui l'avaient poursuivi à reculer à leur tour.

Alice et Cora restèrent un instant surprises et confondues en se voyant si subitement abandonnées par le major; mais avant qu'elles eussent le temps de se communiquer leur étonnement et même de songer à le faire, un officier d'une taille presque gigantesque, dont les cheveux avaient été blanchis par ses services militaires, encore plus que par les années, et dont le temps avait adouci l'air de fierté guerrière sans en diminuer le caractère imposant, sortit de la poterne, s'élança vers elles, les serra tendrement contre son cœur; tandis que de grosses larmes coulaient le long de ses joues et mouillaient celles des deux sœurs, il s'écriait avec un accent écossais bien prononcé :

— Je te remercie de cette grâce, ô mon Dieu! Maintenant, quelque danger qui se présente, ton serviteur y est préparé!

CHAPITRE XV.

*Allons, et apprenons le but de son ambassade;
c'est ce que j'aurai deviné facilement avant
que le Français en ait dit un mot.*

SHAKSPEARE. *Henri V.*

Quelques jours qui suivirent l'arrivée d'Heyward et de ses deux compagnes à William-Henry se passèrent au milieu des privations, du tumulte et des dangers d'un siége que pressait avec vigueur un ennemi contre les forces supérieures duquel Munro n'avait pas de moyens suffisants de résistance. Il semblait que Webb se fût endormi avec son armée sur les bords de l'Hudson, et eût oublié l'extrémité à laquelle ses compatriotes étaient réduits. Montcalm avait rempli tous les bois du portage de ses sauvages, dont on entendait les cris et les hurlements dans tout le camp anglais, ce qui ne contribuait pas peu à jeter une nouvelle terreur dans le cœur des soldats découragés, parce qu'ils sentaient leur faiblesse, et par conséquent disposés à s'exagérer les dangers qu'ils avaient à craindre.

Il n'en était pourtant pas de même de ceux qui étaient assiégés dans le fort. Animés par les discours de leurs chefs, et excités par leur exemple, ils étaient encore armés de tout leur courage et soutenaient leur ancienne réputation avec un zèle auquel rendait justice leur sévère commandant.

De son côté le général français, quoique connu par son expérience et son habileté, semblait se contenter d'avoir traversé les déserts pour venir attaquer son ennemi ; il avait négligé de s'emparer des montagnes voisines, d'où il aurait pu foudroyer le fort avec impunité, avantage que dans la tactique moderne on n'aurait pas manqué de se procurer.

Cette sorte de mépris pour les hauteurs, ou pour mieux dire cette crainte de la fatigue qu'il faut endurer pour les gravir, peut être regardée comme la faute habituelle dans toutes les guerres de cette époque. Peut-être avait-elle pris son origine dans la nature de celles qu'on avait eu à soutenir contre les Indiens, qu'il fallait poursuivre dans les forêts où il ne se trouvait pas de forteresses à attaquer, et où l'artillerie devenait presque inutile. La négligence qui en résulta se propagea jusqu'à la guerre de la révolution, et fit perdre alors aux Américains la forteresse importante de Ticonderago, perte qui ouvrit à l'armée de Burgoyne un chemin dans ce qui était alors le cœur du pays. Aujourd'hui on regarde avec étonnement cette négligence, quel que soit le nom qu'on veuille lui donner. On sait que l'oubli des avantages que pourrait procurer une hauteur, quelque difficile qu'il puisse être de s'y établir, difficulté qu'on a souvent exagérée, comme cela est arrivé à Mont-Défiance, perdrait de réputation l'ingénieur chargé de diriger les travaux militaires et même le général commandant l'armée.

Le voyageur oisif, le valétudinaire, l'amateur des beautés de la nature, traversent maintenant dans une bonne voiture la contrée que nous avons essayé de décrire, pour y chercher l'instruction, la santé, le plaisir, ou bien il navigue sur ces eaux artificielles [1], sorties de terre à la voix d'un homme d'État qui a osé risquer

---

[1]. On a creusé plus de trois cents lieues de canaux dans les États-Unis depuis dix ans, et ils sont dus à la première entreprise d'un administrateur, M. Clinton, gouverneur de l'État de New-York en 1828.

sa réputation politique dans cette entreprise hardie[1] ; mais on ne doit pas supposer que nos ancêtres traversaient ces bois, gravissaient ces montagnes ou voguaient sur ces lacs avec la même facilité. Le transport d'un seul canon de gros calibre passait alors pour une victoire remportée, si heureusement les difficultés du passage n'étaient pas de nature à empêcher le transport simultané des munitions, sans quoi ce n'était qu'un tube de fer, lourd, embarrassant et inutile.

Les maux résultant de cet état de choses se faisaient vivement sentir au brave Écossais qui défendait alors William-Henry. Quoique Montcalm eût négligé de profiter des hauteurs, il avait établi avec art ses batteries dans la plaine, et elles étaient servies avec autant de vigueur que d'adresse. Les assiégés ne pouvaient lui opposer que des moyens de défense préparés à la hâte dans une forteresse située dans le fond d'un désert ; et ces belles nappes d'eau qui s'étendaient jusque dans le Canada ne pouvaient leur procurer aucun secours, tandis qu'elles ouvraient un chemin facile à leurs ennemis.

Ce fut dans la soirée du cinquième jour du siége, le quatrième depuis qu'il était rentré dans le fort, que le major Heyward profita d'un pourparler pour se rendre sur les parapets d'un des bastions situés sur les bords du lac, afin de respirer un air frais, et d'examiner quels progrès avaient faits dans la journée les travaux des assiégeants. Il était seul, si l'on excepte la sentinelle qui se promenait sur les remparts, car les artilleurs s'étaient retirés pour profiter aussi de la suspension momentanée de leurs devoirs. La soirée était calme, et l'air qui venait du lac, doux et rafraîchissant : délicieux paysage où naguère le retentissement de l'artillerie et le bruit des boulets qui tombaient dans le lac frappaient les oreilles. Le soleil éclairait cette scène de ses derniers rayons. Les montagnes couvertes de verdure s'embellissaient sous la clarté plus douce du déclin du jour, et l'on voyait se dessiner successivement l'ombre de quelques petits nuages chassés par une brise fraîche. Des îles sans nombre paraient l'Horican, comme les marguerites ornent un tapis de gazon, les unes basses et presque à fleur d'eau, les autres formant de petites montagnes vertes. Une

---

1. Le plan de M. Clinton ne pouvait en effet être justifié que par le succès ; il l'a été : Il s'agissait de joindre par un canal les grands lacs à l'Océan atlantique. Cette entreprise gigantesque a été exécutée en huit ans, et n'a coûté que 50,000,000 fr.

foule de barques voguant sur la surface du lac étaient remplies d'officiers et de soldats de l'armée des assiégeants, qui goûtaient tranquillement les plaisirs de la pêche ou de la chasse.

Cette scène était en même temps paisible et animée. Tout ce qui y appartenait à la nature était plein de douceur et d'une simplicité majestueuse, et l'homme y mêlait un agréable contraste de mouvement et de variété.

Deux petits drapeaux blancs étaient déployés, l'un à l'angle du fort le plus voisin du lac, l'autre sur une batterie avancée du camp de Montcalm, emblème de la trêve momentanée qui suspendait non-seulement les hostilités, mais même l'animosité des combattants. Un peu en arrière, on voyait flotter les longs plis de soie des étendards rivaux de France et d'Angleterre.

Une centaine de jeunes Français, aussi gais qu'étourdis, tiraient un filet sur le rivage sablonneux du lac, à portée des canons du fort, dont l'artillerie gardait alors le silence : des soldats s'amusaient à divers jeux au pied des montagnes, qui retentissaient de leurs cris de joie; les uns accouraient sur le bord du lac pour suivre de plus près les diverses parties de pêche et de chasse, les autres gravissaient les hauteurs pour avoir en même temps sous les yeux tous les différents traits de ce riant tableau. Les soldats en faction n'en étaient pas même spectateurs indifférents, quoiqu'ils ne relâchassent rien de leur surveillance. Plusieurs groupes dansaient et chantaient au son du tambour et du fifre, au milieu d'un cercle d'Indiens que ce bruit avait attirés du fond d'un bois, et qui les regardaient avec un étonnement silencieux. En un mot, tout avait l'aspect d'un jour de plaisir plutôt que d'une heure dérobée aux fatigues et aux dangers d'une guerre.

Duncan contemplait ce spectacle depuis quelques minutes, et se livrait aux réflexions qu'il faisait naître en lui, quand il entendit marcher sur le glacis en face de la poterne dont nous avons déjà parlé. Il s'avança sur un angle du bastion pour voir quels étaient ceux qui s'en approchaient, et vit arriver OEil-de-Faucon, sous la garde d'un officier français. Le chasseur avait l'air soucieux et abattu, et l'on voyait qu'il se sentait humilié et presque déshonoré par le fait qu'il était tombé au pouvoir des ennemis. Il ne portait plus son arme favorite, son tueur-de-daims, comme il l'appelait, et il avait même les mains liées derrière le dos avec une courroie. Des drapeaux blancs avaient été envoyés si souvent pour couvrir quelque message, que le major, en s'avançant sur le bord du bastion, ne s'était attendu à voir qu'un officier français chargé d'en apporter quelqu'un ; mais dès qu'il eut reconnu la grande taille et les traits de son ancien compagnon, il tressaillit de surprise, et se hâta de descendre du bastion pour regagner l'intérieur de la forteresse.

Le son de quelques autres voix attira pourtant son attention, et lui fit oublier un instant son dessein. A l'autre bout du bastion, il rencontra Alice et Cora qui se promenaient sur le parapet, où de même que lui elles étaient venues pour respirer l'air frais du soir. Depuis le moment pénible où il les avait quittées, uniquement pour assurer leur entrée sans danger dans le fort, en arrêtant ceux qui les poursuivaient, il ne les avait pas vues un seul instant, car les devoirs qu'il avait à remplir ne lui avaient pas laissé une minute de loisir. Il les avait quittées alors pâles, épuisées de fatigue, abattues par les dangers qu'elles avaient courus, et maintenant il voyait les roses refleurir sur leurs joues et la gaieté reparaître sur leur front, quoiqu'elle ne fût pas sans mélange d'inquiétude. Il n'était donc pas surprenant qu'une pareille rencontre fît oublier un instant tout autre objet au jeune militaire, et ne lui laissât que le désir de les entretenir. Cependant la vivacité d'Alice ne lui donna pas le temps de leur adresser la parole le premier.

— Vous voilà donc, chevalier déloyal et discourtois, qui abandonnez vos damoiselles dans la lice pour courir au milieu des hasards du combat ! s'écria-t-elle en affectant un ton de reproche que démentaient ses yeux, son sourire et le geste de sa main ; voilà plusieurs jours, plusieurs siècles que nous nous attendons à vous voir tomber à nos pieds pour implorer notre merci, et nous demander humblement pardon de votre fuite honteuse ; car jamais daim effarouché, comme le dirait notre digne ami Œil-de-Faucon, n'a pu courir plus vite.

— Vous savez qu'Alice veut parler du désir que nous avions de vous faire tous les remerciements que nous vous devons, dit Cora plus grave et plus sérieuse. Mais il est vrai que nous avons été surprises de ne pas vous avoir vu plus tôt, quand vous deviez être sûr que la reconnaissance des deux filles était égale à celle de leur père.

— Votre père lui-même pourrait vous dire, répondit le major, que, quoique éloigné de vous, je n'en ai pas moins été occupé de votre sûreté. La possession de ce village de tentes, ajouta-t-il en montrant le camp retranché occupé par le détachement venu du fort Édouard, a été vivement contestée ; et quiconque est maître de cette position doit bientôt l'être du fort et de tout ce qu'il contient. J'ai passé tous les jours et toutes les nuits depuis notre arrivée au fort. Mais, continua-t-il en détournant un peu la tête avec un air de chagrin et d'embarras, quand je n'aurais pas eu une raison aussi valable pour m'absenter, la honte aurait peut-être dû suffire pour m'empêcher d'oser me montrer à vos yeux.

— Heyward ! Duncan ! s'écria Alice, se penchant en avant, pour lire dans ses traits si elle ne se trompait pas en devinant à quoi il voulait faire allusion en parlant ainsi ; si je croyais que cette langue babillarde vous eût causé quelque peine, je la condamnerais à un silence éternel ! Cora peut dire, si elle le veut, combien nous avons apprécié votre zèle, et quelle est la sincérité, j'allais presque dire l'enthousiasme de notre reconnaissance.

— Et Cora attestera-t-elle la vérité de ce discours ? demanda gaiement Heyward, les manières cordiales d'Alice ayant dissipé un premier sentiment d'inquiétude ; que dit notre grave sœur ? Le soldat plein d'ardeur, qui veille à son poste, peut-il faire excuser le chevalier négligent qui s'est endormi au sien ?

Cora ne lui répondit pas sur-le-champ, et elle resta quelques instants le visage tourné vers l'Horican, comme si elle eût été occupée de ce qui se passait sur la surface du lac. Lorsqu'elle fixa ensuite ses yeux noirs sur le major, ils avaient une telle expression d'anxiété que l'esprit du jeune militaire ne put se livrer à aucune autre idée que celle de l'inquiétude et de l'intérêt qu'elle faisait naître en lui.

— Vous êtes indisposée, ma chère miss Munro, lui dit-il ; je regrette que nous nous soyons livrés au badinage pendant que vous souffrez.

— Ce n'est rien, répondit-elle sans accepter le bras qu'il lui offrait. Si je ne puis voir le côté brillant du tableau de la vie sous les mêmes couleurs que cette jeune et innocente enthousiaste, ajouta-t-elle en appuyant une main avec affection sur le bras de sa sœur, c'est un tribut que je paie à l'expérience, et peut-être un malheur de mon caractère. Mais voyez, major Heyward, continua-t-elle en faisant un effort sur elle-même pour écarter toute apparence de faiblesse, comme elle pensait que son devoir l'exigeait, regardez autour de vous, et dites-moi quel spectacle est celui qui nous environne, pour la fille d'un soldat qui ne connaît d'autre bonheur que son honneur et son renom militaire.

— Ni l'un ni l'autre ne peuvent être ternis par des circonstances qu'il lui est impossible de maîtriser, répondit Duncan avec chaleur. Mais ce que vous venez de me dire me rappelle à mon devoir. Je vais trouver votre père pour savoir quelle détermination il a prise sur des objets importants relatifs à notre défense. — Que le ciel ciel veille sur vous! noble Cora, car je dois vous nommer ainsi. (Elle lui offrit la main, mais ses lèvres tremblaient, et son visage se couvrit d'une pâleur mortelle.) Dans le bonheur comme dans l'adversité, je sais que vous serez toujours l'ornement de votre sexe. — Adieu, Alice, ajouta-t-il avec un accent de tendresse au lieu de celui de l'admiration; nous nous reverrons bientôt comme vainqueurs, j'espère, et au milieu des réjouissances.

Sans attendre leur réponse, il descendit rapidement du bastion, traversa une petite esplanade, et au bout de quelques instants il se trouva en présence du commandant. Munro se promenait tristement dans son appartement quand Heyward y arriva.

— Vous avez prévenu mes désirs, major, dit-il; j'allais vous faire prier de me faire le plaisir de venir ici.

— J'ai vu avec peine, Monsieur, que le messager que je vous avais recommandé avec tant de chaleur est arrivé ici prisonnier des Français. — J'espère que vous n'avez aucune raison pour suspecter sa fidélité?

— La fidélité de la Longue-Carabine m'est connue depuis longtemps, et elle est au-dessus de tout soupçon, quoique sa bonne fortune ordinaire semble avoir fini par se démentir. Montcalm l'a fait prisonnier, et avec la maudite politesse de son pays il me l'a renvoyé en me faisant dire, que sachant le cas que je faisais de ce drôle il ne voulait pas me priver de ses services. C'est une manière jésuitique d'apprendre à un homme ses infortunes, major Heyward!

— Mais le général Webb, — le renfort que nous en attendons...

— Avez-vous regardé du côté du sud? n'avez-vous pas pu l'apercevoir? s'écria le commandant avec un sourire plein d'amertume; allons, allons, vous êtes jeune, major, vous n'avez pas de patience, vous ne laissez pas à ces messieurs le temps de marcher!

— Ils sont donc en marche? Votre messager vous en a-t-il assuré?

— Quand arriveront-ils, et par quel chemin, c'est ce qu'il lui est impossible de me dire. Il paraît aussi qu'il était porteur d'une lettre, et c'est la seule partie de l'affaire qui semble agréable ; car malgré les attentions ordinaires de votre marquis de Montcalm, je suis convaincu que si cette missive avait contenu de mauvaises nouvelles, la politesse du Monsieur[1] l'aurait certainement empêché de me les laisser ignorer.

— Ainsi donc il a renvoyé le messager et gardé le message?

— Précisément, c'est ce qu'il a fait ; et tout cela par suite de ce qu'on appelle sa bonhomie. Je gagerais que si la vérité était connue, on verrait que le grand-père du noble marquis donnait des leçons de l'art sublime de la danse.

— Mais que dit le chasseur? il a des yeux, des oreilles, une langue. Quel rapport verbal vous a-t-il fait?

— Oh ! il a certainement tous les organes que la nature lui a donnés, et il est fort en état de dire tout ce qu'il a vu et entendu. Eh bien ! le résultat de son rapport est qu'il existe sur les bords de l'Hudson un certain fort appartenant à Sa Majesté britannique, nommé Édouard, en l'honneur de Son Altesse le duc d'York, et qu'il est défendu par une nombreuse garnison, comme cela doit être.

— Mais n'y a-t-il vu aucun mouvement, aucun signe qui annonçât l'intention de marcher à notre secours?

— Il y a vu une parade le matin et une parade le soir, et quand un brave garçon des troupes provinciales... Mais vous êtes à demi Écossais, Duncan, et vous connaissez le proverbe qui dit que, quand on laisse tomber sa poudre, si elle touche un charbon elle prend feu, ainsi... Ici le vétéran s'interrompit tout à coup, et quittant le ton d'ironie amère, il en prit un plus grave et plus sérieux. — Et cependant il pouvait, il devait y avoir dans cette lettre quelque chose dont il aurait été bon que nous fussions instruits.

— Notre décision doit être prompte, dit Duncan, se hâtant de profiter du changement d'humeur qu'il remarquait dans son commandant, pour lui parler d'objets qu'il regardait comme encore plus importants ; je ne puis vous cacher que le camp fortifié ne peut tenir longtemps encore, et je suis fâché d'avoir à ajouter que les choses ne me paraissent pas aller beaucoup mieux dans le fort. — La moitié de nos canons sont hors de service.

— Cela pourrait-il être autrement? Les uns ont été pêchés dans

---

1. Mot équivalent de celui de — Français — dans la bouche d'un Anglais.

le lac, les autres se sont rouillés au milieu des bois depuis la découverte de ce pays, et les meilleurs ne sont que des joujoux de corsaires ; ce ne sont pas des canons. Croyez-vous, Monsieur, que vous puissiez avoir une artillerie bien montée au milieu du désert, à trois mille milles de la Grande-Bretagne ?

— Nos murs sont près de tomber, continua Heyward sans se laisser déconcerter par ce nouvel élan d'indignation du vétéran ; les provisions commencent à nous manquer, et les soldats donnent même déjà des signes de mécontentement et d'alarmes.

— Major Heyward, répondit Munro en se tournant vers lui avec l'air de dignité que son âge et son grade supérieur lui permettaient de prendre, j'aurais inutilement servi Sa Majesté pendant un demi-siècle et vu ma tête se couvrir de ces cheveux blancs, si j'ignorais ce que vous venez de me dire et tout ce qui a rapport aux circonstances pénibles et urgentes dans lesquelles nous nous trouvons ; mais nous devons tout à l'honneur des armes du roi, et nous nous devons aussi quelque chose à nous-mêmes. Tant qu'il me restera quelque espoir d'être secouru, je défendrai ce fort, quand ce devrait être avec des pierres ramassées sur le bord du lac. — C'est cette malheureuse lettre que nous aurions besoin de voir, afin de connaître les intentions de l'homme que le comte de Soudon nous a laissé pour le remplacer.

— Et puis-je vous être de quelque utilité dans cette affaire ?

— Oui, Monsieur, vous le pouvez. En addition à ses autres civilités, le marquis de Montcalm m'a fait inviter à une entrevue personnelle avec lui dans l'espace qui sépare nos fortifications des lignes de son camp. Or je pense qu'il ne convient pas que je montre tant d'empressement à le voir, et j'ai dessein de vous employer, vous, officier revêtu d'un grade honorable, comme mon substitut ; car ce serait manquer à l'honneur de l'Écosse que de laisser dire qu'un de ses enfants a été surpassé en civilité par un homme né dans quelque autre pays que ce soit de la terre.

Sans entrer dans une discussion sur le mérite comparatif de la politesse des différents pays, Duncan se borna à assurer le vétéran qu'il était prêt à exécuter tous les ordres dont il voudrait le charger. Il s'ensuivit une longue conversation confidentielle, pendant laquelle Munro informa le jeune officier de tout ce qu'il aurait à faire, en y ajoutant quelques avis dictés par son expérience ; après quoi Heyward prit congé de son commandant.

Comme il ne pouvait agir qu'en qualité de représentant du commandant du fort, on se dispensa du cérémonial qui aurait accompagné une entrevue des deux chefs des forces ennemies. La suspension d'armes durait encore, et après un roulement de tambours, Duncan sortit par la poterne, précédé d'un drapeau blanc, environ dix minutes après avoir reçu ses instructions. Il fut accueilli par l'officier qui commandait les avant-postes avec les formalités d'usage, et conduit sur-le-champ sous la tente du général renommé qui commandait l'armée française.

Montcalm reçut le jeune major, entouré de ses principaux officiers et ayant près de lui les chefs des différentes tribus d'Indiens qui l'avaient accompagné dans cette guerre. Heyward s'arrêta tout à coup involontairement quand, en jetant les yeux sur cette troupe d'hommes rouges, il distingua parmi eux la physionomie farouche de Magua, qui le regardait avec cette attention calme et sombre qui était le caractère habituel des traits de ce rusé sauvage. Une exclamation de surprise pensa lui échapper; mais se rappelant sur-le-champ de quelle mission il était chargé, et en présence de qui il se trouvait, il supprima toute apparence extérieure d'émotion, et se tourna vers le général ennemi, qui avait déjà fait un pas pour aller au-devant de lui.

Le marquis de Montcalm, à l'époque dont nous parlons, était dans la fleur de son âge; et l'on pourrait ajouter qu'il était arrivé à l'apogée de sa fortune. Mais même dans cette situation digne d'envie, il était poli et affable, et il se distinguait autant par sa scrupuleuse courtoisie que par cette valeur chevaleresque dont il donna tant de preuves, et qui deux ans après lui coûta la vie dans les plaines d'Abraham. Duncan, en détournant les yeux de la physionomie féroce et ignoble de Magua, en vit avec plaisir le contraste parfait dans l'air noble et militaire, les traits prévenants et le sourire gracieux du général français.

— Monsieur, dit Montcalm, j'ai beaucoup de plaisir à..... Eh bien! où est donc cet interprète?

— Je crois, Monsieur, qu'il ne sera pas nécessaire, dit Heyward avec modestie; je parle un peu le français.

— Ah! j'en suis charmé, répliqua le marquis; et prenant familièrement Duncan sous le bras, il le conduisit à l'extrémité de la tente, où ils pouvaient s'entretenir sans être entendus. — Je déteste ces fripons-là, ajouta-t-il en continuant à parler français; car on ne sait jamais sur quel pied on est avec eux. — Eh bien! Monsieur, je me serais fait honneur d'avoir une entrevue personnelle avec votre brave commandant ; mais je me félicite qu'il se soit fait remplacer par un officier aussi distingué que vous l'êtes, et aussi aimable que vous le paraissez.

Duncan le salua, car le compliment ne pouvait lui déplaire, en dépit de la résolution héroïque qu'il avait prise de ne pas souffrir que les politesses ou les ruses du général ennemi lui fissent oublier un instant ce qu'il devait à son souverain. Montcalm reprit la parole après un moment de silence et de réflexion.

— Votre commandant est plein de bravoure, Monsieur, dit-il alors ; il est plus en état que personne de résister à une attaque. Mais n'est-il pas temps qu'il commence à suivre les conseils de l'humanité, plutôt que ceux de la valeur ? L'une et l'autre contribuent également à caractériser le héros.

— Nous regardons ces deux qualités comme inséparables, répondit Duncan en souriant ; mais tandis que vous nous donnez mille motifs pour stimuler l'une, nous n'avons encore jusqu'à présent aucune raison particulière pour mettre l'autre en action.

Montcalm salua à son tour ; mais ce fut avec l'air d'un homme trop habile pour écouter le langage de la flatterie, et il ajouta :

— Il est possible que mes télescopes m'aient trompé, et que vos fortifications aient résisté à notre artillerie mieux que je ne le supposais. — Vous savez sans doute quelle est notre force ?

— Nos rapports varient à cet égard, répondit Heyward nonchalamment ; mais nous ne la supposons que de vingt mille hommes tout au plus.

Le Français se mordit les lèvres, et fixa ses yeux sur le major comme pour lire dans ses pensées, et alors il ajouta avec une indifférence bien jouée et comme s'il eût voulu reconnaître la justesse d'un calcul auquel il voyait fort bien que Duncan n'ajoutait pas foi :

— C'est un aveu mortifiant pour un soldat, Monsieur ; mais il faut convenir que, malgré tous nos soins, nous n'avons pu déguiser notre nombre. On croirait pourtant que, s'il était possible d'y réussir, ce devrait être dans ces bois. — Mais quoique vous pensiez qu'il est encore trop tôt pour écouter la voix de l'humanité, continua-t-il en souriant, il m'est permis de croire qu'un jeune guerrier comme vous ne peut être sourd à celle de la galanterie. Les filles du commandant, à ce que j'ai appris, sont entrées dans le fort depuis qu'il est investi?

— Oui, Monsieur, répondit Heyward ; mais cette circonstance, bien loin d'affaiblir notre résolution, ne fait que nous exciter à de plus grands efforts par l'exemple de courage qu'elle nous a mis sous les yeux. S'il ne fallait que de la fermeté pour repousser même un ennemi aussi habile que monsieur de Montcalm, je confierais volontiers la défense de William-Henry à l'aînée de ces jeunes dames.

— Nous avons dans nos lois saliques une sage disposition en vertu de laquelle la couronne de France ne peut jamais tomber en quenouille, répondit Moncalm un peu sèchement et avec quelque hauteur; mais reprenant aussitôt son air d'aisance et d'affabilité ordinaire, il ajouta : — Au surplus, comme toutes les grandes qualités sont héréditaires, c'est un motif de plus pour vous croire ; mais ce n'est pas une raison pour oublier que, comme je vous le disais, le courage même doit avoir des bornes, et qu'il est temps de faire parler les droits de l'humanité. — Je présume, Monsieur, que vous êtes autorisé à traiter des conditions de la reddition du fort?

— Votre Excellence trouve-t-elle que nous nous défendions assez faiblement pour regarder cette mesure comme nous étant imposée par la nécessité?

— Je serais fâché de voir la défense se prolonger de manière à exaspérer mes amis rouges, dit Montcalm sans répondre à cette question, en jetant un coup d'œil sur le groupe d'Indiens attentifs à un entretien que leurs oreilles ne pouvaient entendre; même à présent je trouve assez difficile d'obtenir d'eux qu'ils respectent les usages de la guerre des nations civilisées.

Heyward garda le silence, car il se rappela les dangers qu'il avait courus si récemment parmi ces sauvages, et les deux faibles compagnes qui avaient partagé ses souffrances.

— Ces messieurs-là, continua Montcalm voulant profiter de l'avantage qu'il croyait avoir remporté, sont formidables quand ils sont courroucés, et vous savez combien il est difficile de modérer leur colère. — Eh bien ! Monsieur, parlerons-nous des conditions de la reddition?

— Je crois que Votre Excellence n'apprécie pas assez la force de William-Henry et les ressources de sa garnison.

— Ce n'est pas Quebec que j'assiége ; c'est une place dont toutes les fortifications sont en terre, et défendue par une garnison qui ne consiste qu'en deux mille trois cents hommes, quoique un ennemi doive rendre justice à leur bravoure.

— Il est très-vrai que nos fortifications sont en terre, Monsieur, et qu'elles ne sont point assises sur le rocher du Diamant ; mais elles sont élevées sur cette rive qui a été si fatale à Dieskau et à sa vaillante armée ; et vous ne faites pas entrer dans vos calculs une force considérable qui n'est qu'à quelques heures de marche de nous, et que nous devons regarder comme faisant partie de nos moyens de défense.

— Oui, répondit Montcalm avec le ton d'une parfaite indifférence, de six à huit mille hommes, que leur chef circonspect juge plus prudent de garder dans leurs retranchements que de mettre en campagne.

Ce fut alors le tour d'Heyward de se mordre les lèvres de dépit, en entendant le marquis parler avec tant d'insouciance d'un corps d'armée dont il savait que la force effective était fort exagérée. Tous deux gardèrent le silence quelques instants, et Montcalm reprit la parole de manière à annoncer qu'il croyait que la visite de l'officier anglais n'avait d'autre but que de proposer des conditions de capitulation. De son côté le major chercha à donner à la conversation une tournure qui amenât le général français à faire quelque allusion à la lettre qu'il avait interceptée ; mais ni l'un ni l'autre ne réussit à atteindre son but, et après une longue et inutile conférence, Duncan se retira avec une impression favorable des talents et de la politesse du général ennemi, mais aussi peu instruit sur ce qu'il désirait apprendre que lorsqu'il était arrivé.

Montcalm l'accompagna jusqu'à la porte de sa tente, et le chargea de renouveler au commandant du fort l'invitation qu'il lui avait déjà fait faire de lui accorder le plus tôt possible une entrevue sur le terrain situé entre les deux armées. Là ils se séparèrent ; l'officier qui avait amené Duncan le reconduisit aux avant-postes, et le major étant rentré dans le fort se rendit sur-le-champ chez Munro.

CHAPITRE XVI.

<blockquote>
Mais avant de combattre ouvrez donc cette lettre.

SHAKSPEARE. <i>Le Roi Léar.</i>
</blockquote>

Munro était seul avec ses deux filles lorsque le major entra dans son appartement. Alice était assise sur un de ses genoux, et ses doigts délicats s'amusaient à séparer les cheveux blancs qui tombaient sur le front de son père. Cette sorte d'enfantillage fit froncer le sourcil du vétéran ; mais elle ramena la sérénité sur son front en y appuyant ses lèvres de rose. Cora, toujours calme et grave, était assise près d'eux, et regardait le badinage de sa jeune sœur avec cet air de tendresse maternelle qui caractérisait son affection pour elle.

Au milieu des plaisirs purs et tranquilles dont elles jouissaient dans cette réunion de famille, les deux sœurs semblaient avoir oublié momentanément, non-seulement les dangers qu'elles avaient si récemment courus dans les bois, mais même ceux qui pouvaient encore les menacer dans une forteresse assiégée par une force si supérieure. On eût pu croire qu'elles avaient voulu profiter de cet instant de trêve pour se livrer à l'effusion de leurs plus tendres sentiments, et tandis que les filles oubliaient leurs craintes, le vétéran lui-même, dans ce moment de repos et de sécurité, ne songeait qu'à l'amour paternel.

Duncan, qui, dans l'empressement qu'il avait de rendre compte de sa mission au commandant, était entré sans se faire annoncer, resta une minute ou deux spectateur immobile d'une scène qui l'intéressait vivement et qu'il ne voulait pas interrompre ; mais enfin les yeux actifs d'Alice virent son image dans une glace placée devant elle, et elle se leva en s'écriant :

— Le major Heyward !

— Eh bien ! qu'avez-vous à en dire ? lui demanda son père sans changer de position ; il est à présent à jaser avec le Français dans son camp, où je l'ai envoyé.

Duncan s'étant avancé vers lui : — Ah! vous voilà, Monsieur! continua-t-il; vous êtes jeune, et leste par conséquent. — Allons, enfants, retirez-vous! que faites-vous ici? croyez-vous qu'un soldat n'ait pas déjà assez de choses dans la tête, sans venir la remplir encore de bavardages de femmes?

Cora se leva sur-le-champ, voyant que leur présence n'était plus désirée, et Alice la suivit, un sourire sur les lèvres.

Au lieu de demander au major le résultat de sa mission, Munro se promena quelques instants, les mains croisées derrière le dos et la tête penchée sur sa poitrine, en homme livré à de profondes réflexions. Enfin il leva sur Duncan des yeux exprimant sa tendresse paternelle, et s'écria :

— Ce sont deux excellentes filles, Heyward! Qui ne serait fier d'être leur père!

— Je crois que vous savez déjà tout ce que je pense de ces deux aimables sœurs, colonel Munro.

— Sans doute, sans doute, et je me rappelle même que le jour de votre arrivée au fort vous aviez commencé à m'ouvrir votre cœur à ce sujet d'une manière qui ne me déplaisait nullement; mais je vous ai interrompu, parce que je pensais qu'il ne convenait pas à un vieux soldat de parler de préparatifs de noces, et de se livrer à la joie qu'elles entraînent, dans un moment où il était possible que les ennemis de son roi voulussent avoir leur part du festin nuptial sans y avoir été invités. Cependant je crois que j'ai eu tort, Duncan. — Oui, j'ai eu tort, et je suis prêt à entendre ce que vous avez à me dire.

— Malgré tout le plaisir que me donne cette agréable assurance, mon cher monsieur, il faut d'abord que je vous rende compte d'un message que le marquis de...

— Au diable le Français et toute son armée! s'écria le vétéran en fronçant le sourcil; Montcalm n'est pas encore maître de William-Henry, et il ne le sera jamais si Webb se conduit comme il le doit. Non, Monsieur, non; grâce au ciel, nous ne sommes pas encore réduits à une extrémité assez urgente pour que Munro ne puisse donner un instant à ses affaires domestiques, aux soins de sa famille. Votre mère était fille unique de mon meilleur ami, Duncan, et je vous écouterai en ce moment, quand même tous les chevaliers de Saint-Louis, avec leur patron à leur tête, seraient à la poterne, me suppliant de leur accorder un moment d'audience. —

Jolie chevalerie, ma foi, que celle qu'on peut acheter avec quelques tonnes de sucre! — Et leurs marquisats de deux sous? On en ferait de semblables par douzaines dans le Lothian. — Parlez-moi du Chardon [1], quand vous voudrez me citer un ordre de chevalerie antique et vénérable; le véritable *nemo me impunè lacessit* [2] de la chevalerie! Vous avez eu des ancêtres qui en ont été revêtus, Duncan, et ils faisaient l'ornement de la noblesse d'Écosse.

Heyward vit que son commandant se faisait un malin plaisir de montrer son mépris pour les Français et pour le message de leur général; sachant que l'humeur de Munro ne serait pas de longue durée, et qu'il reviendrait de lui-même sur ce sujet, il n'insista plus pour rendre compte de sa mission, et parla d'un objet qui l'intéressait davantage.

— Je crois, Monsieur, lui dit-il, vous avoir fait connaître que j'aspirais à être honoré du nom de votre fils.

— Oui, j'ai eu assez d'intelligence pour le comprendre; mais avez-vous parlé aussi intelligiblement à ma fille?

— Non, sur mon honneur, Monsieur! j'aurais cru abuser de la confiance que vous m'aviez accordée si j'avais profité d'une pareille occasion pour lui faire connaître mes désirs.

— Vous avez agi en homme d'honneur, Heyward, et je ne puis qu'approuver de tels sentiments; mais Cora est une fille sage, discrète, et dont l'âme est trop élevée pour qu'elle ait besoin qu'un père exerce quelque influence sur son choix.

— Cora!

— Oui, Monsieur, Cora! — De quoi parlons-nous, Monsieur? N'est-ce pas de vos prétentions à la main de miss Munro?

— Je... je... ne crois pas avoir prononcé son nom, balbutia le major avec embarras.

— Et pour épouser qui me demandez-vous donc mon consentement? dit le vétéran en se redressant, avec un air de mécontentement et de dignité blessée.

— Vous avez une autre fille, Monsieur, répondit Heyward; une fille non moins aimable, non moins intéressante.

— Alice! s'écria Munro avec une surprise égale à celle que Duncan venait de montrer en répétant le nom de Cora.

— C'est à elle que s'adressent tous mes vœux, Monsieur.

---

[1]. Ordre de chevalerie écossais.
[2]. Devise de cet ordre : *Personne impunément n'oserait m'attaquer.*

Le jeune homme attendit en silence le résultat de l'effet extraordinaire que produisait sur le vieux guerrier une déclaration à laquelle il était évident que celui-ci s'attendait si peu. Pendant quelques minutes Munro parcourut sa chambre à grands pas, comme agité de convulsions et absorbé par des réflexions pénibles. Enfin il s'arrêta en face d'Heyward, fixa les yeux sur les siens, et lui dit avec une émotion qui rendait ses lèvres tremblantes :

— Duncan Heyward, je vous ai aimé pour l'amour de celui dont le sang coule dans vos veines. — Je vous ai aimé pour vous-même, à cause des bonnes qualités que j'ai reconnues en vous. Je vous ai aimé parce que j'ai pensé que vous pourriez faire le bonheur de ma fille ; mais toute cette affection se changerait en haine si j'étais sûr que ce que j'appréhende soit vrai !

— A Dieu ne plaise que je puisse faire, dire, ou penser la moindre chose capable d'amener un si cruel changement ! s'écria Heyward, qui soutint d'un œil ferme les regards fixes et pénétrants de son commandant.

Sans réfléchir à l'impossibilité où se trouvait le jeune homme qui l'écoutait de comprendre des sentiments qui étaient cachés au fond de son cœur, Munro se laissa pourtant fléchir par l'air de candeur et de sincérité qu'il remarqua en lui, et reprit la parole d'un ton plus doux. — Vous désirez être mon fils, Duncan, lui dit-il, et vous ignorez encore l'histoire de celui que vous voulez appeler votre père. Asseyez-vous, et je vais vous ouvrir, aussi brièvement qu'il me sera possible de le faire, un cœur dont les blessures ne sont pas encore cicatrisées.

Le message de Montcalm fut alors complétement oublié ; et celui qui en était chargé n'y songeait pas plus que celui à qui il était destiné. Chacun d'eux prit une chaise, et tandis que le vieillard gardait le silence pour rassembler ses idées, en se livrant à des souvenirs qui paraissaient mélancoliques, le jeune homme réprima son impatience, et prit un air et une attitude d'attention respectueuse ; enfin Munro commença son récit.

— Vous savez déjà, major Heyward, dit l'Écossais, que ma famille est ancienne et honorable, quoique la fortune ne l'ait pas favorisée d'une manière proportionnée à sa noblesse. J'avais à peu près votre âge quand j'engageai ma foi à Alice Graham, fille d'un laird du voisinage, propriétaire de biens assez considérables ; mais divers motifs, peut-être ma pauvreté, firent que son père s'opposa à notre union : en conséquence je fis ce que tout homme honnête devait faire, je rendis à Alice sa parole, et étant entré au service du roi, je quittai l'Ecosse. J'avais déjà vu bien des pays, mon sang avait déjà coulé dans bien des contrées, quand mon devoir m'appela dans les îles des Indes occidentales : là le hasard me fit faire la connaissance d'une dame qui avec le temps devint mon épouse, et me rendit père de Cora. Elle était fille d'un homme bien né, dont la femme avait le malheur, si le terme vous convient, Monsieur, dit le vieillard avec un accent de fierté, de descendre, quoiqu'à un degré déjà éloigné, de cette classe infortunée qu'on a la barbarie de réduire à un infâme esclavage pour fournir aux besoins de luxe des nations civilisées. — Oui, Monsieur, et c'est une malédiction qui a frappé l'Ecosse même, par suite de son union contre nature à une terre étrangère et à un peuple de trafiquants. Mais si je trouvais parmi eux un homme qui osât se permettre une réflexion méprisante sur la naissance de ma fille, sur ma parole, il sentirait tout le poids du courroux d'un père ! — Mais vous-même, major Heyward, vous êtes né dans les colonies du sud, où ces êtres infortunés et tous ceux qui en descendent sont regardés comme appartenant à une race inférieure à la nôtre.

— Cela n'est malheureusement que trop vrai, Monsieur, dit Duncan avec un tel embarras qu'il ne put s'empêcher de baisser les yeux.

— Et vous en faites un sujet de reproche à ma fille ! s'écria le père d'un ton où l'on reconnaissait en même temps le chagrin et la colère, l'ironie et l'amertume ; quelque aimable, quelque vertueuse qu'elle soit, vous dédaignez de mêler le sang des Heyward à un sang si dégradé, si méprisé ?

— Dieu me préserve d'un préjugé si indigne et si déraisonnable ! répondit Heyward, quoique la voix de sa conscience l'avertît en secret que ce préjugé, fruit de l'éducation, était enraciné dans son cœur aussi profondément que s'il y eût été implanté par les mains de la nature : — la douceur, l'ingénuité, les charmes et la vivacité de la plus jeune de vos filles, colonel Munro, vous expliquent assez mes motifs pour qu'il soit inutile de m'accuser d'une injustice.

— Vous avez raison, Monsieur, dit le vieillard, prenant une seconde fois un ton radouci ; elle est l'image parlante de ce qu'était sa mère à son âge avant qu'elle eût connu le chagrin. Lorsque la mort m'eut privé de mon épouse, je retournai en Ecosse, enrichi par ce mariage; et le croiriez-vous, Duncan? j'y retrouvai l'ange qui avait été mon premier amour, languissant dans le célibat depuis vingt ans, et uniquement par affection pour l'ingrat qui avait pu l'oublier; elle fit encore plus, elle me pardonna mon manque de foi, et comme elle était encore sa maîtresse, elle m'épousa.....

— Et devint mère d'Alice! s'écria Heyward avec un empressement qui aurait pu être dangereux dans un moment où le vieux militaire aurait été moins occupé des souvenirs qui le déchiraient.

— Oui, répondit Munro, et elle paya de sa vie le précieux présent qu'elle me fit; mais c'est une sainte dans le ciel, Monsieur, et il conviendrait mal à un homme sur le bord du tombeau de murmurer contre un sort si désirable. Elle ne vécut avec moi qu'une seule année, terme de bonheur bien court pour une femme qui avait passé toute sa jeunesse dans la douleur.

Munro se tut, et son affection muette avait quelque chose de si imposant et de si majestueux qu'Heyward n'osa hasarder un seul mot de conversation. Le vieillard semblait avoir oublié qu'il n'était pas seul, et ses traits agités annonçaient sa vive émotion, tandis que de grosses larmes coulaient le long de ses joues.

Enfin il parut revenir à lui; il se leva tout à coup, fit un tour dans l'appartement, comme pour se donner le temps de retrouver le calme que ce récit lui avait fait perdre, et se rapprocha d'Heyward avec un air de grandeur et de dignité.

— Major, lui dit-il, n'avez-vous pas un message à me communiquer de la part du marquis de Montcalm?

Duncan tressaillit à son tour, car ce message était alors bien loin de ses pensées, et il commença sur-le-champ, quoique non sans embarras, à rendre le compte qu'il devait de son ambassade. Il est inutile d'appuyer ici sur la manière adroite, mais civile, avec laquelle le général français avait su éluder toutes les tentatives qu'avait faites Heyward pour tirer de lui le motif de l'entrevue qu'il avait proposée au commandant de William-Henry, et sur le message conçu en termes toujours polis, mais très-décidés, par lequel il lui donnait à entendre qu'il fallait qu'il vînt chercher cette explication lui-même, ou qu'il se déterminât à s'en passer.

Pendant que Munro écoutait le récit détaillé que lui faisait le major de sa conférence avec le général ennemi, les sensations que l'amour paternel avait excitées en lui s'affaiblissaient graduellement pour faire place aux idées que lui inspirait le sentiment de ses devoirs militaires; et lorsque Duncan eut fini de rendre compte de sa mission, le père avait disparu, il ne restait plus devant lui que le commandant de William-Henry, mécontent et courroucé.

— Vous m'en avez dit assez, major Heyward, s'écria le vieillard d'un ton qui prouvait combien il était blessé de la conduite du marquis, assez pour faire un volume de commentaires sur la civilité française. Voilà un monsieur qui m'invite à une conférence, et quand je me fais remplacer par un substitut très-capable; car vous l'êtes, Duncan, quoique vous soyez encore jeune, il refuse de s'expliquer et me laisse tout à deviner !

— Mon cher monsieur, reprit le major en souriant, il est possible qu'il ait une idée moins favorable du substitut. D'ailleurs, faites attention que l'invitation qu'il vous a faite et qu'il m'a chargé de vous réitérer s'adresse au commandant en chef du fort, et non à l'officier qui commande en second.

— Eh bien ! Monsieur, répondit Munro, un substitut n'est-il pas investi de tout le pouvoir et de toute la dignité de celui qu'il représente ? — Il veut avoir une conférence avec le commandant en personne ! Sur ma foi, Duncan, j'ai envie de la lui accorder, ne fût-ce que pour lui montrer une contenance ferme, en dépit de son armée nombreuse et de ses sommations. Ce serait un coup de politique qui ne serait peut-être pas mauvais, jeune homme.

Duncan, qui croyait de la dernière importance de connaître le plus promptement possible le contenu de la lettre dont le batteur d'estrade était chargé, se hâta d'appuyer sur cette idée.

— Sans aucun doute, dit-il, la vue de notre air d'indifférence et de tranquillité ne sera pas propre à lui inspirer de la confiance.

— Jamais vous n'avez dit plus grande vérité. — Je voudrais qu'il vînt inspecter nos fortifications en plein jour, et en manière d'assaut, ce qui est le meilleur moyen pour voir si un ennemi fait bonne contenance, et ce qui serait infiniment préférable au système de canonnade qu'il a adopté. La beauté de l'art de la guerre a été détruite, major, par les pratiques modernes de votre M. Vauban. Nos ancêtres étaient fort au-dessus de cette lâcheté scientifique.

— Cela peut être vrai, Monsieur, mais nous sommes obligés maintenant de nous défendre avec les mêmes armes qu'on emploie contre nous. — Que décidez-vous, relativement à l'entrevue?

— Je verrai le Francais; je le verrai sans crainte et sans délai, comme il convient à un fidèle serviteur du roi mon maître. —

Allez, major Heyward, faites-leur entendre une fanfare de musique, et envoyez un trompette pour informer le marquis que je vais me rendre à l'endroit indiqué. Je le suivrai de près avec une escorte, car honneur est dû à celui qui est chargé de garder l'honneur de son roi. Mais écoutez, Duncan, ajouta-t-il en baissant la voix, quoiqu'ils fussent seuls, il sera bon d'avoir un renfort à portée, dans le cas où quelque trahison aurait été préméditée.

Heyward profita sur-le-champ de cet ordre pour quitter l'appartement; et comme le jour approchait de sa fin, il ne perdit pas un instant pour faire les arrangements nécessaires. Il ne lui fallut que quelques minutes pour dépêcher au camp des Français un trompette avec un drapeau blanc, afin d'y annoncer l'arrivée très-prochaine du commandant du fort, et pour ordonner à quelques soldats de prendre les armes. Dès qu'ils furent prêts, il se rendit avec eux à la poterne, où il trouva son officier supérieur qui l'attendait déjà. Dès qu'on eut accompli le cérémonial ordinaire du départ militaire, le vétéran et son jeune compagnon sortirent de la forteresse, suivis de leur escorte.

Ils n'étaient qu'à environ cent cinquante pas des bastions quand ils virent sortir d'un chemin creux, ou pour mieux dire d'un ravin qui coupait la plaine entre les batteries des assiégeants et le fort, une petite troupe de soldats qui accompagnaient leur général. En quittant ses fortifications pour aller se montrer aux ennemis, Munro avait redressé sa grande taille, et pris un air et une démarche tout à fait militaires; mais dès qu'il aperçut le panache blanc qui flottait sur le chapeau de Montcalm, ses yeux s'enflammèrent; il sentit renaître en lui la vigueur de la jeunesse.

— Dites à ces braves gens de se tenir sur leurs gardes, Monsieur, dit-il à Duncan à demi-voix, et d'être prêts à se servir de leurs armes au premier signal; car sur quoi peut-on compter avec ces Français? En attendant, nous nous présenterons devant eux en hommes qui ne craignent rien. — Vous me comprenez, major Heyward?

Il fut interrompu par le son d'un tambour des Français; il fit répondre à ce signal de la même manière; chaque parti envoya en en avant un officier d'ordonnance, porteur d'un drapeau blanc, et le prudent Écossais fit halte; Montcalm s'avança vers la troupe ennemie avec une démarche pleine de grâce, et salua le vétéran en ôtant son chapeau, dont le panache toucha presque la terre.

Si l'aspect de Munro avait quelque chose de plus mâle et de plus imposant, il n'avait pas l'air d'aisance et de politesse insinuante de l'officier français. Tous deux restèrent un moment en silence, se regardant avec intérêt et curiosité. Enfin Montcalm parla le premier, comme semblaient l'exiger son rang supérieur et la nature de la conférence.

Après avoir fait un compliment à Munro, et adressé à Duncan un sourire agréable comme pour lui dire qu'il le reconnaissait, il dit à ce dernier en français :

— Je suis doublement charmé, Monsieur, de vous voir ici en ce moment; votre présence nous dispensera d'avoir recours à un interprète ordinaire; car si vous voulez bien nous en servir, j'aurai la même sécurité que si je parlais moi-même votre langue.

Duncan répondit à ce compliment par une inclination de tête, et Montcalm, se tournant vers son escorte, qui, à l'imitation de celle de Munro, s'était rangée derrière lui, dit en faisant un signe de la main :

— En arrière, mes enfants; il fait chaud; retirez-vous un peu.

Avant d'imiter cette preuve de confiance, le major Heyward jeta un coup d'œil autour de lui dans la plaine, et ce ne fut pas sans quelque inquiétude qu'il vit des groupes nombreux de sauvages sur toutes les lisières des bois, dont ils étaient sortis par curiosité pour voir de loin cette conférence.

— Monsieur de Montcalm reconnaîtra aisément la différence de notre situation, dit-il avec quelque embarras, en lui montrant en même temps ces troupes d'auxiliaires barbares; si nous renvoyons notre escorte, nous restons à la merci de nos plus dangereux ennemis.

— Monsieur, dit Montcalm avec force, en plaçant une main sur son cœur, vous avez pour garantie la parole d'honneur d'un gentilhomme français, et cela doit vous suffire.

— Et cela suffira, Monsieur, répondit Duncan. Et se tournant vers l'officier qui commandait l'escorte, il ajouta : — En arrière, Monsieur. Retirez-vous hors de la portée de la voix, et attendez de nouveaux ordres.

Tout ce dialogue ayant eu lieu en français, Munro, qui n'en avait pas compris un seul mot, vit ce mouvement avec un mécontentement manifeste, et il en demanda sur-le-champ l'explication au major.

— N'est-il pas de notre intérêt, Monsieur, de ne montrer aucune méfiance? dit Heyward. Monsieur de Montcalm nous garantit notre sûreté sur son honneur, et j'ai ordonné au détachement de se retirer à quelque distance, pour lui prouver que nous comptons sur sa parole.

— Vous pouvez avoir raison, major; mais je n'ai pas une confiance excessive en la parole de tous ces marquis, comme ils se nomment. Les lettres de noblesse sont trop communes dans leur pays pour qu'on puisse y attacher une idée d'honneur véritable.

—Vous oubliez, mon cher Monsieur, que nous sommes en conférence avec un militaire qui s'est distingué par ses exploits en Europe et en Amérique. Nous n'avons certainement rien à appréhender d'un homme qui jouit d'une réputation si bien méritée.

Le vieux commandant fit un geste de résignation; mais ses traits rigides annonçaient qu'il n'en persistait pas moins dans une méfiance occasionnée par une sorte de haine héréditaire contre les Français, plutôt que par aucun signe extérieur qui pût alors donner lieu à un sentiment si peu charitable. Montcalm attendit patiemment la fin de cette petite discussion qui eut lieu en anglais et à demi-voix, et s'approchant alors des deux officiers anglais, il ouvrit la conférence.

— J'ai désiré avoir cette entrevue avec votre officier supérieur, Monsieur, dit-il en adressant la parole à Duncan, parce que j'espère qu'il se laissera convaincre qu'il a déjà fait tout ce qu'on peut exiger de lui pour soutenir l'honneur de son souverain, et qu'il consentira maintenant à écouter les avis de l'humanité. Je rendrai un témoignage éternel qu'il a fait la plus honorable résistance, et qu'il l'a continuée aussi longtemps qu'il a eu la moindre espérance de la voir couronnée par le succès.

Lorsque ce discours eut été expliqué à Munro, il répondit avec dignité et avec assez de politesse :

— Quelque prix que j'attache à un pareil témoignage, rendu par monsieur de Montcalm, il sera encore plus honorable quand je l'aurai mieux mérité.

Le général français sourit pendant que Duncan lui traduisait cette réponse, et ajouta sur-le-champ :

— Ce qu'on accorde volontiers à la valeur qu'on estime, peut se refuser à une obstination inutile. Monsieur veut-il voir mon camp, compter lui-même les soldats qu'il renferme, et se convaincre par là de l'impossibilité de résister plus longtemps?

— Je sais que le roi de France est bien servi, répondit l'Écossais imperturbable, dès que Duncan eut fini sa traduction; mais le roi mon maître a des troupes aussi braves, aussi fidèles et aussi nombreuses.

— Qui malheureusement ne sont pas ici, s'écria Montcalm emporté par son ardeur, sans attendre que Duncan eût joué son rôle d'interprète. Il y a dans la guerre une destinée à laquelle un homme brave doit se soumettre avec le même courage qu'il fait face à l'ennemi.

— Si j'avais su que monsieur de Montcalm sût si bien l'anglais, je me serais épargné la peine de lui faire une mauvaise traduction de ce que lui a adressé mon commandant, dit Duncan d'un ton piqué, en se rappelant le dialogue qu'il avait eu avec Munro un instant auparavant.

— Pardon, Monsieur, répondit le général français, il y a une grande différence entre pouvoir comprendre quelques mots d'une langue étrangère et être en état de la parler; je vous prierai donc de vouloir bien continuer à me servir d'interprète. Ces montagnes, ajouta-t-il après un instant de silence, nous procurent toutes les facilités possibles pour reconnaître l'état de vos fortifications, et je puis vous assurer que je connais leur état actuel de faiblesse aussi bien que vous le connaissez vous-même.

— Demandez au général, dit Munro avec fierté, si la portée de ses télescopes peut s'étendre jusqu'à l'Hudson, et s'il a vu les préparatifs de marche de Webb.

— Que le général Webb réponde lui-même à cette question, répondit le politique marquis en offrant à Munro une lettre ouverte. Vous verrez dans cette épître, Monsieur, qu'il n'est pas probable que les mouvements de ses troupes soient inquiétants pour mon armée.

Le vétéran saisit la lettre qui lui était présentée, avec un empressement qui ne lui permit pas d'attendre que Duncan lui eût interprété ce discours, et qui prouvait combien il attachait d'importance à ce que pouvait contenir cette missive. Mais à peine l'eut-il parcourue qu'il changea de visage: ses lèvres tremblèrent, le papier lui échappa des mains, sa tête se pencha sur sa poitrine.

Duncan ramassa la lettre, et sans songer à s'excuser de la liberté qu'il prenait, il n'eut besoin que d'un coup d'œil pour s'assurer de la cruelle nouvelle qu'elle contenait. Leur chef commun, le général Webb, bien loin de les exhorter à tenir bon, leur conseillait, dans les termes les plus clairs et les plus précis, de se rendre sur-le-champ, en alléguant pour raison qu'il ne pouvait envoyer un seul homme à leur secours.

— Il n'y a ici ni erreur ni déception, s'écria Heyward en examinant la lettre avec une nouvelle attention : c'est bien le cachet et la signature de Webb; c'est certainement la lettre interceptée.

— Je suis donc abandonné, trahi! s'écria Munro avec amertume : Webb veut couvrir de honte des cheveux qui ont honorablement blanchi! il verse le déshonneur sur une tête qui a toujours été sans reproche!

— Ne parlez pas ainsi! s'écria Duncan avec feu à son tour; nous sommes encore maîtres du fort et de notre honneur. Défendons-nous jusqu'à la mort, et vendons notre vie si cher que l'ennemi soit forcé de convenir qu'il en a trop payé le sacrifice!

— Je te remercie, jeune homme, dit le vieillard sortant d'une sorte de stupeur; pour cette fois, tu as rappelé Munro au sentiment de ses devoirs. Retournons au fort, et creusons notre sépulture derrière nos remparts!

— Messieurs, dit Montcalm en s'avançant vers eux avec un air de véritable intérêt et de générosité, vous connaissez peu Louis de Saint-Véran, si vous le croyez capable de vouloir profiter de cette lettre pour humilier de braves soldats, et se déshonorer lui-même. Avant de vous retirer, écoutez du moins les conditions de la capitulation que je vous offre.

— Que dit le Français? demanda le vétéran avec une fierté dédaigneuse. Se fait-il un mérite d'avoir fait prisonnier un batteur d'estrade, et d'avoir intercepté un billet venant du quartier général? Major, dites-lui que s'il veut intimider ses ennemis par des bravades, ce qu'il a de mieux à faire est de lever le siége de William-Henry et d'aller investir le fort Edouard.

Duncan lui expliqua ce que venait de dire le marquis.

— Monsieur de Montcalm, nous sommes prêts à vous entendre, dit Munro d'un ton plus calme.

— Il est impossible que vous conserviez le fort, répondit le marquis, et l'intérêt du roi mon maître exige qu'il soit détruit.

Mais quant à vous et à vos braves camarades, tout ce qui peut être cher à un soldat vous sera accordé.

— Nos drapeaux? demanda Heyward.

— Vous les remporterez en Angleterre, comme une preuve que vous les avez vaillamment défendus.

— Nos armes?

— Vous les conserverez. Personne ne pourrait mieux s'en servir.

— La reddition de la place? Notre départ?

— Tout s'effectuera de la manière la plus honorable pour vous, et comme vous le désirerez.

Duncan expliqua toutes ces propositions à son commandant, qui les entendit avec une surprise manifeste, et dont la sensibilité fut vivement émue par un trait de générosité si extraordinaire et auquel il s'attendait si peu.

— Allez, Duncan, dit-il, allez avec ce marquis, et il est vraiment digne de l'être. Suivez-le dans sa tente, et réglez avec lui toutes les conditions. — J'ai assez vécu pour voir dans ma vieillesse deux choses que je n'aurais jamais crues possibles : — un Anglais refusant de secourir son compagnon d'armes ; — un Français ayant trop d'honneur pour profiter de l'avantage qu'il a obtenu.

Après avoir ainsi parlé, le vétéran laissa tomber sa tête sur sa poitrine ; et ayant salué le marquis, il retourna vers le fort avec sa suite. Son air abattu et consterné annonçait déjà à la garnison qu'il n'était pas satisfait du résultat de l'entrevue qui venait d'avoir lieu.

Duncan resta pour régler les conditions de la reddition de la place. Il rentra au fort pendant la première veille de la nuit, et après un court entretien avec le commandant on l'en vit sortir de nouveau pour retourner au camp français. On annonça alors publiquement la cessation de toutes hostilités, Munro ayant signé une capitulation en vertu de laquelle le fort devait être rendu à l'ennemi le lendemain matin, et la garnison en sortir avec ses drapeaux, ses armes, ses bagages, et par conséquent, suivant les idées militaires, avec tout honneur.

CHAPITRE XVII.

Tissons, tissons la laine. Le fil est filé, la trame est tissue; le travail est fini.

GRAY.

Les armées ennemies campées dans les solitudes de l'Horican passèrent la nuit du 9 août 1757 à peu près comme elles l'auraient passée si elles se fussent trouvées sur le plus beau champ de bataille de l'Europe, les vaincus dans l'accablement de la tristesse, les vainqueurs dans la joie du triomphe. Mais il y a des bornes à la tristesse comme à la joie, et lorsque la nuit commença à s'avancer, le silence de ces immenses forêts n'était interrompu que par la voix insouciante de quelque jeune Français fredonnant une chanson aux avant-postes, ou par le *Qui va là ?* des sentinelles, prononcé d'un ton menaçant; car les Anglais gardaient encore les bastions du fort, et ne voulaient pas souffrir qu'un ennemi en approchât avant l'instant qui avait été fixé pour en faire la reddition. Mais quand l'heure solennelle qui précède la naissance du jour fut arrivée, on aurait en vain cherché quelque signe qui indiquât la présence d'un si grand nombre d'hommes armés sur les rives du Saint-Lac.

Ce fut pendant cet intervalle de silence complet que la toile qui couvrait l'entrée de la plus grande tente du camp français se souleva doucement. Ce mouvement était produit par un homme qui était dans l'intérieur, et qui en sortit sans bruit. Il était enveloppé d'un grand manteau qui pouvait avoir pour but de le garantir de l'humidité pénétrante des bois, mais qui servait également à cacher toute sa personne. Le grenadier qui était de garde à l'entrée de la tente du général français le laissa passer sans opposition, lui présenta les armes avec la déférence militaire accoutumée, et le vit s'avancer d'un pas agile à travers la petite cité de tentes en se dirigeant vers William-Henry. Quand il rencontrait sur son passage quelqu'un des nombreux soldats qui veillaient à la sûreté du camp, il répondait brièvement à la question d'usage, et à ce qu'il paraissait d'une manière satisfaisante, car sa marche n'éprouvait jamais la moindre interruption.

A l'exception de ces rencontres, qui se répétèrent assez fréquemment, nul événement ne troubla sa promenade silencieuse, et il s'avança ainsi depuis le centre du camp jusqu'au dernier des avant-postes du côté du fort. Lorsqu'il passa devant le soldat qui était en faction le plus près de l'ennemi, celui-ci fit entendre le cri ordinaire :

— Qui vive?

— France.

— Le mot d'ordre?

— La victoire, répondit le personnage mystérieux en s'approchant de la sentinelle pour prononcer ce mot à voix basse.

— C'est bon, répliqua le soldat en replaçant son mousquet sur son épaule ; vous vous promenez bien matin, Monsieur?

— Il est nécessaire d'être vigilant, mon enfant.

En prononçant ces paroles, tandis qu'il était en face de la sentinelle, un pan de son manteau s'écarta. Il s'en enveloppa de nouveau, et continua à s'avancer vers le fort anglais, pendant que le soldat, faisant un mouvement de surprise, lui rendait les honneurs militaires de la manière la plus respectueuse ; après quoi celui-ci, continuant sa faction, murmura à demi-voix : — Oui, ma foi, il faut être vigilant, car je crois que nous avons là un caporal qui ne dort jamais !

L'officier n'entendit pas ou feignit de ne pas avoir entendu les paroles qui venaient d'échapper à la sentinelle ; il continua sa marche, et ne s'arrêta qu'en arrivant sur la rive sablonneuse du lac, assez près du bastion occidental du fort pour que le voisinage eût pu en être dangereux. Quelques nuages roulaient dans l'atmosphère, et l'un d'eux cachant en ce moment le globe de la lune, elle ne donnait qu'une clarté suffisante pour qu'on pût distinguer confusément les objets. Il prit la précaution de se placer derrière le tronc d'un gros arbre, et il y resta appuyé quelque temps, paraissant contempler avec une profonde attention les fortifications silencieuses de William-Henry. Les regards qu'il dirigeait vers les remparts n'étaient pas ceux d'un spectateur oisif et curieux. Ses yeux semblaient distinguer les endroits forts des parties plus faibles, et ses recherches avaient même un air de défiance. Enfin il parut satisfait de son examen, et ayant jeté les yeux avec une expression d'impatience vers le sommet des montagnes du côté du levant, comme s'il lui eût tardé de voir le lever de l'aurore, il allait retourner sur ses pas quand un léger bruit qu'il entendit sur le bastion dont il était voisin, le détermina à rester.

Il vit alors un homme s'approcher du bord du rempart, et s'y arrêter, paraissant contempler à son tour les tentes du camp français qu'on apercevait à quelque distance. Il jeta aussi un regard du côté de l'orient, comme s'il eût craint ou désiré d'y voir l'annonce du jour, et il tourna ensuite ses yeux sur la vaste étendue des eaux du lac, qui semblait un autre firmament liquide orné de mille étoiles. L'air mélancolique de cet individu qui restait appuyé sur le parapet, livré, à ce qu'il paraissait, à de sombres réflexions, sa grande taille, l'heure à laquelle il se trouvait en cet endroit, tout se réunit pour ne laisser à l'observateur caché qui épiait ses mouvements, aucun doute que ce ne fût le commandant du fort.

La délicatesse et la prudence lui prescrivaient alors de se retirer, et il tournait autour du tronc d'arbre afin de faire sa retraite de manière à courir moins de chance d'être aperçu, quand un autre bruit attira son attention, et arrêta une seconde fois ses pas : ce bruit semblait produit par le mouvement des eaux du lac, mais il ne ressemblait nullement à celui qu'elles font quand elles sont agitées par le vent, et l'on entendait de temps en temps les caïques frapper les uns contre les autres. L'instant d'après il vit le corps d'un Indien se lever lentement du bord du lac, monter sans bruit sur le rivage, s'avancer vers lui, et s'arrêter de l'autre côté de l'arbre derrière lequel il était lui-même placé. Le canon d'un fusil se dirigea alors vers le bastion ; mais avant que le sauvage eût eu le temps de lâcher son coup, la main de l'officier était déjà sur le chien de l'arme meurtrière.

L'Indien, dont le lâche et perfide projet se trouvait déjoué d'une manière si inattendue, fit une exclamation de surprise.

Sans prononcer un seul mot, l'officier français lui appuya la main sur l'épaule, et l'emmena en silence à quelque distance d'un endroit où la conversation qu'ils eurent ensuite aurait pu devenir dangereuse à tous deux. Alors entr'ouvrant son manteau de manière à laisser voir son uniforme et la croix de Saint-Louis attachée sur sa poitrine, Montcalm, — car c'était lui, — dit d'un ton sévère :

— Que signifie cela ? Mon fils ne sait-il pas que la hache de guerre est enterrée entre ses pères du Canada et les Anglais ?

— Que peuvent donc faire les Hurons ? répondit l'Indien en mauvais français ; pas un de leurs guerriers n'a une chevelure à montrer, et les Visages-Pâles deviennent amis les uns des autres !

— Ah ! c'est le Renard-Subtil ! Il me semble que ce zèle est excessif dans un ami qui était notre ennemi il y a si peu de temps ! Combien de soleils se sont levés depuis que le Renard a touché le poteau de guerre des Anglais ?

— Où est le soleil ? Derrière les montagnes, et il est noir et froid ; mais quand il reviendra il sera brillant et chaud. Le Renard-Subtil est le soleil de sa peuplade. Il y a eu bien des nuages et des montagnes entre lui et sa nation ; mais à présent il brille, et le firmament est sans nuages.

— Je sais fort bien que le Renard exerce une puissance sur ses concitoyens ; car hier il cherchait à se faire un trophée de leurs chevelures, et aujourd'hui ils l'écoutent devant le feu de leur conseil.

— Magua est un grand chef.

— Qu'il le prouve en apprenant à sa nation à se conduire convenablement envers nos nouveaux amis !

— Pourquoi le chef de nos pères du Canada a-t-il amené ses jeunes guerriers dans ces bois ? Pourquoi a-t-il fait tirer ses canons contre cette maison de terre ?

— Pour en prendre possession. C'est à mon maître que ce pays appartient, et il a ordonné à votre père du Canada d'en chasser les Anglais qui s'en étaient emparés. Ils ont consenti à se retirer, et maintenant il ne les regarde plus comme ses ennemis.

— C'est bien ; mais Magua a déterré la hache pour la teindre de sang. Elle est brillante à présent ; quand elle sera rouge, il consentira à l'enterrer de nouveau.

— Mais Magua ne doit pas souiller par le sang les lis blancs de la France. Les ennemis du grand roi qui règne au delà du lac d'eau salée doivent être les ennemis des Hurons, comme ses amis doivent être leurs amis.

— Leurs amis ! répéta l'Indien avec un sourire amer ; que le père de Magua lui permette de lui prendre la main.

Montcalm, qui savait que l'influence dont il jouissait sur les peuplades sauvages devait se maintenir par des concessions plutôt que par l'autorité, lui tendit la main, quoique avec répugnance. Magua la saisit, et plaçant un doigt du général français sur une cicatrice profonde au milieu de sa poitrine, il lui demanda d'un ton de triomphe :

— Mon père sait-il ce que c'est que cela ?

— Quel guerrier pourrait l'ignorer ? C'est la marque qu'a laissée une balle de plomb.

— Et cela ? continua l'Indien en lui montrant son dos nu ; car il n'avait alors d'autre vêtement qu'une ceinture et ses moccasins.

— Cela ? — Mon fils a reçu une cruelle injure. — Qui a fait cela ?

— Magua a couché sur un lit bien dur dans les wigwams des Anglais, et ces marques en sont le résultat.

Le sauvage accompagna encore ces paroles d'un sourire amer, mais qui ne cachait pas sa férocité barbare. Enfin, maîtrisant sa fureur, et prenant l'air de sombre dignité d'un chef indien, il ajouta :

— Allez ; apprenez à vos jeunes guerriers qu'ils sont en paix ! Le Renard-Subtil sait ce qu'il doit dire aux guerriers hurons.

Sans daigner prononcer un mot de plus, et sans attendre une réponse, Magua mit son fusil sous son bras, et reprit en silence le chemin qui conduisait dans la partie du bois où campaient ses compatriotes. Tandis qu'il traversait la ligne des postes, plusieurs sentinelles lui crièrent : Qui vive ? mais il ne daigna pas leur répondre, et il n'eut la vie sauve que parce que les soldats le reconnurent pour un Indien du Canada, et qu'ils savaient quelle était l'opiniâtreté intraitable de ces sauvages.

Montcalm resta quelque temps sur le lieu où son compagnon l'avait laissé, absorbé dans une méditation mélancolique, et songeant au caractère indomptable que venait de déployer un de ses alliés sauvages. Déjà sa renommée avait été compromise par une scène horrible, dans des circonstances semblables à celle dans laquelle il se trouvait alors. Au milieu de pareilles idées, il sentit bien vivement de quelle responsabilité se chargent ceux qui ne sont pas scrupuleux sur le choix des moyens pour parvenir à leur but, et combien il est dangereux de mettre en mouvement un instrument dont on n'a pas le pouvoir de maîtriser les effets.

Bannissant enfin des réflexions qu'il regardait comme une faiblesse dans un tel moment de triomphe, il retourna vers sa tente ;

et l'aurore commençant à poindre lorsqu'il y entra, il ordonna que le tambour donnât le signal pour éveiller toute l'armée.

Dès que le premier coup de baguettes eut été donné dans le camp des Français, ceux du fort y répondirent, et presque au même instant les sons d'une musique vive et guerrière se firent entendre dans toute la vallée, et couvrirent cet accompagnement bruyant. Les cors et les clairons des vainqueurs ne cessèrent de sonner de joyeuses fanfares que lorsque le dernier traîneur fut sous les armes ; mais dès que les fifres du fort eurent donné le signal de la reddition, tout rentra dans le silence au camp.

Pendant ce temps, le jour avait paru, et lorsque l'armée française se fut formée en ligne pour attendre son général, les rayons du soleil en faisaient étinceler toutes les armes. La capitulation, déjà généralement connue, fut alors officiellement annoncée, et la compagnie destinée à garder les portes du fort conquis défila devant son chef ; le signal de la marche fut donné, et tous les préparatifs nécessaires pour que le fort changeât de maîtres se firent en même temps des deux côtés, quoique avec des circonstances qui rendaient la scène bien différente.

Dès que le signal de l'évacuation du fort eut été donné, toutes les lignes de l'armée anglo-américaine présentèrent les signes d'un départ précipité et forcé. Les soldats jetaient sur leur épaule, d'un air sombre, leur fusil non chargé, puis formaient leurs rangs en hommes dont le sang avait été échauffé par la résistance qu'ils avaient opposée à l'ennemi, et qui ne désiraient que l'occasion de se venger d'un affront qui blessait leur fierté, quoique l'humiliation en fût adoucie par la permission qui leur avait été accordée de sortir avec tous les honneurs militaires. Les femmes et les enfants couraient çà et là, les uns portant les restes peu lourds de leur bagage, les autres cherchant dans les rangs ceux sur la protection desquels ils devaient compter.

Munro se montra au milieu de ses troupes silencieuses avec un air de fermeté, mais d'accablement. Il était manifeste que la reddition inattendue du fort était un coup qui l'avait frappé au cœur, quoiqu'il tâchât de le supporter avec la mâle résolution d'un guerrier.

Heyward fut profondément ému. Il s'était acquitté de tous les devoirs qu'il avait à remplir, et il s'approcha du vieillard pour lui demander en quoi il pourrait maintenant être utile.

Munro ne lui répondit que deux mots : Mes filles ! Mais de quel ton expressif ces deux mots furent prononcés !

— Juste ciel ! s'écria Duncan, n'a-t-on pas encore fait les dispositions nécessaires pour leur départ ?

— Je ne suis aujourd'hui qu'un soldat, major Heyward, répondit le vétéran ; tous ceux que vous voyez autour de moi ne sont-ils pas mes enfants ?

Le major en avait assez entendu. Sans perdre un de ces instants qui devenaient alors si précieux, il courut au logement qu'avait occupé le commandant, pour y chercher les deux sœurs. Il les trouva à la porte, déjà prêtes à partir, et entourées d'une troupe de femmes qui pleuraient et se lamentaient, et qui s'étaient réunies en cet endroit par une sorte d'instinct qui les portait à croire que c'était le point où elles trouveraient le plus de protection. Quoique Cora fut pâle et inquiète, elle n'avait rien perdu de sa fermeté ; mais les yeux d'Alice, rouges et enflammés, annonçaient combien elle avait versé de larmes. Toutes deux virent le jeune militaire avec un plaisir qu'elles ne songèrent pas à déguiser, et Cora, contre son usage, fut la première à lui adresser la parole.

— Le fort est perdu, lui dit-elle avec un sourire mélancolique ; mais du moins j'espère que l'honneur nous reste.

— Il est plus brillant que jamais ! s'écria Heyward. Mais, ma chère miss Munro, il est temps de songer un peu moins aux autres et un peu plus à vous-même. L'usage militaire, l'honneur, cet honneur que vous savez si bien apprécier, exige que votre père et moi nous marchions à la tête des troupes, au moins jusqu'à une certaine distance ; et où chercher maintenant quelqu'un qui puisse veiller sur vous et vous protéger, au milieu de la confusion et du désordre d'un pareil départ ?

— Nous n'avons besoin de personne, répondit Cora : qui oserait songer à injurier ou à insulter les filles d'un tel père, dans un semblable moment ?

— Je ne voudrais cependant pas vous laisser seules pour le commandement du meilleur régiment des troupes de Sa Majesté, répliqua le major en jetant les yeux autour de lui, et en n'y apercevant que des femmes et quelques enfants. Songez que notre Alice n'est pas douée de la même fermeté d'âme que vous, et Dieu seul sait à quelles terreurs elle peut être en proie.

—Vous pouvez avoir raison, reprit Cora avec un sourire encore plus triste que le premier ; mais écoutez : le hasard nous a envoyé l'ami dont vous pensez que nous avons besoin.

Duncan écouta et comprit sur-le-champ ce qu'elle voulait dire. Le son lent et sérieux de la musique sacrée, si connu dans les colonies situées à l'est, frappa son oreille, et le fit courir sur-le-champ dans un bâtiment adjacent, qui avait déjà été abandonné par ceux qui l'avaient occupé. Il y trouva David La Gamme.

Duncan resta à la porte sans se montrer, jusqu'au moment où le mouvement de main dont David accompagnait toujours son chant ayant cessé, il crut que sa prière était terminée; et lui touchant alors l'épaule pour attirer son attention, il lui expliqua en peu de mots ce qu'il désirait de lui.

— Bien volontiers, répondit l'honnête disciple du roi-prophète. J'ai trouvé dans ces deux jeunes dames tout ce qu'il y a de plus avenant et de plus mélodieux ; et après avoir partagé de si grands périls, il est juste que nous voyagions ensemble en paix. Je les suivrai dès que j'aurai terminé ma prière du matin, et il n'y manque plus que la doxologie. Voulez-vous la chanter avec moi? L'air en est facile : c'est celui qui est connu sous le nom de Southwell.

Rouvrant alors son petit volume, et se servant de nouveau de son instrument pour suivre le ton exact de l'air, David continua son cantique avec une attention si scrupuleuse, que Duncan fut obligé d'attendre jusqu'à ce que le dernier verset fût terminé ; mais ce ne fut pas sans plaisir qu'il le vit remettre ses lunettes dans leur étui et son livre dans sa poche.

— Vous aurez soin, lui dit-il alors, que personne ne manque au respect dû à ces jeunes dames, et ne se permette devant elles aucun propos grossier qui aurait pour but de blâmer la conduite de leur père ou de plaisanter sur ses infortunes. Les domestiques de sa maison vous aideront à vous acquitter de ce devoir.

— Bien volontiers, répéta David.

— Il est possible, continua le major, que vous rencontriez en chemin quelque parti d'Indiens ou quelques rôdeurs français : en ce cas, vous leur rappellerez les termes de la capitulation, et vous les menacerez, si cela était nécessaire, de faire rapport de leur conduite à Montcalm. Un seul mot suffira.

— Et s'il ne suffisait pas, je leur parlerais sur un autre ton, répondit David en reprenant son livre et ses lunettes avec un air de pieuse confiance. J'ai ici un cantique qui, chanté convenablement et en mesure, imposerait au caractère le plus indomptable.

Et en même temps il entonna :

> Pourquoi, païens, cette rage barbare ?...

— Suffit! suffit! s'écria Heyward, interrompant cette apostrophe musicale. Nous nous entendons, et il est temps que nous songions tous deux à nos devoirs respectifs.

David fit un signe d'assentiment, et ils se rendirent sur-le-champ auprès des deux sœurs. Cora reçut avec politesse son nouveau et un peu extraordinaire protecteur, et les joues pâles d'Alice se ranimèrent un instant d'un sourire malin, quand elle remercia Duncan des soins qu'il avait pris pour faire un si bon choix.

Le major lui répondit qu'il avait fait tout ce que les circonstances permettaient, et que, comme il n'y avait pas le moindre danger réel, la présence de David devait suffire pour lui donner toute assurance. Enfin, leur ayant promis qu'il viendrait les rejoindre à quelques milles de l'Hudson, il les quitta pour se rendre à son poste à la tête des troupes.

Le signal du départ avait déjà été donné, et la colonne anglaise était en mouvement. Le son du tambour se fit entendre à peu de distance, les deux sœurs tressaillirent à ce bruit, et elles virent les uniformes blancs des grenadiers français qui avaient déjà pris possession des portes du fort. Comme elles arrivaient près des remparts, il leur sembla qu'un nuage passait sur leur tête ; elles levèrent les yeux, et virent les longs plis blancs de l'étendard de la France planer au-dessus d'elles.

— Hâtons-nous, dit Cora, ce lieu ne convient plus aux filles d'un officier anglais.

Alice prit le bras de sa sœur, et toutes deux s'avancèrent vers la porte, toujours accompagnées de la foule de femmes et d'enfants qui les entouraient. Lorsqu'elles y passèrent, les officiers français qui s'y trouvaient, et qui avaient appris qu'elles étaient filles du commandant, les saluèrent avec respect ; mais ils s'abstinrent de tout autres attentions, parce qu'ils avaient trop de tact pour ne pas voir qu'elles ne seraient pas agréables à de jeunes dames dans une pareille situation.

Comme il y avait à peine assez de voitures et de chevaux pour les blessés et les malades, Cora et sa sœur avaient résolu de faire la route à pied plutôt que de priver quelqu'un de ces malheureux d'un secours qui leur était si nécessaire. Et malgré cela bien des soldats, commençant à peine à entrer en convalescence, étaient obligés de traîner leurs membres épuisés en arrière de la colonne, que leur faiblesse ne leur permettait pas de suivre, parce qu'il avait été impossible, dans ce désert, de leur procurer des moyens de transport. Cependant tout était alors en marche, les soldats dans un sombre silence, les blessés et les malades gémissant et souffrant, les femmes et les enfants frappés de terreur, quoiqu'ils n'eussent pu dire ce qui la causait.

Lorsque ce dernier groupe eut quitté les fortifications qui ne pouvaient plus protéger ni la force armée ni la faiblesse sans armes, tout ce tableau se développa en même temps sous les yeux. A quelque distance sur la droite, l'armée française était sous les armes, Montcalm ayant rassemblé toutes ses troupes dès que ses grenadiers avaient pris la garde des portes du fort. Les soldats regardaient avec attention, mais en silence, défiler les vaincus, ne manquaient pas de leur rendre tous les honneurs militaires convenus, et ne se permettaient, au milieu de leur triomphe, ni insulte ni sarcasme qui pût les humilier. L'armée anglaise, forte d'environ trois mille hommes, formait deux divisions, et marchait sur deux lignes qui se rapprochaient successivement pour aboutir au chemin tracé dans les bois, et qui conduisait à l'Hudson. Sur les lisières de la forêt, à quelque distance, était un nuage d'Indiens qui regardaient passer leurs ennemis, et qui semblaient des vautours que la présence et la crainte d'une armée supérieure empêchaient seules de fondre sur leur proie. Quelques-uns d'entre eux s'étaient pourtant mêlés aux différents groupes qui suivaient le corps d'armée d'un pas inégal, et auquel se joignaient les traîneurs, malgré la défense sévère qui avait été publiée que personne ne s'écartât de la troupe : mais ils semblaient n'y jouer que le rôle d'observateurs sombres et silencieux.

L'avant-garde, conduite par Heyward, avait déjà atteint le défilé et disparaissait peu à peu parmi les arbres, quand l'attention de Cora fut attirée par un bruit de discorde qui se fit entendre dans le groupe le plus voisin de celui des femmes avec lesquelles elle se trouvait. Un traîneur, soldat dans les troupes provinciales, subissait le châtiment de sa désobéissance en se voyant dépouillé du bagage dont le poids trop pesant l'avait engagé à ralentir sa marche. Un Indien voulut s'en emparer : l'Américain était vigoureux, et trop avare pour céder sans résistance ce qui lui appartenait. Un combat s'ensuivit; la querelle devint générale; une centaine de sauvages parurent tout à coup comme par miracle dans un endroit où l'on en aurait à peine compté une douzaine quelques minutes auparavant; et tandis que ceux-ci voulaient aider le pillage, et que les Américains cherchaient à s'y opposer, Cora reconnut Magua au milieu de ses compatriotes, leur parlant avec son éloquence insidieuse. Les femmes et les enfants s'arrêtèrent et se pressèrent les uns contre les autres comme un troupeau de brebis effrayées; mais la cupidité de l'Indien fut bientôt satisfaite, il emporta son butin : les sauvages se retirèrent en arrière, comme pour laisser passer les Américains sans autre opposition, et l'on se remit en marche.

Lorsque la troupe de femmes approcha d'eux, la couleur brillante d'un châle que portait l'une d'elles excita la cupidité d'un Huron, qui s'avança sans hésiter pour s'en emparer. Cette femme portait un jeune enfant que couvrait un pan de son châle, et plutôt par terreur que par envie de conserver cet ornement, elle serra fortement le châle et l'enfant contre son sein. Cora était sur le point de lui adresser la parole pour lui dire d'abandonner au sauvage ce qui allumait tellement ses désirs; mais celui-ci, lâchant le châle sur lequel il avait porté la main, arracha l'enfant des bras de sa mère. La femme, éperdue et le désespoir peint sur le visage, se précipita sur lui pour réclamer son fils, et l'Indien lui tendit une main avec un sourire féroce, comme pour lui indiquer qu'il consentait à faire un échange, tandis que de l'autre il faisait tourner autour de sa tête l'enfant qu'il tenait par les pieds, comme pour lui faire mieux sentir la valeur de la rançon qu'il exigeait.

— Le voilà! — Tenez! — tenez! tout! tout! s'écria la malheureuse mère, pouvant à peine respirer, tandis que, d'une main tremblante et mal assurée, elle se dépouillait elle-même de tout ce qu'elle pouvait retrancher de ses vêtements; prenez tout ce que je possède, mais rendez-moi mon enfant!

Le sauvage s'apercevant qu'un de ses compagnons s'était déjà emparé du châle qu'il convoitait, foula aux pieds tous les autres objets qu'elle lui présentait, et, sa férocité se changeant en rage, il brisa la tête de l'enfant contre un rocher et en jeta les membres encore palpitants aux pieds de la mère. L'infortunée resta un instant comme une statue; ses yeux égarés se fixèrent sur l'être défiguré qu'une minute auparavant elle serrait si tendrement contre son sein tandis qu'il lui souriait. Elle leva ensuite la tête vers le ciel, comme pour appeler sa malédiction sur celle du meurtrier de son fils; mais le barbare, dont la vue du sang qu'il avait fait couler augmentait encore la fureur, lui fendit la tête d'un coup de tomahawk. Elle tomba et mourut sur le corps de son enfant.

En ce moment de crise Magua porta ses deux mains à sa bouche, et poussa le fatal et effrayant cri de guerre. Tous les Indiens épars le répétèrent à l'envi; des hurlements affreux retentirent sur toute la lisière du bois et à l'extrémité de la plaine.

A l'instant, et avec la même rapidité que des chevaux de course à qui l'on vient d'ouvrir la barrière, environ deux mille sauvages sortirent de la forêt, et s'élancèrent avec fureur sur l'arrière-garde de l'armée anglaise encore dans la plaine, et sur les différents groupes qui la suivaient de distance en distance. Nous n'appuierons pas sur la scène d'horreur qui s'ensuivit; elle est trop révoltante. Les Indiens étaient complétement armés; les Anglais ne s'attendant pas à être attaqués, leurs armes n'étaient pas chargées, et la plupart de ceux qui composaient les derniers groupes étaient même dépourvus de tous moyens de défense. La mort était donc partout, et elle se montrait sous son aspect le plus hideux. La résistance ne servait qu'à irriter la fureur des meurtriers, qui frappaient encore, même quand leur victime ne pouvait plus sentir leurs coups. Le sang coulait par torrents, et ce spectacle enflammant la rage de ces barbares, on en vit s'agenouiller par terre pour le boire avec un plaisir infernal.

Les troupes disciplinées se formèrent à la hâte en bataillon carré pour imposer aux sauvages. L'expérience leur réussit assez bien, car elles ne furent pas entamées, quoique bien des soldats se laissassent arracher des mains leurs fusils non chargés, dans le vain espoir d'apaiser la fureur de leurs cruels ennemis. Mais c'était parmi les groupes qui suivaient que se consommait l'œuvre du carnage.

Au milieu d'une telle scène, pendant dix minutes qui leur parurent autant de siècles, les deux sœurs étaient restées immobiles d'horreur. Lorsque le premier coup fut frappé, toutes leurs compagnes s'étaient pressées autour d'elles en poussant de grands cris, et les avaient empêchées de pouvoir songer à la fuite, et lorsqu'elles s'en furent séparées pour chercher vainement à éviter le sort qui les attendait, Cora et sa sœur ne pouvaient se sauver d'aucun côté sans tomber sous les tomahawks des sauvages qui les entouraient.

Des cris, des gémissements, des pleurs et des malédictions se mêlaient aux rugissements des Indiens.

En ce moment, Alice entrevit un guerrier anglais de grande taille, qui traversait rapidement la plaine en prenant la direction du camp de Montcalm. Elle crut reconnaître son père, et c'était lui véritablement. Bravant tous les dangers, il courait vers le général français pour lui demander où était la sûreté qu'il avait promise, et réclamer un secours bien tardif. Cinquante tomahawks furent levés successivement contre lui, cinquante couteaux le menacèrent tour à tour; le bras encore nerveux du vétéran repoussait d'un air calme la main qui semblait vouloir l'immoler, sans se défendre autrement, sans ralentir un instant ses pas. Il semblait que les sauvages respectassent son rang, son âge, son intrépidité. Pas un seul n'avait le courage de porter le coup dont tous le menaçaient. Heureusement pour lui le vindicatif Magua cherchait alors sa victime au milieu de l'arrière-garde que le vieillard venait de quitter.

— Mon père! — mon père! — Nous sommes ici! s'écria Alice dès qu'elle crut l'avoir reconnu. — Au secours! — au secours! mon père, ou nous sommes perdues!

Elle répéta plusieurs fois ces cris, d'un ton qui aurait attendri un cœur de pierre; mais ils furent inutiles. La dernière fois, Munro parut pourtant avoir entendu quelques sons; mais Alice venait de tomber à terre privée de connaissance, et Cora s'était précipitée sur sa sœur, qu'elle baignait de ses larmes. Le vieillard ne put donc les voir; le cri qui avait enfin frappé ses oreilles ne se répéta plus, et secouant la tête d'un air chagrin, il se remit en marche, et ne songea plus qu'à s'acquitter de ce que son devoir exigeait de lui.

— Jeunes dames, dit David, qui, quoique lui-même sans défense, n'avait pas encore songé à abandonner son poste, c'est ici le jubilé des diables, et il ne convient pas à des chrétiens de rester en ce lieu. Levez-vous, et fuyons!

— Fuyez! répondit Cora, serrant toujours sa sœur dans ses bras, tâchez de vous sauver! vous ne pouvez nous être d'aucun secours.

Le geste expressif dont elle accompagna ces paroles attira l'attention de La Gamme, et il comprit qu'Alice étant privée de sentiment, sa sœur était déterminée à ne pas l'abandonner. Il jeta un coup d'œil sur les démons qui poursuivaient à peu de distance de lui le cours de leurs meurtres; sa poitrine se souleva, sa grande taille se redressa, et tous ses traits annoncèrent qu'il était agité par une nouvelle sensation pleine d'énergie.

— Si le jeune berger hébreu, dit-il, a pu dompter le mauvais esprit de Saül par le son de sa harpe et les expressions de ses cantiques divins, pourquoi n'essaierions-nous pas ici le pouvoir de la musique sacrée?

Donnant alors à sa voix toute son étendue, il entonna un cantique sur un ton si haut, qu'on l'entendait par-dessus les cris, les gémissements des mourants, et les hurlements des féroces meurtriers.

Quelques sauvages s'avançaient vers eux en ce moment, dans l'intention de dépouiller les deux sœurs des ornements qu'elles portaient, et de leur enlever leurs chevelures; mais quand ils virent ce grand spectre debout, à côté d'elles, immobile et comme absorbé dans l'esprit du cantique qu'il chantait, ils s'arrêtèrent pour l'écouter. Leur étonnement se changea en admiration, et, s'exprimant les uns aux autres leur satisfaction de la fermeté avec laquelle le guerrier blanc chantait son chant de mort, ils allèrent chercher d'autres victimes et un autre butin.

Encouragé et trompé par ce premier succès, David redoubla d'efforts pour augmenter le pouvoir de ce qu'il regardait comme une sainte influence. Ces sons extraordinaires frappèrent l'oreille d'un sauvage qui courait de groupe en groupe, en homme qui, dédaignant d'immoler une victime vulgaire, en cherchait une plus digne de lui. C'était Magua, qui poussa un long hurlement de triomphe en voyant ses anciennes prisonnières de nouveau à sa merci.

— Viens, dit-il en saisissant d'une main teinte de sang les vêtements de Cora, le wigwam du Huron t'attend. — Ne t'y trouveras-tu pas mieux qu'ici?

— Retire-toi! répondit Cora en détournant la tête.

L'Indien étendit devant elle sa main ensanglantée, et lui dit avec un sourire féroce:

— Elle est rouge; mais ce rouge sort des veines des blancs!

— Monstre ! s'écria-t-elle, c'est toi qui es l'auteur de cette scène horrible !

— Magua est un grand chef ! répondit-il d'un air de triomphe.

— Eh bien ! la fille aux cheveux noirs veut-elle le suivre dans sa peuplade ?

— Non, jamais ! répondit Cora avec fermeté. Frappe ! si tu le veux, et assouvis ton infernale vengeance !

Il porta la main sur son tomahawk, hésita un instant, et, comme par un mouvement subit, saisissant entre ses bras le corps inanimé d'Alice, il prit sa course du côté des bois.

— Arrêtez ! s'écria Cora en le poursuivant les yeux égarés ; arrêtez, misérable ! Laissez cette enfant ! Que voulez-vous donc faire ?

Mais Magua était sourd à sa voix, ou plutôt il voyait quelle influence exerçait sur elle le fardeau dont il s'était chargé, et il pouvait profiter de cet avantage.

— Attendez ! jeune dame, attendez ! s'écria David ; le saint charme commence à opérer, et vous verrez bientôt cet horrible tumulte s'apaiser.

S'apercevant à son tour qu'il n'était pas écouté, le fidèle David suivit la sœur désespérée, en commençant un nouveau cantique qu'il accompagnait, suivant son usage, du mouvement de son long bras, levé et baissé alternativement. Ils traversèrent ainsi le reste de la plaine, au milieu des mourants et des morts, des bourreaux et des victimes. Alice, portée dans les bras du féroce Huron, ne courait en ce moment aucun danger ; mais Cora aurait plus d'une fois succombé sous les coups de ses barbares ennemis sans l'être extraordinaire qui s'était attaché à ses pas, et qui semblait alors, aux yeux des sauvages étonnés, doué d'un esprit de folie qui faisait sa protection.

Magua, qui connaissait les moyens d'éviter les dangers les plus pressants et d'éluder toutes poursuites, entra dans les bois par une petite ravine, où l'attendaient les deux chevaux que les voyageurs avaient abandonnés quelques jours auparavant, et qu'il avait trouvés. Ils étaient gardés par un autre sauvage dont la physionomie n'était pas moins sinistre que la sienne. Jetant en travers sur l'un d'eux le corps d'Alice, encore privée de sentiment, il fit signe à Cora de monter sur l'autre.

Malgré l'horreur qu'excitait en elle la présence de cet homme farouche, elle sentait qu'elle éprouvait une sorte de soulagement en cessant d'avoir sous les yeux le spectacle affreux que présentait la plaine. Elle monta à cheval, et étendit les bras vers sa sœur avec un air si touchant, que le Huron n'y fut pas insensible. Ayant donc placé Alice sur le même cheval que sa sœur, il en prit la bride et s'enfonça dans les profondeurs de la forêt.

David, regardé probablement comme un homme qui ne valait pas le coup de tomahawk qu'il aurait fallu lui donner pour s'en défaire, s'apercevant qu'on le laissait seul sans que personne songeât à lui, jeta une de ses longues jambes par-dessus la selle du cheval qui restait, et, toujours fidèle à ce qui lui paraissait son devoir, suivit les deux sœurs d'aussi près que le permettaient les difficultés du chemin.

Ils commencèrent bientôt à monter ; mais comme le mouvement du cheval ranimait peu à peu les facultés d'Alice, l'attention de Cora, partagée entre sa tendre sollicitude pour sa sœur et les cris qu'elle entendait encore pousser dans la plaine, ne lui permit pas de remarquer de quel côté on les conduisait. Mais, en arrivant sur la plate-forme d'une montagne qu'on venait de gravir, elle reconnut l'endroit où un guide plus humain l'avait conduite quelques jours auparavant comme en un lieu de sûreté. Là, Magua leur permit de mettre pied à terre, et, malgré la triste captivité à laquelle elles étaient elles-mêmes réduites, la curiosité, qui semble inséparable de l'horreur, les porta à jeter un coup d'œil sur la scène lamentable qui se passait presque sous leurs pieds.

L'œuvre de mort durait encore. Les Hurons poursuivaient de toutes parts les victimes qu'ils n'avaient pas encore sacrifiées, et les colonnes de l'armée française, quoique sous les armes, restaient dans une apathie qui n'a jamais été expliquée, et qui laisse une tache ineffaçable sur la réputation de leur chef. Les sauvages ne cessèrent de frapper que lorsque la cupidité l'emporta sur la soif du sang. Peu à peu les cris des mourants et les clameurs des assassins furent étouffés sous le cri général de triomphe que poussèrent les sauvages [1].

---

[1]. Le nombre des combattants qui périrent dans cette malheureuse affaire varie depuis cinq jusqu'à quinze cents.

CHAPITRE XVIII.

> Eh! n'importe quoi : un meurtrier honorable si vous voulez; car je ne fis rien par haine, mais bien en tout honneur.
>
> Shakspeare, *Othello*.

La scène barbare et sanglante que nous avons à peine esquissée dans le chapitre précédent porte, dans les annales des colonies, un titre bien mérité, — le massacre de William-Henry. — Un événement de cette nature, arrivé peu de temps auparavant, avait déjà compromis la réputation du général français; sa mort glorieuse et prématurée n'a pu même effacer entièrement cette tache, dont cependant le temps a affaibli l'impression. Montcalm mourut en héros dans les plaines d'Abraham; mais on n'a pas oublié qu'il lui manquait ce courage moral sans lequel il n'est point de véritable grandeur. On pourrait écrire un volume pour prouver, d'après cet illustre exemple, l'imperfection des vertus humaines; démontrer combien il est aisé aux sentiments les plus généreux, la courtoisie et le courage chevaleresque, de perdre leur ascendant sous la froide influence des faux calculs et de l'intérêt personnel : on pourrait en appeler à cet homme, qui fut grand dans tous les attributs secondaires de l'héroïsme, mais qui resta au-dessous de lui-même quand il devint nécessaire de prouver combien un principe est supérieur à la politique. Ce serait une tâche qui excéderait les bornes de nos prérogatives de romancier; et comme l'histoire, de même que l'amour, se complaît à entourer ses héros d'une auréole imaginaire, il est probable que la postérité ne verra dans Louis de Saint-Véran que le vaillant défenseur de son pays, et qu'elle oubliera son apathie cruelle sur les rives de l'Oswego et de l'Horican. Déplorant avec douleur cette faiblesse de la muse de l'histoire, nous nous retirerons de l'enceinte sacrée de ses domaines pour rentrer dans les sentiers plus humbles de la fiction.

Le troisième jour après la reddition du fort allait finir, cependant il faut que nos lecteurs nous accompagnent encore dans le voisinage du Saint-Lac. Quand nous l'avons quitté, tous les environs présentaient une scène de tumulte et d'horreur; maintenant le profond silence qui y régnait pourrait s'appeler à juste titre le silence de la mort. Les vainqueurs étaient déjà partis, après avoir détruit les circonvallations de leur camp, qui n'était plus marqué que par quelques huttes construites par des soldats. L'intérieur du fort avait été livré aux flammes; on en avait fait sauter les remparts; les pièces d'artillerie avaient été emportées ou démontées et enclouées; enfin le désordre et la confusion régnaient partout, et l'œil n'y apercevait plus qu'une masse de ruines encore fumantes, et un peu plus loin plusieurs centaines de cadavres sans sépulture, et dont quelques-uns avaient déjà servi de pâture aux oiseaux de proie et aux animaux féroces.

La saison même paraissait avoir subi un changement aussi complet. Une masse innombrable de vapeurs privait le soleil de sa chaleur en interceptant le passage de ses rayons. Ces vapeurs, qu'on avait vues s'élever au-dessus des montagnes et se diriger vers le nord, étaient alors repoussées vers le midi en longue nappe noire, par un vent impétueux, armé de toute la fureur d'un ouragan, et semblait déjà chargé des frimas de novembre. On ne voyait plus une foule de barques voguer sur l'Horican, qui battait avec violence contre la rive méridionale, comme s'il eût voulu rejeter sur les sables l'écume souillée de ses flots. On pouvait pourtant encore admirer sa limpidité constante; mais elle ne réfléchissait que le sombre nuage qui couvrait toute la surface du firmament. Cette atmosphère douce et humide, qui, quelques jours auparavant, faisait un des charmes de ce paysage, et adoucissait ce qu'il avait d'inculte et de sauvage, avait entièrement disparu, et le vent du nord, soufflant à travers cette longue pièce d'eau avec toute sa violence, ne laissait ni à l'œil ni à l'imagination aucun objet digne de les occuper un instant.

Ce vent impétueux avait desséché l'herbe qui couvrait la plaine, comme si un feu dévorant y avait passé. Cependant une touffe de verdure s'élevait çà et là, comme pour offrir une trace de la fertilité future d'un sol qui venait de s'abreuver de sang humain. Tous ces environs, qui paraissaient si attrayants sous un beau ciel et au milieu d'une température agréable, présentaient alors une sorte de tableau allégorique de la vie, où les objets se montraient sous leurs couleurs saillantes, sans être adoucis par aucune ombre.

Mais si la violence de l'aquilon fougueux permettait à peine d'apercevoir ces touffes solitaires de verdure qui avaient échappé à ses ravages, il ne laissait voir que trop distinctement les masses de rochers arides qui s'élevaient presque tout autour de la plaine, et l'œil aurait en vain cherché un aspect plus doux dans le firmament, dont l'azur était dérobé à la vue par les vapeurs épaisses qui flottaient dans l'air avec rapidité.

Le vent était pourtant inégal ; tantôt il rasait la surface de la terre avec une sorte de gémissement sourd qui semblait s'adresser à la froide oreille de la mort, tantôt, sifflant avec force dans les hautes régions de l'air, il pénétrait dans les bois, brisait les branches des arbres et jonchait le sol de leurs feuilles. Des corbeaux, luttant contre la fureur du vent, étaient les seules créatures vivantes qui animassent ce désert ; mais dès qu'ils avaient dépassé dans leur vol le vert océan des forêts, ils s'abattaient sur le lieu qui avait été une scène de carnage pour y chercher une horrible pâture.

En un mot, tous les environs offraient une scène de désolation. On aurait dit que c'était une enceinte dont l'entrée était interdite à toutes les personnes, et où la mort avait frappé tous ceux qui s'étaient permis de la violer. Mais la prohibition n'existait plus, et pour la première fois depuis le départ de ceux qui avaient commis et laissé commettre cette œuvre de sang et de carnage, des êtres humains osaient s'avancer vers cette scène épouvantable.

Dans la soirée du jour dont nous parlons, environ une heure avant le coucher du soleil, cinq hommes sortaient du défilé qui conduisait à travers les bois sur les bords de l'Hudson, et s'avançaient dans la direction du fort ruiné. D'abord leur marche était lente et circonspecte, comme si c'eût été avec répugnance qu'ils se fussent approchés de cette scène d'horreur, ou qu'ils eussent craint de la voir se renouveler. Un jeune homme leste et agile marchait en avant des autres avec la précaution et l'activité d'un naturel du pays, montant sur toutes les hauteurs qu'il rencontrait pour reconnaître les environs, et indiquant par ses gestes à ses compagnons la route qu'il jugeait le plus prudent de suivre. De leur côté, ceux qui le suivaient ne manquaient ni de prudence ni de vigilance. L'un d'eux, et c'était aussi un Indien, se tenait à quelque distance sur le flanc, et fixait sans cesse sur la lisière du bois voisin des yeux accoutumés à distinguer le moindre signe qui annonçât la proximité de quelque danger. Les trois autres étaient des blancs, et ils avaient pris des vêtements dont la couleur et l'étoffe convenaient à leur entreprise dangereuse, celle de suivre la marche d'une armée nombreuse qui se retirait.

Les effets que produisait sur chacun d'eux le spectacle horrible qui se présentait à leur vue presque à chaque pas, variaient suivant le caractère des individus qui composaient cette petite troupe. Celui qui marchait en avant jetait un coup d'œil furtif sur les victimes mutilées qu'il rencontrait en traversant légèrement la plaine, craignant de laisser apercevoir les émotions naturelles qu'il éprouvait, mais encore trop jeune pour résister à leur soudaine impulsion. L'autre Indien se montrait fort au-dessus d'une telle faiblesse. Il marchait à travers les groupes de cadavres d'un pas ferme et assuré, et avec un air si calme qu'il était facile de voir qu'il était depuis longtemps familiarisé avec de pareilles scènes.

Les sensations produites par ce spectacle sur l'esprit des trois blancs avaient aussi un caractère différent, quoiqu'elles fussent également douloureuses. L'un, dont le port martial, les cheveux blancs et les rides annonçaient, en dépit du déguisement qu'il avait pris, un homme habitué depuis longtemps aux suites affreuses de la guerre, ne rougissait pas de gémir tout haut quand les traces d'une cruauté plus ordinaire frappaient ses regards. Le jeune homme qui était à son côté frémissait d'horreur, mais semblait se contenir par ménagement pour son compagnon. Celui qui, marchant derrière eux, semblait former l'arrière-garde, paraissait seul se livrer sans contrainte et sans réserve à tous les sentiments qu'il éprouvait. Le spectacle le plus révoltant ne faisait pas mouvoir un seul de ses muscles; il le considérait d'un œil sec, mais en indiquant par des imprécations et des malédictions l'horreur et l'indignation dont il était transporté.

Dans ces cinq individus le lecteur a sans doute déjà reconnu les deux Mohicans, leur ami blanc OEil-de-Faucon, le colonel Munro et le major Heyward. C'était un père qui cherchait ses enfants, avec le jeune homme qui prenait un si puissant intérêt à toute cette famille, et trois hommes qui avaient déjà donné tant de preuves de bravoure et de fidélité dans les circonstances cruelles que nous avons rapportées.

Quand Uncas, qui continuait à marcher en avant, fut à peu près à mi-chemin entre la forêt et les ruines de William-Henry, il poussa un cri qui attira sur-le-champ ses compagnons près de lui. Il venait d'arriver à l'endroit où les femmes sans défense avaient été massacrées par les sauvages, et où les corps, déjà attaqués par la corruption, étaient amoncelés. Quelque pénible que fût cette tâche, Munro et Duncan eurent le courage d'examiner avec attention tous ces cadavres plus ou moins mutilés, pour voir s'ils n'y reconnaîtraient pas les traits d'Alice et de Cora. Cet examen procura un peu de soulagement au père et à l'amant, qui non-seulement n'y trouvèrent pas celles qu'ils y cherchaient avec tant de crainte de les apercevoir, mais qui même ne reconnurent, parmi le peu de vêtements que les meurtriers avaient laissés à leurs victimes, rien qui eût appartenu aux deux sœurs.

Ils n'en étaient pas moins condamnés aux tourments d'une incertitude presque aussi pénible que la plus cruelle vérité. Ils étaient debout, dans un silence mélancolique, devant cet horrible amas de cadavres, quand le chasseur adressa la parole à ses compagnons pour la première fois depuis leur départ.

— J'ai vu plus d'un champ de bataille, dit-il le visage enflammé de colère ; j'ai suivi plus d'une fois des traces de sang pendant plusieurs milles : mais je n'ai jamais vu nulle part la main du diable si visiblement imprimée qu'elle l'est ici ! L'esprit de vengeance est un sentiment qui appartient particulièrement aux Indiens, et tous ceux qui me connaissent savent qu'il ne coule pas une goutte de leur sang dans mes veines ; mais je dois dire ici, à la face du ciel, que sous la protection du Seigneur, qui règne même sur ces déserts, si jamais un de ces coquins de Français qui ont souffert un tel massacre se trouve à portée de fusil, voici une arme qui jouera son rôle tant que sa pierre pourra produire une étincelle pour mettre le feu à la poudre. Je laisse le tomahawk et le couteau à ceux qui ont un don naturel pour s'en servir. — Qu'en dites-vous, Chingachgook, ajouta-t-il en delaware, ces Hurons rouges se vanteront-ils de cet exploit à leurs squaws, quand les grandes neiges arriveront ?

Un éclair de ressentiment passa sur les traits du Mohican : il tira à demi son couteau hors de sa gaîne, et détournant ensuite les yeux, sa physionomie redevint aussi calme que s'il n'eût été agité par aucun mouvement de courroux.

— Montcalm ! Montcalm ! continua le chasseur vindicatif, d'une voix pleine d'énergie, les prêtres disent qu'il viendra un jour où tout ce qu'on aura fait dans la chair se verra d'un coup d'œil, et avec des yeux qui n'auront plus rien de la faiblesse humaine. Malheur à celui qui est né pour avoir à rendre compte de ce qui s'est passé dans cette plaine!... — Ah!... aussi vrai que mon sang est sans mélange, voilà parmi les morts une Peau-Rouge à qui on a enlevé sa chevelure!... Examinez-le, Chingachgook; c'est peut-être un de ceux qui vous manquent, et en ce cas il faudrait lui donner la sépulture, comme le mérite un brave guerrier..... Je lis dans vos yeux, Sagamore; je vois qu'un Huron vous paîera le prix de cette vie avant que le vent ait emporté l'odeur du sang.

Le Mohican s'approcha du cadavre défiguré, et l'ayant retourné, il reconnut sur lui les marques distinctives d'une des Six Nations alliées, comme on les appelait, et qui, quoique combattant dans les rangs des Anglais, étaient ennemies mortelles de sa nation. Aussitôt, le repoussant du pied avec un air de dédain, il s'en éloigna avec la même indifférence que si c'eût été le cadavre d'un chien. Le chasseur comprit fort bien ce geste, et se livrant à la suite de ses propres idées, il continua les déclamations que le ressentiment lui inspirait contre le général français.

— Il n'appartient qu'à une sagesse infinie et à un pouvoir sans bornes, dit-il, de balayer ainsi tout à coup de la surface de la terre une pareille multitude d'hommes; car Dieu seul sait quand il doit frapper ou retenir son bras. Et quel être aurait le pouvoir de remplacer une seule des créatures qu'il prive du jour? Quant à moi, je me fais même scrupule de tuer un second daim avant d'avoir mangé le premier, à moins que je n'aie à faire une longue marche, ou à rester en embuscade. C'est tout autre chose quand on se trouve sur un champ de bataille en face de l'ennemi; car alors il faut qu'on meure le fusil ou le tomahawk à la main, suivant qu'on a la peau blanche ou rouge. — Uncas, venez par ici, et laissez ce corbeau descendre sur le Mingo. Je sais par expérience que ces créatures ont naturellement un goût particulier pour la chair d'un Onéida: et à quoi bon empêcher l'oiseau de se satisfaire?

— Hugh! s'écria le jeune Mohican en se levant sur la pointe des pieds, et les yeux fixés sur la lisière du bois en face; et cette interjection détermina le corbeau à aller chercher sa pâture un peu plus loin.

— Qu'y a-t-il donc? demanda le chasseur en baissant la voix, et en se courbant comme une panthère qui va s'élancer sur sa proie. Dieu veuille que ce soit quelque traîneur français qui rôde dans les environs pour piller les morts, quoiqu'on ne leur ait pas laissé grand'chose : je crois que mon tueur de daims enverrait en ce moment une balle droit au but.

Uncas ne répondit rien ; mais bondissant avec la légèreté d'un faon, il fut en un instant sur la lisière du bois, brisa une branche d'épines, et en détacha un lambeau du voile vert de Cora, qu'il agita en triomphe au-dessus de sa tête. Le second cri que poussa le jeune Mohican et ce léger tissu eurent bientôt attiré près de lui ses autres compagnons.

— Ma fille! s'écria Munro d'une voix entrecoupée; qui me rendra ma fille !

— Uncas le tâchera, répondit le jeune Indien avec autant de simplicité que de chaleur.

Cette promesse et l'accent avec lequel elle fut faite ne produisirent aucun effet sur le malheureux père, qui avait à peine entendu les paroles d'Uncas. Saisissant le lambeau du voile de Cora, il le serra dans sa main tremblante, tandis que ses yeux égarés se promenaient sur les buissons voisins, comme s'il eût espéré qu'ils allaient lui rendre sa fille, ou qu'il eût craint de n'y retrouver que ses restes ensanglantés.

— Il n'y a point de morts ici, dit Heyward d'une voix creuse et presque étouffée par la crainte; il ne paraît pas que l'orage se soit dirigé de ce côté.

— Cela est évident et plus clair que le firmament, dit OEil-de-Faucon avec son sang-froid imperturbable; mais il faut que ce soit elle ou ceux qui l'ont enlevée qui aient passé par ici; car je me rappelle fort bien que le voile qu'elle portait pour cacher un visage que tout le monde aimait à voir était semblable à cette gaze. — Oui, Uncas, vous avez raison, répondit-il à quelques mots que celui-ci lui avait adressés en delaware; je crois que c'est elle-même qui a passé par ici. Elle aura fui dans les bois comme un daim effarouché; et dans le fait, quel est l'être qui, ayant des jambes, serait resté pour se faire assommer? Maintenant cherchons les traces qu'elle a dû laisser, et nous les trouverons; car je croirais volontiers quelquefois que les yeux d'un Indien reconnaîtraient dans l'air les marques du passage d'un oiseau-mouche.

— Que le ciel vous bénisse, digne homme! s'écria le père vivement agité; que Dieu vous récompense! Mais où peuvent-elles avoir fui? où trouverons-nous mes deux filles?

Pendant ce temps, le jeune Mohican s'occupait déjà avec activité de la recherche dont Œil-de-Faucon venait de parler; et Munro avait à peine fini une question à laquelle il ne pouvait guère espérer une réponse satisfaisante, qu'il poussa une nouvelle exclamation de joie à peu de distance le long de la même lisière du bois. Ses compagnons coururent à lui, et il leur remit un autre fragment du même voile, qu'il avait trouvé accroché à la dernière branche d'un bouleau.

— Doucement! doucement! dit Œil-de-Faucon en étendant sa longue carabine pour empêcher Heyward de courir en avant : il ne faut pas que trop d'ardeur risque de nous détourner de la voie sur laquelle nous sommes. Un pas fait sans précaution peut nous donner des heures d'embarras. Nous sommes sur la piste; c'est ce qu'on ne peut nier.

— Mais par où faut-il prendre pour les suivre? demanda Heyward avec quelque impatience.

— Le chemin qu'elles peuvent avoir pris dépend de bien des circonstances, répondit le chasseur : si elles sont seules, elles peuvent avoir marché en tournant, au lieu de suivre une ligne droite, et dans ce cas il est possible qu'elles ne soient qu'à une douzaine de milles de nous. Si au contraire elles sont emmenées par les Hurons ou par quelques autres Indiens alliés des Français, il est à croire qu'elles sont déjà sur les frontières du Canada. Mais qu'importe! ajouta-t-il en voyant l'inquiétude et le désappointement se peindre sur tous les traits du colonel et du major ; nous voici, les deux Mohicans et moi, à un bout de leur piste, et nous arriverons à l'autre, quand il serait à cent lieues. — Pas si vite! Uncas! pas si vite! vous êtes aussi impatient que si vous étiez né dans les colonies. Vous oubliez que des pieds légers ne laissent pas de traces bien profondes.

— Hugh! s'écria Chingachgook qui s'occupait à examiner des broussailles qu'on paraissait avoir froissées pour s'ouvrir un passage dans la forêt, et qui, se redressant de toute sa hauteur, dirigeait une main vers la terre, dans l'attitude et avec l'air d'un homme qui voit un reptile dégoûtant.

— C'est l'impression évidente du pied d'un homme! s'écria Duncan en se baissant pour examiner l'endroit désigné. Il est venu sur le bord de cette mare d'eau; on ne peut s'y tromper. — Cela n'est que trop sûr, elles sont prisonnières.

— Cela vaut mieux que de mourir de faim en errant dans les

bois, dit tranquillement OEil-de-Faucon, et nous n'en serons que plus sûrs de ne pas perdre leurs traces. Maintenant je gagerais cinquante peaux de castor contre cinquante pierres à fusil, que les Mohicans et moi nous trouverons les wigwams des coquins avant qu'un mois soit écoulé. — Baissez-vous, Uncas, et voyez si vous ne pourrez rien faire de ce mocassin ; car c'est évidemment la marque d'un mocassin, et non celle d'un soulier.

Le jeune Mohican s'agenouilla, écarta avec beaucoup de précaution quelques feuilles sèches qui auraient gêné son examen, qu'il fit avec autant de soin qu'un avare considère une pièce d'or qui lui semble suspecte. Enfin il se releva d'un air qui annonçait qu'il était satisfait du résultat de ses recherches.

— Eh bien ! demanda le chasseur, que vous a-t-il dit ? En avez-vous pu faire quelque chose ?

— C'est le Renard-Subtil.

— Encore ce maudit rôdeur ! Nous n'en serons débarrassés que lorsque mon tueur de daims aura pu lui dire un mot d'amitié.

Cette annonce parut à Heyward un présage de nouveaux malheurs, et quoiqu'il fût porté à en admettre la vérité, il exprima des doutes dans lesquels il trouvait une consolation.

— Il peut y avoir ici quelque méprise, dit-il : un mocassin est si semblable à un autre !

— Un mocassin semblable à un autre ! s'écria OEil-de-Faucon ; autant vaudrait dire que tous les pieds se ressemblent, et cependant tout le monde sait qu'il y en a de longs et de courts, de larges et d'étroits ; que ceux-ci ont le coude-pied plus haut, ceux-là plus bas ; que les uns marchent en dehors, les autres en dedans. Les mocassins ne se ressemblent pas plus que les livres, quoique ceux qui lisent le mieux dans ceux-ci ne soient pas les plus capables de bien distinguer ceux-là. Tout cela est ordonné pour le mieux, afin de laisser à chacun ses avantages naturels. Faites-moi place, Uncas ; qu'il s'agisse de livres ou de mocassins, deux opinions valent toujours mieux qu'une.

Il se baissa à son tour, examina la trace avec attention, et se releva au bout de quelques instants.

— Vous avez raison, Uncas, dit-il : c'est la trace que nous avons vue si souvent l'autre jour, quand nous lui donnions la chasse, et le drôle ne manquera jamais de boire quand il en trouvera l'occasion. Vos Indiens buveurs marchent toujours en étalant et en appuyant le pied plus que le sauvage naturel, parce qu'un ivrogne a besoin d'une base plus solide, que sa peau soit rouge ou blanche. — C'est justement la même longueur et la même largeur. — Examinez à votre tour, Sagamore; vous avez mesuré plus d'une fois les traces de cette vermine, quand nous nous sommes mis à sa poursuite depuis le rocher de Glenn jusqu'à la source de Santé.

Chingachgook s'agenouilla à son tour, et après un court examen il se releva, et prononça d'un air grave, quoique avec un accent étranger, le mot Magua.

— Oui, dit OEil-de-Faucon, c'est une chose décidée; la jeune dame aux cheveux noirs et Magua ont passé par ici.

— Et Alice? demanda Heyward en tremblant.

— Nous n'en avons encore aperçu aucune trace, répondit le chasseur tout en examinant avec attention les arbres, les buissons et la terre. Mais que vois-je là-bas? Uncas, allez chercher ce qui est par terre, près de ce buisson d'épines.

Le jeune Indien obéit à l'instant, et dès qu'il eut remis au chasseur l'objet qu'il venait de ramasser, celui-ci le montra à ses compagnons en riant de bon cœur, mais d'un air de dédain.

— C'est le joujou, le sifflet de notre chanteur, dit-il; il a donc passé par ici, et maintenant nous aurons des traces qu'un prêtre même pourrait suivre. Uncas, cherchez les marques d'un soulier assez long et assez large pour contenir un pied capable de soutenir une masse de chair mal bâtie, de six pieds deux pouces de hauteur. Je commence à ne pas désespérer de ce bélître, puisqu'il a abandonné ce brimborion, peut-être pour commencer un métier plus utile.

— Du moins il a été fidèle à son poste, dit Heyward, et Cora et Alice ont encore un ami auprès d'elles.

— Oui, dit OEil-de-Faucon en appuyant par terre la crosse de son fusil et en baissant la tête sur le canon avec un air de mépris évident; un ami qui sifflera tant qu'elles le voudront. Mais tuera-t-il un daim pour leur dîner? Reconnaîtra-t-il son chemin par la mousse des arbres? Coupera-t-il le cou d'un Huron pour les défendre? S'il ne peut rien faire de tout cela, le premier oiseau-moqueur [1] qu'il rencontrera est aussi adroit que lui. Eh bien!

---

1. Les talents de l'oiseau-moqueur d'Amérique sont généralement connus; mais le véritable oiseau-moqueur ne se trouve pas aussi loin vers le nord que l'État de New-York, où il a cependant deux substituts de mérite inférieur : le *cat-bird* (oiseau-chat, ainsi nommé

Uncas, trouvez-vous quelque chose qui ressemble à l'impression d'un pareil pied ?

— Voici une trace qui paraît avoir été formée par un pied humain, dit Heyward, qui saisit avec plaisir cette occasion pour changer le sujet d'une conversation qui lui déplaisait, parce qu'il savait le meilleur gré à David de ne pas avoir abandonné les deux sœurs ; croyez-vous que ce puisse être le pied de notre ami ?

— Touchez les feuilles avec plus de précaution ! s'écria le chasseur, ou vous gâterez toute l'empreinte. Cela ! c'est la marque d'un pied, mais de celui de la chevelure noire, et il est assez petit pour une si belle taille : le talon du chanteur le couvrirait tout entier.

— Où ? Laissez-moi voir les traces des pieds de ma fille ! s'écria Munro en s'avançant à travers les buissons, et se mettant à genoux pour en rapprocher ses regards. Quoique le pas qui avait laissé cette marque eût été léger et rapide, elle était pourtant encore suffisamment visible, et les yeux du vétéran s'obscurcirent en la considérant ; car, lorsqu'il se releva, Duncan remarqua qu'il avait mouillé de ses larmes la trace du passage de sa fille. Voulant le distraire d'une angoisse qui menaçait d'éclater à chaque instant, et qui l'aurait rendu incapable des efforts qu'il avait à faire, il dit au chasseur :

— Maintenant que nous avons trouvé ces signes infaillibles, ne perdons pas un instant pour nous mettre en marche. En de pareilles circonstances, chaque minute doit paraître un siècle aux malheureuses prisonnières.

— Ce n'est pas toujours le chien qui court le plus vite qui attrape le daim, répondit OEil-de-Faucon sans cesser d'avoir les yeux attachés sur les indices de passage qui avaient été découverts. Nous savons que le Huron rôdeur a passé par ici, ainsi que la chevelure noire et le chanteur ; mais la jeune dame aux cheveux blonds et aux yeux bleus, qu'est-elle devenue ? Quoique plus petite et beaucoup moins brave que sa sœur, elle est bonne à voir et agréable à entendre. D'où vient que personne ne parle d'elle ? N'a-t-elle pas d'amis ici ?

— A Dieu ne plaise qu'elle en manque jamais ! s'écria Duncan

---

parce qu'il imite le miaulement d'un petit chat), souvent cité par le chasseur, et l'oiseau vulgairement nommé *groum-thresher*. Ces deux derniers oiseaux sont supérieurs au rossignol et à l'alouette, quoique en général les oiseaux d'Amérique ne soient pas aussi harmonieux que les oiseaux d'Europe.

avec chaleur. Mais pourquoi une telle question ? Ne sommes-nous pas occupés à la chercher ? Quant à moi, je continuerai ma poursuite jusqu'à ce que je l'ai trouvée.

— En ce cas, nous pourrons avoir à marcher par différents chemins, dit le chasseur, car il est constant qu'elle n'a point passé par ici. Quelque léger que puisse être son pas, nous en aurions aperçu quelques traces.

Heyward fit un pas en arrière, et toute son ardeur parut s'éteindre et céder à l'accablement. Le chasseur, après avoir réfléchi un instant, continua sans faire la moindre attention au changement de physionomie du major.

— Il n'existe pas dans les bois, dit-il, une femme dont le pied puisse laisser une pareille empreinte. Elle a donc été faite par celui de la chevelure noire ou de sa sœur. Les deux haillons que nous avons trouvés prouvent que la première a passé par ici; mais où sont les indices du passage de l'autre ? N'importe ; suivons les traces qui se présentent, et si nous n'en voyons pas d'autres, nous retournerons dans la plaine pour chercher une autre voie. — Avancez, Uncas, et ayez toujours l'œil sur les feuilles sèches; je me charge d'examiner les buissons. — Allons, mes amis, en avant; voilà le soleil qui descend derrière les montagnes.

— Et moi, demanda Heyward, n'y a-t-il rien que je puisse faire ?

— Vous, dit Œil-de-Faucon qui était déjà en marche ainsi que ses deux amis rouges, marchez derrière nous, et si vous apercevez quelques traces, prenez garde d'y rien gâter.

Il y avait à peine quelques minutes qu'ils marchaient quand les deux Indiens s'arrêtèrent pour examiner de nouveau quelques signes sur la terre. Le père et le fils se parlaient à voix haute et avec vivacité; tantôt les yeux fixés sur l'objet qui occasionnait leur discussion, tantôt se regardant l'un l'autre avec un air de satisfaction non équivoque.

— Il faut qu'ils aient trouvé le petit pied ! s'écria Œil-de-Faucon en courant à eux sans penser davantage à la part qu'il s'était réservée dans la recherche générale. — Qu'avons-nous ici ? — Quoi ! il y a eu une embuscade en ce lieu ? — Eh non ! par le meilleur fusil qui soit sur toutes les frontières, voilà encore les chevaux dont les jambes de chaque côté marchent en même temps ! Il n'y a plus de secret à présent, la chose est aussi claire que l'étoile du nord à minuit. — Ils sont à cheval — Voilà le sapin où les chevaux ont été attachés, car ils ont piétiné tout autour, et voilà le grand sentier qui conduit vers le nord, dans le Canada.

— Mais nous n'avons encore aucune preuve qu'Alice, que miss Munro la jeune, fût avec sa sœur, dit Duncan.

— Non, répondit le chasseur, à moins que nous n'en trouvions une dans je ne sais quoi que le jeune Mohican vient de ramasser.
— Passez-nous cela, Uncas, afin que nous puissions l'examiner.

Heyward reconnut sur-le-champ un bijou qu'Alice aimait à porter; et avec la mémoire fidèle d'un amant, il se souvint qu'il le lui avait vu au cou dans la fatale matinée du jour du massacre. Il se hâta de l'annoncer à ses compagnons, et le plaça sur son cœur avec tant de vivacité que le chasseur crut qu'il l'avait laissé tomber, et se mit à le chercher par terre.

— Ah! dit-il après avoir inutilement écarté les feuilles avec la crosse de son fusil, c'est un signe certain de vieillesse quand la vue commence à baisser. Un joyau si brillant, et ne pas l'apercevoir! N'importe! j'y vois encore assez pour guider une balle qui sort du canon de mon fusil, et cela suffit pour arranger toutes les disputes entre les Mingos et moi. J'aurais pourtant été bien aise de retrouver cette babiole, quand ce n'aurait été que pour la rendre à celle à qui elle appartient; ce serait ce que j'appelle bien rejoindre les deux bouts d'une longue piste; car à présent le fleuve Saint-Laurent et peut-être même les grands lacs sont déjà entre elles et nous.

— Raison de plus pour ne pas nous arrêter, dit Heyward; remettons-nous en marche sur-le-champ.

— Jeune sang et sang chaud sont, dit-on, à peu près la même chose, répliqua Œil-de-Faucon. Nous ne partons pas pour chasser les écureuils ou pour pousser un daim dans l'Horican. Nous commençons une course qui durera des jours et des nuits, et nous avons à traverser des déserts où les pieds de l'homme ne se montrent que bien rarement, et où toutes les connaissances de vos livres ne pourraient vous guider. Jamais un Indien ne part pour une pareille expédition sans avoir fumé devant le feu du conseil; et quoique je sois un homme blanc dont le sang est sans mélange, j'approuve leur usage en ce cas, parce qu'il donne le temps de la réflexion. D'ailleurs nous pourrions perdre notre piste pendant l'obscurité. Nous retournerons donc sur nos pas; nous allumerons notre feu cette nuit dans les ruines du vieux fort, et demain à la pointe du jour nous serons frais, dispos, et prêts à accomplir notre entreprise en hommes, et non comme des femmes bavardes ou des enfants impatients.

Au ton et aux manières du chasseur, Heyward vit sur-le-champ qu'il serait inutile de lui faire des remontrances. Munro était retombé dans cette sorte d'apathie dont il sortait rarement depuis ses dernières infortunes, et dont il ne pouvait être tiré momentanément que par quelque forte émotion. Se faisant donc une vertu de la nécessité, le jeune major donna le bras au vétéran, et ils suivirent le chasseur et les deux Indiens, qui étaient déjà en marche en se dirigeant du côté de la plaine.

CHAPITRE XXI.

> Sal. S'il ne te rembourse pas, bien certainement tu ne prendras pas sa chair; à quoi te servirait-elle ?
> Le Juif. A en faire des appâts pour les poissons; et si elle ne satisfait pas leur appétit, elle assouvira du moins ma soif de vengeance.
> Shakspeare. *Le Marchand de Venise.*

Les ombres du soir étaient venues augmenter l'horreur des ruines de William-Henry, quand nos cinq compagnons y arrivèrent. Le chasseur et les deux Mohicans s'empressèrent de faire leurs préparatifs pour y passer la nuit, mais d'un air grave et sérieux qui prouvait que l'horrible spectacle qu'ils avaient eu sous les yeux avait fait sur leur esprit plus d'impression qu'ils ne voulaient en laisser voir. Quelques poutres à demi brûlées furent appuyées par un bout contre un mur, pour former une espèce d'appentis, et quand Uncas les eut couvertes avec des branches, cette demeure précaire fut terminée. Le jeune Indien montra du doigt cet abri grossier, dès qu'il eut terminé ses travaux, et Heyward, qui entendit le langage de ce geste silencieux, y conduisit Munro et le pressa de prendre quelque repos. Laissant le vétéran seul avec ses chagrins, il retourna sur-le-champ en plein air, se trouvant trop agité pour suivre le conseil qu'il venait de donner à son vieil ami.

Tandis qu'OEil-de-Faucon et ses deux compagnons allumaient leur feu et prenaient leur repas du soir, repas frugal qui ne consistait qu'en chair d'ours séchée, le jeune major monta sur les débris d'un bastion qui dominait sur l'Horican. Le vent était tombé, et les vagues frappaient avec moins de violence et plus de régularité contre le rivage sablonneux qui était sous ses pieds. Les nuages, comme fatigués de leur course impétueuse, commençaient à se diviser; les plus épais se rassemblant en masses noires à l'horizon, et les plus légers, planant encore sur les eaux du lac et sur le sommet des montagnes, comme une volée d'oiseaux effrayés, mais qui ne peuvent se résoudre à s'éloigner de l'endroit où ils ont laissé leurs nids. Çà et là une étoile brillante luttait contre les vapeurs qui roulaient encore dans l'atmosphère, et semblait un rayon lumineux perçant la sombre voûte du firmament. Des ténèbres impénétrables couvraient déjà les montagnes qui entouraient les environs, et la plaine était comme un vaste cimetière abandonné, où règne le silence de la mort au milieu de ceux qu'elle a frappés.

Duncan resta quelque temps à contempler une scène si bien d'accord avec tout ce qui s'était passé. Ses regards se tournaient tour à tour vers les ruines, au milieu desquelles le chasseur et ses deux amis étaient assis autour d'un bon feu, et vers la faible lueur qu'on distinguait encore du côté du couchant, par le rouge pâle dont elle teignait les nuages, et se reposait ensuite sur cette sombre obscurité qui bornait sa vue à l'enceinte où tant de morts étaient étendus.

Bientôt il crut entendre s'élever de cet endroit des sons inintelligibles, si bas, si confus, qu'il ne pouvait ni s'en expliquer la nature, ni même se convaincre qu'il ne se trompait pas. Honteux des inquiétudes auxquelles il se livrait malgré lui, il chercha à s'en distraire en jetant les yeux sur le lac, et en contemplant les étoiles qui se réfléchissaient sur sa surface mouvante. Cependant son oreille aux aguets l'avertit de la répétition des mêmes sons, comme pour le mettre en garde contre quelque danger caché. Il y donna alors toute son attention, et le bruit qu'il entendit enfin partir plus distinctement du sein des ténèbres lui parut celui que produirait une marche rapide.

Ne pouvant plus maîtriser son inquiétude, il appela le chasseur à voix basse, et l'invita à venir le trouver. Celui-ci prit son fusil sous son bras, et se rendit près du major d'un pas si lent, et avec un air si calme et si insouciant, qu'il était facile de juger qu'il se croyait en toute sûreté dans la situation où il était.

— Écoutez, lui dit Duncan lorsque le chasseur se fût placé tranquillement à son côté; j'entends dans la plaine des sons qui peuvent prouver que Montcalm n'a pas encore entièrement abandonné sa conquête.

— En ce cas, les oreilles valent mieux que les yeux, répondit le chasseur avec sang-froid, en s'occupant en même temps à finir la mastication d'un morceau de chair d'ours dont il avait la bouche pleine; je l'ai vu moi-même entrer dans le Ty avec toute son armée; car vos Français, quand ils ont remporté un succès, aiment assez s'en retourner chez eux pour le célébrer par des danses et des fêtes.

— Cela est possible, mais un Indien dort rarement pendant la guerre, et l'envie de piller peut retenir ici un Huron, même après le départ de ses compagnons. Il serait prudent d'éteindre le feu et de rester aux écoutes. — Écoutez! n'entendez-vous pas le bruit dont je vous parle?

— Un Indien rôde rarement au milieu des morts. Quand il a le sang échauffé et qu'il est en fureur, il est toujours prêt à tuer et n'est pas très-scrupuleux sur les moyens; mais quand il a enlevé la chevelure de son ennemi, et que l'esprit est séparé du corps, il oublie son inimitié, et laisse au mort le repos qui lui est dû. — En parlant des esprits, major, croyez-vous que les Peaux-Rouges et nous autres blancs nous ayons un jour le même paradis?

— Sans doute, sans doute. — Ah! — J'ai cru entendre encore les mêmes sons, mais c'était peut-être le bruit des feuilles de ce bouleau.

— Quant à moi, continua OEil-de-Faucon en tournant la tête un instant avec nonchalance du côté qu'Heyward lui désignait, je crois que le paradis doit être un séjour de bonheur, et que par conséquent chacun y sera traité suivant ses goûts et ses inclinations. Je pense donc, moi, que les Peaux-Rouges ne s'éloignent pas beaucoup de la vérité en croyant qu'après leur mort ils iront dans de beaux bois remplis de gibier, comme le disent toutes leurs traditions. Et, quant à cela, je crois que ce ne serait pas une honte pour un blanc dont le sang est sans mélange, que de passer son temps à...

— Eh bien! vous l'entendez à présent?

— Oui, oui; quand la pâture est abondante, les loups sont en campagne comme lorsqu'elle est rare. S'il faisait clair, et qu'on en eût le loisir, on n'aurait que la peine de choisir leurs plus belles peaux. — Mais pour en revenir à la vie du paradis, major, j'ai entendu les prédicateurs dire que le ciel est un séjour de félicité; mais tous les hommes ne sont pas d'accord dans leurs idées relativement au bonheur. Moi, par exemple, soit dit sans manquer de respect aux volontés de la Providence, je n'en trouverais pas un très-grand à être enfermé toute la journée pour entendre prêcher, vu mon penchant naturel pour le mouvement et pour la chasse.

Duncan qui, d'après l'explication du chasseur, croyait reconnaître la nature du bruit qui l'avait inquiété, donnait alors plus d'attention aux discours de son compagnon, et était curieux de voir où le mènerait cette discussion

— Il est difficile, dit-il, de rendre compte des sentiments que l'homme éprouvera lors de ce grand et dernier changement.

— C'en serait un terrible, reprit le chasseur suivant le fil de la même idée, pour un homme qui a passé tant de jours et de nuits en plein air. Ce serait comme si l'on s'endormait près de la source de l'Hudson, et qu'on se réveillât à côté d'une cataracte. Mais c'est une consolation de savoir que nous servons un maître miséricordieux, quoique nous le fassions chacun à notre manière, et que nous soyons séparés de lui par d'immenses déserts. — Ah! qu'est-ce que j'entends?

— N'est-ce pas le bruit que font les loups en cherchant leur proie, comme vous venez de le dire? demanda Duncan.

OEil-de-Faucon secoua la tête, et fit signe au major de le suivre dans un endroit que la lumière du feu n'éclairait pas. Après avoir pris cette précaution, il se plaça dans une attitude d'attention, et écouta de toutes ses oreilles, dans l'attente que le bruit qui les avait enfin frappées se répéterait. Mais sa vigilance fut inutile, et après quelques minutes de silence complet, il dit à Heyward à demi-voix:

— Il faut que nous appelions Uncas; il a les sens d'un Indien, et il entendra ce que nous ne pouvons entendre; car étant une Peau-Blanche, je ne puis renier ma nature.

En achevant ces mots, il imita le cri du hibou. Ce son fit tressaillir le jeune Mohican, qui s'entretenait avec son père près du feu. Il se leva sur-le-champ, regarda de différents côtés pour s'assurer d'où partait ce cri, et le chasseur l'ayant répété, Duncan aperçut Uncas qui s'approchait d'eux avec précaution.

OEil-de-Faucon lui donna quelques instructions en peu de mots, en langue delaware, et dès que le jeune Indien eut appris ce dont il s'agissait, il s'éloigna de quelques pas, s'étendit le visage contre terre, et, aux yeux d'Heyward, parut y rester dans un état d'immobilité parfaite. Quelques minutes se passèrent. Enfin le major, surpris qu'il restât si longtemps dans cette attitude, et curieux de voir de quelle manière il se procurait les renseignements qu'on désirait, s'avança vers l'endroit où il l'avait vu tomber; mais, à son grand étonnement, il trouva en y arrivant qu'Uncas avait disparu, et que ce qu'il avait pris pour son corps étendu par terre n'était qu'une ombre produite par quelques ruines.

— Qu'est donc devenu le jeune Mohican? demanda-t-il au chasseur dès qu'il fut de retour auprès de lui; je l'ai vu tomber en cet endroit, et je pourrais faire serment qu'il ne s'est pas relevé.

— Chut! parlez plus bas! Nous ne savons pas quelles oreilles sont ouvertes autour de nous, et les Mingos sont d'une race qui en a de bonnes. — Uncas est parti en rampant : il est maintenant dans la plaine, et si quelque Maqua se montre à lui, il trouvera à qui parler.

— Vous croyez donc que Montcalm n'a pas emmené tous ses Indiens? Donnons l'alarme à nos compagnons, et préparons nos armes; nous sommes cinq, et jamais un ennemi ne nous a fait peur.

— Ne leur dites pas un mot, si vous faites cas de la vie! — Voyez le Sagamore assis devant son feu! n'a-t-il pas l'air d'un grand chef indien? S'il y a quelques rôdeurs dans les environs, ils ne se douteront pas à ses traits que nous soupçonnons qu'un danger nous menace.

— Mais ils peuvent le découvrir, et lui envoyer une flèche ou une balle presque à coup sûr. La clarté du feu le rend trop visible, et il deviendra très-certainement la première victime.

— On ne peut nier qu'il y ait de la raison dans ce que vous dites, répondit OEil-de-Faucon d'un air qui annonçait plus d'inquiétude qu'il n'en avait encore montré; mais que pouvons-nous faire? le moindre mouvement suspect peut nous faire attaquer avant que nous soyons prêts à résister. Il sait déjà, par le signal que j'ai fait à Uncas, qu'il se passe quelque chose d'inattendu, et je vais l'avertir par un autre que nous sommes à peu de distance de quelques Mingos. Sa nature indienne lui dira alors ce qu'il doit faire.

Le chasseur approcha ses doigts de sa bouche, et fit entendre une sorte de sifflement qui fit tressaillir Duncan, comme s'il avait entendu un serpent. Chingachgook avait la tête appuyée sur une main, et semblait se livrer à ses réflexions quand il entendit le signal que semblait lui donner le reptile dont il portait le nom. Il releva la tête, et ses yeux noirs se tournèrent à la hâte autour de lui. Ce mouvement subit, et peut-être involontaire, ne dura qu'un instant, et fut le seul symptôme de surprise et d'alarme qu'on pût remarquer en lui. Il ne toucha pas son fusil, qui était à portée de sa main; son tomahawk, qu'il avait détaché de sa ceinture pour être plus à l'aise, resta par terre à côté de lui. Il reprit sa première attitude, mais en appuyant sa tête sur son autre main, comme pour faire croire qu'il n'avait fait ce mouvement que pour délasser l'autre bras, et il attendit l'événement avec un calme et une tranquillité dont tout autre qu'un Indien eût été incapable.

Heyward remarqua pourtant que tandis qu'à des yeux moins attentifs le chef mohican pouvait paraître sommeiller, ses narines étaient plus ouvertes que de coutume; sa tête était tournée un peu de côté, comme pour entendre plus facilement le moindre son, et ses yeux lançaient des regards vifs et rapides sur tous les objets.

— Voyez ce noble guerrier! dit Œil-de-Faucon à voix basse, en prenant le bras d'Heyward; il sait que le moindre geste déconcerterait notre prudence, et nous mettrait tous à la merci de ces coquins de.....

Il fut interrompu par un éclair produit par un coup de mousquet; une détonation le suivit, et l'air fut rempli d'étincelles de feu autour de l'endroit où les yeux d'Heyward étaient encore attachés avec admiration. Un seul coup d'œil l'assura que Chingachgook avait disparu pendant cet instant de confusion. Cependant le chasseur avait armé son fusil, se tenant prêt à s'en servir et n'attendant que l'instant où quelque ennemi se montrerait à ses yeux. Mais l'attaque parut se terminer avec cette vaine tentative contre la vie de Chingachgook. Deux ou trois fois les deux compagnons crurent entendre un bruit éloigné dans les broussailles; mais les yeux exercés du chasseur reconnurent bientôt une troupe de loups qui fuyaient, effrayés sans doute par le coup de fusil qui venait d'être tiré. Après un nouveau silence de quelques minutes qui se passèrent dans l'incertitude et l'impatience, on entendit un grand bruit dans l'eau, et il fut immédiatement suivi d'un second coup de feu.

— C'est le fusil d'Uncas, dit le chasseur ; j'en connais le son aussi bien qu'un père connaît la voix de son fils. C'est une bonne carabine, et je l'ai portée longtemps avant d'en avoir une meilleure.

— Que veut dire tout cela ? demanda Duncan ; il paraît que des ennemis nous guettent et ont juré notre perte.

— Le premier coup qui a été tiré prouve qu'ils ne nous voulaient pas du bien, et voici un Indien qui prouve aussi qu'ils ne nous ont pas fait de mal, répondit Œil-de-Faucon en voyant Chingachgook reparaître à peu de distance du feu. Et s'avançant vers lui : — Eh bien ! qu'est-ce, Sagamore ? lui dit-il ; les Mingos nous attaquent-ils tout de bon, ou n'est-ce qu'un de ces reptiles qui se tiennent sur les derrières d'une armée pour tâcher de voler la chevelure d'un mort, et aller se vanter à leurs squaws de leurs exploits contre les Visages-Pâles ?

Chingachgook reprit sa place avec le plus grand sang-froid, et ne fit aucune réponse avant d'avoir examiné un tison qu'avait frappé la balle qui lui était destinée. Ensuite, levant un doigt, il se borna à prononcer en anglais le monosyllabe — hum.

— C'est comme je le pensais, dit le chasseur en s'asseyant auprès de lui ; et comme il s'est mis à couvert dans le lac avant qu'Uncas lâchât son coup, il est plus que probable qu'il s'échappera, et qu'il ira conter force mensonges comme quoi il avait dressé une embuscade à deux Mohicans et à un chasseur blanc ; — car les deux officiers ne peuvent pas compter pour grand'chose dans ce genre d'escarmouches. — Eh bien ! qu'il aille ! il y a des honnêtes gens partout, quoiqu'il ne s'en trouve guère parmi les Maquas, comme Dieu le sait ; mais il peut se rencontrer, même parmi eux, quelque brave homme qui se moque d'un fanfaron quand il se vante contre toute raison. — Le plomb de ce coquin vous a sifflé aux oreilles, Sagamore.

Chingachgook jeta un coup d'œil calme et insouciant vers le tison que la balle avait frappé, et conserva son attitude avec un sang-froid qu'un pareil incident ne pouvait troubler. Uncas arriva en ce moment ; et s'assit devant le feu près de ses amis, avec le même air d'indifférence et de tranquillité que son père.

Heyward suivait des yeux tous leurs mouvements avec un vif intérêt mêlé d'étonnement et de curiosité ; et il était porté à croire que le chasseur et les deux Indiens avaient de secrets moyens d'intelligence qui échappaient à son attention. Au lieu de ce récit détaillé qu'un jeune Européen se serait empressé de faire pour apprendre à ses compagnons, peut-être même avec quelque exagération, ce qui venait de se passer au milieu des ténèbres qui couvraient la plaine, il semblait que le jeune guerrier se contentât de laisser ses actions parler pour lui. Dans le fait ce n'était ni le lieu ni le moment qu'un Indien aurait choisi pour se vanter de ses exploits ; et il est probable que si Heyward n'eût pas fait de questions, pas un seul mot n'aurait été prononcé alors sur ce sujet.

— Qu'est devenu notre ennemi, Uncas ? lui demanda-t-il ; nous avons entendu votre coup de fusil, et nous espérions que vous ne l'auriez pas tiré en vain

Le jeune Mohican releva un pan de son habit, et montra le trophée sanglant de sa victoire, une chevelure qu'il avait attachée à sa ceinture.

Chingachgook y porta la main, et la regarda un instant avec attention. La laissant ensuite retomber avec un dédain bien prononcé, il s'écria :

— Hugh ! — Honéida !

— Un Onéida ! répéta le chasseur qui commençait à perdre son air animé pour prendre une apparence d'apathie semblable à celle de ses deux compagnons, mais qui s'avança avec curiosité pour examiner ce gage hideux du triomphe ; au nom du ciel ! si les Onéidas nous suivent tandis que nous suivons les Hurons, nous nous trouverons entre deux bandes de diables ! — Eh bien ! aux yeux d'un blanc, il n'y a pas de différence entre cette chevelure et celle d'un autre Indien, et cependant le Sagamore assure qu'elle a poussé sur la tête d'un Mingo, et il désigne même sa peuplade ! — Et vous, Uncas, qu'en dites-vous ? de quelle nation était le coquin que vous avez justement expédié ?

Uncas leva les yeux sur le chasseur, et lui répondit avec sa voix douce et musicale :

— Onéida.

— Encore Onéida ! s'écria OEil-de-Faucon. Ce que dit un Indien est ordinairement vrai; mais quand ce qu'il dit est confirmé par un autre, on peut le regarder comme paroles d'évangile.

— Le pauvre diable s'est mépris, dit Heyward; il nous a pris pour des Français; il n'aurait pas attaqué les jours d'un ami.

— Prendre un Mohican, peint des couleurs de sa nation, pour un Huron! s'écria le chasseur; autant voudrait dire qu'on pourrait prendre les habits blancs des grenadiers de Montcalm pour les vestes rouges des Anglais. Non, non; le reptile savait bien ce qu'il faisait, et il n'y a pas eu de méprise dans cette affaire, car il n'y a pas beaucoup d'amitié perdue entre un Mingo et un Delaware, n'importe du côté de quels blancs leurs peuplades soient rangées. Et quant à cela, quoique les Onéidas servent Sa Majesté le roi d'Angleterre, qui est mon souverain et mon maître, mon tueur de daims n'aurait pas délibéré longtemps pour envoyer une dragée à cette vermine, si mon bonheur me l'avait fait rencontrer sur mon chemin.

— C'eût été violer nos traités et agir d'une manière indigne de vous.

— Quand un homme vit longtemps avec d'autres hommes, s'il n'est pas coquin et que les autres soient honnêtes, l'affection finit par s'établir entre eux. Il est vrai que l'astuce des blancs a réussi à jeter la confusion dans les peuplades en ce qui concerne les amis et les ennemis; car les Hurons et les Onéidas, parlant la même langue, et qu'on pourrait dire être la même nation, cherchent à s'enlever la chevelure les uns aux autres; et les Delawares sont divisés entre eux, quelques-uns restant autour du feu de leur grand conseil sur les bords de leur rivière, et combattant pour la même cause que les Mingos, tandis que la plupart d'entre eux sont allés dans le Canada, par suite de leur haine naturelle contre ces mêmes Mingos. Cependant il n'est pas dans la nature d'une Peau-Rouge de changer de sentiments à tout coup de vent, et c'est pourquoi l'amitié d'un Mohican pour un Mingo est comme celle d'un homme blanc pour un serpent.

— Je suis fâché de vous entendre parler ainsi, car je croyais que les naturels qui habitent les environs de nos établissements nous avaient trouvés trop justes pour ne pas s'identifier complétement à nos querelles.

— Ma foi, je crois qu'il est naturel de donner à ses propres querelles la préférence sur celles des étrangers. Quant à moi, j'aime la justice, et c'est pourquoi... Non, je ne dirai pas que je hais un Mingo, cela ne conviendrait ni à ma couleur ni à ma religion, mais je répéterai encore que si mon tueur de daims n'a pas envoyé une dragée à ce coquin de rôdeur, c'est l'obscurité qui en est cause.

Alors, convaincu de la force de ses raisonnements, quel que pût être leur effet sur celui à qui il en faisait part, l'honnête mais implacable chasseur tourna la tête d'un autre côté, comme s'il eût voulu mettre fin à cette controverse.

Heyward remonta sur le rempart, trop inquiet et trop peu au fait des escarmouches des bois pour ne pas craindre le renouvellement de quelque attaque semblable. Il n'en était pas de même du chasseur et des Mohicans. Leurs sens longtemps exercés, et rendus plus sûrs et plus actifs par l'habitude et la nécessité, les avaient mis en état non-seulement de découvrir le danger, mais de s'assurer qu'ils n'avaient plus rien à craindre. Aucun des trois ne paraissait conserver le moindre doute relativement à leur sûreté parfaite; et ils en donnèrent la preuve en s'occupant des préparatifs pour se former en conseil, et délibérer sur ce qu'ils avaient à faire.

La confusion des nations et même des peuplades à laquelle Œil-de-Faucon venait de faire allusion existait à cette époque dans toute sa force. Le grand lien d'un langage commun et par conséquent d'une origine commune avait été rompu; et c'était par suite de cette désunion que les Delawares et les Mingos, nom général qu'on donnait aux six nations alliées, combattaient dans les mêmes rangs, quoique ennemis naturels, tandis que les derniers étaient opposés aux Hurons. Les Delawares étaient eux-mêmes divisés entre eux. L'amour du sol qui avait appartenu à leurs ancêtres avait retenu le Sagamore et son fils sous les bannières du roi d'Angleterre avec une petite troupe de Delawares qui servaient au fort Édouard; mais on savait que la plus grande partie de sa nation, ayant pris parti pour Montcalm, par haine contre les Mingos, était en campagne.

Il est bon que le lecteur sache, s'il ne l'a pas suffisamment appris dans ce qui précède, que les Delawares ou Lenapes avaient la prétention d'être la tige de ce peuple nombreux, autrefois maître de toutes les forêts et plaines du nord et de l'est, de ce qui forme aujourd'hui les États-Unis de l'Amérique, et dont la peuplade des

Mohicans était une des branches les plus anciennes et les plus distinguées.

C'était donc avec une connaissance parfaite des intérêts contraires qui avaient armé des amis les uns contre les autres et qui avaient décidé des ennemis naturels à devenir les alliés d'un même parti, que le chasseur et ses deux compagnons se disposèrent à délibérer sur la manière dont ils concerteraient leurs mouvements au milieu de tant de races de sauvages. Duncan connaissait assez les coutumes des Indiens pour savoir pourquoi le feu avait été alimenté de nouveau, et pourquoi les deux Mohicans et même le chasseur s'étaient gravement assis sous un dais de fumée : se plaçant dans un endroit où il pourrait être spectateur de cette scène, sans cesser d'avoir l'oreille attentive au moindre bruit qui pourrait se faire entendre dans la plaine, il attendit le résultat de la délibération avec toute la patience dont il put s'armer.

Après un court intervalle de silence, Chingachgook alluma une pipe dont le godet était une pierre tendre du pays, très-artistement taillée, et le tuyau un tube de bois. Après avoir fumé quelques instants, il la passa à Œil-de-Faucon, qui en fit autant et la remit ensuite à Uncas. La pipe avait ainsi fait trois fois le tour de la compagnie, au milieu du silence le plus profond, avant que personne parût songer à ouvrir la bouche. Enfin Chingachgook, comme le plus âgé et le plus élevé en rang, prit la parole, fit l'exposé du sujet de la délibération, et donna son avis en peu de mots avec calme et dignité. Le chasseur lui répondit, le Mohican répliqua, son compagnon fit de nouvelles objections, mais le jeune Uncas écouta dans un silence respectueux, jusqu'à ce qu'Œil-de-Faucon lui eût demandé son avis. D'après le ton et les gestes des orateurs, Heyward conclut que le père et le fils avaient embrassé la même opinion, et que leur compagnon blanc en soutenait une autre. La discussion s'échauffait peu à peu, et il était évident que chacun tenait fortement à son avis.

Mais malgré la chaleur croissante de cette contestation amicale, l'assemblée chrétienne la mieux composée, sans même en excepter ces synodes où il ne se trouve que de révérends ministres de la parole divine, aurait pu puiser une leçon salutaire de modération dans la patience et la courtoisie des trois individus qui discutaient ainsi. Les discours d'Uncas furent écoutés avec la même attention que ceux qui étaient inspirés par l'expérience et la sagesse plus mûre de son père, et bien loin de montrer quelque impatience de parler, chacun des orateurs ne réclamait la parole pour répondre à ce qui venait d'être dit qu'après avoir consacré quelques minutes à réfléchir en silence sur ce qu'il venait d'entendre et sur ce qu'il devait répliquer.

Le langage des Mohicans était accompagné de gestes si naturels et si expressifs, qu'il ne fut pas très-difficile à Heyward de suivre le fil de leurs discours. Ceux du chasseur lui parurent plus obscurs, parce que celui-ci, par suite de l'orgueil secret que lui inspirait sa couleur, affectait ce débit froid et inanimé qui caractérise toutes les classes d'Anglo-Américains quand ils ne sont pas émus par quelque passion. La fréquente répétition des signes par lesquels les deux Indiens désignaient les différentes marques de passage qu'on peut trouver dans une forêt, prouvait qu'ils insistaient pour continuer la route par terre, tandis que le bras d'Œil-de-Faucon, plusieurs fois dirigé vers l'Horican, semblait indiquer qu'il était d'avis de voyager par eau.

Le chasseur paraissait pourtant céder, et la question était sur le point d'être décidée contre lui, quand tout à coup il se leva, et secouant son apathie, il prit toutes les manières et employa toutes les ressources de l'éloquence indienne. Traçant un demi-cercle en l'air, d'orient en occident, pour indiquer le cours du soleil, il répéta ce signe autant de fois qu'il jugeait qu'il leur faudrait de jours pour faire leur voyage dans les bois. Alors il traça sur la terre une longue ligne tortueuse, indiquant en même temps par ses gestes les obstacles que leur feraient éprouver les montagnes et les rivières. Il peignit, en prenant un air de fatigue, l'âge et la faiblesse de Munro qui était en ce moment enseveli dans le sommeil, et parut même ne pas avoir une très-haute idée des moyens physiques de Duncan pour surmonter tant de difficultés; car celui-ci s'aperçut qu'il était question de lui quand il vit le chasseur étendre la main, et qu'il l'entendit prononcer les mots la Main-Ouverte, surnom que la générosité du major lui avait fait donner par toutes les peuplades d'Indiens amis. Il imita ensuite le mouvement léger d'un canot fendant les eaux d'un lac à l'aide de la rame, et en établit le contraste, en contrefaisant la marche lente d'un homme fatigué. Enfin il termina par étendre le bras vers la chevelure de l'Onéida, probablement pour faire sentir la nécessité de partir promptement, et de ne laisser après eux aucune trace.

Les Mohicans l'écoutèrent avec gravité et d'un air qui prouvait l'impression que faisait sur eux ce discours : la conviction s'insinua peu à peu dans leur esprit, et vers la fin de la harangue d'OEil-de-Faucon, ils accompagnaient toutes ses phrases de cette exclamation qui chez les sauvages est un signe d'approbation ou d'applaudissement. En un mot, Chingachgook et son fils se convertirent à l'avis du chasseur, renonçant à l'opinion qu'ils avaient d'abord soutenue, avec une candeur qui, s'ils eussent été les représentants de quelque grand peuple civilisé, aurait ruiné à jamais leur réputation politique, en prouvant qu'ils pouvaient se rendre à de bonnes rrisons.

Dès l'instant que la détermination eut été prise, on ne s'occupa plus que du résultat seul de la discussion : OEil-de-Faucon, sans jeter un regard autour de lui pour lire son triomphe dans les yeux de ses compagnons, s'étendit tranquillement devant le feu qui brûlait encore, et ne tarda pas à s'endormir.

Laissés alors en quelque sorte à eux-mêmes, les Mohicans, qui avaient consacré tant de temps aux intérêts et aux affaires des autres, saisirent ce moment pour s'occuper d'eux-mêmes; se dépouillant de la réserve grave et austère d'un chef indien, Chingachgook commença à parler à son fils avec le ton doux et enjoué de la tendresse paternelle; Uncas répondit à son père avec une cordialité respectueuse; et le chasseur, avant de s'endormir, put s'apercevoir du changement complet qui venait de s'opérer tout à coup dans les manières de ses deux compagnons.

Il est impossible de décrire la musique de leur langage, tandis qu'ils s'abandonnaient ainsi à la gaieté et aux effusions de leur tendresse mutuelle. L'étendue de leurs voix, particulièrement de celle du jeune homme, partait du ton le plus bas et s'élevait jusqu'aux sons les plus hauts avec une douceur qu'on pourrait dire féminine. Les yeux du père suivaient les mouvements gracieux et ingénus de son fils avec un air de satisfaction, et il ne manquait jamais de sourire aux reparties que lui faisait celui-ci. Sous l'influence de ces sentiments aussi tendres que naturels, les traits de Chingachgook ne présentaient aucune trace de férocité, et l'image de la mort, peinte sur sa poitrine, semblait plutôt un déguisement adopté par plaisanterie qu'un emblème sinistre.

Après avoir donné une heure à cette douce jouissance, le père annonça tout à coup son envie de dormir en s'enveloppant la tête de la couverture qu'il portait sur ses épaules et en s'étendant par terre : dès lors Uncas ne se permit plus un seul mot; il rassembla les tisons de manière à entretenir une douce chaleur près des pieds de son père, et chercha à son tour un oreiller au milieu des ruines.

La sécurité que montraient ces hommes de la vie sauvage rendit de la confiance à Heyward : il ne tarda pas à les imiter, et longtemps avant que la nuit fût au milieu de sa course, tous ceux qui avaient cherché un abri dans les ruines de William-Henry dormaient aussi profondément que les victimes d'une trahison barbare, dont les ossements étaient destinés à blanchir sur cette plaine.

CHAPITRE XX.

> Terre d'Albanie! permets-moi d'arrêter sur toi mes regards, ô toi, nourrice sévère d'hommes sauvages!
> LORD BYRON.

LE ciel était encore parsemé d'étoiles quand OEil-de-Faucon se disposa à éveiller les dormeurs. Munro et Heyward entendirent le bruit, et secouant leurs habits, ils étaient déjà sur pied tandis que le chasseur les appelait à voix basse à l'entrée de l'abri grossier sous lequel ils avaient passé la nuit. Lorsqu'ils en sortirent, ils trouvèrent leur guide intelligent qui les attendait, et qui ne les salua que par un geste expressif pour leur recommander le silence.

—Dites vos prières en pensées, leur dit-il à l'oreille en s'approchant d'eux; celui à qui vous les adressez connaît toutes les langues, celle du cœur, qui est la même partout, et celles de la bouche, qui varient suivant les pays. Mais ne prononcez pas une syllabe, car il est rare que la voix d'un blanc sache prendre le ton qui convient dans les bois, comme nous l'avons vu par l'exemple de ce pauvre diable, le chanteur. — Venez, continua-t-il en marchant vers un rempart détruit : descendons par ici dans le fossé, et prenez garde en marchant de vous heurter contre les pierres et les débris.

Ses compagnons se conformèrent à ses injonctions, quoique la cause de toutes ces précautions extraordinaires fût encore un mystère pour l'un d'eux. Lorsqu'ils eurent marché quelques minutes dans le fossé qui entourait le fort de trois côtés, ils le trouvèrent presque entièrement comblé par les ruines des bâtiments et des fortifications écroulées. Cependant avec du soin et de la patience ils parvinrent à y suivre leurs conducteurs, et ils se trouvèrent enfin sur les rives sablonneuses de l'Horican.

— Voilà une trace que l'odorat seul peut suivre, dit le chasseur en jetant en arrière un regard satisfait sur le chemin difficile qu'ils venaient de parcourir; l'herbe est un tapis dangereux pour l'homme qui y marche en fuyant; mais le bois et la pierre ne prennent pas l'impression du mocassin. Si vous aviez porté vos bottes, il aurait pu y avoir quelque chose à craindre; mais quand on a sous les pieds une peau de daim convenablement préparée, on peut en général se fier en toute sûreté sur les rochers. —Faites remonter le canot un peu plus haut, Uncas; à l'endroit où vous êtes, le sable prendrait la marque d'un pied aussi facilement que le beurre des Hollandais dans leur établissement sur la Mohawk.—Doucement! doucement! que le canot ne touche pas terre; sans quoi les coquins sauraient à quel endroit nous nous sommes embarqués.

Le jeune Indien ne manqua pas de suivre cet avis, et le chasseur, prenant dans les ruines une planche dont il appuya un bout sur le bord du canot où Chingachgook était déjà avec son fils, fit signe aux deux officiers d'y entrer; il les y suivit, et après s'être bien assuré qu'ils ne laissaient derrière eux aucune de ces traces qu'il semblait tellement appréhender, il tira la planche après lui et la lança avec force au milieu des ruines qui s'étendaient jusque sur le rivage.

Heyward continua à garder le silence jusqu'à ce que les deux Indiens, qui s'étaient chargés de manier les rames, eussent fait remonter le canot jusqu'à quelque distance du fort, et qu'il se trouvât au milieu des ombres épaisses que les montagnes situées à l'orient jetaient sur la surface limpide du lac.

— Quel besoin avions-nous de partir d'une manière si précipitée, et avec tant de précautions? demanda-t-il à Œil-de-Faucon.

— Si le sang d'un Onéida pouvait teindre une nappe d'eau comme celle que nous traversons, vous ne me feriez pas une telle question ; vos deux yeux y répondraient. — Ne vous souvenez-vous pas du reptile qu'Uncas a tué hier soir ?

— Je ne l'ai pas oublié ; mais vous m'avez dit qu'il était seul, et un homme mort n'est plus à craindre.

— Sans doute, il était seul pour faire son coup ; mais un Indien dont la peuplade compte tant de guerriers a rarement à craindre que son sang coule sans qu'il en coûte promptement le cri de mort à quelqu'un de ses ennemis.

— Mais notre présence, l'autorité du colonel Munro seraient une protection suffisante contre le ressentiment de nos alliés, surtout quand il s'agit d'un misérable qui avait si bien mérité son sort. — J'espère qu'une crainte si futile ne vous a pas fait dévier de la ligne directe que nous devons suivre ?

— Croyez-vous que la balle de ce coquin aurait dévié si Sa Majesté le roi d'Angleterre se fût trouvée sur son chemin ? Pourquoi ce Français, qui est capitaine-général du Canada, n'a-t-il pas enterré le tomahawk de ses Hurons, si vous croyez qu'il soit si facile à un blanc de faire entendre raison à des Peaux-Rouges ?

La réponse qu'Heyward se disposait à faire fut interrompue par un gémissement profond, arraché à Munro par les images cruelles que lui retraçait cette question ; mais après un moment de silence, par déférence pour les chagrins de son vieil ami, il répondit à OEil-de-Faucon d'un ton grave et solennel :

— Ce n'est qu'avec Dieu que le marquis de Montcalm peut régler cette affaire.

— Oui, il y a de la raison dans ce que vous dites à présent, car cela est fondé sur la religion et sur l'honneur. Il y a une grande différence pourtant entre jeter un régiment d'habits blancs entre des sauvages et des prisonniers qu'ils massacrent, et faire oublier par de belles paroles à un Indien courroucé qu'il porte un fusil, un tomahawk et un couteau, quand la première que vous lui adressez doit être pour l'appeler mon fils. Mais, Dieu merci, continua le chasseur en jetant un regard de satisfaction sur le rivage du fort William-Henry qui commençait à disparaître dans l'obscurité, et en riant tout bas à sa manière, il faut qu'ils cherchent nos traces sur la surface de l'eau ; et à moins qu'ils ne se fassent amis des poissons, et qu'ils n'apprennent d'eux quelles sont les mains qui tenaient les rames, nous aurons mis entre eux et nous toute la longueur de l'Horican avant qu'ils aient décidé quel chemin ils doivent suivre.

— Avec des ennemis en arrière et des ennemis en face, notre voyage paraît devoir être très-dangereux.

— Dangereux ! répéta OEil-de-Faucon d'un ton fort tranquille ; non pas absolument dangereux ; car avec de bons yeux et de bonnes oreilles, nous pouvons toujours avoir quelques heures d'avance sur les coquins. Et au pis aller, s'il fallait en venir aux coups de fusil, nous sommes ici trois qui savons ajuster aussi bien que le meilleur tireur de toute votre armée. — Non pas dangereux. — Ce n'est pas que je prétende qu'il soit impossible que nous nous trouvions serrés de près, comme vous dites vous autres, que nous ayons quelque escarmouche, mais nous ne manquons pas de munitions, et nous trouverons de bons couverts.

Il est probable qu'en parlant de danger, Heyward, qui s'était distingué par sa bravoure, l'envisageait sous un tout autre rapport qu'OEil-de-Faucon. Il s'assit en silence ; et le canot continua à voguer sur les eaux du lac pendant plusieurs milles [1].

Le jour commençait à paraître quand ils arrivèrent dans la partie de l'Horican qui est parsemée d'une quantité innombrable de petites îles, la plupart couvertes de bois. C'était par cette route que Montcalm s'était retiré avec son armée, et il était possible qu'il eût laissé quelques détachements d'Indiens, soit pour protéger son arrière-garde, soit pour réunir les traîneurs. Ils s'en approchèrent donc dans le plus grand silence, et avec toutes leurs précautions ordinaires.

Chingachgook quitta la rame, et le chasseur la prenant, se chargea avec Uncas de diriger l'esquif dans les nombreux canaux

---

[1]. Les beautés du lac George sont bien connues de tout voyageur américain ; relativement à la hauteur des montagnes qui l'entourent et à ses accessoires, il est inférieur aux plus beaux lacs de la Suisse et de l'Italie. Dans ses contours et la pureté de son eau, il est leur égal ; dans le nombre et la disposition de ses îles et de ses îlots, il est de beaucoup au-dessus d'eux tous.

On assure qu'il y a quelques centaines de ces îles sur une pièce d'eau qui a moins de trente milles de longueur. Les canaux naturels qui unissent ce qu'on peut appeler en effet deux lacs, sont couverts d'îles qui n'ont quelquefois entre elles que quelques pieds de distance. Le lac lui-même varie, dans sa largeur, de un à trois milles.

L'État de New-York est remarquable par le nombre et la beauté de ses lacs ; une de ses frontières repose sur la vaste étendue du lac Ontario, tandis que le lac Champlain s'étend presque pendant cent milles le long d'un autre. Onéida, Cayuga, Canandaigua, Seneca et George sont des lacs de trente milles de longueur ; ceux d'une plus petite proportion sont innombrables. Sur la plupart de ces lacs il y a maintenant de superbes villages, et on y voyage très-souvent sur des bateaux à vapeur.

qui séparaient toutes ces petites îles, sur chacune desquelles des ennemis cachés pouvaient se montrer tout à coup pendant qu'ils avançaient. Les yeux du Mohican roulaient sans cesse d'île en île et de buisson en buisson, à mesure que le canot marchait, et l'on aurait même dit que sa vue voulait atteindre jusque sur le sommet des rochers qui s'élevaient sur les rives du lac, et pénétrer dans le fond des forêts.

Heyward, spectateur doublement intéressé, tant à cause des beautés naturelles de ce lieu, que par suite des inquiétudes qu'il avait conçues, commençait à croire qu'il s'était livré à la crainte sans motif suffisant, quand les rames restèrent immobiles tout à coup, à un signal donné par Chingachgook.

— Hugh! s'écria Uncas presque au même instant que son père frappait un léger coup sur le bord du canot, pour donner avis de l'approche de quelque danger.

— Qu'y a-t-il donc? demanda le chasseur; le lac est aussi uni que si jamais le vent n'y eût soufflé, et je puis voir sur ses eaux jusqu'à la distance de plusieurs milles; mais je n'y aperçois pas même un canard.

L'Indien leva gravement une rame, et la dirigea vers le point sur lequel ses regards étaient constamment fixés. A quelque distance devant eux était une de ces îles couvertes de bois, mais elle paraissait aussi paisible que si le pied de l'homme n'en eût jamais troublé la solitude.

Duncan avait suivi des yeux le mouvement de Chingachgook :
— Je ne vois que la terre et l'eau, dit-il, et le paysage est charmant.

— Chut! dit le chasseur. Oui, Sagamore, vous ne faites jamais rien sans raison. Ce n'est qu'une ombre; mais cette ombre n'est pas naturelle. — Voyez-vous, major, ce petit brouillard qui se forme au-dessus de cette île? Mais on ne peut l'appeler un brouillard, car il ressemble plutôt à un petit nuage en forme de bande.

— Ce sont des vapeurs qui s'élèvent de l'eau.

— C'est ce que dirait un enfant. Mais ne voyez-vous pas que ces prétendues vapeurs sont plus noires vers leur base? On les voit distinctement sortir du bois qui est à l'autre bout de l'île. Je vous dis, moi, que c'est de la fumée, et, suivant moi, elle provient d'un feu qui est près de s'éteindre.

— Eh bien! abordons dans l'île, et sortons de doute et d'inquiétude. Elle est trop petite pour qu'il s'y trouve une troupe bien nombreuse, et nous sommes cinq.

— Si vous jugez de l'astuce d'un Indien par les règles que vous trouvez dans vos livres, ou seulement avec la sagacité d'un blanc, vous vous tromperez souvent, et votre chevelure courra grand risque.

OEil-de-Faucon s'interrompit un instant pour réfléchir en examinant avec encore plus d'attention les signes qui lui paraissaient indiquer la présence de quelques ennemis; après quoi il ajouta :

— S'il m'est permis de donner mon avis en cette affaire, je dirai que nous n'avons que deux partis à prendre : le premier est de retourner sur nos pas, et de renoncer à la poursuite des Hurons; le...

— Jamais! s'écria Heyward plus haut que les circonstances ne le permettaient.

— Bien, bien, continua le chasseur en lui faisant signe de se modérer davantage. Je suis moi-même de votre avis : mais j'ai cru devoir à mon expérience de vous exposer les deux alternatives. En ce cas, il faut pousser en avant, et s'il y a des Indiens ou des Français dans cette île, ou dans quelque autre, nous verrons qui saura le mieux ramer. — Y a-t-il de la raison dans ce que je dis, Sagamore?

Le Mohican ne répondit qu'en laissant tomber sa rame. Comme il était chargé de diriger le canot, ce mouvement indiqua suffisamment son intention, et il fut si bien secondé, qu'en quelques minutes ils arrivèrent à un point d'où ils pouvaient voir la rive septentrionale de l'île.

— Les voilà! dit le chasseur. Vous voyez bien clairement la fumée à présent, et deux canots, qui plus est. Les coquins n'ont pas encore jeté les yeux de notre côté, sans quoi nous entendrions leur maudit cri de guerre. — Allons, force de rames, mes amis, nous sommes déjà loin d'eux, et presque hors de portée d'une balle.

Un coup de fusil l'interrompit, et la balle tomba dans l'eau à quelques pieds du canot. D'affreux hurlements qui partirent en même temps de l'île leur annoncèrent qu'ils étaient découverts, et presque au même instant une troupe de sauvages, se précipitant vers leurs canots, y montèrent à la hâte, et se mirent à leur poursuite. A cette annonce d'une attaque prochaine, la physionomie du chasseur et des deux Mohicans resta impassible; mais ils appuyèrent davantage sur leurs rames, de sorte que leur petite barque semblait voler sur les eaux comme un oiseau.

— Tenez-les à cette distance, Sagamore, dit OEil-de-Faucon en regardant tranquillement par-dessus son épaule, en agitant encore sa rame; tenez-les à cette distance. Les Hurons n'ont jamais eu dans toute leur nation un fusil qui ait une pareille portée, et je sais le chemin que peut faire mon tueur de daims.

S'étant assuré qu'on pouvait sans lui maintenir le canot à une distance convenable, le chasseur quitta la rame et prit sa carabine. Trois fois il en appuya la crosse à son épaule, et trois fois il la baissa pour dire à ses compagnons de laisser les ennemis s'approcher un peu plus. Enfin, ses yeux ayant bien mesuré l'espace qui l'en séparait, il parut satisfait, et plaçant sa main gauche sous le canon de son fusil, il allait en lâcher le chien quand une exclamation soudaine d'Uncas lui fit tourner la tête de son côté.

— Qu'y a-t-il donc? lui demanda-t-il. Votre hugh! vient de sauver la vie à un Huron que je tenais au bout de ma carabine. Quelle raison avez-vous eue pour crier ainsi?

Uncas ne lui répondit qu'en lui montrant le rivage oriental du lac, d'où venait de partir un autre canot de guerre qui se dirigeait vers eux en ligne droite. Le danger dans lequel ils se trouvaient était alors trop évident pour qu'il fût besoin d'employer la parole pour le confirmer. OEil-de-Faucon quitta sur-le-champ son fusil pour reprendre la rame, et Chingachgook dirigea le canot plus près de la rive occidentale, afin d'augmenter la distance qui se trouvait entre eux et ses nouveaux ennemis poussant des cris de fureur. Cette scène inquiétante tira Munro lui-même de la stupeur dans laquelle ses infortunes l'avaient plongé.

— Gagnons la rive, dit-il avec l'air et le ton d'un soldat intrépide; montons sur un de ces rochers, et attendons-y ces sauvages.
— A Dieu ne plaise que moi ou aucun de ceux qui me sont attachés nous accordions une seconde fois quelque confiance à la bonne foi des Français ou de leurs adhérents!

— Celui qui veut réussir quand il a affaire aux Indiens, répliqua OEil-de-Faucon, doit oublier sa fierté, et s'en rapporter à l'expérience des naturels du pays. — Tirez davantage du côté de la terre, Sagamore; nous gagnons du terrain sur les coquins; mais ils p ourraient manœuvrer de manière à nous donner de l'embarras, à la longue.

Le chasseur ne se trompait pas ; car lorsque les Hurons virent que la ligne qu'ils suivaient les conduirait fort en arrière du canot qu'ils cherchaient à atteindre, ils en décrivirent une plus oblique, et bientôt les deux canots se trouvèrent voguant parallèlement à environ cent toises de distance l'un de l'autre. Ce fut alors une sorte de défi de vitesse, chacun des deux canots cherchant à prendre l'avance sur l'autre, l'un pour attaquer, l'autre pour échapper. Ce fut sans doute par suite de la nécessité où ils étaient de ramer que les Hurons ne firent pas feu sur-le-champ ; mais ils avaient l'avantage du nombre, et les efforts de ceux qu'ils poursuivaient ne pouvaient durer longtemps. Duncan en ce moment vit avec inquiétude le chasseur regarder autour de lui avec une sorte d'embarras, comme s'il eût cherché quelque nouveau moyen pour accélérer ou assurer leur fuite.

— Éloignez-vous encore un peu plus du soleil, Sagamore, dit OEil-de-Faucon ; je vois un de ces coquins quitter la rame, et c'est sans doute pour prendre un fusil. Un seul membre atteint parmi nous pourrait leur valoir nos chevelures. — Encore plus à gauche, Sagamore ; mettons cette île entre eux et nous.

Cet expédient ne fut pas inutile ; car tandis qu'ils passaient sur la gauche d'une longue île couverte de bois, les Hurons, désirant se maintenir sur la même ligne, furent obligés de prendre la droite. Le chasseur et ses compagnons ne négligèrent pas cet avantage, et dès qu'ils furent hors de la portée de la vue de leurs ennemis, ils redoublèrent des efforts qui étaient déjà prodigieux. Les deux canots arrivèrent enfin à la pointe septentrionale de l'île comme deux chevaux de course qui terminent leur carrière ; cependant les fugitifs étaient en avance, et les Hurons, au lieu de décrire une ligne parallèle, les suivaient par derrière, mais à moins de distance.

— Vous vous êtes montré connaisseur en canots, Uncas, en choisissant celui-ci parmi ceux que les Hurons avaient laissés près de William-Henry, dit le chasseur en souriant et plus satisfait de la supériorité de son esquif que de l'espoir qu'il commençait à concevoir d'échapper aux sauvages. Les coquins ne songent plus qu'à ramer, et au lieu de plomb et de poudre, c'est avec des morceaux de bois plats qu'il nous faut défendre nos chevelures.

— Ils se préparent à faire feu, s'écria Heyward quelques instants après, et comme ils sont en droite ligne, ils ne peuvent manquer de bien ajuster.

— Cachez-vous au fond du canot avec le colonel, dit le chasseur.

— Ce serait donner un bien mauvais exemple, répondit Heyward en souriant, si nous nous cachions à l'instant du danger.

— Seigneur Dieu! s'écria OEil-de-Faucon, voilà bien le courage d'un blanc! mais de même que beaucoup de ses actions, il n'est pas fondé en raison. Croyez-vous que le Sagamore, qu'Uncas, que moi-même, qui suis un homme de sang pur, nous hésiterions à nous mettre à couvert dans une circonstance où il n'y aurait aucune utilité à nous montrer? Et pourquoi donc les Français ont-ils entouré Québec de fortifications, s'il faut toujours combattre dans des clairières?

— Tout ce que vous dites peut être vrai, mon digne ami, répliqua Heyward; mais nos usages ne nous permettent pas de faire ce que vous nous conseillez.

Une décharge des Hurons interrompit la conversation, et tandis que les balles sifflaient à ses oreilles, Duncan vit Uncas tourner la tête pour savoir ce qu'il devenait ainsi que Munro. Il fut même obligé de reconnaître que, malgré la proximité des ennemis et le danger qu'il courait lui-même, la physionomie du jeune guerrier ne portait les traces d'aucune autre émotion que l'étonnement de voir des hommes s'exposer volontairement à un péril inutile.

Chingachgook connaissait probablement mieux les idées des blancs à ce sujet, car il ne fit pas un seul mouvement, et continua à s'occuper exclusivement de diriger la course du canot. Une balle frappa la rame qu'il tenait, à l'instant où il la levait, la lui fit tomber des mains, et la jeta à quelques pieds en avant dans le lac. Un cri de joie s'éleva parmi les Hurons, qui rechargeaient leurs fusils. Uncas décrivit un arc dans l'eau avec sa rame, et, par ce mouvement, faisant passer le canot près de celle de son père qui flottait sur la surface, celui-ci la reprit, et la brandissant au-dessus de sa tête en signe de triomphe, il poussa le cri de guerre des Mohicans, et ne songea plus qu'à accélérer la marche du frêle esquif.

Les cris — Le Grand-Serpent! la Longue-Carabine! le Cerf-Agile! partirent à la fois des canots qui les poursuivaient, et semblèrent animer d'une nouvelle ardeur les sauvages qui les remplissaient. Le chasseur, tout en ramant vigoureusement de la main droite, saisit son tueur de daims de la gauche, et l'éleva au-dessus de sa tête en le brandissant comme pour narguer les ennemis. Les Hurons répondirent à cette insulte, d'abord par des hurlements de fureur, et presqu'au même instant par une seconde décharge de leurs mousquets. Une balle perça le bord du canot; et l'on entendit les autres tomber dans l'eau à peu de distance. On n'aurait pu découvrir en ce moment critique aucune trace d'émotion sur le visage des deux Mohicans; leurs traits n'exprimaient ni crainte ni espérance; leur rame était le seul objet qui parût les occuper.

Œil-de-Faucon tourna la tête vers Heyward et lui dit en souriant:

— Les oreilles des coquins aiment à entendre le bruit de leurs fusils; mais il n'y a point parmi les Mingos un œil qui soit capable de bien ajuster dans un canot qui danse sur l'eau. Vous voyez que les chiens de démons ont été obligés de diminuer le nombre de leurs rameurs pour pouvoir charger et tirer, et en calculant au plus bas, nous avançons de trois pieds pendant qu'ils en font deux.

Heyward, qui ne se piquait pas de si bien calculer les degrés de vitesse relative des deux canots, n'était pas tout à fait aussi tranquille que ses compagnons; cependant il reconnut bientôt que, grâce aux efforts et à la dextérité de ceux-ci, et à la soif du sang qui tourmentait les autres, ils avaient véritablement gagné quelque chose sur leurs ennemis.

Les Hurons firent feu une troisième fois, et une balle toucha la rame du chasseur à vingt lignes de sa main.

— A merveille! dit-il après avoir examiné avec attention l'endroit que la balle avait frappé; elle n'aurait pas entamé la peau d'un enfant, bien moins encore celle de gens endurcis par les fatigues, comme nous le sommes. Maintenant, major, si vous voulez remuer cette rame, mon tueur de daims ne sera pas fâché de prendre part à la conversation.

Duncan saisit la rame, et s'en servit avec une ardeur qui suppléa à ce qui pouvait lui manquer du côté de l'expérience. Cependant le chasseur avait pris son fusil, et après en avoir renouvelé l'amorce, il coucha en joue un Huron, qui se disposait de son côté à tirer. Le coup partit, et le sauvage tomba à la renverse, laissant échapper son fusil dans l'eau. Il se releva pourtant presque au même instant; mais ses mouvements et ses gestes prouvaient qu'il était grièvement blessé. Ses camarades, abandonnant leurs rames, s'attroupèrent autour de lui, et les trois canots devinrent stationnaires.

Chingachgook et Uncas profitèrent de ce moment de relâche pour reprendre haleine ; mais Duncan continua à ramer avec le zèle le plus constant. Le père et le fils jetèrent l'un sur l'autre un coup d'œil d'un air calme, mais plein d'intérêt. Chacun d'eux voulait savoir si l'autre n'avait pas été blessé par le feu des Hurons ; car ils savaient tous deux que dans un pareil moment ni l'un ni l'autre n'aurait fait connaître cet accident par une plainte ou une exclamation de douleur. Quelques gouttes de sang coulaient de l'épaule du Sagamore, et celui-ci, voyant que les yeux d'Uncas y étaient attachés avec inquiétude, prit de l'eau dans le creux de sa main pour laver la blessure, se contentant de lui prouver ainsi que la balle n'avait fait qu'effleurer la peau en passant.

— Doucement, major, plus doucement! dit le chasseur après avoir rechargé sa carabine. Nous sommes déjà un peu trop loin pour qu'un fusil puisse bien faire son devoir. Vous voyez que ces coquins sont à tenir conseil; laissons-les venir à portée : on peut se fier à mon œil en pareil cas. Je veux les promener jusqu'au bout de l'Horican, en les maintenant à une distance d'où je vous garantis que pas une de leurs balles ne nous fera plus de mal qu'une égratignure tout au plus, tandis que mon tueur de daims en abattra un deux fois sur trois.

— Vous oubliez ce qui doit nous occuper le plus, répondit Heyward en remuant la rame avec un nouveau courage. Pour l'amour du ciel, profitons de notre avantage, et mettons plus de distance entre nous et nos ennemis.

— Songez à mes enfants! s'écria Munro d'une voix étouffée, et au désespoir d'un père! Rendez-moi mes enfants!

Une longue habitude de déférence aux ordres de ses supérieurs avait appris au chasseur la vertu de l'obéissance. Jetant un regard de regret vers les canots ennemis, il déposa son fusil dans le fond de l'esquif, et prit la place de Duncan, dont les forces commençaient à s'épuiser. Ses efforts furent secondés par ceux des Mohicans, et quelques minutes mirent un tel intervalle entre les Hurons et eux, que Duncan en respira plus librement, et se flatta de pouvoir arriver au but de tous ses désirs.

Le lac prenait en cet endroit une largeur beaucoup plus considérable, et la rive dont ils étaient peu éloignés continuait encore à être bordée par de hautes montagnes escarpées. Mais il s'y trouvait peu d'îles, et il était facile de les éviter. Les coups de rames bien mesurés se succédaient sans interruption, et les rameurs montraient autant de sang-froid que s'ils venaient de disputer le prix d'une course sur l'eau.

Au lieu de côtoyer la rive occidentale, sur laquelle il fallait qu'ils descendissent, le prudent Mohican dirigea sa course vers ces montagnes, derrière lesquelles on savait que Montcalm avait conduit son armée dans la forteresse redoutable de Ticonderago. Comme les Hurons paraissaient avoir renoncé à les poursuivre, il n'existait pas de motif apparent pour cet excès de précaution. Cependant ils continuèrent pendant plusieurs heures à suivre la même direction, et ils arrivèrent enfin dans une petite baie, sur la rive septentrionale du lac : les cinq navigateurs descendirent à terre, et le canot fut retiré sur le sable. OEil-de-Faucon et Heyward montèrent sur une hauteur voisine, et le premier, après avoir considéré avec attention pendant quelques minutes les eaux limpides du lac, aussi loin que la vue pouvait s'étendre, fit remarquer à Heyward un point noir, placé à la hauteur d'un grand promontoire, à plusieurs milles de distance.

— Le voyez-vous? lui demanda-t-il, et si vous le voyez, votre expérience d'homme blanc et votre science dans les livres vous apprendraient-elles ce que ce peut être, si vous étiez seul à trouver votre chemin dans ce désert?

— A cette distance, je le prendrais pour quelque oiseau aquatique, si c'est un être animé.

— C'est un canot de bonne écorce de bouleau, et sur lequel se trouvent de rusés Mingos qui ont soif de notre sang. Quoique la Providence ait donné aux habitants des bois de meilleurs yeux qu'à ceux qui vivent dans des pays peuplés, et qui n'ont pas besoin d'une si bonne vue, cependant il n'y a pas de sauvages assez clairvoyants pour apercevoir tous les dangers qui nous environnent en ce moment. Les coquins font semblant de ne songer qu'à leur souper; mais dès que le soleil sera couché, ils seront sur notre piste comme les plus fins limiers. Il faut leur donner le change, ou nous ne réussirons pas dans notre poursuite, et le Renard-Subtil nous échappera. Ces lacs sont quelquefois utiles, particulièrement quand le gibier se jette à l'eau, ajouta le chasseur en regardant autour de lui avec une légère expression d'inquiétude, mais ils ne mettent pas à couvert, à moins que ce ne soient les poissons. Dieu sait ce que deviendrait le pays si les établissements des blancs s'étendaient jusqu'au delà des deux rivières. La chasse et la guerre perdraient tout leur charme.

— Fort bien ; mais ne perdons pas un instant sans nécessité absolue.

— Je n'aime pas beaucoup cette fumée que vous voyez s'élever tout doucement le long de ce rocher, derrière le canot. Je réponds qu'il y a d'autres yeux que les nôtres qui la voient, et qu'ils savent ce qu'elle veut dire. — Mais les paroles ne peuvent remédier à rien, et il est temps d'agir.

OEil-de-Faucon descendit de l'éminence sur laquelle il était avec le major, en ayant l'air de réfléchir profondément ; et ayant rejoint ses compagnons, qui étaient restés sur le rivage, il leur fit part du résultat de ses observations en langue delaware, et il s'ensuivit une courte et sérieuse consultation. Dès qu'elle fut terminée, on exécuta sur-le-champ ce qui venait d'être résolu.

Le canot, qu'on avait tiré sur le sable, fut porté sur les épaules, et la petite troupe entra dans le bois, en ayant soin de laisser des marques très-visibles de son passage. Ils rencontrèrent une petite rivière qu'ils traversèrent, et trouvèrent à peu de distance un grand rocher nu et stérile, et sur lequel ceux qui auraient voulu suivre leurs traces n'auraient pu espérer de voir les marques de leurs pas. Là ils s'arrêtèrent et retournèrent sur leurs pas jusqu'à la rivière, en ayant soin de marcher à reculons. Elle pouvait porter leur canot, et y étant montés, ils la descendirent jusqu'à son embouchure, et rentrèrent ainsi dans le lac. Un rocher qui s'y avançait considérablement, empêchait heureusement que cet endroit pût être aperçu du promontoire, près duquel ils avaient vu un des canots des Hurons, et la forêt s'étendant jusqu'au rivage, il paraissait impossible qu'ils fussent découverts de si loin. Ils profitèrent de ces avantages pour côtoyer la rivière en silence, et quand les arbres furent sur le point de leur manquer, OEil-de-Faucon déclara qu'il croyait prudent de débarquer de nouveau.

La halte dura jusqu'au crépuscule. Ils remontèrent alors dans leur canot, et favorisés par les ténèbres, ils firent force de rames pour gagner la côte occidentale. Cette côte était hérissée de hautes montagnes, qui semblaient serrées les unes contre les autres ; cependant l'œil exercé de Chingachgook y distingua un petit havre, dans lequel il conduisit le canot avec toute l'adresse d'un pilote expérimenté.

La barque fut encore tirée sur le rivage, et transportée jusqu'à une certaine distance dans l'intérieur du bois, où elle fut cachée avec soin sous un amas de broussailles. Chacun prit ses armes et ses munitions, et le chasseur annonça à Munro et à Heyward que ses deux compagnons et lui étaient maintenant prêts à commencer leurs recherches.

CHAPITRE XXI.

> Si vous trouvez là un homme, il mourra de la mort d'un prince.
>
> SHAKSPEARE.

Nos cinq voyageurs étaient arrivés au bord d'une contrée qui, même encore aujourd'hui, est moins connue des habitants des Etats-Unis que les déserts de l'Arabie et les steppes de la Tartarie. C'est le district stérile et montagneux qui sépare les eaux tributaires du Champlain de celles qui vont se jeter dans l'Hudson, le Mohawk et le Saint-Laurent. Depuis l'époque où se sont passés les événements que nous rapportons, l'esprit actif du pays l'a entouré d'une ceinture d'établissements riches et florissants; mais on ne connaît encore que le chasseur et l'Indien qui pénètrent dans son enceinte inculte et sauvage.

OEil-de-Faucon et les Mohicans ayant traversé plus d'une fois les montagnes et les vallées de ce vaste désert, n'hésitèrent pas à se plonger dans la profondeur des bois avec l'assurance de gens habitués aux privations. Pendant plusieurs heures ils continuèrent leur marche, tantôt guidés par une étoile, tantôt suivant le cours de quelque rivière. Enfin le chasseur proposa une halte, et après s'être consulté avec les Indiens, ils allumèrent du feu et firent leurs préparatifs d'usage pour passer le reste de la nuit.

Imitant l'exemple de leurs compagnons plus expérimentés à cet égard, et se livrant à la même confiance, Munro et Duncan s'endormirent sans crainte, sinon sans inquiétude. Le soleil avait dissipé les brouillards, et répandait une brillante clarté dans la forêt, quand les voyageurs se remirent en marche le lendemain.

Après avoir fait quelques milles, OEil-de-Faucon, qui était toujours en tête, commença à s'avancer avec plus de lenteur et d'attention. Il s'arrêtait souvent pour examiner les arbres et les broussailles, et il ne traversait pas un ruisseau sans examiner la vitesse de son cours, la profondeur et la couleur de ses eaux. Se méfiant de son propre jugement, il interrogeait souvent Chingachgook, et avait avec lui une courte discussion. Pendant la dernière de ces conférences, Heyward remarqua que le jeune Uncas écoutait en silence, sans se permettre une réflexion, quoiqu'il parût prendre grand intérêt à l'entretien. Il était fortement tenté de s'adresser au jeune Indien, pour lui demander s'il pensait qu'ils fussent bien avancés vers le but de leur voyage; mais il n'en fit rien, parce qu'il supposa que, de même que lui, il s'en rapportait à l'intelligence et à la sagacité de son père et du chasseur. Enfin celui-ci adressa lui-même la parole au major, et lui expliqua l'embarras dans lequel il se trouvait.

— Quand j'eus remarqué que les traces de Magua conduisaient vers le nord, dit-il, il ne fallait pas le jugement de bien longues années pour en conclure qu'il suivrait les vallées, et qu'il se tiendrait entre les eaux de l'Hudson et celles de l'Horican, jusqu'à ce qu'il arrivât aux sources des rivières du Canada, qui le conduiraient dans le cœur du pays occupé par les Français. Cependant nous voici à peu de distance du Scaroon [1], et nous n'avons pas encore trouvé une seule marque de son passage ! La nature humaine est sujette à se tromper, et il est possible que nous ne soyons pas sur la bonne piste.

— Que le ciel nous préserve d'une telle erreur ! s'écria Duncan. Retournons sur nos pas, et examinons le terrain avec plus d'attention. — Uncas n'a-t-il pas quelque conseil à nous donner, dans un tel embarras ?

Le jeune Mohican jeta un regard rapide sur son père; mais, reprenant aussitôt son air réservé, il continua à garder le silence. Chingachgook avait remarqué son coup d'œil, et lui faisant un signe de la main, il lui dit de parler.

1. Nom d'un lac dans l'État de New-York.

Dès que cette permission lui eut été accordée, ses traits, naguère si paisibles, éprouvèrent un changement soudain et brillèrent de joie et d'intelligence. Bondissant avec la légèreté d'un daim, il courut vers une petite hauteur, qui n'était qu'à une centaine de pas en avant, et s'arrêta avec un air de triomphe sur un endroit où la terre semblait avoir été entamée par le passage de quelque animal. Tous les yeux suivaient avec attention chacun de ses mouvements, et l'on voyait un gage de succès dans les traits animés et satisfaits du jeune Indien.

— Ce sont leurs traces! s'écria le chasseur en arrivant près d'Uncas; le jeune homme a une intelligence précoce et une vue excellente pour son âge!

— Il est bien extraordinaire qu'il ne nous ait pas informés plus tôt de sa découverte, dit Duncan.

— Il aurait été encore bien plus étonnant qu'il eût parlé sans ordre, répondit OEil-de-Faucon. Non, non. Vos jeunes blancs, qui prennent dans les livres tout ce qu'ils savent, peuvent s'imaginer que leurs connaissances, de même que leurs jambes, vont plus vite que celles de leurs pères; mais le jeune Indien, qui ne reçoit que les leçons de l'expérience, apprend à connaître le prix des années, et respecte la vieillesse.

— Voyez! dit Uncas en montrant les marques de différents pieds, toutes du côté du nord; la chevelure brune s'avance du côté du froid.

— Jamais limier n'a trouvé une plus belle piste, dit le chasseur en se mettant en marche sur la route tracée par les signes qu'il apercevait. Nous sommes favorisés, grandement favorisés par la Providence, et nous pouvons les suivre le nez en l'air. — Voilà encore les pas des deux animaux qui ont un trot si singulier. Ce Huron voyage en général blanc! il est frappé de folie et d'aveuglement! Et se tournant en arrière en riant: — Sagamore, ajouta-t-il, cherchez si vous ne verrez pas de traces de roues; car sans doute nous verrons bientôt l'insensé voyager en équipage, — et cela quand il a sur les talons les meilleurs yeux du pays!

L'air de satisfaction du chasseur, l'ardeur joyeuse d'Uncas, l'expression calme et tranquille de son père, et le succès inespéré qu'on venait d'obtenir dans une poursuite pendant laquelle on avait déjà parcouru plus de quarante milles, tout concourut à rendre l'espérance à Munro et au major. Ils marchaient à grands pas, et avec la même confiance que des voyageurs qui auraient suivi une grande route. Si un rocher, un ruisseau, un terrain plus dur que de coutume interrompaient la chaîne des traces qu'ils suivaient, les yeux exercés du chasseur ou des deux Mohicans les retrouvaient à peu de distance, et rarement ils étaient obligés de s'arrêter un instant. D'ailleurs, leur marche était plus assurée par la certitude qu'ils venaient d'acquérir que Magua avait jugé à propos de voyager à travers les vallées, circonstance qui ne leur laissait aucun doute sur la direction qu'ils devaient suivre.

Le Renard-Subtil n'avait pourtant pas tout à fait négligé les ruses auxquelles les Indiens ne manquent jamais d'avoir recours lorsqu'ils font retraite devant un ennemi. De fausses traces, laissées à dessein, se rencontraient souvent, toutes les fois qu'un ruisseau ou la nature du terrain le permettait; mais ceux qui le poursuivaient s'y laissaient rarement tromper, et lorsqu'il leur arrivait de prendre le change, ils le reconnaissaient toujours avant d'avoir perdu beaucoup de temps et fait bien du chemin sur ces traces trompeuses.

Vers le milieu de l'après-midi, ils avaient traversé le Scaroon et ils se dirigeaient vers le soleil qui commençait à descendre vers l'horizon. Ayant franchi une étroite vallée arrosée par un petit ruisseau, ils se trouvèrent dans un endroit où il était évident que le Renard avait fait une halte avec ses prisonnières. Des tisons à demi brûlés prouvaient qu'on y avait allumé un grand feu; les restes d'un daim étaient encore à peu de distance; et l'herbe tondue de près autour des deux arbres démontrait que les chevaux y avaient été attachés. Heyward découvrit à quelques pas un beau buisson près duquel l'herbe était foulée; il contempla avec émotion le lieu où il supposait qu'Alice et Cora s'étaient reposées. Mais quoique cet endroit offrît de toutes parts les traces laissées tant par les hommes que par les animaux, celles des premiers cessaient tout à coup, et ne conduisaient pas plus loin.

Il était facile de suivre les traces des deux chevaux; mais ils semblaient avoir erré au hasard, sans guides, et suivant que leur instinct les avait dirigés en cherchant leur pâture. Enfin Uncas trouva leurs traces récentes. Avant de les suivre, il fit part de sa découverte à ses compagnons, et tandis qu'ils étaient encore à se consulter sur cette circonstance singulière, le jeune Indien reparut avec les deux chevaux, dont les selles, les harnais et tout l'équipement étaient brisés et souillés, comme s'ils avaient été abandonnés à eux-mêmes depuis plusieurs jours.

— Que peut signifier cela? demanda Heyward en pâlissant et en jetant les yeux autour de lui en frémissant, comme s'il eût craint que les buissons et les broussailles ne fussent sur le point de lui dévoiler quelque horrible secret.

— Cela signifie que nous sommes déjà presque au bout de notre course, et que nous nous trouvons en pays ennemi, répondit le chasseur. Si le coquin avait été serré de près, et que les jeunes dames n'eussent pas eu de chevaux pour le suivre assez vite, il aurait bien pu se faire qu'il n'eût emporté d'elles que leurs chevelures; mais ne croyant pas avoir d'ennemis sur les talons, et ayant d'aussi bonnes montures que celles-ci, je réponds qu'il ne leur a pas retiré un seul cheveu de la tête. — Je lis dans vos pensées, major, et c'est une honte pour notre couleur que vous ayez sujet de penser ainsi; mais celui qui croit que même un Mingo maltraiterait une femme qui serait en son pouvoir, à moins que ce ne fût pour lui donner un coup de tomahawk, ne connaît rien à la nature des Indiens ni à la vie qu'ils mènent dans leurs bois.—Mais j'ai entendu dire que les Indiens amis des Français sont descendus dans ces bois pour y chercher l'élan, et en ce cas nous ne devons pas être à une très-grande distance de leur camp. Et pourquoi n'y viendraient-ils pas? que risquent-ils? Il n'y a pas de jour où l'on ne puisse entendre matin et soir, dans ces montagnes, le bruit des canons de Ty; car les Français élèvent une nouvelle ligne de forts entre les provinces du roi et le Canada.—Au surplus il est certain que voilà les deux chevaux; mais que sont devenus ceux qui les conduisaient? il faut absolument que nous découvrions leurs traces.

OEil-de-Faucon et les Mohicans s'appliquèrent sérieusement à cette tâche. Un cercle imaginaire de quelques centaines de pieds fut tracé autour de l'endroit où le Renard avait fait une halte, et chacun d'eux se chargea d'en examiner une section : cet examen ne fut pourtant d'aucune utilité. Les impressions de pied se montrèrent en grand nombre; mais elles paraissaient avoir été faites par des gens qui allaient çà et là sans intention de s'éloigner. Tous trois firent ensemble ensuite le tour de cette circonférence, et enfin ils allèrent rejoindre leurs deux compagnons blancs sans avoir trouvé un seul indice qui indiquât le départ de ceux qui s'étaient arrêtés en ce lieu.

— Une telle malice est inspirée par le diable ! s'écria le chasseur un peu déconcerté. Sagamore, il faut que nous fassions de nouvelles recherches en partant de cette petite source, et que nous examinions le terrain pouce à pouce. Il ne faut pas que ce chien de Huron aille se vanter à ses camarades d'avoir un pied qui ne laisse aucun vestige.

Il joignit l'exemple à ses discours, et ses deux compagnons et lui, animés d'une nouvelle ardeur, ne laissèrent pas une branche sèche, pas une feuille, sans la déranger et examiner la place qu'elle couvrait; car ils savaient que l'astuce et la patience des Indiens allaient quelquefois jusqu'à s'arrêter à chaque pas pour cacher ainsi celui qu'ils venaient de faire. Cependant, malgré ce soin minutieux, ils ne purent rien découvrir.

Enfin Uncas, qui, avec son activité ordinaire, avait le premier terminé sa tâche, s'imagina d'établir une petite digue avec des pierres et de la terre en travers du ruisseau qui sortait de la source dont nous avons déjà parlé. Par ce moyen il arrêta le cours de l'eau, qui fut obligée de chercher un autre chemin pour s'écouler. Dès que le lit fut à sec, il se pencha pour l'examiner avec attention, et le cri hugh! qui lui échappa, annonça le succès qu'il venait d'obtenir. Toute la petite troupe se réunit à l'instant autour de lui, et Uncas montra sur le sable fin et humide qui en composait le fond plusieurs empreintes de mocassin parfaitement tracées, mais toutes semblables.

— Ce jeune homme sera l'honneur de sa nation, s'écria OEil-de-Faucon regardant ces traces avec la même admiration qu'un naturaliste accorderait aux ossements d'un mammouth ou d'un kracken[1]; oui, il sera une épine dans les côtes des Hurons. Cependant ces marques n'ont pas été faites par le pied d'un Indien; elles sont trop appuyées sur le talon, et puis un pied si long et si large et carré par le bout... Ah! Uncas, courez me chercher la mesure du pied du chanteur; vous en trouverez une superbe empreinte au pied du rocher qui est en face de nous.

Pendant qu'Uncas exécutait sa commission, son père et le chasseur restèrent à contempler ces traces; et lorsque le jeune Indien fut de retour, les mesures s'accordèrent parfaitement. OEil-de-

---

[1]. Ce nom est moins connu en France que celui de mammouth : il est employé par les naturalistes du nord de l'Europe et de l'Amérique, pour désigner un animal marin monstrueux par la grandeur et par la forme.

Faucon prononça donc très-affirmativement que les marques qu'ils avaient sous les yeux avaient été produites par le pied de David.

— Je sais tout maintenant, ajouta-t-il, aussi bien que si j'avais tenu conseil avec Magua. Le chanteur étant un homme qui n'a de talent que dans le gosier et dans les pieds, on lui a fait mettre une seconde fois des mocassins ; on l'a fait marcher le premier, et ceux qui le suivaient ont eu soin de mettre le pied sur les mêmes pas que lui ; ce qui n'était pas bien difficile, l'eau étant claire et peu profonde.

— Mais, s'écria Duncan, je ne vois aucune trace qui indique la marche de...

— Des deux jeunes dames? dit le chasseur. Le coquin aura trouvé quelque moyen pour les porter jusqu'à ce qu'il ait cru qu'il n'avait plus rien à craindre. Je gagerais ma vie que nous retrouverons les marques de leurs jolis petits pieds avant que nous soyons bien loin.

On se remit en marche, en suivant le cours du ruisseau, dans le lit duquel on voyait toujours les mêmes impressions. L'eau ne tarda pas à y rentrer ; mais étant bien assurés de la direction de la marche du Huron, ils côtoyèrent les deux rives de l'eau, en se bornant à les examiner avec grande attention, afin de reconnaître l'endroit où il avait quitté l'eau pour reprendre terre.

Après avoir fait ainsi plus d'un demi-mille, ils arrivèrent à un endroit où le ruisseau faisait un coude au pied d'un grand rocher aride dont toute la surface n'offrait ni terre ni végétation. Là nos voyageurs s'arrêtèrent pour délibérer ; car il n'était pas facile de savoir si le Huron et ceux qui le suivaient avaient traversé cette montagne qui ne pouvait recevoir aucune empreinte, ou s'ils avaient continué à marcher dans le ruisseau.

Ils se trouvèrent bien d'avoir pris ce parti, car pendant que Chingachgook et Œil-de-Faucon raisonnaient sur des probabilités, Uncas, qui cherchait des certitudes, examinait les environs du rocher, et il trouva bientôt sur une touffe de mousse la marque du pas d'un Indien qui y avait sans doute marché par inadvertance : remarquant que la pointe du pied était dirigée vers un bois voisin, il y courut à l'instant, et là il retrouva toutes les traces, aussi distinctes, aussi bien marquées que celles qui les avaient conduits jusqu'à la source qu'ils venaient de quitter. Un second hugh !

annonça cette découverte à ses compagnons, et mit fin à leur délibération.

— Oui, oui, dit le chasseur, c'est le jugement d'un Indien qui a présidé à tout cela, et il y en avait assez pour aveugler des yeux blancs.

— Nous mettrons-nous en marche? demanda Heyward.

— Doucement! doucement! répondit OEil-de-Faucon; nous connaissons le chemin, mais il est bon d'examiner les choses à fond. C'est là ma doctrine, major; il ne faut jamais négliger les moyens d'apprendre à lire dans le livre que la Providence nous ouvre, et qui vaut mieux que tous les vôtres. Tout est maintenant clair à mes yeux, une seule chose exceptée; comment le coquin est-il venu à bout de faire passer les deux jeunes dames tout le long du ruisseau, depuis la source jusqu'au rocher? car je dois convenir qu'un Huron est trop fier pour les avoir forcées à mettre les pieds dans l'eau.

— Cela pourrait-il vous aider à expliquer la difficulté? demanda Heyward en lui montrant quelques branches récemment coupées, près desquelles on en voyait de plus petites et de plus flexibles qui semblaient avoir servi de liens, et qu'on avait jetées à l'entrée du bois.

— C'est cela même! s'écria le chasseur d'un air satisfait, et il ne manque plus rien à présent. Ils ont fait une espèce de litière ou de hamac avec des branches, et ils s'en sont débarrassés quand ils n'en ont plus eu besoin. Tout est expliqué; mais je parierais qu'ils ont mis bien du temps à imaginer tous ces moyens de cacher leur marche; au surplus, j'ai vu des Indiens y passer une journée entière, et ne pas mieux réussir. — Eh bien! nous avons ici trois paires de mocassins et deux paires de petits pieds. N'est-il pas étonnant que de faibles créatures puissent se soutenir sur de si petits membres! — Uncas, passez-moi votre courroie, que je mesure le plus petit, celui de la chevelure blonde. — De par le ciel, c'est le pied d'un enfant de huit ans! et cependant les deux jeunes dames sont grandes et bien faites. Il faut en convenir, et celui de nous qui est le mieux partagé et le plus content de son partage doit l'avouer, la Providence est quelquefois partiale dans ses dons; mais elle a sans doute de bonnes raisons pour cela.

— Mes pauvres filles sont hors d'état de supporter de pareilles fatigues! s'écria Munro en regardant avec une tendresse paternelle les traces que leurs pieds avaient laissées. Elles auront péri de lassitude dans quelque coin de ce désert!

— Non, non, dit le chasseur en secouant lentement la tête, il n'y a rien à craindre à ce sujet. Il est aisé de voir ici que, quoique les enjambées soient courtes, la marche est ferme et le pied léger. Voyez cette marque; à peine le talon a-t-il appuyé pour la former; et ici la chevelure noire a sauté pour éviter cette grosse racine. Non, non, autant que j'en puis juger, ni l'une ni l'autre ne risquait de rester en chemin faute de forces. Quant au chanteur, c'est une autre affaire; il commençait à avoir mal aux pieds et à être las. Vous voyez qu'il glissait souvent, que sa marche est lourde et mal assurée. On dirait qu'il marchait avec des souliers pour la neige. Oui, oui, un homme qui ne songe qu'à son gosier ne peut s'entretenir convenablement les jambes.

C'était avec de pareils raisonnements que le chasseur expérimenté arrivait à la vérité presque avec une certitude et une précision miraculeuse. Son assurance rendit un certain degré de confiance et d'espoir à Munro et à Heyward, et, rassurés par des inductions qui étaient aussi simples que naturelles, ils s'arrêtèrent pour faire une courte halte et prendre un léger repas avec leurs guides.

Dès que ce repas fait à la hâte fut terminé, le chasseur jeta un coup d'œil vers le soleil couchant, et se remit en marche avec tant de rapidité, que le colonel et le major ne pouvaient le suivre que très-difficilement.

Ils marchaient alors le long du ruisseau dont il a déjà été parlé; et comme les Hurons avaient cru pouvoir cesser de prendre des précautions pour cacher leur marche, la course de ceux qui les poursuivaient n'était plus retardée par les délais causés par l'incertitude. Cependant, avant qu'une heure se fût écoulée, le pas d'Œil-de-Faucon se ralentit sensiblement; au lieu de marcher en avant avec hardiesse et sans hésiter, on le voyait sans cesse tourner la tête, tantôt à droite, tantôt à gauche, comme s'il eût soupçonné le voisinage de quelque danger. Enfin, il s'arrêta, et attendit que tous ses compagnons l'eussent rejoint.

— Je sens les Hurons, dit-il en s'adressant aux Mohicans; je vois le ciel qui se couvre là-bas à travers le haut des arbres; ce doit être une grande clairière, et les coquins peuvent y avoir établi leur camp. — Sagamore, allez sur les montagnes à droite; Uncas montera sur celles qui bordent le ruisseau, et moi je continuerai à suivre la piste. Celui qui apercevra quelque chose en donnera avis aux autres par trois cris de corbeau. Je viens de voir plusieurs de ces oiseaux voler au-dessus de ce chêne mort, et c'est encore un signe qu'il y a un camp d'Indiens dans les environs.

Les Mohicans partirent chacun de leur côté, sans juger nécessaire de lui rien répondre, et le chasseur continua à marcher avec les deux officiers. Heyward doubla le pas pour se placer à côté de son guide, empressé de voir le plus tôt possible ces ennemis qu'il avait poursuivis avec tant d'inquiétude et de fatigue. Bientôt son compagnon lui dit de se retirer sur la lisière du bois, qui était entouré d'une bordure de buissons épais, et de l'y attendre. Duncan lui obéit, et se trouva au bout de quelques minutes sur une petite hauteur d'où il dominait sur une scène qui lui parut aussi extraordinaire que nouvelle.

Sur un espace de terrain très-considérable, tous les arbres avaient été abattus, et la lumière d'une belle soirée d'été, tombant sur cette grande clairière, formait un contraste éblouissant avec le jour sombre qui règne toujours dans une forêt. A peu de distance de l'endroit où était alors Duncan, le ruisseau formait un petit lac dans un vallon resserré entre deux montagnes. L'eau sortait ensuite de ce bassin par une pente si douce et si régulière, qu'elle semblait l'ouvrage de la main de l'homme plutôt que celui de la nature. Plusieurs centaines de petites habitations en terre s'élevaient sur les bords de ce lac, et sortaient même du sein des eaux, qu'on aurait dit s'être répandues au delà des limites ordinaires. Leurs toits arrondis, admirablement calculés pour servir de défense contre les éléments, annonçaient plus d'industrie et de prévoyance qu'on n'en trouve ordinairement dans les habitations que construisent les naturels de ce pays, surtout celles qui ne sont destinées qu'à leur servir de demeure temporaire pendant les saisons de la chasse et de la pêche. Du moins, tel fut le jugement qu'il en porta.

Il contemplait ce spectacle depuis quelques minutes, quand il vit plusieurs hommes, à ce qu'il lui parut, s'avançant vers lui en marchant sur les mains et sur les pieds, et en traînant après eux quelque chose de lourd, peut-être quelque instrument de guerre qui lui était inconnu. Au même instant, plusieurs têtes noirâtres se montrèrent à la porte de quelques habitations, et bientôt les bords du lac furent couverts d'une multitude d'êtres allant et venant dans tous les sens, toujours en rampant, mais qui marchaient avec une telle célérité et qui échappaient si promptement à sa vue, cachés tantôt par les arbres, tantôt par les habitations, qu'il lui fut impossible de reconnaître quelles étaient leur occupation ou leurs intentions.

Alarmé de ces mouvements suspects et inexplicables, il était sur le point d'essayer d'imiter le cri du corbeau pour appeler à lui ses compagnons, quand un bruit soudain, qu'il entendit dans les broussailles, lui fit tourner la tête d'un autre côté.

Il tressaillit et recula involontairement en arrière; mais, à l'aspect d'un être qui lui parut être un Indien, au lieu de donner un signal d'alarme qui probablement mal imité aurait pu lui devenir funeste à lui-même, il resta immobile derrière un buisson, et surveilla avec attention la conduite de ce nouvel arrivé.

Un moment d'attention suffit pour l'assurer qu'il n'avait pas été aperçu. L'Indien, de même que lui, semblait entièrement occupé à contempler les petites habitations à toit rond du village et les mouvements vifs et rapides de ses habitants. Il était impossible de découvrir l'expression de ses traits sous le masque grotesque de peinture dont son visage était couvert, et cependant elle avait un air de mélancolie plutôt que de férocité. Il avait les cheveux rasés suivant l'usage, si ce n'est sur le sommet de la tête, où trois ou quatre vieilles plumes de faucon étaient attachées à la portion de la chevelure en cet endroit. Une pièce de calicot en grande partie usée lui couvrait à peine la moitié du corps, dont la partie inférieure n'avait pour tout vêtement qu'une chemise ordinaire, dans les manches de laquelle ses jambes et ses cuisses étaient passées. Le bas de ses jambes était nu et déchiré par les ronces; mais ses pieds étaient couverts d'une bonne paire de mocassins de peau d'ours. En dernier résultat, l'extérieur de cet individu était misérable.

Duncan examinait encore son voisin avec curiosité, quand le chasseur arriva à côté de lui en silence et avec précaution.

— Vous voyez, lui dit le major d'une voix très-basse, que nous avons atteint leur établissement ou leur camp, et voici un sauvage dont la position paraît devoir nous gêner dans notre marche.

OEil-de-Faucon tressaillit, et leva son fusil sans bruit, tandis que ses yeux suivaient la direction du doigt de Duncan. Allongeant alors le cou comme pour mieux reconnaître cet individu suspect, après un instant d'examen, il baissa son arme meurtrière.

— Ce n'est point un Huron, dit-il, et il n'appartient même à aucune des peuplades du Canada. Et cependant vous voyez à ses vêtements qu'il a pillé un blanc. — Oui, oui, Montcalm a recruté dans tous les bois pour son expédition, et il a enrôlé toutes les races de coquins qu'il a pu trouver. — Mais il n'a ni couteau ni tomahawk ! Savez-vous où il a déposé son arc et son fusil?

— Je ne lui ai vu aucune arme, répondit le major, et ses manières n'annoncent pas des dispositions sanguinaires. Le seul danger que nous ayons à craindre de lui, c'est qu'il ne donne l'alarme à ses compagnons, qui, comme vous le voyez, se traînent en rampant sur le bord du lac.

Le chasseur se retourna pour regarder Heyward en face, et il resta un instant les yeux fixés sur lui et la bouche ouverte avec un air d'étonnement qu'il serait impossible de décrire. Enfin, tous ses traits exprimèrent un accès de rire, sans produire pour cela le moindre son, expression qui lui était particulière, et que l'habitude des dangers lui avait apprise.

— Ses compagnons qui se traînent en rampant sur le bord du lac ! répéta-t-il ; voilà la science qu'on gagne à passer des années à l'école, à lire des livres et à ne jamais sortir des établissements des blancs ! Quoi qu'il en soit, le coquin a de longues jambes, et il ne faut pas nous fier à lui. Tenez-le en respect avec votre fusil, tandis que je vais faire un détour pour le prendre par derrière sans lui entamer la peau. Mais ne faites feu pour quelque motif que ce soit.

— Si je vous vois en danger, dit Heyward, ne puis-je...

Œil-de-Faucon l'interrompit par un nouveau rire muet, en le regardant en homme qui ne savait trop comment répondre à cette question.

— En ce cas, major, dit-il enfin, feu de peloton.

Le moment d'après il était caché par les broussailles. Duncan attendait avec impatience l'instant où il pourrait le voir ; mais ce ne fut qu'au bout de plusieurs minutes qu'il le vit reparaître derrière le prisonnier qu'il voulait faire, et se glissant comme un serpent le ventre contre terre. Lorsqu'il ne fut qu'à quelques pieds de l'Indien, il se releva lentement et sans le moindre bruit. Au même instant les eaux du lac retentirent d'un tumulte soudain, et Duncan, y jetant un coup d'œil à la hâte, vit une centaine des êtres dont les mouvements l'avaient tellement intrigué s'y précipiter ensemble.

Saisissant son fusil, le major reporta les yeux sur l'Indien qu'il observait, et qui, au lieu de prendre l'alarme, avait le cou allongé vers le lac, et regardait avec une sorte de curiosité stupide. En ce moment la main menaçante d'Œil-de-Faucon était levée sur lui, mais, au lieu de frapper, il la laissa retomber sur sa cuisse, sans aucune raison apparente, et il s'abandonna encore à un de ses accès de rire silencieux. Enfin, au lieu de saisir sa victime à la gorge, il lui frappa légèrement sur l'épaule, et lui dit :

— Eh bien! l'ami, voudriez-vous apprendre aux castors à chanter?

— Eh! pourquoi non? répondit David; l'être qui leur a donné une intelligence et des facultés si merveilleuses ne leur refuserait peut-être pas la voix pour chanter ses louanges.

CHAPITRE XXII.

> Bot. Sommes-nous tous réunis?
> Qui. Sans doute; et voici un endroit admirable pour faire notre répétition.
>
> SHAKSPEARE. *Le songe d'une nuit d'été.*

Le lecteur peut s'imaginer, mieux que nous ne pourrions le décrire, quelle fut la surprise d'Heyward. Son camp d'Indiens redoutables se métamorphosait en une troupe de castors; son lac n'était plus qu'un étang formé à la longue par ces ingénieux quadrupèdes; sa cataracte devenait une écluse construite par l'industrie naturelle de ces animaux, et dans le sauvage dont la proximité l'avait inquiété, il reconnaissait son ancien compagnon David La Gamme. La présence inattendue du maître en psalmodie fit concevoir au major un tel espoir de revoir bientôt les deux sœurs, que sans hésiter un instant il sortit de son embuscade, et courut rejoindre les deux principaux acteurs de cette scène.

L'accès de gaieté d'Œil-de-Faucon n'était point encore passé quand Heyward arriva. Il fit tourner David sur les talons sans cérémonie pour l'examiner plus à son aise, et jura plus d'une fois que la manière dont il était accoutré faisait grand honneur au goût des Hurons. Enfin il lui saisit la main, la lui serra avec une force qui fit venir des larmes aux yeux de l'honnête David, et le félicita sur sa métamorphose.

— Et ainsi, vous vous disposiez à apprendre un cantique aux castors, n'est-ce pas? lui dit-il; les rusés animaux savent déjà quelque chose de votre métier, car ils battent la mesure avec la queue, comme vous venez de le voir. Au surplus il était temps qu'ils plongeassent, car j'étais bien tenté de leur donner le ton avec mon tueur de daims. J'ai connu bien des gens qui savaient lire et écrire, et qui n'avaient pas l'intelligence d'un castor; mais quant au chant, le pauvre animal est né muet. — Et que pensez-vous de l'air que voici?

Il imita trois fois le cri du corbeau; David pressa ses deux mains sur ses oreilles délicates, et Heyward, quoique averti que c'était le signal convenu, ne put s'empêcher de lever les yeux en l'air pour voir s'il n'y apercevrait pas un oiseau.

— Voyez, continua le chasseur en montrant les deux Mohicans qui, ayant entendu le signal, arrivaient déjà de différents côtés; c'est une musique qui a une vertu particulière; elle attire près de moi deux bons fusils, pour ne rien dire des couteaux et des tomahaws. — Eh bien! nous voyons qu'il ne vous est rien arrivé de fâcheux; mais dites-nous maintenant ce que sont devenues les deux jeunes dames.

— Elles sont captives des païens, répondit David; mais, quoique troublées d'esprit, elles sont en toute sûreté de corps.

— Toutes deux? demanda Heyward respirant à peine.

— Toutes deux, répéta David. Quoique notre voyage ait été fatigant, et notre nourriture peu abondante, nous n'avons guère eu à nous plaindre que de la violence qu'on a faite à notre volonté en nous emmenant en captivité dans un pays lointain.

— Que le ciel vous récompense de la consolation que vos paroles me procurent! s'écria Munro avec agitation; mes chères filles me seront donc rendues, aussi pures, aussi innocentes que lorsqu'elles m'ont été ravies!

— Je doute que le moment de leur délivrance soit arrivé, répliqua David d'un air grave. Le chef de ces sauvages est possédé d'un malin esprit que la toute-puissance du ciel peut seule dompter. J'ai tout essayé près de lui ; mais ni l'harmonie des sons ni la force des paroles ne semblent toucher son âme.

— Et où est le coquin? demanda brusquement le chasseur.

— Il chasse l'élan aujourd'hui avec ses jeunes guerriers, et demain, à ce que j'ai appris, nous devons nous enfoncer plus avant dans ces forêts, et nous rapprocher des frontières du Canada. L'aînée des deux sœurs habite avec une peuplade voisine dont les habitations sont placées au delà de ce grand rocher noir que vous voyez là-bas. L'autre est retenue avec les femmes des Hurons qui sont campés à deux petits milles d'ici, sur un plateau où le feu a rempli les fonctions de la hache pour faire disparaître les arbres.

— Alice! ma pauvre Alice! s'écria Heyward; elle a donc même perdu la consolation d'avoir sa sœur auprès d'elle!

— Elle l'a perdue; mais elle a joui de toutes celles que peut donner à l'esprit dans l'affliction la mélodie des chants religieux.

— Quoi! s'écria Œil-de-Faucon, elle trouve du plaisir à écouter votre musique!

— Une musique d'un caractère grave et solennel, quoique je doive convenir qu'en dépit de tous mes efforts pour la distraire je la vois pleurer plus souvent que sourire. Dans de pareils instants, je suspends la mélodie des chants sacrés; mais il en est de plus heureux où j'éprouve de grandes consolations, quand je vois les sauvages s'attrouper autour de moi pour m'entendre invoquer la merci céleste.

— Et comment se fait-il qu'on vous permette d'aller seul? qu'on ne vous surveille pas? demanda Heyward.

— Il ne faut pas en faire un mérite à un vermisseau tel que moi, répondit La Gamme en cherchant à donner à ses traits une expression d'humilité modeste; mais quoique le pouvoir de la psalmodie ait été suspendu pendant la terrible affaire de la plaine de sang que nous avons traversée, elle a recouvré son influence même sur les âmes des païens, et c'est pourquoi il m'est permis d'aller où bon me semble.

Œil-de-Faucon se mit à rire, se toucha le front du doigt, d'un air expressif, en regardant le major, et il rendit peut-être son idée plus intelligible en ajoutant en même temps :

— Jamais les Indiens ne maltraitent celui qui manque de cela.

Mais dites-moi, l'ami, quand le chemin était ouvert devant vous, pourquoi n'êtes-vous pas retourné sur vos pas? Les traces en sont plus visibles que celles que laisserait un écureil. Pourquoi ne vous êtes-vous pas pressé de porter ces nouvelles au fort Édouard?

Le chasseur, ne songeant qu'à sa vigueur et à l'habitude qu'il avait de reconnaître les moindres traces, oubliait qu'il proposait à David une tâche qu'il aurait probablement été impossible à celui-ci de jamais exécuter. Mais le psalmodiste, sans rien perdre de son air de simplicité ordinaire, se contenta de lui répondre :

— Quoique c'eût été une grande joie pour mon âme de revoir les habitations des chrétiens, mes pieds auraient suivi les pauvres jeunes dames confiées à mes soins, même jusque dans la province idolâtre des jésuites, plutôt que de faire un pas en arrière, pendant qu'elles languissent dans l'affliction et la captivité.

Quoique le langage figuré de David ne fût pas complétement à la portée de tous ceux qui l'entendaient, son ton ferme, l'expression de ses yeux, et son air de franchise et de sincérité, l'expliquaient assez pour que personne ne pût s'y méprendre. Uncas s'avança, et jeta sur lui en silence un regard d'approbation, tandis que Chingachgook exprimait sa satisfaction par cette exclamation qui remplace les applaudissements chez les Indiens.

— Le Seigneur n'a jamais voulu, dit le chasseur en secouant la tête, que l'homme donnât tous ses soins à son gosier, au lieu de cultiver les plus nobles facultés dont il lui a plu de le douer. Mais ce pauvre diable a eu le malheur de tomber entre les mains de quelque sotte femme quand il aurait dû travailler à son éducation en plein air et au milieu des beautés de la forêt. Au surplus, il n'a que de bonnes intentions. — Tenez, l'ami, voici un joujou que j'ai trouvé et qui vous appartient. J'avais dessein de m'en servir pour allumer le feu; mais comme vous y êtes attaché, reprenez-le, et grand bien vous fasse!

La Gamme reçut son instrument avec une expression de plaisir aussi vive qu'il crut pouvoir se le permettre sans déroger à la grave profession qu'il exerçait. Il en tira sur-le-champ quelques sons, qu'il fit suivre tout aussitôt des accents de sa propre voix pour s'assurer que son instrument favori n'avait rien perdu de ses qualités, et dès qu'il en fut bien convaincu, il prit gravement dans sa poche le petit livre dont il a été si souvent parlé, et se mit à le feuilleter pour y chercher quelque long cantique d'action de grâces.

Mais Heyward mit obstacle à ce pieux dessein en lui faisant questions sur questions sur les captives. Le vénérable père l'interrogeait aussi à son tour avec un intérêt trop puissant pour que David pût se dispenser de lui répondre, quoiqu'il jetât toujours de temps en temps sur son instrument un coup d'œil qui annonçait le désir de s'en servir. Le chasseur lui-même faisait quelques questions quand l'occasion semblait l'exiger.

Ce fut de cette manière, et avec quelques intervalles, que David remplissait du prélude menaçant d'un long cantique, qu'ils apprirent enfin les détails dont la connaissance pouvait leur être utile pour l'accomplissement de leur grande entreprise, la délivrance des deux sœurs.

Magua était resté sur la montagne où il avait conduit ses deux prisonnières, jusqu'à ce que le tumulte et le carnage qui régnaient dans la plaine fussent complétement calmés. Vers le milieu du jour il en était descendu, et avait pris la route du Canada, à l'ouest de l'Horican. Comme il connaissait parfaitement ce chemin et qu'il savait qu'il n'était pas en danger d'une poursuite immédiate, il ne mit pas une hâte extraordinaire dans sa marche, quoiqu'il prît toutes les précautions pour en dérober la trace à ceux qui pourraient le poursuivre. Il paraissait, d'après la relation naïve de David, que sa présence avait été plutôt endurée que souhaitée ; mais Magua lui-même n'était pas tout à fait exempt de cette vénération superstitieuse avec laquelle les Indiens regardent les êtres dont il plaît au grand Esprit de déranger l'intelligence. Lorsque la nuit était arrivée, on avait pris les plus grandes précautions, tant pour mettre les deux prisonnières à l'abri de la rosée que pour empêcher qu'elles pussent s'échapper.

En arrivant au camp des Hurons, Magua, conformément à une politique dont un sauvage s'écartait rarement, avait séparé ses prisonnières. Cora avait été envoyée dans une peuplade nomade qui occupait une vallée éloignée ; mais David ignorait trop l'histoire et les coutumes des Indiens pour pouvoir dire quel était le caractère de ceux-ci, et quel nom portait leur tribu. Tout ce qu'il savait, c'était qu'ils n'avaient point pris part à l'expédition qui venait d'avoir lieu contre William-Henry ; que, de même que les Hurons, ils étaient alliés de Montcalm, et qu'ils avaient des liaisons amicales avec cette nation belliqueuse et sauvage dans le voisinage désagréable de laquelle le hasard les avait placés.

Les Mohicans et le chasseur écoutèrent cette narration imparfaite et interrompue avec un intérêt qui croissait évidemment à chaque instant; et tandis que David cherchait à décrire les mœurs de la peuplade d'Indiens parmi lesquels Cora avait été conduite, OEil-de-Faucon lui demanda tout à coup :

— Avez-vous remarqué leurs couteaux? Sont-ils de fabrique anglaise ou française?

— Mes pensées ne s'arrêtaient point à de telles vanités, répondit David; je partageais les chagrins des deux jeunes dames, et je ne songeais qu'à les consoler.

— Le temps peut venir où vous ne regarderez pas le couteau d'un sauvage comme une vanité si méprisable, dit le chasseur en prenant lui-même un air de mépris qu'il ne cherchait pas à déguiser. Ont-ils célébré leur fête des grains? — Pouvez-vous nous dire quelque chose de leurs *totems*?

— Le grain ne nous a jamais manqué; nous en avons en abondance, et Dieu en soit loué, car le grain cuit dans le lait est doux à la bouche et salutaire à l'estomac. Quant au *totem*[1], je ne sais ce que vous voulez dire. Si c'est quelque chose qui ait rapport à l'art de la musique indienne, ce n'est pas chez eux qu'il faut le chercher : jamais ils n'unissent leurs voix pour chanter les louanges de Dieu, et ils paraissent les plus profanes de tous les idolâtres.

— C'est calomnier la nature d'un Indien! Les Mingos eux-mêmes n'adorent que le vrai Dieu! Je le dis à la honte de ma couleur; mais c'est un mensonge impudent des blancs que de prétendre que les guerriers des bois se prosternent devant les images qu'ils ont taillées eux-mêmes. Il est bien vrai qu'ils tâchent de vivre en paix avec le diable; mais qui ne voudrait vivre en paix avec un ennemi qu'il est impossible de vaincre? Il n'en est pas moins certain qu'ils ne demandent de faveur et d'assistance qu'au bon et grand Esprit.

— Cela peut être; mais j'ai vu des figures bien étranges au milieu

---

1. Les *totems* forment une espèce de *blason*. Chaque famille sauvage se supposant descendue de quelque animal, adopte pour ses *armoiries* la représentation de cette origine bizarre qui peut-être n'est qu'une allégorie. Le tombeau est orné du *totem* qui a distingué le sauvage pendant sa vie et joué un rôle dans toutes les solennités de son existence aventureuse.

des peintures dont ils se couvrent le corps ; le soin qu'ils en prennent, l'admiration qu'elles leur inspirent, sentent une espèce d'orgueil spirituel ; j'en ai vu une entres autres qui représentait un animal dégoûtant et impur.

— Était-ce un serpent? demanda vivement le chasseur.

— Pas tout à fait ; mais c'était la ressemblance d'un animal rampant comme lui, d'une vile tortue de terre.

— Hugh! s'écrièrent en même temps les deux Mohicans, tandis que le chasseur secouait la tête avec l'air d'un homme qui vient de faire une découverte importante, mais peu agréable.

Chingachgook prit alors la parole, et s'exprima en delaware avec un calme et une dignité qui excitèrent l'attention même de ceux qui ne pouvaient le comprendre ; ses gestes étaient expressifs, et quelquefois même énergiques. Une fois il leva le bras droit, et en le laissant retomber lentement, il appuya un doigt sur sa poitrine, comme pour donner une nouvelle force à quelque chose qu'il disait. Ce mouvement écarta le tissu de calicot qui le couvrait, et Duncan, qui suivait des yeux tous ses gestes, vit sur sa poitrine la représentation en petit, ou plutôt l'esquisse de l'animal dont on venait de parler, bien tracée en beau bleu. Tout ce qu'il avait entendu dire de la séparation violente des tribus nombreuses des Delawares se présenta alors à son esprit, et il attendit le moment où il pourrait faire quelques questions, avec une impatience qu'il ne maîtrisait qu'avec de grands efforts, malgré le vif intérêt qu'il prenait au discours du chef mohican, discours qui malheureusement était inintelligible pour lui.

Œil-de-Faucon ne lui donna pas le temps de l'interroger ; car dès que Chingachgook eut fini de parler, il prit la parole à son tour, et s'adressa au major en anglais.

— Nous venons de découvrir, lui dit-il, ce qui peut nous être utile ou préjudiciable, suivant que le ciel en disposera. Le Sagamore est du sang le plus ancien des Delawares, et il est grand chef de leurs Tortues. Qu'il y ait parmi la peuplade dont le chanteur nous parle quelques individus de cette race, c'est ce dont nous ne pouvons douter d'après ce qu'il vient de nous dire ; et s'il avait épargné, pour faire quelques questions prudentes, la moitié de l'haleine qu'il a mal employée à faire une trompette de son gosier, nous aurions pu savoir quel est le nombre des guerriers de cette caste qui s'y trouve. Dans tous les cas, nous sommes sur un chemin qui offre bien des dangers; car un ami dont le visage s'est détourné de vous est souvent plus mal intentionné que l'ennemi qui en veut ouvertement à votre chevelure.

— Expliquez-vous, dit Duncan.

— Ce serait une histoire aussi triste que longue, et à laquelle je n'aime pas à penser, répondit le chasseur; car on ne peut nier que le mal n'ait été principalement fait par des hommes à peau blanche. Le résultat en est que les frères ont levé leurs tomahawks les uns contre les autres, et que les Mingos et les Delawares se sont trouvés côte à côte sur le même sentier.

— Et vous croyez que c'est avec une partie de cette dernière nation que Cora se trouve en ce moment? demanda Heyward.

OEil-de-Faucon ne répondit que par un signe affirmatif, et parut désirer de mettre fin à une conversation sur un sujet qui lui était pénible. L'impatient Duncan s'empressa alors de proposer d'employer pour la délivrance des deux sœurs des moyens impraticables, et qui ne pouvaient être suggérés et adoptés que par le désespoir. Munro parut secouer son accablement pour écouter les projets extravagants du jeune major avec un air de déférence, et il sembla y donner une approbation que son jugement et ses cheveux blancs auraient refusée en toute autre circonstance. Mais le chasseur, après avoir attendu patiemment que la première ardeur de l'amant s'évaporât un peu, vint à bout de le convaincre de la folie qu'il y aurait à adopter des mesures précipitées et plus que hasardeuses dans une affaire qui exigeait autant de sang-froid et de prudence que de courage et de détermination.

— Voici ce qu'il y a de mieux à faire, ajouta-t-il : que ce chanteur retourne chanter chez les Indiens; qu'il informe les deux jeunes dames que nous sommes dans les environs, et qu'il vienne nous rejoindre pour se concerter avec nous quand nous lui en donnerons le signal. — Vous qui êtes musicien, l'ami, vous êtes sûrement en état de distinguer le cri du corbeau de celui du *whip-poor-will*[1]?

— Bien certainement. Celui-ci est un oiseau dont la voix est douce et mélancolique; et quoiqu'elle n'ait que deux notes mal cadencées, elle n'a rien de désagréable.

— Il veut parler du *wish-ton-wish*, dit le chasseur. — Eh bien !

---

[1]. *Whip-poor-will*; c'est le nom local d'une espèce d'émerillon particulière à l'Amérique.

puisque sa voix vous plaît, elle vous servira de signal. Quand vous entendrez le *whip-poor-will* chanter trois fois, ni plus ni moins, souvenez-vous de venir dans le bois, à l'endroit où vous croirez l'avoir entendu.

— Un instant, dit Heyward ; je l'accompagnerai.

— Vous ! s'écria Œil-de-Faucon en le regardant avec surprise ; êtes-vous las de voir le soleil se lever et se coucher?

— David est une preuve vivante que les Hurons eux-mêmes ne sont pas toujours sans merci.

— Mais le gosier de David lui rend des services que jamais homme de bon sens n'exigerait du sien.

— Je puis aussi jouer le rôle de fou, d'insensé, de héros, de tout ce qu'il vous plaira, pourvu que je délivre celle que j'aime d'une telle captivité. Ne me faites plus d'objections, je suis déterminé.

Le chasseur le regarda une seconde fois avec un étonnement qui le rendait muet. Mais Duncan, qui, par déférence pour l'expérience de son compagnon, et par égard pour les services qu'il en avait reçus, s'était soumis jusqu'alors presque aveuglément à tous ses avis, prit l'air de supériorité d'un homme habitué au commandement. Il fit un geste de la main pour indiquer qu'il ne voulait écouter aucune remontrance, et dit ensuite d'un ton plus modéré :

— Vous connaissez les moyens de me déguiser, employez-les sur-le-champ ; changez tout mon extérieur. — Peignez-moi, si vous le jugez à propos ; en un mot, faites de moi ce qu'il vous plaira : un fou supposé, si vous ne voulez pas que je le devienne véritablement.

Le chasseur secoua la tête d'un air mécontent.

— Ce n'est pas à moi, reprit-il, qu'il appartient de dire que celui qui a été formé par une main aussi puissante que celle de la Providence a besoin de subir quelque changement. D'ailleurs vous autres même, quand vous envoyez des détachements en campagne, vous leur donnez des mots d'ordre, et vous leur désignez des lieux de ralliement, afin que ceux qui combattent du même côté puissent se reconnaître, et sachent où retrouver leurs amis ; ainsi.....

— Écoutez-moi, s'écria Duncan sans lui laisser le temps d'achever sa phrase, vous venez d'apprendre de ce brave homme, qui a si fidèlement suivi les deux prisonnières, que les Indiens avec lesquels elles se trouvent sont de deux tribus différentes, sinon de deux différentes nations : celle que vous nommez la chevelure noire est avec la peuplade que vous croyez être une branche des Delawares; l'autre, la plus jeune, est incontestablement entre les mains de nos ennemis déclarés, les Hurons. La délivrer est donc la partie la plus difficile et la plus dangereuse de notre entreprise, et je prétends tenter cette aventure comme ma jeunesse et mon rang l'exigent. Ainsi donc, tandis que vous négocierez avec vos amis la délivrance de l'une, j'effectuerai celle de l'autre, ou j'aurai cessé d'exister.

L'ardeur martiale du jeune major ainsi réveillée brillait dans ses yeux, et donnait à toute sa personne un air imposant auquel il était difficile de résister. OEil-de-Faucon, quoique connaissant trop bien la clairvoyance de l'astuce des Indiens pour ne pas prévoir tout le danger d'une pareille tentative, ne sut trop comment combattre cette résolution soudaine. Peut-être même trouvait-il en secret dans ce projet quelque chose qui était d'accord avec sa hardiesse naturelle, et avec ce goût invincible qu'il avait toujours eu lui-même pour les entreprises hasardeuses, et qui avait augmenté avec son expérience, au point que les périls étaient devenus, pour ainsi dire, une jouissance nécessaire à son existence. Changeant donc de dessein tout à coup, il cessa de faire des objections au projet du major Heyward, et se prêta de bonne grâce à lui faciliter les moyens de l'exécuter.

— Allons, dit-il en souriant avec un air de bonne humeur, quand un daim veut se jeter à l'eau, il faut se mettre en face pour l'en empêcher, et non le poursuivre par derrière. Chingachgook a dans sa carnassière autant de couleurs que la femme d'un officier d'artillerie que je connais, qui met la nature sur des morceaux de papier, fait des montagnes semblables à une meule de foin, et place le bleu firmament à la portée de la maison. Le Sagamore sait s'en servir aussi. Asseyez-vous sur cette souche, et je vous réponds sur ma vie qu'il aura bientôt fait de vous un fou aussi naturel que vous pouvez le désirer.

Duncan s'assit, et Chingachgook, qui avait écouté toute cette conversation avec une grande attention, se mit sur-le-champ en besogne. Exercé depuis longtemps dans tous les mystères d'un art que connaissent plus ou moins presque tous les sauvages, il mit tous ses soins à lui donner l'extérieur de ce qu'il voulait paraître.

Il traça sur son front cette ligne que les Indiens sont accoutumés à regarder comme le symbole d'un caractère cordial et joyeux. Il évita avec soin tous les traits qui auraient pu indiquer des dispositions belliqueuses, et dessina sur ses joues des figures fantastiques, qui travestissaient le militaire en bouffon. Les gens de cette humeur n'étaient pas un phénomène chez les Indiens ; et comme Duncan était déjà suffisamment déguisé par le costume qu'il avait pris en partant du fort Édouard, il y avait certainement quelque raison de se flatter, qu'avec la connaissance parfaite qu'il avait du français, il pourrait passer pour un jongleur de Ticonderoga faisant une ronde parmi les peuplades alliées.

Quand on jugea que rien ne manquait à la peinture, le chasseur lui donna beaucoup d'avis et d'instructions sur la manière dont il devrait se conduire parmi les Hurons ; ils convinrent des signaux, et de l'endroit où ils se rejoindraient en cas de succès de part et d'autre, enfin rien ne fut oublié de ce qui pouvait contribuer à la réussite de l'entreprise.

La séparation de Munro et de son jeune ami fut douloureuse. Cependant le colonel parut s'y soumettre avec une sorte d'indifférence, qu'il n'aurait jamais montrée si son esprit se fût trouvé dans sa situation ordinaire, et que son accablement ne l'eût pas emporté sur son naturel cordial et affectueux.

Le chasseur, tirant alors à part le major, l'informa de l'intention où il était de laisser le vétéran dans quelque retraite sûre, sous la garde de Chingachgook, tandis qu'Uncas et lui chercheraient à se procurer quelques renseignements sur la tribu d'Indiens qu'ils avaient de bonnes raisons pour croire des Delawares. Lui ayant ensuite renouvelé le conseil qu'il lui avait déjà donné de consulter principalement la prudence dans tout ce qu'il croirait devoir dire ou faire, il finit par lui dire d'un ton solennel, mêlé d'une sensibilité dont Duncan fut profondément touché :

— Et maintenant, major, que Dieu vous inspire et vous protége ! Vous avez montré une ardeur qui me plaît ; c'est un don qui appartient à la jeunesse, et surtout quand elle a le sang chaud et le cœur brave. Mais croyez-en les avis d'un homme à qui l'expérience a appris que ce qu'il vous dit est la pure vérité : vous aurez besoin de tout votre sang-froid, et d'un esprit plus subtil que celui qu'on peut trouver dans les livres pour déjouer les ruses d'un Mingo et maîtriser sa résolution. Que Dieu veille sur vous ! Mais enfin, s'ils font un trophée de votre chevelure, comptez sur la promesse d'un homme qui a deux braves guerriers pour le soutenir ; les Hurons paieront leur triomphe par autant de morts qu'ils y auront trouvé de cheveux ! je le répète, major : puisse la Providence bénir votre entreprise, car elle est juste et honorable ; mais souvenez-vous que pour tromper ces coquins il est permis de faire des choses qui ne sont pas tout à fait dans la nature du sang blanc.

Heyward serra la main de son digne compagnon, qui ne savait trop s'il devait se prêter à un tel honneur ; il recommanda de nouveau son vieil ami à ses soins, lui rendit tous les vœux de réussite qu'il en avait reçus, et, faisant signe à David de venir le joindre, il partit sur-le-champ avec lui.

Le chasseur suivit des yeux le jeune major, aussi longtemps qu'il put l'apercevoir, d'un air qui exprimait l'admiration que lui inspiraient son courage et sa résolution. Ensuite, secouant la tête en homme qui semblait douter s'il le reverrait jamais, il rejoignit ses trois compagnons, et disparut avec eux dans l'épaisseur du bois.

La route que David fit prendre à Heyward traversait la clairière où se trouvait l'étang des castors, dont elle côtoyait les bords. Quand le major se trouva seul avec un être si simple, si peu en état de lui être du moindre secours dans la circonstance la plus urgente, il commença à sentir mieux qu'auparavant toutes les difficultés de son entreprise, mais sans désespérer d'y réussir.

Le jour qui commençait alors à tomber donnait un caractère encore plus sombre et plus sauvage au désert qui s'étendait bien loin autour de lui. On aurait même pu trouver quelque chose d'effrayant dans le silence et la tranquillité qui régnait dans ces petites habitations à toits ronds, qui étaient pourtant si bien peuplées. En contemplant ces constructions admirables, en voyant l'étonnante sagacité qui y présidait, la pensée qui le frappa fut que, même les animaux de ces vastes solitudes, possédaient un instinct presque comparable à la raison, et il ne put songer sans inquiétude à la lutte inégale qu'il allait avoir à soutenir, et dans laquelle il s'était si témérairement engagé. Mais au milieu de ces idées, l'image d'Alice, sa détresse, son isolement, le danger qu'elle courait, se présentèrent à son imagination, et les périls qu'il pouvait courir lui-même ne furent plus rien pour lui. Encourageant David par ses discours et son exemple, il se sentit enflammé d'une nouvelle ardeur, et marcha en avant avec le pas léger et vigoureux de la jeunesse et du courage.

Après avoir décrit à peu près un demi-cercle autour de l'étang des castors, ils s'en éloignèrent pour gravir une petite hauteur, sur le plateau de laquelle ils marchèrent quelque temps. Au bout d'une demi-heure, ils arrivèrent dans une autre clairière, également traversée par un ruisseau, et qui paraissait aussi avoir été habitée par des castors, mais que ces animaux intelligents avaient sans doute abandonnée pour se fixer dans la situation préférable qu'ils occupaient à peu de distance. Une sensation fort naturelle porta Duncan à s'arrêter un instant avant de quitter le couvert de la forêt, comme un homme qui recueille toutes ses forces avant de faire un effort pénible pour lequel il sait qu'elles lui seront nécessaires. Il profita de cette courte halte pour se procurer les informations qu'il pouvait obtenir par un coup d'œil jeté à la hâte.

A l'autre extrémité de la clairière, près d'un endroit où le ruisseau redoublait de rapidité pour tomber en cascades sur un sol moins élevé, on voyait une soixantaine de cabanes grossièrement construites, dont les matériaux étaient des troncs d'arbres, des branches, des broussailles et de la terre. Elles semblaient placées au hasard, sans aucune prétention à la beauté, ni même à la propreté de l'extérieur. Elles étaient si inférieures, sous tous les rapports, aux habitations des castors que Duncan venait de voir, que ce spectacle lui occasionna une seconde surprise encore plus forte que la première.

Son étonnement redoubla quand, à la lueur du crépuscule, il vit vingt à trente figures qui s'élevaient alternativement du milieu des hautes herbes qui croissaient en face des huttes des sauvages, et qui disparaissaient successivement à sa vue, comme si elles se fussent ensevelies dans les entrailles de la terre. Ne pouvant qu'entrevoir ces formes bizarres, qui ne se rendaient visibles qu'un instant, elles lui paraissaient ressembler à de sombres spectres ou à des êtres surnaturels plutôt qu'à des créatures humaines formées des matériaux vulgaires et communs de chair, d'os et de sang. Un corps nu se montrait un moment, agitant les bras en l'air avec des gestes bizarres, et il s'évanouissait sur-le-champ pour reparaître tout à coup en un endroit plus éloigné, ou pour être remplacé par un autre, qui conservait le même caractère mystérieux.

David, voyant que son compagnon s'était arrêté, suivit la direction de ses regards, et continua à rappeler Heyward à lui-même en lui adressant la parole.

— Il y a ici beaucoup de sol fertile qui languit sans culture, lui dit-il, et je puis dire, sans aucun mélange coupable d'un levain d'amour-propre, que, depuis le court séjour que j'ai fait parmi ces païens, j'y avais répandu bien du bon grain, sans avoir la consolation de le voir fructifier.

— Ces peuplades sauvages s'occupent plus de la chasse que des travaux auxquels les hommes sont habitués dans nos provinces, répondit Heyward les yeux toujours fixés sur les objets qui continuaient à l'étonner.

— Il y a plus de joie que de travail pour l'esprit à élever la voix pour faire entendre les louanges de Dieu, répliqua David, mais ces enfants abusent cruellement des dons du ciel; j'en ai rarement trouvé de leur âge à qui la nature eût accordé plus libéralement tous les éléments qui peuvent constituer la bonne psalmodie, et bien certainement on n'en trouverait aucun qui ne néglige ce talent. Trois soirées successives, je me suis rendu en ce lieu; je les ai réunis autour de moi, et je les ai engagés à répéter le cantique sacré que je leur chantais, et jamais ils ne m'ont répondu que par des cris aigus et sans accord qui me perçaient l'âme et me déchiraient les oreilles.

— De qui parlez-vous? demanda Duncan.

— De ces enfants du démon que vous voyez perdre à des jeux puérils un temps qu'ils pourraient employer si utilement s'ils voulaient m'écouter. Mais la contrainte salutaire de la discipline est inconnue parmi ce peuple abandonné à lui-même. Dans un pays où il croît tant de bouleaux, on ne connaît pas même l'usage des verges, et ce ne doit pas être une merveille pour mes yeux de voir abuser des bienfaits de la Providence pour produire des sons discords comme ceux-ci.

En achevant ces mots, David appliqua ses mains contre ses oreilles pour ne pas entendre les cris des enfants qui faisaient retentir en ce moment toute la forêt. Duncan, souriant des idées superstitieuses qui s'étaient présentées un instant à son imagination, lui dit avec fermeté :

— Avançons.

Le maître en psalmodie obéit sans déranger les sauvegardes qui garantissaient ses oreilles, et ils marchèrent hardiment vers ce que David appelait quelquefois les tentes des Philistins.

CHAPITRE XXIII.

> Mais quoique les bêtes fauves obtiennent un privilége de chasse, quoique nous donnions au cerf un espace réglé par des lois, avant de lancer nos meutes ou de bander notre arc, qui trouvera jamais à redire à la manière dont ce perfide renard est attiré dans le piége ou tué ?
>
> Sir WALTER SCOTT. *La Dame du Lac.*

Il arrive très-rarement que les camps des Indiens soient gardés par des sentinelles armées, comme ceux des blancs, plus instruits : avertis par leurs sens de l'approche du danger pendant qu'il est encore éloigné, les sauvages se reposent en général sur la connaissance parfaite qu'ils ont des indices que présente la forêt, et sur l'étendue de pays et la difficulté des chemins qui les séparent de ceux qu'ils ont à craindre. L'ennemi qui, par quelque heureux concours d'événements, a éludé la vigilance des batteurs d'estrade qui sont à quelque distance, ne trouve donc presque jamais auprès des habitations d'autres vedettes pour donner l'alarme. Indépendamment de cet usage généralement adopté, les peuplades alliées aux Français connaissaient trop bien la force du coup qui venait d'être frappé pour redouter quelque danger immédiat de la part des nations ennemies qui s'étaient déclarées pour les Anglais.

Ce fut ainsi qu'Heyward et David se trouvèrent tout à coup au milieu des enfants occupés de leurs jeux, comme on vient de le dire, sans que personne eût donné le moindre avis de leur approche. Mais dès qu'ils furent aperçus, toute la bande d'enfants, comme par un accord unanime, poussa des cris qui n'étaient rien moins qu'harmonieux, et disparut à leurs yeux comme par l'effet d'un enchantement, la couleur sombre de leurs corps nus se confondant, à cette heure du jour, avec celle des hautes herbes sèches qui les cachaient. Et cependant, quand la surprise eut permis à Duncan d'y jeter un coup d'œil, ses regards rencontraient partout sous l'herbe des yeux noirs et vifs constamment fixés sur lui.

La curiosité des enfants fut pour le major un présage qui ne lui parut pas encourageant, et pendant un moment il aurait volontiers battu en retraite. Mais il était trop tard même pour avoir l'air d'hésiter. Les clameurs bruyantes des enfants avaient attiré une douzaine de guerriers à la porte de la hutte la plus voisine, où ils étaient assemblés en groupe, attendant gravement que ceux qui arrivaient si inopinément s'approchassent d'eux.

David, déjà un peu familiarisé avec de pareilles scènes, marchait le premier, en droite ligne, d'un pas ferme qu'il aurait fallu un obstacle peu ordinaire pour déranger, et il entra dans la hutte avec un air d'assurance et de tranquillité : c'était le principal et le plus grand édifice de cette espèce de village, quoiqu'il ne fût pas construit avec plus de soin ou avec d'autres matériaux que les autres. En ce local se tenaient les conseils et les assemblées publiques de la peuplade, pendant sa résidence temporaire sur les frontières de la province anglaise.

Duncan trouva quelque difficulté à prendre l'air d'indifférence qui lui était nécessaire quand il passa entre les sauvages robustes et gigantesques qui étaient attroupés à la porte; mais, songeant que sa vie dépendait de sa présence d'esprit, il imita son compagnon, qu'il suivait pas à pas, et s'efforça tout en s'avançant de rallier ses idées. Un instant son cœur avait cessé de battre quand il s'était trouvé en si proche contact avec des ennemis féroces et implacables; mais il parvint à maîtriser son émotion, et marcha jusqu'au centre de la cabane sans donner aucun signe de faiblesse. Suivant l'exemple de David, il s'avança vers une pile de fagots de branches odorantes qui étaient dans un coin de la hutte, en prit un, et s'assit en silence.

Dès que le nouveau venu fut entré, ceux des sauvages qui étaient sortis de la hutte y rentrèrent sur-le-champ, et se rangeant autour de lui, ils semblèrent attendre avec patience que la dignité de l'étranger lui permît de parler. D'autres étaient appuyés avec une sorte d'indolence sur les troncs d'arbres qui servaient de piliers pour soutenir cet édifice presque chancelant. Trois ou quatre des plus âgés et des plus renommés de leurs guerriers s'étaient assis, suivant leur usage, un peu en avant des autres.

Une torche brûlait dans cet appartement, et réfléchissait successivement une lueur rouge sur toutes les physionomies de ces Indiens, suivant que les courants d'air en portaient la flamme d'un côté ou d'un autre. Duncan en profita pour tâcher de reconnaître sur leur visage à quelle espèce d'accueil il devait s'attendre; mais il n'était pas en état de lutter contre la froide astuce des sauvages avec lesquels il se trouvait.

Les chefs, placés en face de lui, dirigèrent à peine un coup d'œil de son côté : ils restaient les yeux fixés vers la terre, dans une attitude qu'on aurait pu prendre pour du respect, mais qu'il était facile d'attribuer à la méfiance. Ceux des Indiens qui se trouvaient dans l'ombre étaient moins réservés; et Duncan les surprit plus d'une fois jetant sur lui à la dérobée un regard curieux et pénétrant; et dans le fait il n'avait pas un seul trait de son visage, il ne faisait pas un geste, il ne remuait pas un muscle, qui n'attirassent leur attention, et dont ils ne tirassent quelque conclusion.

Enfin un homme dont les cheveux commençaient à grisonner, mais dont les membres nerveux, la taille droite et le pas assuré annonçaient qu'il avait encore toute la vigueur de l'âge mûr, s'avança d'un des bouts de l'appartement où il était resté, probablement pour faire ses observations sans être vu, et s'adressant à Heyward, il lui parla en se servant de la langue des Wyandots ou Hurons. Son discours était par conséquent inintelligible pour le major, quoique d'après les gestes qui l'accompagnaient il crût y reconnaître un ton de politesse plutôt que de courroux. Il fit donc quelques gestes pour lui faire comprendre qu'il ne connaissait pas cette langue.

— Aucun de mes frères ne parle-t-il français ou anglais? demanda ensuite Duncan en français, en regardant tour à tour ceux qui se trouvaient près de lui, dans l'espoir que quelqu'un d'entre eux lui répondrait.

La plupart se tournèrent vers lui comme pour l'écouter avec plus d'attention ; mais il n'obtint de réponse de personne.

— Je serais fâché de croire, dit Heyward toujours en français, et en parlant lentement dans l'espoir d'être mieux compris, que dans cette brave et sage nation il ne se trouve personne qui entende la langue dont le grand monarque se sert quand il parle à ses enfants. Il aurait un poids sur le cœur, s'il pensait que ses guerriers rouges aient si peu de respect pour lui.

Une longue pause s'ensuivit ; une gravité imperturbable régnait sur tous les visages, et pas un geste, pas un clin d'œil n'indiquait quelle impression cette observation pouvait avoir faite. Duncan, qui savait que le don de se taire était une vertu chez les sauvages, résolut d'en donner lui-même un exemple, et il profita de cet intervalle pour mettre de l'ordre dans ses idées.

Enfin le même guerrier qui lui avait déjà adressé la parole lui demanda d'un ton sec, et en employant le patois français du Canada :

— Quand notre père, le grand monarque, parle à son peuple, se sert-il de la langue du Huron?

— Il parle à tous le même langage, répondit Heyward ; il ne fait aucune distinction entre ses enfants, n'importe que la couleur de leur peau soit rouge, blanche ou noire ; mais il estime particulièrement ses braves Hurons.

— Et de quelle manière parlera-t-il, continua le chef, quand on lui présentera les chevelures qui, il y a cinq nuits, croissaient sur les têtes des Yengeese [1] ?

— Les Yengeese étaient ses ennemis, dit Duncan avec un frissonnement intérieur, et il dira : Cela est bon, mes Hurons ont été vaillants, comme ils le sont toujours.

— Notre père du Canada ne pense pas ainsi. Au lieu de regarder en avant pour récompenser ses Indiens, il jette les yeux en arrière.
— Il voit les Yengeese morts, et ne voit pas les Hurons. — Que veut dire cela?

— Un grand chef comme lui a plus de pensée que de langue. Il jette les yeux en arrière pour voir si nul ennemi ne suit ses traces.

— Le canot d'un ennemi mort ne peut flotter sur l'Horican, répondit le Huron d'un air sombre. Ses oreilles sont ouvertes aux Delawares qui ne sont pas nos amis, et ils les remplissent de mensonges.

— Cela peut être. Voyez, il m'a ordonné, à moi qui suis un homme instruit dans l'art de guérir, de venir parmi ses enfants les Hurons rouges des grands lacs, et de leur demander s'il y en a quelqu'un de malade.

Un second silence, aussi long et aussi profond que le premier,

---

1. Les Yenguis, les Anglais.

suivit la déclaration que Duncan venait de faire de la qualité en laquelle il se présentait, ou pour mieux dire du rôle qu'il se proposait de jouer. Mais en même temps, et comme pour juger de la vérité ou de la fausseté de ce qu'il venait de dire, tous les yeux se fixèrent sur lui avec un air d'attention et de pénétration qui lui donna des inquiétudes sérieuses sur le résultat de cet examen. Enfin le même Huron reprit la parole.

— Les hommes habiles du Canada se peignent-ils la peau? lui demanda-t-il froidement; nous les avons entendus se vanter d'avoir le visage pâle.

— Quand un chef indien vient parmi ses pères les blancs, répondit Heyward, il quitte sa peau de buffle pour prendre la chemise qui lui est offerte : mes frères indiens m'ont donné cette peinture, et je la porte par affection pour eux.

Un murmure d'approbation annonça que ce compliment fait aux Indiens était reçu favorablement. Le chef fit un geste de satisfaction en étendant la main; la plupart de ses compagnons l'imitèrent, et une exclamation générale servit d'applaudissement à l'orateur. Duncan commença à respirer plus librement, croyant se sentir déchargé du poids de cet examen embarrassant; et comme il avait déjà préparé une histoire simple et plausible à l'appui de son innocente imposture, il se livra à l'espoir de réussir dans son entreprise.

Un autre guerrier se leva, et après un silence de quelques instants, comme s'il eût réfléchi pour répondre convenablement à ce que l'étranger venait de dire, il fit un geste pour annoncer qu'il allait parler. Mais à peine avait-il entr'ouvert ses lèvres qu'un bruit sourd, mais effrayant, partit de la forêt, et presque au même instant il fut remplacé par un cri aigu et perçant prolongé, de manière à ressembler au hurlement plaintif d'un loup.

A cette interruption soudaine, qui excita visiblement toute l'attention des Indiens, Duncan se leva en tressaillant, tant avait fait d'impression sur lui ce cri épouvantable, quoiqu'il n'en connût ni la cause ni la nature. Au même instant tous les guerriers se précipitèrent hors de la cabane, et remplirent l'air de grands cris qui étouffaient presque les sons affreux que le major entendait encore de temps en temps retentir dans les bois.

Ne pouvant plus résister au désir de savoir ce qui se passait, il sortit à son tour de la hutte, et se trouva sur-le-champ au milieu d'une cohue en désordre, paraissant être composée de tout ce qui était doué de la vie dans le camp. Hommes, femmes, vieillards, enfants, infirmes, toute la peuplade était réunie. Les uns poussaient des exclamations avec un air de triomphe, les autres battaient des mains avec une joie qui avait quelque chose de féroce ; tous montraient une satisfaction sauvage de quelque événement inattendu. Quoique étourdi d'abord par le tumulte, Heyward trouva bientôt la solution de ce mystère dans la scène qui suivit.

Il restait encore assez de clarté dans les cieux pour qu'on pût distinguer entre les arbres un sentier qui, à l'extrémité de la clairière, conduisait dans la forêt. Une longue file de guerriers en sortit et s'avança vers les habitations. Celui qui marchait en tête portait un bâton auquel étaient suspendues, comme on le vit ensuite, plusieurs chevelures. Les sons horribles qu'on avait entendus étaient ce que les blancs ont nommé avec assez de raison le cri de mort, et la répétition de ce cri avait pour but de faire connaître à la peuplade le nombre des ennemis qu'on avait privés de la vie. Heyward connaissait cet usage des Indiens, et cette connaissance l'aida à trouver cette explication. Sachant donc alors que cette interruption avait pour cause le retour imprévu d'une troupe de guerriers partis pour une expédition, ses inquiétudes se calmèrent, et il se félicita d'une circonstance grâce à laquelle on ferait probablement moins d'attention à lui.

Les guerriers qui arrivaient s'arrêtèrent à une centaine de toises des habitations. Leurs cris, tantôt plaintifs, tantôt triomphants, et qui avaient pour but d'exprimer les gémissements des mourants et la joie des vainqueurs, avaient entièrement cessé. L'un d'eux fit quelques pas en avant, et appela les morts à voix haute, quoique ceux-ci ne pussent pas entendre ses paroles plus que les hurlements affreux qui les avaient précédées. Ce fut ainsi qu'il annonça la victoire qui venait d'être remportée ; et il serait difficile de donner une idée de l'extase sauvage et des transports de joie avec lesquels cette nouvelle fut reçue.

Tout le camp devint en un instant une scène de tumulte et de confusion. Les guerriers tirèrent leurs couteaux, et les brandirent en l'air ; rangés sur deux lignes, ils formaient une avenue qui s'étendait depuis l'endroit où les vainqueurs s'étaient arrêtés jusqu'à la porte de la hutte d'où Duncan venait de sortir. Les femmes saisirent des bâtons, des haches, la première arme offensive qui s'offrait à elles, et se mirent en rang pour prendre leur part du divertissement cruel qui allait avoir lieu. Les enfants même ne voulaient pas en être privés ; ils arrachaient de la ceinture de leurs pères les tomahawks qu'ils étaient à peine en état de soulever, et se glissaient entre les guerriers pour imiter leurs sauvages parents.

Plusieurs tas de broussailles avaient été préparés dans la clairière, et des vieilles femmes s'occupaient à y mettre le feu, pour éclairer les nouveaux événements qui allaient se passer. Lorsque la flamme s'en éleva elle éclipsa le peu qui restait de la clarté du jour, et servit en même temps à rendre les objets plus distincts et plus hideux. Cet endroit offrait alors aux yeux un tableau frappant dont le cadre était une masse sombre de grands pins, et dont l'arrière-plan était animé par les guerriers qui venaient d'arriver.

A quelques pas en avant d'eux étaient deux hommes qui semblaient destinés à jouer le principal rôle dans la scène cruelle qui allait avoir lieu. La lumière n'était pas assez forte pour qu'Heyward pût distinguer leurs traits, à la distance où il se trouvait ; mais leur contenance annonçait qu'ils étaient animés par des sentiments tout différents. L'un d'eux avait la taille droite, l'air ferme, et semblait prêt à subir son destin en héros ; l'autre avait la tête courbée sur sa poitrine, comme s'il eût été accablé par la honte ou paralysé par la terreur.

Duncan avait trop de grandeur d'âme pour ne pas éprouver un vif sentiment d'admiration et de pitié pour le premier, quoiqu'il n'eût pas été prudent à lui de manifester cette généreuse émotion. Cependant sa vue ne pouvait s'en détacher ; il suivait des yeux ses moindres mouvements, et en voyant en lui des membres qui paraissaient aussi agiles que robustes et bien proportionnés, il cherchait à se persuader que s'il était au pouvoir de l'homme, aidé par une noble résolution, d'échapper à un si grand péril, le jeune prisonnier qu'il avait sous les yeux pouvait espérer de survivre à la course à laquelle il prévoyait qu'on allait le forcer entre deux rangées d'êtres furieux armés contre ses jours. Insensiblement le major s'approcha davantage des Hurons, et il pouvait à peine respirer, tant il prenait d'intérêt à l'infortuné prisonnier.

En ce moment il entendit un seul cri qui donnait le signal de la course fatale. Un profond silence l'avait précédé pendant quelques instants, et il fut suivi par des hurlements infernaux, tels qu'il n'en avait pas encore entendu. L'une des deux victimes resta immobile; l'autre partit à l'instant même avec la légèreté d'un daim. Il entra dans l'avenue formée par ses ennemis, mais il ne continua pas à parcourir ce dangereux défilé comme on s'y attendait. A peine y était-il engagé qu'avant qu'on eût le temps de lui porter un seul coup il sauta par-dessus la tête de deux enfants, et s'éloigna rapidement des Hurons par un chemin moins dangereux. L'air retentit d'imprécations, les rangs furent rompus, et chacun se mit à courir de côté et d'autre.

Des broussailles enflammées répandaient alors une clarté rougeâtre et sinistre. Ceux des sauvages qu'on ne pouvait qu'entrevoir semblaient des spectres fendant l'air avec rapidité, et gesticulant avec une espèce de frénésie, tandis que la férocité de ceux qui passaient dans le voisinage des brasiers était peinte en caractères plus prononcés par l'éclat que les flammes faisaient rejaillir sur leurs visages basanés.

On comprendra facilement qu'au milieu d'une telle foule d'ennemis acharnés le fugitif n'avait pas le temps de respirer. Il y eut un seul moment où il se crut sur le point de rentrer dans la forêt, mais il la trouva gardée par ceux qui l'avaient fait prisonnier, et il fut contraint de se jeter dans le centre de la clairière. Se retournant comme un daim qui voit le chasseur devant lui, il franchit d'un seul bond un grand tas de broussailles embrasées, et passant avec la rapidité d'une flèche à travers un groupe de femmes, il parut tout à coup à l'autre bout de la clairière; mais il y trouva encore des Hurons qui veillaient de ce côté. Il dirigea alors sa course vers l'endroit où il régnait plus d'obscurité, et Duncan, ayant été quelques instants sans le revoir, crut que l'actif et courageux jeune homme avait enfin succombé sous les coups de ses barbares ennemis.

Il ne pouvait alors distinguer qu'une masse confuse de figures humaines courant çà et là en désordre. Les couteaux, les bâtons, les tomahawks étaient levés en l'air, et cette circonstance prouvait que le coup fatal n'avait pas encore été porté. Les cris perçants des femmes et les hurlements affreux des guerriers ajoutaient encore à l'effet de ce spectacle. De temps en temps Duncan entrevoyait dans l'obscurité une forme légère sauter avec agilité pour franchir quelque obstacle qu'elle rencontrait dans sa course, et il espérait alors que le jeune captif conservait encore son étonnante activité et des forces qui paraissaient inépuisables.

Tout à coup la foule se porta en arrière, et s'approcha de l'endroit où le major continuait à rester. Quelques sauvages voulurent passer à travers un groupe nombreux de femmes et d'enfants, dont ils renversèrent quelques-uns, et au milieu de cette confusion il vit reparaître le captif. Les forces humaines ne pouvaient pourtant résister encore bien longtemps à une épreuve si terrible, et l'infortuné semblait le sentir lui-même. Animé par le désespoir, il traversa un groupe de guerriers confondus de son audace, et bondissant comme un faon, il fit, ce qui parut à Duncan, un dernier effort pour gagner la forêt. Comme s'il eût su qu'il n'avait aucun danger à redouter de la part du jeune officier anglais, le fugitif passa si près de lui qu'il toucha ses vêtements en courant.

Un sauvage d'une taille gigantesque le poursuivait, le tomahawk levé, et menaçait de lui donner le coup de la mort, quand Duncan, voyant le péril imminent du prisonnier, allongea le pied comme par hasard, le plaça entre les jambes du Huron, et celui-ci tomba presque sur les talons de celui qu'il poursuivait. Le fugitif profita de cet avantage, et tout en lançant un coup d'œil vers Duncan, il disparut comme un météore. Heyward le chercha de tous côtés, et, ne pouvant le découvrir, il se flattait qu'il avait réussi à se sauver dans les bois, quand tout à coup il l'aperçut tranquillement appuyé contre un poteau peint de diverses couleurs, placé près de la porte de la principale cabane.

Craignant qu'on ne s'aperçût de l'assistance qu'il avait donnée si à propos au fugitif, et que cette circonstance ne lui devînt fatale à lui-même, Duncan avait changé de place dès qu'il avait vu tomber le sauvage qui menaçait celui à qui il prenait tant d'intérêt sans le connaître. En ce moment il se mêla parmi la foule qui se réunissait autour des habitations avec un air aussi mécontent que la populace assemblée pour voir l'exécution d'un criminel, quand elle apprend qu'il a obtenu un sursis.

Un sentiment inexplicable, plus fort que la curiosité, le portait à s'approcher du prisonnier; mais il aurait fallu s'ouvrir un passage presque de vive force dans les rangs d'une multitude serrée, ce qu'il ne jugea pas prudent dans la situation où il se trouvait lui-même. Il vit cependant, à quelque distance, que le captif avait un bras passé autour du poteau qui faisait sa protection, évidemment épuisé de fatigue, respirant avec peine, mais réprimant avec fierté tout signe qui pourrait indiquer la souffrance. Un usage immémorial et sacré protégeait sa personne, jusqu'à ce que le conseil de la peuplade eût délibéré sur son sort; mais il n'était pas difficile de prévoir quel serait le résultat de la délibération, à en juger par les sentiments que manifestaient ceux qui l'environnaient.

La langue des Hurons ne fournissait aucun terme de mépris, aucune épithète humiliante, aucune invective, que les femmes n'adressassent au jeune étranger qui s'était soustrait à leur rage. Elles allaient jusqu'à lui faire un reproche des efforts qu'il avait faits pour s'échapper, et lui disaient, avec une ironie amère, que ses pieds valaient mieux que ses mains, et qu'on aurait dû lui donner des ailes, puisqu'il ne savait faire usage ni de la flèche, ni du couteau. Le captif ne répondait rien à toutes ces injures, et ne montrait ni crainte ni colère, mais seulement un dédain mêlé de dignité. Aussi courroucées de son calme imperturbable que du succès qu'il avait obtenu, et ayant épuisé le vocabulaire des invectives, elles y firent succéder d'horribles hurlements.

Une des vieilles qui avaient allumé les feux dans la clairière se fraya alors un chemin parmi la foule, et se plaça en face du captif. Son visage ridé, ses traits flétris et sa malpropreté dégoûtante, auraient pu la faire prendre pour une sorcière. Rejetant en arrière le vêtement léger qui la couvrait, elle étendit son long bras décharné vers le prisonnier, et lui adressa la parole en delaware pour être plus sûre qu'il l'entendrait.

— Écoutez-moi, Delaware, lui dit-elle avec un sourire moqueur; votre nation est une race de femmes, et la bêche convient mieux à vos mains que le fusil. Vos squaws ne donnent le jour qu'à des daims; et si un ours, un serpent, un chat sauvage, naissait parmi vous, vous prendriez la fuite. Les filles des Hurons vous feront des jupons, et nous vous trouverons un mari.

Des éclats de rire sauvages et longtemps prolongés suivirent cette dernière saillie, et l'on distinguait les accents des jeunes femmes au milieu des voix cassées ou criardes des vieilles, dont la méchanceté semblait s'être accrue avec les années. Mais l'étranger était supérieur aux sarcasmes comme aux injures; il tenait toujours la tête aussi élevée, et l'on aurait dit qu'il se croyait seul, s'il n'eût jeté de temps en temps un coup d'œil de dédain et de fierté sur les guerriers qui restaient en silence derrière les femmes.

Furieuse du calme du prisonnier, la vieille dont nous avons déjà parlé s'appuya les mains sur les côtés, prit une attitude qui annonçait la rage dont elle était animée, et vomit de nouveau un torrent d'invectives, que nous essaierions vainement de retracer sur le papier. Mais, quoiqu'elle eût une longue expérience dans l'art d'insulter les malheureux captifs, et qu'elle se fût fait une réputation en ce genre dans sa peuplade, elle eut beau s'emporter jusqu'à un excès de fureur qui lui faisait sortir l'écume de la bouche, elle ne put faire mouvoir un seul muscle du visage de celui qu'elle voulait tourmenter.

Le dépit occasionné par cet air d'insouciance commença à se communiquer à d'autres spectateurs. Un jeune homme, qui, sortant à peine de l'enfance, avait pris place tout récemment parmi les guerriers de sa nation, vint à l'aide de la sorcière, et voulut intimider leur victime par de vaines bravades, et en faisant brandir son tomahawk sur sa tête. Le prisonnier tourna la tête vers lui, le regarda avec un air de pitié méprisante, et reprit l'attitude tranquille qu'il avait constamment maintenue jusqu'alors. Mais le mouvement qu'il avait fait lui avait permis de fixer un instant ses yeux fermes et perçants sur ceux de Duncan, et celui-ci avait reconnu en lui le jeune Mohican Uncas.

Frappé d'une surprise qui lui laissait à peine la faculté de respirer, et frémissant de la situation critique dans laquelle se trouvait son ami, Heyward baissa les yeux, de crainte que leur expression n'accélérât le sort du prisonnier, qui pourtant ne paraissait avoir rien à redouter, du moins en ce moment.

Presque au même instant, un guerrier, poussant de côté assez rudement les femmes et les enfants, s'ouvrit un chemin à travers la foule, prit Uncas par le bras, et le fit entrer dans la grande cabane. Ils y furent suivis par tous les chefs et par tous les guerriers les plus distingués de la peuplade, et Heyward, guidé par l'inquiétude, trouva le moyen de se glisser parmi eux, sans attirer sur lui une attention qui aurait pu être dangereuse.

Les Hurons passèrent quelques minutes à se ranger d'après le rang qu'ils occupaient dans leur nation, et l'influence dont ils jouissaient. L'ordre qui fut observé en cette occasion était à peu près le même qui avait eu lieu lorsque Heyward avait paru devant eux. Les vieillards et les principaux chefs étaient assis au centre de l'appartement, partie qui était plus éclairée que le reste par la flamme d'une grande torche. Les jeunes gens et les guerriers d'une classe inférieure étaient placés en cercle par derrière. Au centre de l'appartement, sous une ouverture pratiquée pour donner passage à la fumée et par laquelle on voyait alors briller deux ou trois étoiles, était Uncas, debout, dans une attitude de calme et de fierté. Cet air de hauteur et de dignité n'échappa point aux regards pénétrants de ceux qui étaient les arbitres de son sort, et ils le regardaient souvent avec des yeux qui n'avaient rien perdu de leur férocité, mais qui montraient évidemment l'admiration que leur inspirait son courage.

Il n'en était pas de même de l'individu qui, comme le jeune Mohican, avait été condamné à passer entre les deux files de sauvages armés. Il n'avait pas profité de la scène de trouble et de confusion que nous venons de décrire pour chercher à se sauver; et, quoique personne n'eût songé à le surveiller, il était resté immobile, semblable à la statue de la Honte. Pas une main ne l'avait saisi pour le conduire dans la cabane du conseil; il y était entré de lui-même, comme entraîné par un destin auquel il sentait qu'il ne pouvait se soustraire.

Duncan profita de la première occasion pour le regarder en face, craignant en secret de reconnaître encore un ami. Mais le premier regard qu'il jeta sur lui n'offrit à sa vue qu'un homme qui lui était étranger, et ce qui lui parut encore plus inexplicable, c'est que, d'après la manière dont son corps était peint, il paraissait être un guerrier huron. Mais, au lieu de prendre place parmi ses concitoyens, il s'était assis seul dans un coin, la tête penchée sur sa poitrine, et accroupi comme s'il eût voulu occuper le moins de place possible.

Quand chacun eut pris la place qui lui appartenait, un profond silence s'établit dans l'assemblée, et le chef à cheveux gris dont il a été parlé adressa la parole à Uncas en se servant de la langue des Delawares.

— Delaware, lui dit-il, quoique vous soyez d'une nation de femmes, vous avez prouvé que vous êtes un homme. Je vous offrirais volontiers à manger; mais celui qui mange avec un Huron devient son ami. Reposez-vous jusqu'au soleil de demain, et vous entendrez les paroles du conseil.

— J'ai jeûné sept nuits de longs jours d'été en suivant les traces des Hurons, répondit Uncas; les enfants des Lenapes savent parcourir le chemin de la justice sans s'arrêter pour manger.

— Deux de mes guerriers sont à la poursuite de votre compagnon, reprit le vieux chef sans paraître faire attention à la bravade d'Uncas ; quand ils seront revenus, la voix des sages du conseil vous dira : — Vivez ! ou mourez !

— Les Hurons n'ont-ils donc pas d'oreilles ? s'écria le jeune Mohican. Depuis qu'il est votre prisonnier, le Delaware a entendu deux fois le son d'un fusil bien connu. Vos deux guerriers ne reviendront jamais.

Un silence de quelques minutes suivit cette déclaration hardie qui faisait allusion au fusil d'OEil-de-Faucon. Duncan, inquiet de cette taciturnité subite, avança la tête pour tâcher de voir sur la physionomie des sauvages quelle impression avait faite sur leur esprit ce que venait de dire son jeune ami ; mais le chef reprit la parole en ce moment, et se contenta de dire :

— Si les Lenapes sont si habiles, pourquoi un de leurs plus braves guerriers est-il ici ?

— Parce qu'il a suivi les pas d'un lâche qui fuyait, répondit Uncas, et qu'il est tombé dans un piége. Le castor est habile, et pourtant on peut le prendre.

En parlant ainsi, il désigna du doigt le Huron solitaire tapi dans un coin, mais sans lui accorder d'autre attention qu'un regard de mépris. Ses paroles, son geste, son regard, produisirent une forte sensation parmi ses auditeurs. Tous les yeux se tournèrent à la fois vers l'individu qu'il avait désigné, et le murmure sourd qui se fit entendre arriva jusqu'à la foule de femmes et d'enfants attroupés à la porte, et tellement serrés qu'il n'y avait pas entre eux une ligne d'espace qui ne fût remplie.

Cependant les chefs les plus âgés se communiquaient leurs sentiments par quelques phrases courtes, prononcées d'une voix sourde, et accompagnées de gestes énergiques. Un long silence s'ensuivit encore, grave, précurseur, comme le savaient tous ceux qui étaient présents, du jugement solennel et important qui allait être prononcé. Les Hurons placés en arrière se soulevaient sur la pointe des pieds pour satisfaire leur curiosité ; et le coupable lui-même, oubliant un instant la honte qui le couvrait, releva la tête avec inquiétude, pour lire dans le regard des chefs quel était le sort qui l'attendait. Enfin le vieux chef, dont nous avons si souvent parlé, se leva, passa près d'Uncas, s'avança vers le Huron solitaire, et resta debout devant lui dans une attitude de dignité.

En ce moment la vieille qui avait accablé Uncas de tant d'injures, entra dans l'appartement, prit en main l'unique torche qui l'éclairait, et se mit à exécuter une espèce de danse, en murmurant des paroles qu'on aurait pu prendre pour une incantation. Personne ne l'avait appelée dans la cabane ; mais personne ne parut disposé à lui dire d'en sortir.

S'approchant alors d'Uncas, elle plaça devant lui la torche dont elle s'était emparée, de manière à rendre visible la moindre émotion qui pourrait se peindre sur son visage. Mais le Mohican soutint parfaitement cette nouvelle épreuve ; il conserva son attitude fière et tranquille ; ses yeux ne changèrent pas de direction, et il ne daigna pas même les fixer un instant sur les traits repoussants de cette mégère : satisfaite de son examen, elle le quitta en laissant paraître une légère expression de plaisir, et alla jouer le même rôle auprès de son compatriote, qui ne montrait pas la même assurance.

Celui-ci était encore dans la fleur de l'âge, et le peu de vêtements qu'il portait ne pouvaient cacher la belle conformation de tous ses membres, qui se dessinaient parfaitement à la lueur de la torche. Duncan jeta les yeux sur lui ; mais il les en détourna avec dégoût et horreur en voyant tout son corps agité par les convulsions de la peur. A la vue de ce spectacle, la vieille commençait une sorte de chant bas et plaintif, quand le chef étendit les bras et la repoussa doucement.

— Roseau-Pliant, dit-il en s'adressant au jeune Huron, car tel était son nom, quoique le grand Esprit vous ait donné une forme agréable à l'œil, il eût mieux valu pour vous que vous ne fussiez pas né. Votre langue parle beaucoup dans le combat. Aucun de mes jeunes guerriers ne fait entrer la hache plus profondément dans le poteau de guerre ; aucun n'en frappe si faiblement les Yengeese. Nos ennemis connaissent la forme de votre dos, mais ils n'ont jamais vu la couleur de vos yeux. Trois fois ils vous ont appelé à les combattre, et trois fois vous avez refusé de leur répondre. — Vous n'êtes plus digne de votre nation. — Votre nom n'y sera plus prononcé. — Il est déjà oublié.

Tandis que le chef prononçait ces derniers mots, en faisant une pause entre chaque phrase, le Huron leva la tête par déférence pour l'âge et le rang de celui qui lui parlait. La honte, la crainte, l'horreur et la fierté se peignaient en même temps sur ses traits, et s'y disputaient la prééminence. Enfin le dernier de ces sentiments l'emporta. Ses yeux se ranimèrent tout à coup et regardèrent avec fermeté les guerriers dont il voulait mériter les éloges, du moins dans ses derniers moments. Il se leva, et découvrant sa poitrine, regarda sans trembler le fatal couteau qui brillait déjà dans la main de son juge inexorable. On le vit même sourire pendant que l'instrument de mort s'enfonçait lentement dans son cœur, comme s'il éprouvait quelque joie à ne pas trouver la mort aussi terrible que sa timidité naturelle la lui avait fait redouter. Enfin il tomba sans mouvement presque aux pieds d'Uncas toujours calme et inébranlable.

La vieille femme poussa un hurlement plaintif, éteignit la torche en la jetant par terre, et une obscurité complète régna tout à coup dans la cabane. Tous ceux qui s'y trouvaient en sortirent sur-le-champ, comme des esprits troublés, et Duncan crut qu'il y était resté seul avec le corps encore palpitant de la victime d'un jugement indien.

CHAPITRE XXIV.

Ainsi parla le sage; les rois, sans plus de retard, terminent le conseil et obéissent à leur chef.
Pope. *Traduction de l'Iliade.*

Un seul instant suffit pour convaincre Heyward qu'il s'était trompé en se croyant resté seul dans la hutte. Une main s'appuya sur son bras en le serrant fortement, et il reconnut la voix d'Uncas, qui lui disait bien bas à l'oreille :

— Les Hurons sont des chiens. La vue du sang d'un lâche ne peut jamais faire trembler un guerrier. La Tête-Grise et le Sagamore sont en sûreté; le fusil d'OEil-de-Faucon ne dort pas. Sortez d'ici; Uncas et la Main-Ouverte doivent paraître étrangers l'un à l'autre. — Pas un mot de plus!

Duncan aurait voulu en apprendre davantage; mais son ami, le poussant vers la porte avec une force mêlée de douceur, l'avertit à propos des nouveaux dangers qu'ils couraient tous deux si l'on venait à découvrir leur liaison.

Cédant donc à la nécessité, quoiqu'à contre-cœur, il sortit, et se mêla dans la foule qui était près des cabanes. Les feux qui expiraient dans la clairière ne jetaient plus qu'une lumière sombre et douteuse sur les êtres qui allaient et venaient ou s'assemblaient en groupes, et cependant il arrivait quelquefois que la flamme, se ranimant un instant, jetait un éclat passager qui pénétrait jusque dans l'intérieur de la grande cabane, où l'on voyait Uncas, seul, debout, dans la même attitude, ayant à ses pieds le corps du Huron qui venait d'expirer. Quelques guerriers y entrèrent alors, et emportèrent le cadavre dans les bois, soit pour lui donner la sépulture, soit pour le livrer à la voracité des animaux.

Après la fin de cette scène solennelle, Duncan entra dans différentes cabanes sans qu'on lui adressât aucune question, sans qu'on fît même attention à lui, dans l'espoir d'y trouver quelques traces de celle pour l'amour de qui il s'était exposé à de tels risques. Dans la situation où se trouvait en ce moment toute la peuplade, il lui aurait été facile de fuir et de rejoindre ses compagnons, s'il en avait eu le moindre désir. Mais indépendamment de l'inquiétude continuelle qui tourmentait son esprit relativement à Alice, un intérêt nouveau, quoique moins puissant, l'entraînait chez les Hurons.

Il continua ainsi pendant quelque temps à aller de hutte en hutte, vivement contrarié de n'y avoir rien trouvé de ce qu'il cherchait. Renonçant enfin à une poursuite inutile, il retourna vers la cabane du conseil, dans l'espoir d'y rencontrer David, et dans le dessein de le questionner pour mettre fin à des doutes qui lui devenaient trop pénibles.

En arrivant à la porte de la hutte qui avait été la salle de justice et le lieu de l'exécution, il vit que le calme était rétabli sur tous les visages. Les guerriers y étaient assemblés de nouveau; ils fumaient tranquillement, et conversaient gravement sur les principaux incidents de leur expédition à William-Henry. Quoique le retour de Duncan dût leur rappeler les circonstances un peu suspectes de son arrivée parmi eux, il ne produisit aucune sensation visible. La scène horrible qui venait de se passer lui parut donc favoriser ses vues, et il se promit de ne négliger aucun moyen de profiter de cet avantage inespéré.

Il entra dans la cabane sans avoir l'air d'hésiter, et s'assit avec gravité. Un seul coup d'œil furtif suffit pour l'assurer que Uncas était encore à la même place, mais que David ne se trouvait pas dans l'assemblée. Le jeune Mohican n'était soumis à aucune contrainte; seulement un jeune Huron, assis à peu de distance, fixait sur lui des regards vigilants, et un guerrier armé était appuyé contre le mur, près de la porte. Sous tout autre rapport, le captif semblait en liberté; cependant il lui était interdit de prendre part à la conversation, et son immobilité l'aurait fait prendre pour une belle statue plutôt que pour un être doué de la vie.

Heyward avait vu trop récemment un exemple terrible des châtiments infligés dans cette peuplade, entre les mains de laquelle il s'était volontairement livré en voulant montrer un excès d'assurance. Il aurait de beaucoup préféré le silence et la méditation aux discours, dans un moment où la découverte de ce qu'il était véritablement pouvait lui être si funeste. Malheureusement pour cette prudente résolution, tous ceux avec qui il se trouvait ne paraissaient pas en avoir adopté une semblable. Il n'était assis que depuis quelques minutes, à la place qu'il avait sagement choisie, un peu à l'ombre, quand un vieux chef qui était à son côté, lui adressa la parole en français :

— Mon père du Canada n'oublie pas ses enfants, dit-il, et je l'en remercie. Un mauvais esprit vit dans la femme d'un de mes jeunes guerriers. Le savant étranger peut-il l'en délivrer?

Heyward avait quelque connaissance des jongleries que pratiquent les charlatans indiens, quand on suppose que le malin esprit s'est emparé de quelqu'un de leur peuplade. Il vit à l'instant que cette circonstance pouvait favoriser ses projets, et il aurait été difficile de lui faire en ce moment une proposition plus satisfaisante. Sentant pourtant la nécessité de conserver la dignité du personnage qu'il avait adopté, il calma son émotion, et répondit avec un air de mystère convenable à son rôle :

— Il y a des esprits de différentes sortes; les uns cèdent au pouvoir de la sagesse, les autres lui résistent.

— Mon frère est un grand médecin, répondit l'Indien; il essaiera.

Un geste de consentement fait avec gravité, fut toute la réponse d'Heyward. Le Huron se contenta de cette assurance, et reprenant sa pipe, il attendit le moment convenable pour sortir. L'impatient Heyward maudissait tout bas les graves coutumes des sauvages ; mais il fut obligé d'affecter une indifférence semblable à celle du vieux chef, qui était pourtant le père de la prétendue possédée.

Dix minutes se passèrent, et ce court délai parut un siècle au major, qui brûlait de commencer son noviciat en empirisme. Enfin le Huron quitta sa pipe, et croisa sur sa poitrine sa pièce de calicot, pour se disposer à partir. Mais en ce moment, un guerrier de grande taille entra dans l'appartement, et s'avançant en silence, il s'assit sur le même fagot qui servait de siége à Duncan. Celui-ci jeta un regard sur son voisin, et un frisson involontaire parcourut tout son corps lorsqu'il reconnut Magua.

Le retour soudain de ce chef artificieux et redoutable retarda le départ du vieux chef. Il ralluma sa pipe ; plusieurs autres en firent autant, et Magua lui-même, prenant la sienne, la remplit de tabac, et se mit à fumer avec autant d'indifférence et de tranquillité que s'il n'eût pas été deux jours absent, occupé d'une chasse fatigante.

Un quart d'heure, dont la durée parut au major égale à l'éternité, se passa de cette manière, et tous les guerriers étaient enveloppés d'un nuage de fumée, quand l'un d'eux, s'adressant au nouveau venu, lui dit : — Magua a-t-il trouvé les élans?

— Mes jeunes guerriers fléchissent sous le poids, répondit Magua ; que Roseau-Pliant aille à leur rencontre, il les aidera.

Ce nom, qui ne devait plus être prononcé dans la peuplade, fit tomber les pipes de toutes les bouches, comme si le tuyau n'en avait plus transmis que des exhalaisons impures. Un sombre et profond silence se rétablit dans l'assemblée, pendant que la fumée, s'élevant en petites colonnes spirales, montait vers le toit pour s'échapper par l'ouverture, dégageant de ses tourbillons le bas de l'appartement, et permettant à la torche d'éclairer les visages basanés des chefs.

Les yeux de la plupart d'entre eux étaient baissés vers la terre ; mais quelques jeunes gens dirigèrent les leurs vers un vieillard à cheveux blancs qui était assis entre deux des plus vénérables chefs de la peuplade. On ne remarquait pourtant en lui rien qui attirât particulièrement l'attention. Il avait l'air mélancolique et abattu, et son costume était celui des Indiens de la classe ordinaire. De même que la plupart de ceux qui l'entouraient, il avait les yeux fixés sur la terre; mais les ayant levés un instant pour jeter un regard autour de lui, il vit qu'il était devenu l'objet d'une curiosité presque générale, et se levant aussitôt, il rompit le silence en ces termes :

— C'est un mensonge! Je n'avais pas de fils. Celui qui en portait le nom est oublié. Son sang était pâle, et ne sortait pas des veines d'un Huron. — Les maudits Chippewas ont trompé ma squaw. — Le grand Esprit a voulu que la race Wiss-en-tush s'éteignît. — Je suis content qu'elle se termine en moi. — J'ai dit.

Le malheureux père jeta un regard autour de lui, comme pour chercher des applaudissements dans les yeux de ceux qui l'avaient écouté; mais les usages sévères de sa nation avaient exigé un tribut trop pénible d'un faible vieillard. L'expression de ses yeux démentait le langage fier et figuré qui venait de sortir de sa bouche; la nature triomphait intérieurement du stoïcisme, et tous les muscles de son visage ridé étaient agités par suite de l'angoisse intérieure qu'il éprouvait. Il resta debout une minute, pour jouir d'un triomphe si chèrement acheté, et alors, comme si la vue des hommes lui eût été à charge, il s'enveloppa la tête dans sa couverture, et sortit avec le pas silencieux d'un Indien, pour aller dans sa hutte se livrer à sa douleur avec une compagne qui avait le même âge que lui et le même sujet d'affliction.

Les Indiens, qui croient à la transmission héréditaire des vertus et des défauts, le laissèrent partir en silence; et après son départ un des chefs, avec une délicatesse qui pourrait quelquefois servir d'exemple dans une société civilisée, détourna l'attention des jeunes gens du spectacle de faiblesse dont ils venaient d'être témoins, en adressant la parole à Magua d'une voix enjouée.

— Les Delawares, dit-il, ont rôdé dans nos environs comme des ours qui cherchent des ruches pleines de miel. Mais qui a jamais surpris un Huron endormi?

Un sombre et sinistre nuage couvrit le front de Magua, tandis qu'il s'écriait :

— Les Delawares des Lacs?

— Non; ceux qui portent le jupon de squaw sur les bords de la rivière du même nom. Un d'entre eux est venu jusqu'ici.

— Nos guerriers lui ont-ils enlevé sa chevelure?

— Non, répondit le chef en lui montrant Uncas toujours ferme et immobile; il a de bonnes jambes, quoique son bras soit fait pour la bêche plutôt que pour le tomahawk.

Au lieu de montrer une vaine curiosité pour ce captif d'une nation odieuse, Magua continua à fumer avec son air habituel de réflexion, quand il n'avait pas besoin de recourir à l'astuce ou d'employer son éloquence sauvage. Quoique secrètement étonné de ce qu'il venait d'apprendre, il ne se permit de faire aucune question, se réservant d'éclaircir ses doutes dans un moment plus convenable. Ce ne fut qu'au bout de quelques minutes, que, secouant les cendres de sa pipe, et se levant pour resserrer la ceinture qui soutenait son tomahawk, il tourna la tête du côté du prisonnier qui était à quelque distance derrière lui.

Uncas paraissait méditer profondément, mais il voyait tout ce qui se passait; s'apercevant du mouvement de Magua, il en fit un de son côté, afin de ne pas avoir l'air de le craindre, et leurs regards se rencontrèrent. Pendant deux minutes, ces deux hommes, fiers et indomptables, restèrent les yeux fixés l'un sur l'autre, sans qu'aucun d'eux pût faire baisser ceux de son ennemi. Le jeune Mohican semblait dévoré par un feu intérieur, ses narines étaient ouvertes comme celles d'un tigre forcé par les chasseurs, et son attitude était si fière, si imposante, que l'imagination n'aurait pas eu besoin d'un grand effort pour se le représenter comme l'image du dieu de la guerre de sa nation. Les traits de Magua n'étaient pas moins enflammés; il semblait d'abord ne respirer que la rage et la vengeance; mais sa physionomie n'exprima plus qu'une joie féroce lorsqu'il s'écria à haute voix :

— Le Cerf-Agile!

En entendant ce nom formidable et bien connu, tous les guerriers se levèrent en même temps, et la surprise l'emporta un instant sur le calme stoïque des Indiens. Toutes les bouches semblèrent ne former qu'une seule voix en répétant ce nom haï et respecté; les femmes et les enfants, qui étaient près de la porte, le répétèrent comme en écho; leurs cris furent portés jusqu'aux habitations les plus éloignées; tous ceux qui s'y trouvaient en sortirent, et de longs hurlements terminèrent cette scène.

Cependant les chefs avaient repris leur place, comme s'ils eussent été honteux du mouvement auquel ils s'étaient laissé entraîner. Ils gardaient le silence; mais tous, les yeux fixés sur le captif, examinaient avec curiosité un ennemi dont la bravoure avait été fatale à tant de guerriers de leur nation.

C'était un triomphe pour Uncas, et il en jouissait, mais sans en donner d'autre preuve extérieure que ce fier et calme mouvement des lèvres qui, dans tous les pays et dans tous les temps, fut toujours l'emblème du mépris. Magua s'en aperçut ; serrant le poing, il étendit le bras en le secouant d'un air de menace vers le prisonnier, et s'écria en anglais :

— Mohican, il faut mourir !

— Les eaux de la source de Santé, répondit Uncas en delaware, ne rendraient pas la vie aux Hurons qui sont morts sur la montagne ; leurs ossements y blanchiront. — Les Hurons sont des squaws, et leurs femmes des hiboux. — Allez, rassemblez tous les chiens de Hurons, afin qu'ils puissent voir un guerrier. — Mes narines sont offensées ; elles sentent le sang d'un lâche.

Cette dernière allusion excita un profond ressentiment ; car un grand nombre des Hurons entendaient, de même que Magua, la langue dont Uncas venait de se servir. Le rusé sauvage vit sur-le-champ qu'il pouvait tirer avantage de la disposition générale des esprits, et il résolut d'en profiter.

Laissant tomber la peau qui lui couvrait une épaule, il étendit un bras, et annonça ainsi qu'il allait se livrer aux inspirations de sa fatale et astucieuse éloquence. Quoiqu'il eût perdu, par suite de sa désertion, une partie de son influence sur ses concitoyens, personne ne lui refusait du courage, et on le regardait comme le premier orateur de la nation. Aussi ne manquait-il jamais d'auditeurs, et presque toujours il réussissait à entraîner les autres à son opinion ; mais en cette occasion ses moyens naturels puisaient une nouvelle force dans sa soif de vengeance.

Il commença par raconter tout ce qui s'était passé à l'attaque du rocher de Glenn, la mort de plusieurs de ses compagnons, et la manière dont les plus redoutables de leurs ennemis leur avaient échappé ; il peignit ensuite la situation de la petite montagne sur laquelle il s'était retiré avec les prisonniers tombés entre ses mains, ne dit pas un mot du supplice barbare qu'il avait voulu leur faire subir, et passa rapidement à l'attaque subite de la Longue-Carabine, du Grand-Serpent et du Cerf-Agile, qui avaient massacré ses compagnons par surprise, et l'avaient lui-même laissé pour mort.

Ici il fit une pause, comme pour payer un tribut de regrets aux défunts, mais plutôt pour examiner quel effet produisait sur ses auditeurs le commencement de son discours. Tous les yeux étaient fixés sur lui, et tous les Indiens l'écoutaient avec une telle attention et dans une immobilité si complète, qu'il aurait pu se croire environné de statues.

Alors baissant sa voix, qu'il avait jusqu'alors tenue sur un ton clair, sonore et élevé, il énuméra les qualités admirables des défunts, sans en oublier aucune qui pût faire une impression favorable : l'un n'avait jamais été à la chasse sans revenir chargé de gibier ; l'autre savait découvrir les traces des ennemis les plus rusés ; celui-ci était brave à toute épreuve, celui-là d'une générosité sans exemple. En un mot, il traça ses portraits de manière que, dans une peuplade qui n'était composée que d'un petit nombre de familles, chaque corde qu'il touchait tour à tour vibrait dans le cœur de quelqu'un de ses auditeurs.

— Les ossements de ces guerriers, continua-t-il, sont-ils dans la sépulture de leurs ancêtres? Vous savez qu'ils n'y sont pas. Leurs esprits sont allés du côté du soleil couchant ; ils traversent déjà les grandes eaux pour se rendre dans la terre des esprits. Mais ils sont partis sans vivres, sans fusils, sans couteaux, sans mocassins, nus et pauvres comme à l'instant de leur naissance. Cela est-il équitable? Entreront-ils dans le pays des justes comme des Iroquois affamés ou de misérables Delawares? Rencontreront-ils leurs frères sans armes entre leurs mains, sans vêtements sur leurs épaules! Que penseront nos pères en les voyant arriver ainsi? Ils croiront que les peuplades Wyandots ont dégénéré ; ils les regarderont de mauvais œil, et diront : Un Chippewas est venu ici sous le nom de Huron. — Mes frères, il ne faut pas oublier les morts ; une Peau-Rouge n'oublie jamais. Nous chargerons le dos de ce Mohican jusqu'à ce qu'il plie sous le faix, et nous le dépêcherons après nos compagnons. Ils nous appellent à leur secours ; et, quoique nos oreilles ne soient pas ouvertes pour les entendre, ils nous crient : — Ne nous oubliez pas! Quand ils verront l'esprit de ce Mohican courir après eux avec son lourd fardeau, ils sauront que nous ne les avons pas oubliés, et ils continueront leur voyage plus tranquillement ; et nos enfants diront : — Voilà ce que nos pères ont fait pour leurs amis, et nous devons en faire autant pour eux. Qu'est-ce qu'un Yengeese? Nous en avons tué un grand nombre ; mais la terre est encore pâle. Ce n'est que le sang d'un Indien qui peut laver une tache faite au nom des Hurons. Que ce Delaware meure donc !

Il est aisé de s'imaginer quel effet une telle harangue, prononcée avec force, dut produire sur un tel auditoire. Magua avait mélangé avec tant d'adresse ce qui devait émouvoir les sentiments naturels de ses concitoyens et ce qui pouvait éveiller leurs idées superstitieuses, que leurs esprits, déjà disposés par une longue habitude à sacrifier des victimes aux mânes de leurs compagnons, perdirent tout vestige d'humanité pour ne plus songer qu'à satisfaire à l'instant même leur soif de vengeance.

Un guerrier dont les traits respiraient une férocité plus que sauvage s'était fait remarquer par la vive attention avec laquelle il avait écouté l'orateur. Son visage avait exprimé successivement toutes les émotions qu'il éprouvait, jusqu'à ce qu'il n'y restât plus que l'expression de la haine et de la rage. Dès que Magua eut cessé de parler, il se leva en poussant un hurlement qu'on aurait pu prendre pour celui d'un démon, et brandit au-dessus de sa tête sa hache brillante et bien affilée. Ce cri, ce mouvement furent trop prompts pour que quelqu'un eût pu s'opposer à son projet sanguinaire, si quelqu'un en avait eu le dessein. A la lumière de la torche, on vit une ligne brillante traverser l'appartement, et une autre ligne noire la croiser au même instant : la première était la hache, qui volait vers son but ; la seconde était le bras de Magua, qui en détournait la direction. Le mouvement de celui-ci ne fut pas sans utilité ; car l'arme tranchante ne fit qu'abattre la longue plume qui ornait la touffe de cheveux d'Uncas ; et elle traversa le faible mur de terre de la hutte, comme si elle eût été lancée par une baliste ou une catapulte.

Duncan avait entendu l'horrible cri du guerrier barbare : il avait vu son geste, mais à peine un mouvement machinal l'avait-il porté à se lever, comme s'il eût pu être de quelque secours à Uncas, qu'il vit que le péril était passé, et sa terreur se changea en admiration. Le jeune Mohican était debout, les yeux fixés sur son ennemi, et sans montrer la moindre émotion. Il sourit comme de pitié, et prononça en sa langue quelques expressions de mépris.

— Non, dit Magua après s'être assuré que le captif n'était pas blessé ; il faut que le soleil brille sur sa honte ; il faut que les squaws voient sa chair trembler, et prennent part à son supplice, sans quoi notre vengeance ne serait qu'un jeu d'enfant. Qu'on l'emmène dans le séjour des ténèbres et du silence. Voyons si un Delaware peut dormir aujourd'hui et mourir demain.

De jeunes guerriers saisirent alors le prisonnier, le garrottèrent avec des liens d'écorce, et l'emmenèrent hors de la cabane. Uncas marcha d'un pas ferme ; cependant cette fermeté sembla se démentir quand il arriva à la porte ; car il s'y arrêta un instant ; mais ce n'était que pour se retourner, et jeter à la ronde sur le cercle de ses ennemis un regard de fierté dédaigneuse. Ses yeux rencontrèrent ceux de Duncan, et ils semblaient lui dire que toute espérance n'était pas encore perdue.

Magua, satisfait du succès qu'il avait obtenu, ou occupé de projets ultérieurs, ne songea pas à faire de nouvelles questions. Croisant sur sa poitrine la peau qui le couvrait, il sortit de l'appartement sans parler davantage d'un sujet qui aurait pu devenir fatal à celui auprès duquel il s'était placé.

Malgré son ressentiment toujours croissant, sa fermeté naturelle et sa vive inquiétude pour Uncas, Heyward se sentit soulagé par le départ d'un ennemi si dangereux et si subtil. L'agitation qu'avait produite le discours de Magua commençait aussi à se calmer. Les guerriers avaient repris leur place, et de nouveaux nuages de fumée remplirent l'appartement. Pendant près d'une demi-heure on ne prononça pas une syllabe, et à peine remua-t-on les yeux, un silence grave et réfléchi étant la suite ordinaire de toutes les scènes de tumulte et de violence parmi ces peuples à la fois si impétueux et si impassibles.

Au lieu de se diriger vers les cabanes où le major avait déjà fait des recherches inutiles, son compagnon s'avança en droite ligne vers la base d'une montagne voisine couverte de bois, qui dominait le camp des Hurons. D'épais buissons en défendaient les approches, et ils furent obligés de suivre un sentier étroit et tortueux. Les enfants avaient recommencé leurs jeux dans la clairière. Armés de branches d'arbres, ils s'étaient rangés sur deux lignes, entre lesquelles chacun d'eux courait tour à tour à toutes jambes pour gagner le poteau protecteur.

Pour rendre l'imitation plus complète, ils avaient allumé plusieurs grands feux de broussailles, dont la lueur éclairait les pas de Duncan et donnait un caractère encore plus sauvage au paysage. En face d'un grand rocher, ils entrèrent dans une espèce d'avenue formée dans la forêt par les daims lors de leurs migrations périodiques. Précisément en cet instant les enfants jetèrent de nouveaux combustibles sur le brasier le plus voisin ; il en jaillit une vive flamme dont l'éclat frappa la surface blanche du rocher, fut répercuté dans l'avenue où ils venaient d'entrer, et leur fit apercevoir une espèce de grosse boule noire qui se trouvait à quelque distance sur le chemin.

L'Indien s'arrêta, comme s'il n'eût su s'il devait avancer davantage, et son compagnon s'approcha de lui. La boule noire, qui d'abord avait paru stationnaire, commença alors à se mouvoir d'une manière qui parut inexplicable à Duncan. Le feu ayant jeté en ce moment un nouvel éclat, montra cet objet sous une forme plus distincte. Heyward reconnut que c'était un ours monstrueux ; mais quoiqu'il grondât d'une manière effrayante, il ne donnait aucun autre signe d'hostilité, et au lieu de continuer à s'avancer, il se rangea sur le bord du chemin, et s'assit sur ses pattes de derrière. Le Huron l'examina avec beaucoup d'attention, et s'étant sans doute assuré que cet intrus n'avait pas de mauvaises intentions, il continua tranquillement à marcher.

Duncan, qui savait que les Indiens apprivoisaient quelquefois ces animaux, suivit l'exemple de son compagnon, croyant que c'était quelque ours favori de la peuplade qui était entré dans la forêt pour y chercher des ruches de mouches à miel, dont ces animaux sont fort friands.

Ils passèrent à deux ou trois pieds de l'ours, qui n'apporta aucune opposition à leur marche, et le Huron, qui en l'apercevant avait hésité à avancer et l'avait examiné avec tant d'attention, ne montra plus la moindre inquiétude, et ne jeta pas même un seul regard du côté de l'animal. Cependant Heyward ne pouvait s'empêcher de tourner la tête en arrière de temps en temps pour surveiller les mouvements du monstre et se mettre en garde contre une attaque soudaine. Il éprouva un certain malaise en le voyant suivre leurs pas, et il allait en prévenir l'Indien, quand celui-ci, ouvrant une porte d'écorce qui fermait l'entrée d'une caverne creusée par la nature, sous la montagne, lui fit signe de l'y suivre.

Duncan ne fut pas fâché de trouver une retraite si à propos, et il allait tirer la porte après lui, quand il sentit une résistance qui s'opposait à ses efforts. Il se retourna, vit la patte de l'ours tenant la porte, et l'animal suivit ses pas. Ils étaient alors dans un passage étroit et obscur, et il était impossible de retourner en arrière sans rencontrer le redoutable habitant des bois. Faisant donc de nécessité vertu, il continua à avancer en se tenant aussi près de son conducteur qu'il était possible. L'ours était toujours sur ses talons ; il grondait de temps en temps, et il appuya même deux ou trois fois ses pattes énormes sur le dos du major, comme s'il eût voulu empêcher qu'on pénétrât plus avant dans la caverne.

Il est difficile de décider si Heyward aurait pu soutenir longtemps une position si extraordinaire ; mais il y trouva bientôt quelque soulagement. Il avait marché en ligne droite vers une faible lumière. Au bout de deux ou trois minutes de marche il arriva à l'endroit d'où partait cette clarté.

Une grande cavité du rocher avait été arrangée avec art, de manière à former différents appartements, dont les murs de séparation étaient construits en écorce, en branches et en terre ; des crevasses à la voûte y laissaient entrer la lumière pendant le jour, et l'on y suppléait la nuit par du feu et des torches : c'était le magasin des armes, des approvisionnements, des effets les plus précieux des Hurons, et principalement des objets qui appartenaient à la peuplade en général, sans être la propriété particulière d'aucun individu. La femme malade, qu'on croyait victime d'un pouvoir surnaturel, y avait été transportée parce qu'on supposait que le malin esprit qui la tourmentait trouverait plus de difficulté à pénétrer à travers les pierres d'un rocher qu'à travers les feuilles formant le toit d'une cabane. L'appartement dans lequel entrèrent Duncan et son guide lui avait été abandonné. Elle était couchée sur un lit de feuilles sèches et entourée d'un groupe de femmes, au milieu desquelles Heyward reconnut son ami David La Gamme.

Un seul coup d'œil suffit pour apprendre au prétendu médecin que la malade était dans un état qui ne lui laissait aucun espoir de faire briller des talents qu'il ne possédait pas. Elle était attaquée d'une paralysie universelle, avait perdu la parole et le mouvement, et ne semblait pas même sentir ses souffrances. Heyward ne fut pas fâché que les simagrées qu'il allait être obligé de faire pour jouer convenablement son rôle aux yeux des Indiens ne fussent que pour une femme trop malade pour y prendre intérêt et se livrer à de vaines espérances. Cette idée contribua à calmer quelques scrupules de conscience, et il allait commencer ses opérations médicales et magiques, quand il fut prévenu par un docteur aussi savant que lui dans l'art de guérir, et qui voulait essayer le pouvoir de la psalmodie.

David, qui était prêt à entonner un cantique lorsque le Huron et Duncan étaient arrivés, attendit d'abord quelques instants, et prenant ensuite le ton de son instrument, se mit à chanter avec une ferveur qui aurait opéré un miracle s'il n'avait fallu pour cela que la foi dans l'efficacité de ce remède. Personne ne l'interrompit, les Indiens croyant que sa faiblesse d'esprit le mettait sous la protection immédiate du ciel, et Duncan étant trop charmé de ce délai pour chercher à l'abréger. Tandis que le chanteur appuyait sur la cadence qui terminait la première strophe, le major tressaillit en entendant les mêmes sons répétés par une voix sépulcrale qui semblait n'avoir rien d'humain; il regarda autour de lui, et vit dans le coin le plus obscur de l'appartement l'ours assis sur ses pattes de derrière, balançant son corps à la manière de ces animaux, et imitant par des grondements sourds les sons que produisait la mélodie du chanteur.

Il est plus facile de se figurer que de décrire l'effet que produisit sur David un écho si étrange et si inattendu. Il ouvrit de grands yeux, sa bouche, quoique également ouverte, resta muette sur-le-champ. La terreur, l'étonnement, l'admiration, lui firent oublier quelques phrases qu'il avait préparées pour annoncer à Heyward des nouvelles importantes, et s'écriant à la hâte en anglais : — Elle vous attend, — elle est ici ! — il s'enfuit de la caverne.

CHAPITRE XXV.

> — Avez-vous transcrit le rôle du lion ? En ce cas donnez-le moi ; car j'ai la mémoire ingrate.
> — Vous pouvez le jouer impromptu : il ne s'agit que de hurler.
>
> SHAKSPEARE. *Le Songe d'une nuit d'été.*

LA scène que présente un lit de mort a toujours quelque chose de solennel; mais il se joignait à celle-ci un étrange mélange de burlesque. L'ours continuait à se balancer de droite à gauche, quoique ses tentatives pour imiter la mélodie de David eussent cessé dès que celui-ci avait renoncé à la partie. Le peu de mots que La Gamme avait adressés à Heyward ayant été prononcés en anglais, n'avaient été compris que de lui seul.—Elle vous attend! —Elle est ici!—Ces mots devaient avoir un sens caché; il portait ses regards sur tous les coins de l'appartement, et n'y voyait rien qui pût servir à éclairer ses doutes.

Il n'eut qu'un instant pour se livrer à ses conjectures, car le chef huron, s'avançant près du lit de la malade, fit signe au groupe de femmes de se retirer. La curiosité les avait amenées pour assister aux conjurations du médecin étranger; cependant elles obéirent, quoique fort à regret, et dès que l'Indien eut entendu le bruit sourd de la porte qu'elles fermaient en se retirant, il se tourna vers Duncan.

— Maintenant, lui dit-il, que mon frère montre son pouvoir!

Interpellé d'une manière aussi formelle, Heyward craignit que le moindre délai ne devînt dangereux. Recueillant donc ses pensées à la hâte, il se prépara à imiter cette sorte d'incantation et ces rites bizarres dont se servent les charlatans indiens pour cacher leur ignorance; mais dès qu'il voulut commencer, il fut interrompu par l'ours, qui se mit à gronder d'une manière effrayante. Il fit la même tentative une seconde et une troisième fois, et la même interruption se renouvela et devint chaque fois plus sauvage et plus menaçante.

— Les savants sont jaloux, dit le Huron; ils veulent être seuls; je m'en vais. — Mon frère, cette femme est l'épouse d'un de nos plus braves guerriers; chassez sans délai l'esprit qui la tourmente.
— Paix! dit-il à l'ours qui continuait à gronder; paix! je m'en vais.

Il tint sa parole sur-le-champ, et Duncan se trouva seul dans le creux d'un rocher avec une femme mourante et un animal redoutable. Celui-ci semblait écouter le bruit des pas de l'Indien avec l'air de sagacité d'un ours. Enfin le bruit que fit la porte annonça qu'il était aussi sorti de la caverne. Alors l'ours s'avança lentement vers Heyward, et lorsqu'il en fut à deux pas, il se leva sur ses pattes de derrière, et se tint debout devant lui, dans l'attitude que prendrait un homme. Duncan chercha des yeux de tous côtés pour voir s'il trouverait quelque arme pour se défendre contre une attaque qu'il attendait alors à chaque instant, mais il n'aperçut pas même un bâton.

Il semblait pourtant que l'humeur de l'animal eût changé tout à coup : il ne grondait plus, ne donnait plus aucun signe de colère, et au lieu de conserver son mouvement régulier de droite à gauche, tout son corps velu semblait agité par quelque étrange convulsion intérieure. Il porta ses pattes de devant sur sa tête, sembla la secouer avec force, et pendant qu'Heyward regardait ce spectacle avec un étonnement qui le rendait immobile, cette tête tomba à ses pieds, et il vit paraître celle de l'honnête et brave chasseur, qui se livrait de tout son cœur à sa manière silencieuse de rire.

— Chut ! dit tout bas Œil-de-Faucon, prévenant une exclamation de surprise qui allait échapper à Duncan ; les coquins ne sont pas bien loin, et s'ils entendaient quelques sons qui n'eussent pas un air de sorcellerie, ils nous tomberaient sur le dos.

— Mais dites-moi ce que signifie cette mascarade, et pourquoi vous avez risqué une démarche si hasardeuse.

— Ah ! le hasard fait souvent plus que le raisonnement et le calcul. Mais comme une histoire doit toujours commencer par le commencement, je vous raconterai tout dans l'ordre. Après votre départ, je mis le commandant et le Sagamore dans une vieille habitation de castors, où ils ont moins à craindre les Hurons que s'ils étaient au milieu de la garnison d'Édouard, car nos Indiens du nord-ouest n'ayant pas encore beaucoup de relations avec vos commerçants, continuent à avoir du respect pour les castors. Après cela, Uncas et moi nous sommes partis, comme cela était convenu, pour aller reconnaître l'autre camp. — Et à propos, l'avez-vous vu ?

— A mon grand chagrin. Il est prisonnier, et condamné à périr demain à la pointe du jour.

— J'avais un pressentiment que cela finirait par là, dit le chasseur d'un ton moins gai et moins confiant. Mais reprenant bientôt son accent naturellement ferme, il ajouta : — Et c'est la vraie raison qui fait que vous me voyez ici ; car comment se résoudre à abandonner aux Hurons un si brave jeune homme ! Comme les coquins seraient joyeux s'ils pouvaient attacher dos à dos au même poteau le Cerf-Agile et la Longue-Carabine, comme ils m'appellent ! Et cependant je ne puis m'imaginer pourquoi ils m'ont donné un pareil surnom, car il y a autant de différence entre mon tueur de daims et une vraie carabine du Canada qu'entre la pierre à fusil et la terre à pipes.

— Continuez votre récit, et ne faites pas de digressions. Nous ne savons pas quand les Hurons peuvent revenir.

— Il n'y a pas de danger, ils savent qu'il faut laisser à un sorcier le temps de faire ses sortiléges. Nous sommes aussi sûrs de ne pas être interrompus qu'un missionnaire le serait dans les colonies en commençant un sermon de deux heures. Eh bien! en marchant vers l'autre camp, nous rencontrâmes une bande de ces coquins qui retournaient au leur. Uncas a trop d'impétuosité pour faire une reconnaissance ; mais à cet égard je ne puis le blâmer, c'est la chaleur du sang. Il poursuivit un Huron qui fuyait comme un lâche, et qui le fit tomber dans une embuscade.

— Et il a payé bien cher sa lâcheté.

— Oui! je vous comprends, et cela ne me surprend pas ; c'est leur manière. Mais pour en revenir à moi, je n'ai pas besoin de vous dire que quand je vis mon jeune camarade prisonnier, je ne manquai pas de suivre les Hurons, quoique avec les précautions convenables. J'eus même deux escarmouches avec deux ou trois de ces coquins ; mais ce n'est pas ce dont il s'agit. Après leur avoir mis du plomb dans la tête, je m'avançai sans bruit du côté des habitations. Le hasard, — et pourquoi appeler le hasard une faveur spéciale de la Providence ? — un coup du ciel, pour mieux dire, me conduisit précisément à l'endroit où un de leurs jongleurs était occupé à s'habiller pour livrer, comme ils le disent, quelque grande bataille à Satan. Un coup de crosse de fusil bien appliqué sur la tête l'endormit pour quelque temps, et de peur qu'il ne lui prît envie de brailler quand il s'éveillerait, je lui mis entre les dents, pour son souper, une bonne branche du pin que je lui attachai derrière le cou. Alors l'ayant lié à un arbre, je m'emparai de son déguisement, et je résolus de jouer son rôle d'ours, pour voir ce qui en résulterait.

— Et vous l'avez joué à merveille. Votre imitation aurait fait honte à l'animal lui-même.

— Un homme qui a étudié si longtemps dans le désert serait un pauvre écolier s'il ne savait pas imiter la voix et les mouvements d'un ours. Si c'eût été un chat sauvage ou une panthère, vous auriez vu quelque chose qui aurait mérité plus d'attention : mais ce n'est pas une grande merveille que d'imiter les manières d'un animal si lourd. Et cependant, même le rôle d'ours peut être mal joué, car il est plus facile d'outrer la nature que de bien l'imiter, et c'est ce que tout le monde ne sait pas. — Mais songeons à nos affaires. Où est la jeune dame?

— Dieu le sait. J'ai visité toutes les habitations des Hurons, et je n'ai découvert aucun indice qui pût me faire croire qu'elle soit dans leur camp.

— N'avez-vous pas entendu ce que le chanteur a dit en partant? Elle vous attend! Elle est ici!

— J'ai fini par m'imaginer qu'il parlait de cette pauvre femme, qui attendait ici de moi une guérison que je ne puis lui procurer.

— L'imbécile a eu peur, et il s'est mal expliqué. C'était sûrement de la fille du commandant qu'il voulait parler. — Voyons! Il y a ici des murs de séparation. — Un ours doit savoir grimper, ainsi je vais jeter un coup d'œil par-dessus. Il peut s'y trouver quelque ruche, et vous savez que je suis un animal qui aime les douceurs.

A ces mots, le chasseur s'avança vers la muraille en imitant les mouvements lourds et gauches de l'animal qu'il représentait; il y grimpa facilement; mais dès qu'il en eut atteint le sommet, il fit signe au major de garder le silence, et en redescendit sur-le-champ.

— Elle est là, lui dit-il à voix basse, et vous pouvez y entrer par cette porte. J'aurais voulu lui dire un mot de consolation; mais la vue d'un pareil monstre lui aurait fait perdre la raison, quoiqu'à cet égard, major, vous ne soyez pas beaucoup plus beau, grâce à votre peinture.

Duncan, qui s'était déjà avancé vers la porte, s'arrêta en entendant ces paroles décourageantes.

— Je suis donc bien hideux? dit-il avec un air de chagrin manifeste.

— Pas assez pour faire peur à un loup, ou pour faire reculer un régiment au milieu d'une charge, répondit Œil-de-Faucon; mais j'ai vu le temps où sans vous flatter vous aviez meilleure mine. Les squaws des Indiens ne trouveront rien à redire à votre visage bigarré; mais les jeunes filles du sang blanc préfèrent leur propre couleur. Voyez, ajouta-t-il en lui montrant un endroit où l'eau sortant d'une crevasse du rocher formait une petite fontaine de cristal, et s'échappait ensuite par une autre ouverture, vous pouvez aisément vous débarrasser de la peinture dont le Sagamore vous a orné, et quand vous reviendrez je vous en ferai moi-même une nouvelle. Que cela ne vous inquiète pas ; rien n'est plus commun que de voir un jongleur changer la peinture de son visage dans le cours de ses conjurations.

Le chasseur n'eut pas besoin de s'épuiser en arguments pour le convaincre. Il parlait encore que Duncan travaillait déjà à effacer jusqu'aux moindres vestiges de son masque emprunté. S'étant ainsi préparé pour l'entrevue qu'il allait avoir avec sa maîtresse, il prit congé de son compagnon, et disparut par la porte qui lui avait été indiquée.

OEil-de-Faucon le vit partir avec un air de satisfaction, lui recommanda de ne pas perdre trop de temps en propos inutiles, et profita de son absence pour examiner l'état du garde-manger des Hurons ; car, comme nous l'avons déjà dit, cette caverne était le magasin des provisions de la peuplade.

Duncan se trouvait alors dans un second passage étroit et obscur ; mais une lumière qui brillait sur la droite était pour lui l'étoile polaire. C'était une autre division de la caverne, et on l'avait destinée à servir de prison à une captive aussi importante que la fille du ci-devant commandant de William-Henry. On y voyait une foule d'objets provenant du pillage de cette forteresse, et le sol était couvert d'armes, d'habits, d'étoffes, de malles et de paquets de toute espèce. Au milieu de cette confusion il trouva Alice, pâle, tremblante, agitée, mais toujours charmante. Elle avait été informée par David de l'arrivée de Duncan chez les Hurons.

— Duncan ! s'écria-t-elle comme effrayée des sons de sa propre voix.

— Alice ! répondit le major en sautant légèrement par-dessus tous les obstacles qui s'opposaient à son passage pour s'élancer à son côté.

— Je savais que vous ne m'abandonneriez jamais, Duncan, lui dit-elle ; mais je ne vois personne avec vous, et quelque agréable que me soit votre présence, j'aimerais à croire que vous n'êtes pas tout à fait seul.

Heyward, voyant qu'elle tremblait de manière à lui faire craindre qu'elle ne pût se soutenir sur ses jambes, la pria de s'asseoir, et lui raconta très-brièvement tous les événements que nos lecteurs connaissent déjà. Alice l'écoutait avec un intérêt qui lui permettait à peine de respirer ; et quoique le major n'eût pas longtemps appuyé sur le désespoir de Munro, les larmes coulèrent abondamment le long des joues d'Alice. Son émotion se calma pourtant insensiblement, et elle écouta la fin du récit de Duncan, sinon avec calme, du moins avec beaucoup d'attention.

— Et maintenant, Alice, ajouta-t-il, votre délivrance dépend de vous en grande partie. Avec le secours de notre expérimenté et inappréciable ami le chasseur, nous pouvons réussir à échapper à cette peuplade barbare; mais il faut vous armer de tout votre courage. Songez que vous allez vous jeter dans les bras de votre vénérable père, et que son bonheur et le vôtre dépendent de vos efforts.

— Et que ne ferais-je pas pour un père qui a tant fait pour moi!
— Et ne feriez-vous rien pour moi, Alice?

Le regard d'innocence et de surprise qu'elle jeta sur Heyward lui apprit qu'il devait s'expliquer plus clairement.

— Ce n'est ni le moment ni le lieu convenables pour vous faire part de mes désirs ambitieux, chère Alice; mais quel cœur oppressé comme le mien ne chercherait pas quelque soulagement! On dit que le malheur est le plus fort de tous les liens, et ce que nous avons souffert tous deux depuis votre captivité a rendu les explications bien faciles entre votre père et moi.

— Et ma chère Cora, Duncan! sûrement on n'a pas oublié Cora!
— Oubliée! non sans doute. Elle a été regrettée, pleurée, comme elle méritait de l'être. Votre respectable père ne fait aucune différence entre ses enfants; mais moi..... — Vous ne vous offenserez pas, Alice, si j'exprime une préférence...

— Parce que vous ne lui rendiez pas justice, s'écria Alice en retirant une main dont le major s'était emparé; elle ne parle jamais de vous que comme de l'ami le plus cher.

— Je veux être son ami; je désire même lui appartenir de plus près. — Mais votre père, Alice, m'a permis d'espérer qu'un nœud encore plus cher, encore plus sacré, pourra m'unir à vous.

Cédant à l'émotion naturelle à son âge et à son sexe, Alice trembla, et détourna un instant la tête; mais redevenant presque aussitôt maîtresse d'elle-même, elle jeta sur son amant un regard touchant d'innocence et de candeur.

— Heyward, lui dit-elle, rendez-moi à mon père, et laissez-moi obtenir son approbation avant de m'en dire davantage.

— Et comment aurais-je pu vous en dire moins? allait répondre le jeune major, quand il se sentit frapper doucement sur l'épaule par derrière. Il se retourna en tressaillant pour voir qui les interrompait ainsi, et il rencontra les yeux du farouche Magua, brillant d'une joie infernale. S'il avait obéi à son premier mouvement, il se serait précipité sur le sauvage, et aurait hasardé toutes ses espérances sur l'issue d'un combat à mort. Mais il était sans armes, et le Huron avait son couteau et son tomahawk; il ignorait s'il n'avait pas quelques compagnons à sa portée, et il ne devait pas risquer de laisser sans défenseur celle qui lui devenait en ce moment plus chère que jamais, et ces réflexions lui firent abandonner un projet qui n'était inspiré que par le désespoir.

— Que me voulez-vous encore? dit Alice en croisant les bras sur sa poitrine, et cherchant à cacher l'angoisse de la crainte qui la faisait trembler pour Heyward, sous l'air de froideur hautaine avec lequel elle recevait toujours les visites du barbare qui l'avait enlevée à son père.

L'Indien regarda Alice et Heyward d'un air menaçant, sans interrompre un travail dont il s'occupait déjà, et qui consistait à amonceler devant une porte par laquelle il était entré, différente de celle par où Duncan était arrivé, de lourdes caisses et d'énormes souches, que malgré sa force prodigieuse il semblait avoir peine à remuer.

Heyward comprit alors de quelle manière il avait été surpris, et se croyant perdu sans ressource, il serra Alice contre son cœur, regrettant à peine la vie, s'il pouvait arrêter sur elle ses derniers regards. Mais Magua n'avait pas le projet de terminer si promptement les souffrances de son nouveau prisonnier. Il voulait seulement élever une barricade suffisante devant la porte pour déjouer les efforts que pourraient faire les deux captifs, et il continua son travail sans jeter sur eux un second regard, jusqu'à ce qu'il l'eût entièrement terminé. Le major, tout en soutenant entre ses bras Alice, dont les jambes pliaient sous elle, suivait des yeux tous les mouvements du Huron; mais il était trop fier et trop courroucé pour invoquer la pitié d'un ennemi à la rage duquel il avait déjà échappé deux fois, et il savait d'ailleurs que rien n'était capable de le fléchir.

Lorsque le sauvage se fut assuré qu'il avait ôté aux captifs tout moyen d'évasion, il se tourna vers eux, et leur dit en anglais:

— Les Visages-Pâles savent prendre l'adroit castor dans des

piéges; mais les Peaux-Rouges savent comment garder les Visages-Pâles.

— Faites tout ce qu'il vous plaira, misérable! s'écria le major, oubliant en ce moment qu'il avait un double motif pour tenir à la vie, je vous brave et vous méprise également, vous et votre vengeance.

— L'officier anglais parlera-t-il de même quand il sera attaché au poteau? demanda Magua avec un ton d'ironie qui prouvait qu'il doutait de la fermeté d'un blanc au milieu des tortures.

— Ici, face à face avec vous, en présence de toute votre nation! s'écria Heyward.

— Le Renard-Subtil est un grand chef, dit le Huron; il ira chercher ses jeunes guerriers pour qu'ils voient avec quelle bravoure un Visage-Pâle sait souffrir les tortures.

A ces mots il se détourna et s'avança vers la porte par où Duncan était arrivé; mais il s'arrêta un instant en la voyant occupée par un ours assis sur ses pattes de derrière, grondant d'une manière effrayante et s'agitant le corps de droite à gauche suivant l'habitude de ces animaux. De même que le vieil Indien qui avait conduit Heyward en ce lieu, Magua examina l'animal avec attention et reconnut le déguisement du jongleur.

Le long commerce qu'il avait eu avec les Anglais l'avait affranchi en partie des superstitions vulgaires de sa nation, et il n'avait pas un grand respect pour ses prétendus sorciers. Il se disposait donc à passer près de lui avec un air de mépris; mais au premier mouvement qu'il fit, l'ours gronda encore plus fort et prit une attitude menaçante.

Magua s'arrêta une seconde fois; mais enfin il parut déterminé à ne pas laisser déranger ses projets par des grimaces de charlatan. Il arriva donc à la porte, et l'ours, se levant sur ses pattes de derrière, se mit à battre l'air de celles de devant à la manière de ces animaux.

— Fou! s'écria le Huron, allez intimider les squaws et les enfants, et n'empêchez pas les hommes de faire leurs affaires.

Il fit encore un pas en avant sans croire même avoir besoin de recourir au couteau ou au tomahawk pour intimider le prétendu jongleur. Mais à l'instant où il se trouva près de l'ours, OEil-de-Faucon étendit les bras, les lui jeta autour du corps, et le serra avec toute la force et l'étreinte d'un de ces animaux.

Heyward avait suivi avec la plus vive attention tous les mouvements de l'ours supposé. D'abord il fit asseoir Alice sur une caisse, et dès qu'il vit son ennemi étroitement serré entre les bras du chasseur, de manière à n'avoir l'usage ni des bras ni des mains, il saisit une courroie qui avait servi à lier quelque paquet, et se précipitant sur Magua, il lui en entoura vingt fois les bras, les jambes et les cuisses, et le mit dans l'impossibilité de faire un seul mouvement. Quand le formidable Huron eut été ainsi complétement garrotté, OEil-de-Faucon le laissa tomber par terre où il resta étendu sur le dos.

Pendant cette attaque aussi subite qu'extraordinaire, Magua avait résisté de toutes ses forces, quoiqu'il eût bientôt reconnu que son ennemi était plus vigoureux que lui, mais il n'avait pas laissé échapper une seule exclamation. Ce ne fut que lorsque le chasseur, pour lui faciliter l'explication de cette conduite, eut exposé à ses regards sa propre tête au lieu de celle de l'ours, que le Huron ne put retenir un cri de surprise.

— Ah! vous avez donc retrouvé votre langue? dit OEil-de-Faucon fort tranquillement; c'est bon à savoir; il n'y a plus qu'une petite précaution à prendre pour que vous ne puissiez pas vous en servir contre nous.

Comme il n'y avait pas de temps à perdre, le chasseur se mit sur-le-champ à bâillonner son ennemi, et après cette opération le redoutable Indien n'était plus à craindre.

— Mais comment le coquin est-il entré ici? demanda-t-il ensuite au major. Personne n'a passé dans l'autre appartement depuis que vous m'avez quitté.

Heyward lui montra la porte par où le sauvage était arrivé, et les obstacles qui les exposaient à perdre beaucoup de temps s'ils voulaient y passer eux-mêmes.

— Puisque nous n'avons pas à choisir, dit le chasseur, il faudra bien sortir par l'autre et tâcher de gagner le bois. — Allons, prenez la jeune dame par-dessous le bras.

— Impossible! Voyez, elle nous voit, elle nous entend; mais la terreur lui a ôté l'usage de ses membres; elle ne peut se soutenir. — Partez, mon digne ami, sauvez-vous, et abandonnez-moi à mon destin.

— Il n'y a pas de transe qui n'ait sa fin, et chaque malheur est une leçon qu'on reçoit. — Enveloppez-la dans cette pièce d'étoffe fabriquée par les squaws des Hurons. — Pas comme cela ; couvrez bien toute sa personne ; qu'on n'en aperçoive rien. Cachez bien ces petits pieds qui nous trahiraient, car on en chercherait en vain de pareils dans toutes les forêts de l'Amérique. — A présent, portez-la dans vos bras ; laissez-moi remettre ma tête d'ours, et suivez-moi.

Duncan, comme on peut le voir par ce que lui disait son compagnon, s'empressait d'exécuter ses ordres. Portant Alice dans ses bras, fardeau qui n'était pas bien lourd et qui lui paraissait bien léger, il entra avec le chasseur dans la chambre de la malade, qu'ils trouvèrent comme ils l'avaient laissée, seule et paraissant ne tenir à la vie que par un fil. On juge bien qu'ils ne s'y arrêtèrent pas ; mais en entrant dans le passage dont il a été parlé, ils entendirent un assez grand nombre de voix derrière la porte, ce qui leur fit penser avec raison que les parents et les amis de la malade s'y étaient réunis pour apprendre plus vite quel succès avaient obtenu les conjurations du médecin étranger.

— Si j'ouvre la bouche pour parler, dit OEil-de-Faucon à demi-voix, mon anglais, qui est la langue naturelle des Peaux-Blanches, apprendra à ces coquins qu'ils ont un ennemi parmi eux. Il faut que vous leur donniez du jargon de sorcier, major ; dites-leur que vous avez enfermé l'esprit dans la caverne, et que vous emportez la femme dans les bois pour compléter sa guérison. — Tâchez de ruser comme il faut ; la ruse est légitime en pareil cas.

La porte s'entr'ouvrit, comme si quelqu'un eût voulu écouter ce qui se passait dans l'intérieur. L'ours gronda d'une manière furieuse, et on la referma précipitamment. Alors ils avancèrent vers la porte. L'ours sortit le premier en jouant à merveille le rôle de cet animal, et Duncan, qui le suivait pas à pas, se trouva entouré d'une vingtaine de personnes qui l'attendaient avec impatience.

La foule se sépara pour laisser approcher de Duncan le vieux chef qui l'avait amené, et un jeune guerrier qu'il supposa le mari de la malade.

— Mon frère a-t-il vaincu le malin esprit ? lui demanda le premier. — Qu'emporte-il entre ses bras ?

— La femme qui était malade, répondit Duncan d'un ton grave. J'ai fait sortir la maladie de son corps et je l'ai enfermée dans cette caverne. Maintenant j'emporte votre fille dans le bois pour lui exprimer dans la bouche le jus d'une racine que je connais, et qui n'a d'effet qu'en plein air et dans une solitude complète. C'est le seul moyen de la mettre à l'abri de nouvelles attaques du malin esprit. Avant le point du jour elle sera reconduite dans le wigwam de son mari.

Le vieux chef traduisit aux sauvages ce que Duncan venait de prononcer en français; et un murmure général annonça la satisfaction qu'ils éprouvaient de ces heureuses nouvelles. Il étendit lui-même le bras en faisant signe au major de continuer sa route, et ajouta d'une voix ferme :

— Allez, je suis un homme; j'entrerai dans la caverne, et je combattrai le malin esprit.

Heyward s'était déjà mis en marche; mais il s'arrêta en entendant ces paroles effrayantes.

— Que dit mon frère? s'écria-t-il; veut-il être cruel envers lui-même, ou a-t-il perdu la raison? Veut-il aller trouver la maladie pour qu'elle s'empare de lui? Ne craint-il pas qu'elle ne s'échappe, et qu'elle ne poursuive sa victime dans les bois? C'est moi qui dois reparaître devant elle pour la conjurer quand la guérison de cette femme sera complète. — Que mes frères gardent cette porte à vue, et si l'esprit se présente pour en sortir, sous quelque forme que ce soit, assommez-le à coups de massue. Mais il est malin, il se tiendra renfermé sous la montagne quand il verra tant de guerriers disposés à le combattre.

Ce discours produisit l'effet que Duncan en espérait. Les hommes appuyèrent leurs tomahawks sur leurs épaules pour en frapper l'esprit s'il se montrait; les femmes et les enfants s'armèrent de pierres et de bâtons pour exercer de même leur vengeance sur l'être imaginaire qu'ils supposaient l'auteur des souffrances de la malade, et les deux prétendus sorciers saisirent ce moment favorable pour s'éloigner.

OEil-de-Faucon, tout en comptant ainsi sur les idées superstitieuses des Indiens, savait fort bien qu'elles étaient plutôt tolérées que partagées par les plus sages de leurs chefs. Il sentait donc combien le temps était précieux en pareille occasion. Quoique les ennemis eussent favorisé ses projets par leur crédulité, il n'ignorait pas que le moindre soupçon qui se présenterait à l'esprit d'un seul Indien pouvait lui devenir fatal. Il prit un sentier détourné pour éviter de passer devant les habitations. Les enfants avaient cessé leurs jeux, et les feux qu'ils avaient allumés commençaient à s'éteindre; mais ils donnaient encore assez de clarté pour laisser apercevoir de loin quelques groupes de guerriers qui restaient dans la clairière : cependant le silence et la tranquillité de la nuit faisaient déjà contraste avec le tumulte et le désordre qui avaient régné dans le camp pendant une soirée signalée par tant d'événements.

L'influence du grand air rendit bientôt à Alice toutes ses forces.

— Je suis en état de marcher, dit-elle quand ils furent entrés dans la forêt, en faisant un effort pour se dégager des bras d'Heyward, qui cherchait à la retenir; je me sens à présent parfaitement bien.

— Non, Alice, répliqua Duncan, vous êtes trop faible.

Mais Alice insista; le major fut obligé malgré lui de déposer son précieux fardeau.

Le chevalier de l'ours n'avait sûrement rien compris à la sensation délicieuse qu'éprouve un jeune amant qui tient entre ses bras celle qu'il aime, et très-probablement il ne comprenait pas davantage ce sentiment de pudeur ingénue qui agitait le sein d'Alice tandis qu'ils s'éloignaient à grands pas de leurs ennemis. Mais quand il se trouva à une distance qu'il jugea convenable du camp des Hurons, il s'arrêta pour leur parler d'un objet qu'il connaissait mieux.

— Ce sentier, leur dit-il, vous conduira à un ruisseau : suivez-en le cours jusqu'à ce que vous arriviez à une cataracte. Là, sur une montagne qui en est à la droite, vous trouverez une autre peuplade. Il faut vous y rendre et demander sa protection. Si ce sont de vrais Delawares, vous ne la demanderez pas en vain. Fuir loin d'ici en ce moment avec cette jeune fille est impossible. Les Hurons suivraient nos traces, et seraient maîtres de nos chevelures avant que nous eussions fait douze milles. Allez, et que la Providence veille sur vous!

— Et vous? demanda Heyward avec surprise; sûrement nous ne nous séparerons pas ici?

— Les Hurons tiennent captif celui qui fait la gloire des Delawares, répondit le chasseur; ils peuvent faire couler la dernière goutte du sang des Mohicans; je vais voir ce qu'il est possible de faire pour sauver mon jeune ami. — S'ils avaient enlevé votre chevelure, major, il en aurait coûté la vie à autant de ces coquins qu'il s'y trouve de cheveux, comme je vous l'avais promis; mais si le jeune Sagamore est lié au poteau, les Hurons verront aussi comment sait mourir un homme dont le sang est sans mélange.

Sans s'offenser de la préférence décidée que le franc chasseur donnait à un jeune homme qu'on pouvait appeler son fils d'adoption, Heyward essaya de faire valoir toutes les raisons qui devaient le détourner d'une résolution si désespérée. Alice joignit ses prières à celles de Duncan, et le conjura de renoncer à un projet qui présentait tant de périls et si peu d'espoir de succès. Raisonnements, prières, tout fut inutile. Le chasseur parut les écouter attentivement, mais avec impatience, et enfin il leur répondit d'un ton si ferme, qu'il réduisit Alice au silence, et fit sentir au major que toute autre objection serait aussi infructueuse.

— J'ai entendu dire, ajouta-t-il, qu'il y a un sentiment qui dans la jeunesse attache l'homme à la femme plus fortement qu'un père n'est attaché à son fils. Cela peut être vrai. J'ai rarement vu des femmes de ma couleur, et tel peut être le penchant de la nature dans les établissements des blancs. Vous avez risqué votre vie et tout ce qui doit vous être le plus cher pour sauver cette jeune dame, et je suppose qu'au fond de tout cela il y a en vous quelque disposition semblable. Mais moi, j'ai appris à Uncas à se servir comme il faut d'un fusil, et il m'en a bien payé. J'ai combattu à son côté dans bien des escarmouches; et tant que je pouvais entendre le bruit de son fusil d'une oreille, et le son de celui du Sagamore de l'autre, je savais que je n'avais pas à craindre d'ennemis par derrière. Nous avons passé ensemble les hivers et les étés, partageant la même nourriture, l'un dormant, l'autre veillant; et avant qu'on puisse dire qu'Uncas a été soumis à la torture, et que... Oui, il n'y a qu'un seul être qui nous gouverne tous, quelle que soit la couleur de notre peau, et c'est lui que je prends à témoin qu'avant que le jeune Mohican périsse faute d'un ami, il n'y aura plus de bonne foi sur la terre, et mon tueur de daims ne vaudra pas mieux que le petit instrument du chanteur.

Duncan lâcha le bras du chasseur, dont il s'était emparé, et celui-ci, retournant sur ses pas, reprit le chemin qui conduisait aux habitations des Hurons. Après avoir suivi des yeux un instant leur généreux ami, ils le perdirent de vue dans l'obscurité, et suivant les instructions qu'il leur avait données, ils se dirigèrent vers le camp des Delawares.

CHAPITRE XXVI.

Laissez-moi aussi jouer le rôle du lion.
Shakspeare. <i>Le Songe d'une nuit d'été.</i></div>

Le chasseur ne s'aveuglait pas sur les périls et les difficultés de son entreprise audacieuse. En approchant du camp des Hurons, il avait calculé tous les moyens d'échapper à la vigilance et aux soupçons d'ennemis dont il savait que la sagacité était égale à la sienne. C'était la couleur de la Peau d'Œil-de-Faucon qui avait sauvé la vie de Magua et celle du jongleur, car, quoique le meurtre d'un ennemi sans défense fût une chose toute simple dans les mœurs des sauvages, il aurait cru en le commettant faire une action indigne d'un homme dont le sang était sans mélange. Il compta donc pour sa sûreté sur les liens dont il avait chargé ses captifs, et continua à s'avancer vers les habitations.

En entrant dans la clairière, il marcha avec plus de précaution et de lenteur, reprenant les allures de l'animal dont il portait la peau. Cependant ses yeux vigilants étaient toujours en mouvement pour épier s'ils ne découvriraient pas quelques indices qui pussent être dangereux ou utiles pour lui. A quelque distance des autres cabanes, il en aperçut une dont l'extérieur semblait encore plus négligé que de coutume ; elle paraissait même n'avoir pas été achevée, probablement parce que celui qui avait commencé à la construire s'était aperçu qu'elle serait trop éloignée de deux objets de première nécessité, du bois et de l'eau. Une faible lumière brillait pourtant à travers les crevasses du mur, qui n'avaient pas été enduits de terre. Il se dirigea donc de ce côté, en général prudent qui veut reconnaître les avant-postes de l'ennemi avant de hasarder une attaque,

Œil-de-Faucon s'approcha d'une fente d'où il pouvait voir l'intérieur de l'appartement. Il reconnut que c'était là que le maître en psalmodie avait fixé sa demeure. Le fidèle David La Gamme venait d'y entrer avec tous ses chagrins, toutes ses craintes, et toute sa pieuse confiance en la protection du ciel; il était en ce moment absorbé dans de profondes réflexions sur le prodige dont ses yeux et ses oreilles avaient été témoins dans la caverne.

Quelque ferme que fût la foi de David dans les anciens miracles, il ne croyait pas aussi implicitement aux miracles modernes. Il ne doutait nullement que l'âne de Balaam n'eût parlé, mais qu'un ours pût chanter... Cependant c'était un fait dont l'assurait le témoignage d'une oreille infaillible.

Il y avait dans son air et dans ses manières quelque chose qui rendait son trouble manifeste. Il était assis sur un tas de broussailles dont il tirait de temps en temps quelques branches pour empêcher son feu de s'éteindre. Son costume, que nous avons déjà décrit, n'avait subi aucun changement, si ce n'est qu'il avait sur la tête son vieux chapeau de forme triangulaire qui n'avait excité l'envie d'aucun des Hurons.

Le chasseur, qui se rappelait la manière dont David s'était enfui précipitamment de la caverne, soupçonna le sujet de ses méditations. Ayant fait d'abord le tour de la hutte pour s'assurer qu'elle était isolée de toutes parts, et ne présumant pas qu'il arrivât aucune visite au chanteur à une pareille heure, il se hasarda à y entrer sans bruit, et s'assit sur ses jambes de derrière, en face de David dont il n'était séparé que par le feu. Une minute se passa en silence, chacun d'eux ayant les yeux fixés sur l'autre. Mais enfin la vue soudaine du monstre qui occupait toutes ses pensées l'emporta, nous ne dirons pas sur la philosophie de David, mais sur sa foi et sa résolution. Il prit son instrument, et se leva avec une intention confuse d'essayer un exorcisme en musique.

— Monstre noir et mystérieux! s'écria-t-il en affermissant d'une main tremblante ses lunettes sur son nez, et en feuilletant ensuite sa version poétique des psaumes pour y chercher un cantique convenable à la circonstance, j'ignore quelle est votre nature et quelles sont vos intentions; mais si vous méditez quelque chose contre un des plus humbles serviteurs du temple, écoutez la langue inspirée du roi-prophète, et repentez-vous.

L'ours se serra les côtes en pouffant de rire, et lui répondit :

— Remettez votre joujou dans votre poche, et ne vous fatiguez pas le gosier. Cinq mots de bon anglais vaudront mieux en ce moment.

— Qui es-tu donc? demanda David respirant à peine.

— Un homme comme vous, répondit le chasseur ; un homme dans les veines duquel il n'y a pas plus de mélange de sang d'ours que dans les vôtres. Avez-vous si tôt oublié celui qui vous a rendu le sot joujou que vous avez à la main ?

— Est-il possible ! s'écria David respirant plus librement, quoique sans comprendre encore bien clairement cette métamorphose, qui le faisait penser à celle de Nabuchodonosor ; j'ai vu bien des merveilles depuis que je vis avec des païens, mais pas encore un prodige comme celui-ci.

— Attendez, attendez, dit Œil-de-Faucon en se dépouillant de sa tête pour rassurer complétement son compagnon ; vous allez voir une peau qui, si elle n'est pas aussi blanche que celle des deux jeunes dames, ne doit ses couleurs qu'au vent et au soleil. Et à présent que vous me voyez, parlons d'affaires.

— Parlez-moi d'abord de la captive et du brave jeune homme qui est venu pour la délivrer.

— Ils sont heureusement tous deux à l'abri des tomahawks de ces coquins. Mais pouvez-vous me mettre sur la piste d'Uncas ?

— Uncas est prisonnier, et je crains bien que sa mort ne soit décidée. C'est bien dommage qu'un pareil jeune homme meure dans son ignorance, et j'ai choisi une hymne...

— Pouvez-vous me conduire près de lui ?

— La tâche ne sera pas difficile, quoique je craigne que votre présence ne fasse qu'ajouter à son infortune, au lieu de l'adoucir.

— Plus de paroles ; montrez-moi le chemin.

En parlant ainsi, Œil-de-Faucon replaçait la tête d'ours sur ses épaules, et il donna l'exemple à son compagnon en sortant le premier de la cabane.

Chemin faisant, David apprit à son compagnon qu'il avait déjà rendu une visite à Uncas, sans que personne s'y opposât ; ce dont il était redevable, tant à l'aliénation d'esprit qu'on lui supposait et qu'on respectait, qu'à la circonstance qu'il jouissait des bonnes grâces particulières d'un des gardes du Mohican, qui savait quelques mots d'anglais, et que le zélé chanteur avait choisi comme un sujet propre à mettre en évidence ses talents pour convertir. Il est fort douteux que le Huron comprît parfaitement les intentions de son nouvel ami ; mais comme des attentions exclusives sont flatteuses pour un sauvage aussi bien que pour un homme civilisé, celles de

David avaient certainement produit sur lui l'effet que nous venons de rapporter.

Il est inutile de parler de la manière adroite avec laquelle OEil-de-Faucon tira tous ces détails du bon David; nous ne dirons même rien des instructions qu'il lui donna; nos lecteurs en verront le résultat se développer avant la fin du présent chapitre.

La cabane dans laquelle Uncas était gardé était précisément au centre des autres habitations, et dans une situation qui rendait très-difficile d'en approcher ou de s'en éloigner sans être aperçu. Mais le chasseur n'avait pas dessein de s'y introduire furtivement. Comptant sur son déguisement, et se sentant en état de jouer le rôle dont il se chargeait, il prit le chemin le plus direct pour se rendre vers cette hutte.

L'heure avancée de la nuit le favorisait mieux que toutes les précautions qu'il aurait pu prendre. Les enfants étaient ensevelis dans leur premier sommeil; les Hurons et leurs femmes étaient rentrés dans leurs cabanes, et l'on ne voyait plus dans les environs des huttes que quatre ou cinq guerriers qui veillaient sur le prisonnier, et qui de temps en temps avançaient la tête à la porte de sa prison, pour voir si sa constance se démentait.

En voyant La Gamme s'avancer avec l'ours, qu'ils prenaient pour un de leurs jongleurs les plus distingués, ils les laissèrent passer sans opposition, mais sans montrer aucune intention de s'écarter de la porte. Au contraire, ils s'en approchèrent davantage, sans doute par curiosité de voir les simagrées mystérieuses qu'ils supposaient devoir être le résultat d'une pareille visite.

OEil-de-Faucon avait deux excellentes raisons pour garder le silence. D'abord il n'était pas en état de parler la langue des Hurons; ensuite il avait à craindre qu'on ne reconnût que sa voix n'était pas celle du jongleur dont il portait le déguisement. Il avait donc prévenu David qu'il devait faire tous les frais de la conversation, et lui avait donné à ce sujet des avis détaillés dont celui-ci, malgré sa simplicité, profita mieux qu'on n'aurait pu l'espérer.

— Les Delawares sont des femmes, dit-il en s'adressant à celui qui entendait un peu l'anglais; les Yengeese, mes concitoyens, ont été assez fous pour leur mettre le tomahawk à la main afin d'en frapper leur père du Canada, et ils ont oublié leur sexe. Mon frère ne serait-il pas charmé d'entendre le Cerf-Agile demander des jupons, et de le voir pleurer devant tous les Hurons, quand il sera attaché au poteau ?

Une exclamation d'assentiment prouva avec quelle satisfaction le sauvage verrait cette faiblesse dégradante dans un ennemi que sa nation avait appris à haïr et à redouter.

— Eh bien! reprit David, retirez-vous un peu, et l'homme savant soufflera sur le chien. — Dites-le à mes frères.

Le Huron expliqua à ses compagnons ce que David venait de lui dire, et ceux-ci ne manquèrent pas d'exprimer tout le plaisir que pouvait causer à des esprits féroces un tel raffinement de cruauté. Ils se retirèrent à deux ou trois pieds de la porte, et firent signe au prétendu jongleur d'entrer dans la cabane.

Mais l'ours n'obéit point; il resta assis sur ses jambes de derrière, et se mit à gronder.

— L'homme savant craint que son souffle ne tombe sur ses frères, et ne leur ôte leur courage, dit David; il faut qu'ils se tiennent plus à l'écart.

Les Hurons, qui auraient regardé un tel accident comme la plus cruelle des calamités, reculèrent à l'instant beaucoup plus loin, mais en ayant soin de prendre une position d'où ils pussent toujours avoir les yeux sur la porte de la cabane; alors l'ours, après avoir jeté un regard vers eux, comme pour s'assurer que son compagnon et lui n'avaient plus rien à craindre à cette distance, entra lentement dans la hutte.

Elle n'était éclairée que par quelques tisons, restes d'un feu qui s'éteignait, et qui avait servi à préparer le souper des gardes, et Uncas y était seul, assis dans un coin, le dos appuyé contre le mur, et ayant les pieds et les mains soigneusement liés avec des liens d'écorce.

Le chasseur, qui avait laissé David à la porte pour s'assurer si l'on ne songeait point à les épier, crut prudent de conserver son déguisement jusqu'à ce qu'il en eût acquis la certitude; et en attendant il s'amusa à contrefaire les gestes et les mouvements de l'animal qu'il représentait. Dans le premier moment, le jeune Mohican avait cru que c'était un ours véritable que ses ennemis avaient lâché contre lui pour mettre sa fermeté à l'épreuve, et à peine avait-il daigné jeter un coup d'œil sur lui. Mais quand il vit que l'animal ne manifestait aucune intention de l'attaquer, il le considéra avec plus d'attention, et remarqua dans l'imitation qu'OEil-de-Faucon croyait si parfaite, quelques défauts qui lui firent reconnaître l'imposture.

Si le chasseur eût pu se douter du peu de cas que son jeune ami faisait de la manière dont il doublait le rôle de l'ours, un peu de dépit l'aurait peut-être porté à prolonger ses efforts pour tâcher de lui prouver qu'il l'avait jugé avec trop de précipitation. Mais l'expression méprisante des yeux d'Uncas était susceptible de tant d'autres interprétations qu'OEil-de-Faucon ne fit pas cette découverte mortifiante ; et dès que David lui eut fait signe que personne ne songeait à épier ce qui se passait dans la cabane, au lieu de continuer à gronder comme un ours, il se mit à siffler comme un serpent.

Uncas avait fermé les yeux pour témoigner son indifférence à tout ce que la malice de ses ennemis pourrait inventer pour le tourmenter ; mais dès qu'il entendit le sifflement d'un serpent, il avança la tête comme pour mieux voir, jeta un regard attentif tout autour de sa prison, et rencontrant les yeux du monstre, les siens y restèrent attachés comme par une attraction irrésistible. Le même son se répéta, et il semblait sortir de la gueule de l'animal. Les yeux du jeune homme firent une seconde fois le tour de la cabane, et ils revinrent encore se fixer sur l'ours, pendant qu'il s'écriait d'une voix retenue par la prudence :

— Hugh !

— Coupez ses liens, dit le chasseur à David qui venait de s'approcher d'eux.

Le chanteur obéit, et les membres d'Uncas recouvrèrent leur liberté.

Au même instant OEil-de-Faucon, ôtant d'abord sa tête d'ours, détacha quelques courroies qui en attachaient la peau sur son corps, et se montra à son ami en propre personne. Le jeune Mohican parut comprendre sur-le-champ, comme par instinct, le stratagème qui avait été employé ; mais ni sa bouche ni ses yeux ne laissèrent échapper aucun autre symptôme de surprise que l'exclamation hugh ! Alors le chasseur, tirant un couteau dont la longue lame était étincelante, le remit entre les mains d'Uncas.

— Les Hurons rouges sont à deux pas, lui dit-il ; soyons sur nos gardes.

Et en même temps il appuya la main d'un air expressif sur un couteau semblable passé dans sa ceinture, et qui, de même que le premier, était le fruit de ses exploits pendant la soirée précédente.

— Partons! dit Uncas.

— Pour aller où?

— Dans le camp des Tortues. — Ce sont des enfants de mes pères.

— Sans doute, sans doute, dit le chasseur en anglais, car il avait jusque alors parlé en delaware; mais l'anglais semblait revenir naturellement dans sa bouche toutes les fois qu'il se livrait à des réflexions embarrassantes; — je crois bien que le même sang coule dans vos veines; mais le temps et l'éloignement peuvent en avoir un peu changé la couleur. — Et que ferons-nous des Mingos qui sont à la porte? Ils sont six, et ce chanteur ne compte pour rien.

— Les Hurons sont des fanfarons, dit Uncas d'un air de mépris. Leur *totem* est l'élan, et ils marchent comme un limaçon; celui des Delawares est la tortue, mais ils courent plus vite que le daim.

— Oui, oui, reprit OEil-de-Faucon, il y a de la vérité dans ce que vous dites. Je suis convaincu qu'à la course vous battriez toute leur nation, que vous arriveriez au camp de l'autre peuplade, et que vous auriez le temps d'y reprendre haleine avant qu'on pût seulement y entendre la voix d'un de ces coquins. Mais les hommes blancs sont plus forts des bras que des jambes, et, quant à moi, il n'y a pas de Huron que je craigne corps à corps; mais s'il s'agit d'une course, je crois qu'il serait plus habile que moi.

Uncas, qui s'était déjà approché de la porte afin d'être prêt à partir, retourna sur ses pas et regagna l'autre extrémité de la cabane. Le chasseur était trop occupé de ses propres pensées pour remarquer ce mouvement, et il continua, plutôt en se parlant à lui-même qu'en adressant la parole à son compagnon :

— Après tout, dit-il, il n'est pas raisonnable d'enchaîner les talents naturels d'un homme à ceux d'un autre. — Non. — Ainsi, Uncas, vous ferez bien d'essayer la course, et moi, je vais remettre cette peau d'ours, et je tâcherai de me tirer d'affaire par la ruse.

Le jeune Mohican ne répondit rien. Il croisa tranquillement ses bras sur sa poitrine, et s'appuya le dos contre un des troncs d'arbre qui soutenaient le bâtiment.

— Eh bien! dit OEil-de-Faucon en le regardant avec quelque

surprise, — qu'attendez-vous? Quant à moi, il vaut mieux que je ne parte que lorsque ces coquins seront occupés à courir après vous.

— Uncas restera ici.

— Et pourquoi ?

— Pour combattre avec le frère de son père, et mourir avec l'ami des Delawares.

— Oui, oui, dit le chasseur en serrant la main du jeune Indien entre ses doigts robustes ; c'eût été agir en Mingo plutôt qu'en Mohican que de m'abandonner ici. Mais j'ai cru devoir vous en faire la proposition, parce qu'il est naturel à la jeunesse de tenir à la vie. — Eh bien ! dans la guerre, ce dont on ne peut venir à bout de vive force, il faut le faire par adresse. — Mettez cette peau d'ours à votre tour ; je ne doute pas que vous soyez presque aussi en état que moi d'en jouer le rôle.

Quelque opinion qu'Uncas pût avoir en secret de leurs talents respectifs à cet égard, sa contenance grave ne put donner à supposer en lui aucune prétention à la supériorité. Il se couvrit à la hâte et en silence de la dépouille de l'habitant des forêts, et attendit que son compagnon lui dît ce qu'il devait faire ensuite.

— A présent, l'ami, dit OEil-de-Faucon à David, un échange de vos vêtements contre les miens doit vous convenir ; car vous n'êtes pas habitué au costume léger des déserts. — Tenez, prenez mon bonnet fourré, ma veste de chasse, mes pantalons. — Donnez-moi votre couverture, votre chapeau : il me faut même votre livre, vos lunettes et votre instrument. Je vous rendrai tout cela, si nous nous revoyons jamais, avec bien des remerciements par-dessus le marché.

David lui remit le peu de vêtements qu'il portait, avec une promptitude qui aurait fait honneur à sa libéralité si l'échange pris en lui-même ne lui eût été avantageux sous tous les rapports. Il n'y eut que le livre de psaumes, l'instrument et les lunettes qu'il parut n'abandonner qu'avec regret.

Le chasseur fut bientôt métamorphosé ; et quand ses yeux vifs et toujours en mouvement furent cachés sous les verres des lunettes, et que sa tête fut couverte du chapeau triangulaire, il pouvait aisément, dans l'obscurité, passer pour David.

— Êtes-vous naturellement très-lâche? lui demanda-t-il alors franchement, en médecin qui veut bien connaître la maladie avant de donner une ordonnance.

— Toute ma vie s'est passée, Dieu merci, dans la paix et la charité, répondit David un peu piqué de cette brusque attaque contre sa bravoure, mais personne ne peut dire que j'aie oublié ma foi dans le Seigneur, même au milieu des plus grands périls.

— Votre plus grand péril, dit le chasseur, arrivera au moment où les sauvages s'apercevront qu'ils ont été trompés, et que leur prisonnier s'est échappé. Si vous ne recevez pas alors un bon coup de tomahawk, — et il est possible que le respect qu'ils ont pour votre esprit vous en préserve, — il y a tout lieu de croire que vous mourrez de votre belle mort. Si vous restez ici, il faut vous tenir dans l'ombre au bout de la cabane, et jouer le rôle d'Uncas, jusqu'à ce que les Hurons aient reconnu la ruse, et alors, comme je vous l'ai déjà dit, ce sera le moment de la crise; si vous le préférez, vous pouvez faire usage de vos jambes dans le cours de la nuit; ainsi c'est à vous à choisir, de courir ou de rester.

— Je resterai, répondit David avec fermeté, je resterai en place du jeune Delaware; il s'est battu pour moi généreusement, et je ferai pour lui ce que vous me demandez, et plus encore s'il est possible.

— C'est parler en homme, dit OEil-de-Faucon, et en homme qui aurait été capable de grandes choses avec une meilleure éducation. Asseyez-vous là-bas, baissez la tête, et repliez vos jambes sous vous; car leur longueur pourrait nous trahir trop tôt. Gardez le silence aussi longtemps que vous le pourrez : et quand il faudra que vous parliez, vous feriez sagement d'entonner un de vos cantiques, afin de rappeler à ces coquins que vous n'êtes pas tout à fait aussi responsable de vos actions que le serait un de nous, par exemple. Au surplus, s'ils vous enlèvent votre chevelure, ce qu'à Dieu ne plaise, soyez bien sûr qu'Uncas et moi nous ne vous oublierons pas, et que nous vous vengerons comme il convient à des guerriers et à des amis.

— Un instant! s'écria David, voyant qu'ils allaient partir après lui avoir donné cette assurance consolante; je suis l'humble et indigne disciple d'un maître qui n'enseigne pas le principe diabolique de la vengeance. Si je péris, n'immolez pas de victimes à mes mânes; pardonnez à mes assassins; et si vous pensez à eux, que ce soit pour prier le ciel d'éclairer leur esprit et de leur inspirer le repentir.

Le chasseur hésita et réfléchit quelques instants.

— Il y a dans ce que vous dites, reprit-il enfin, un principe tout différent de la loi qu'on suit dans les bois ; mais il est noble, et il donne à réfléchir. Et poussant un profond soupir, le dernier peut-être que lui arracha l'idée de la société civilisée à laquelle il avait renoncé depuis si longtemps, il ajouta : — C'est un principe que je voudrais pouvoir suivre moi-même, en homme qui n'a pas une goutte de sang qui ne soit pur ; mais il n'est pas toujours facile de se conduire avec un Indien comme on le ferait avec un chrétien. Adieu, l'ami ; que Dieu veille sur vous ! Je crois que, tout bien considéré et ayant l'éternité devant les yeux, vous n'êtes pas loin de la bonne piste ; mais tout dépend des dons naturels et de la force de la tentation.

A ces mots il prit la main de David, la serra cordialement, et après cette démonstration d'amitié, il sortit de la cabane, suivi par le nouveau représentant de l'ours.

Dès l'instant qu'OEil-de-Faucon se trouva à portée d'être observé par les Hurons, il se redressa pour prendre la tournure raide de David, étendit un bras comme lui pour battre la mesure, et commença ce qu'il regardait comme une heureuse imitation de la psalmodie du chanteur. Heureusement pour le succès de cette entreprise hasardeuse, il avait affaire à des oreilles qui n'étaient ni délicates, ni exercées, sans quoi ces misérables efforts n'auraient servi qu'à le faire découvrir.

Cependant il était indispensable qu'ils passassent à une distance dangereuse des gardes, et plus ils en approchaient, plus le chasseur cherchait à donner de l'éclat à sa voix. Enfin quand ils furent à quelques pas, le Huron qui savait un peu d'anglais s'avança vers eux, et arrêta le prétendu maître en psalmodie.

— Eh bien! dit-il en allongeant la tête du côté de la cabane, comme s'il eût cherché à en pénétrer l'obscurité pour voir quel effet avaient produit sur le prisonnier les conjurations du jongleur, ce chien de Delaware tremble-t-il? Les Hurons auront-ils le plaisir de l'entendre gémir?

L'ours gronda en ce moment d'une manière si terrible et si naturelle, que l'Indien recula de quelques pas, comme s'il eût cru que c'était un ours véritable qui se trouvait près de lui. Le chasseur, qui craignait que s'il répondait un seul mot on ne reconnût que ce n'était pas la voix de David, ne vit d'autre ressource que de chanter plus fort que jamais, ce qu'on aurait appelé beugler en toute autre société, mais ce qui ne produisit d'autre effet sur ses auditeurs que de lui donner de nouveaux droits au respect qu'ils ne refusent jamais aux êtres privés de raison. Le petit groupe de Hurons se retira, et ceux qu'ils prenaient pour le jongleur et le maître de chant continuèrent leur chemin sans obstacle.

Uncas et son compagnon eurent besoin de tout leur courage et de toute leur prudence pour continuer à marcher du pas lent et grave qu'ils avaient pris en sortant de la cabane, d'autant plus qu'ils s'aperçurent que, la curiosité l'emportant sur la crainte, les six gardes étaient déjà rassemblés devant la porte de la hutte pour voir si leur prisonnier continuait à faire bonne contenance, ou si le souffle du jongleur l'avait dépouillé de tout son courage. Un mouvement d'impatience, un geste fait mal à propos par La Gamme, pouvait les trahir, et il leur fallait nécessairement du temps pour se mettre en sûreté. Pour ne donner aucun soupçon, le chasseur crut devoir continuer son chant, dont le bruit attira quelques curieux à la porte de plusieurs cabanes. Un guerrier avança même une fois jusqu'à eux pour les reconnaître; mais dès qu'il les eut vus, il se retira, et les laissa passer sans interruption. La hardiesse de leur entreprise et l'obscurité étaient leur meilleure sauvegarde. Ils étaient déjà à quelque distance des habitations, et ils touchaient à la lisière du bois, quand ils entendirent un cri dans la direction de la cabane où ils avaient laissé David. Le jeune Mohican, cessant aussitôt d'être quadrupède, se leva sur ses pieds et fit un mouvement pour se débarrasser de la peau d'ours.

— Un moment, lui dit son ami en le prenant par le bras; ce n'est qu'un cri de surprise : attendons le second.

Cependant ils doublèrent le pas, et entrèrent dans la forêt. Ils n'y avaient pas marché deux minutes quand d'affreux hurlements se firent entendre dans tout le camp des Hurons.

— Maintenant, à bas la peau d'ours, dit OEil-de-Faucon; et tandis qu'Uncas travaillait à s'en dépouiller, il ramassa deux fusils, deux cornes à poudre et un petit sac de balles, qu'il avait cachés sous des broussailles après sa rencontre avec le jongleur, et frappant sur l'épaule du jeune Mohican, il dit en lui en plaçant un entre les mains :

— A présent, que les démons enragés suivent nos traces dans les ténèbres, s'ils le peuvent; voici la mort des deux premiers que nous verrons.

Et plaçant leurs armes dans une position qui leur permettait de s'en servir au premier instant, ils s'enfoncèrent dans l'épaisseur du bois.

CHAPITRE XXVII.

> ANTOINE. Je m'en souviendrai ; quand César dit
> *faites cela,* c'est fait.
> SHAKSPEARE. *Jules César.*

L'IMPATIENCE des sauvages chargés de la garde du prisonnier, l'avait emporté sur la frayeur que leur inspirait le souffle du jongleur. Ils n'osèrent pourtant entrer sur-le-champ dans la hutte, de peur d'en éprouver encore l'influence pernicieuse; mais ils s'approchèrent d'une crevasse par laquelle, grâce au reste du feu qui brûlait encore, on pouvait distinguer tout ce qui se passait dans l'intérieur.

Pendant quelques minutes, il continuèrent à prendre David pour Uncas; mais l'accident qu'OEil-de-Faucon avait prévu ne manqua pas d'arriver. Fatigué d'avoir ses longues jambes repliées sous lui, le chanteur les laissa se déployer insensiblement dans toute leur longueur, et son énorme pied toucha les cendres du feu.

D'abord les Hurons pensèrent que le Delaware avait été rendu difforme par l'effet de la sorcellerie ; mais quand David releva par hasard la tête, et laissa voir son visage simple, naïf et bien connu, au lieu des traits fiers et hardis du prisonnier, il aurait fallu plus qu'une crédulité superstitieuse pour qu'ils ne reconnussent pas leur erreur. Ils se précipitèrent dans la cabane, saisirent le chanteur, le secouèrent rudement, et ne conservèrent aucun doute sur son identité.

Ce fut alors qu'ils poussèrent le premier cri que les fugitifs avaient entendu, et ce cri fut suivi d'imprécations et de menaces de vengeance. David, interrogé par le Huron qui parlait anglais, et rudoyé par les autres, résolut de garder un silence profond à toutes les questions qu'on lui ferait, afin de couvrir la retraite de ses amis. Croyant que sa dernière heure était arrivée, il songea pourtant à sa panacée universelle; mais privé de son livre et de son instrument, il fut obligé de se fier à sa mémoire, et chercha à rendre plus doux son passage dans l'autre monde en chantant une antienne funéraire. Ce chant rappela dans l'esprit des Indiens l'idée qu'il était privé de raison, et sortant à l'instant de la hutte, ils jetèrent l'alarme dans tout le camp.

La toilette d'un guerrier indien n'est pas longue, et la nuit comme le jour ses armes sont toujours à sa portée. A peine le cri d'alarme s'était-il fait entendre que deux cents Hurons étaient debout, complétement armés, et prêts à combattre. L'évasion du prisonnier fut bientôt généralement connue, et toute la peuplade s'attroupa autour de la cabane du conseil, attendant avec impatience les ordres des chefs, qui raisonnaient sur ce qui avait pu causer un événement si extraordinaire, et délibéraient sur les mesures qu'il convenait de prendre. Ils remarquèrent l'absence de Magua; ils furent surpris qu'il ne fût point parmi eux dans une circonstance semblable; ils sentirent que son génie astucieux et rusé pouvait leur être utile, et ils envoyèrent un messager dans sa hutte pour le demander sur-le-champ.

En attendant, quelques jeunes gens, les plus lestes et les plus braves, reçurent ordre de faire le tour de la clairière, et de battre le bois du côté de leurs voisins suspects les Delawares, afin de s'assurer si ceux-ci n'avaient pas favorisé la fuite du prisonnier, et s'ils ne se disposaient pas à les attaquer à l'improviste. Pendant que les chefs délibéraient ainsi avec prudence et gravité dans la cabane du conseil, tout le camp offrait une scène de confusion, et retentissait des cris des femmes et des enfants, qui couraient çà et là en désordre.

Des clameurs partant de la lisière du bois annoncèrent bientôt quelque nouvel événement, et l'on espéra qu'il expliquerait le mystère que personne ne pouvait comprendre. On ne tarda pas à entendre le bruit des pas de plusieurs guerriers qui s'approchaient; la foule leur fit place, et ils entrèrent dans la cabane du conseil avec le malheureux jongleur qu'ils avaient trouvé à peu de distance de la lisière du bois, dans la situation gênante où OEil-de-Faucon l'avait laissé.

Quoique les Hurons fussent partagés d'opinion sur cet individu, les uns le regardant comme un imposteur, les autres croyant fermement à son pouvoir surnaturel, tous, en cette occasion, l'écoutèrent avec une profonde attention. Lorsqu'il eut fini sa courte histoire, le père de la femme malade s'avança, et raconta à son tour ce qu'il avait fait et ce qu'il avait vu dans le cours de la soirée, et ces deux récits donnèrent aux idées une direction plus fixe et plus juste; on jugea que l'individu qui s'était emparé de la peau d'ours du jongleur avait joué le principal rôle dans cette affaire, et l'on résolut de commencer par aller visiter la caverne pour voir ce qui s'y était passé, et si la prisonnière en avait aussi disparu.

Mais au lieu de procéder à cette visite en foule et en désordre, on jugea à propos d'en charger dix chefs des plus graves et des plus prudents. Dès que le choix en eut été fait, les dix commissaires se levèrent en silence, et partirent sur-le-champ pour se rendre à la caverne, les deux chefs les plus âgés marchant à la tête des autres. Tous entrèrent dans le passage obscur qui conduisait de la porte à la grande grotte, avec la fermeté de guerriers prêts à se dévouer pour le bien public, et à combattre l'ennemi terrible qu'on supposait encore enfermé dans ce lieu, quoique quelques-uns d'entre eux doutassent secrètement du pouvoir et même de l'existence de cet ennemi.

Le silence régnait dans le premier appartement où ils entrèrent; le feu y était éteint, mais ils avaient eu la précaution de se munir de torches. La malade était encore étendue sur son lit de feuilles, quoique le père eût déclaré qu'il l'avait vue emporter dans le bois par le médecin des hommes blancs. Piqué du reproche que lui adressait le silence de ses compagnons, et ne sachant lui-même comment expliquer cette circonstance, il s'approcha du lit avec un air d'incrédulité et une torche à la main pour reconnaître les traits de sa fille, et il vit qu'elle avait cessé d'exister.

Le sentiment de la nature l'emporta d'abord sur la force d'âme factice du sauvage, et le vieux guerrier porta les deux mains sur ses yeux avec un geste qui indiquait la violence de son chagrin; mais redevenant à l'instant maître lui-même, il se tourna vers ses compagnons, et leur dit avec calme :

— La femme de notre jeune frère nous a abandonnés. Le grand Esprit est courroucé contre ses enfants.

Cette triste nouvelle fut écoutée avec un profond silence, et en ce moment on entendit dans l'appartement voisin une espèce de bruit sourd dont il aurait été difficile d'expliquer la nature. Les

Indiens les plus superstitieux se regardaient les uns les autres, et ne se souciaient pas d'avancer vers un endroit dont le malin esprit qui, suivant eux, avait causé la mort de cette femme s'était peut-être emparé. Cependant quelques-uns plus hardis étant entrés dans le passage qui y conduisait, nul n'osa rester en arrière, et en arrivant dans le second appartement, ils y virent Magua qui se roulait par terre avec fureur, désespéré de ne pouvoir se débarrasser de ses liens. Une exclamation annonça la surprise générale.

Dès qu'on eut reconnu la situation dans laquelle il se trouvait, on s'empressa de le délivrer de son bâillon, et de couper les courroies qui le garrottaient. Il se releva, secoua ses membres, comme un lion qui sort de son antre, et sans prononcer un seul mot, mais la main appuyée sur le manche de son couteau, il jeta un coup d'œil rapide sur tous ceux qui l'entouraient, comme s'il eût cherché quelqu'un qu'il pût immoler à sa vengeance.

Ne voyant partout que des visages amis, le sauvage grinça les dents avec un bruit qui aurait fait croire qu'elles étaient de fer, et dévora sa rage, faute de trouver sur qui la faire tomber.

Tous les témoins de cette scène redoutaient d'abord d'exaspérer davantage un caractère si irritable; quelques minutes se passèrent en silence. Enfin le plus âgé des chefs prit la parole.

— Je vois que mon frère a trouvé un ennemi, dit-il; est-il près d'ici, afin que les Hurons puissent le venger?

— Que le Delaware meure! s'écria Magua d'une voix de tonnerre.

Un autre intervalle de silence, occasionné par la même cause, suivit cette exclamation, et ce fut le même chef qui dit après un certain temps:

— Le Mohican a de bonnes jambes, et il sait s'en servir; mais nos jeunes guerriers sont sur ses traces.

— Il est sauvé! s'écria Magua d'une voix si creuse et si sourde qu'elle semblait sortir du fond de sa poitrine.

— Un mauvais esprit s'est glissé parmi nous, reprit le vieux chef, et il a frappé les Hurons d'aveuglement.

— Un mauvais esprit! répéta Magua avec une ironie amère; oui, le mauvais esprit qui a fait périr tant de Hurons; — le mauvais esprit qui a tué nos compagnons sur le rocher de Glenn; — celui qui a enlevé les chevelures de cinq de nos guerriers près de la source de Santé ;—celui qui vient de lier les bras du Renard-Subtil !

— De qui parle mon frère ? demanda le même chef.

— Du chien qui porte sous une peau blanche la force et l'adresse d'un Huron, s'écria Magua ; — de la Longue-Carabine.

Ce nom redouté produisit son effet ordinaire sur ceux qui l'entendirent. Le silence de la consternation régna un instant parmi les guerriers. Mais quand ils eurent eu le temps de réfléchir que leur plus mortel ennemi, un ennemi aussi formidable qu'audacieux, avait pénétré jusque dans leur camp pour les braver et les insulter, en leur ravissant un prisonnier, la même rage qui avait transporté Magua s'empara d'eux à leur tour, et elle s'exhala en grincements de dents, en hurlements affreux, en menaces terribles. Mais ils reprirent peu à peu le calme et la gravité qui étaient leur caractère habituel.

Magua, qui pendant ce temps avait aussi fait quelques réflexions, changea également de manières, et dit avec le sang-froid et la dignité que comportait un pareil sujet :

— Allons rejoindre les chefs ; ils nous attendent.

Ses compagnons y consentirent en silence, et sortant tous de la caverne, ils retournèrent dans la chambre du conseil. Lorsqu'ils se furent assis, tous les yeux se tournèrent vers Magua, qui vit par là qu'on attendait de lui le récit de ce qui lui était arrivé. Il le fit sans en rien déguiser et sans aucune exagération, et lorsqu'il l'eut terminé, les détails qu'il venait de donner, joints à ceux qu'on avait déjà, prouvèrent si bien que les Hurons avaient été dupes des ruses de Duncan et de la Longue-Carabine, qu'il ne resta plus le moindre prétexte à la superstition pour prétendre qu'un pouvoir surnaturel avait eu quelque part aux événements de cette nuit-là. Il n'était que trop évident qu'ils avaient été trompés de la manière la plus insultante.

Lorsqu'il eut cessé de parler, tous les guerriers, — car tous ceux qui avaient pu trouver place dans la chambre du conseil y étaient entrés pour l'écouter, se regardèrent les uns les autres, également étonnés de l'audace inconcevable de leurs ennemis, et du succès qu'elle avait obtenu. Mais ce qui les occupait par-dessus tout, c'était le moyen d'en tirer vengeance.

Un certain nombre de guerriers partirent encore pour chercher à découvrir les traces des fugitifs ; et pendant ce temps les chefs délibérèrent de nouveau.

Plusieurs vieux guerriers proposèrent divers expédients, et Magua les écouta sans prendre aucune part à la discussion. Ce rusé sauvage avait repris son empire sur lui-même avec sa dissimulation ordinaire, et il marchait vers son but avec l'adresse et la prudence qui ne le quittaient jamais. Ce ne fut que lorsque tous ceux qui étaient disposés à parler eurent donné leur avis qu'il se leva pour exprimer son opinion, et elle eut d'autant plus de poids que quelques-uns des guerriers envoyés à la découverte étaient revenus vers la fin de la discussion, et avaient annoncé qu'on avait reconnu les traces des fugitifs, et qu'elles conduisaient vers le camp des Delawares.

Avec l'avantage de posséder cette importante nouvelle, Magua exposa son plan à ses compagnons, et il le fit avec tant d'adresse et d'éloquence que ceux-ci l'adoptèrent tout d'une voix. Il nous reste à faire connaître quel était ce plan et quels motifs le lui avaient fait concevoir.

Nous avons déjà dit que, d'après une politique dont on s'écartait très-rarement, on avait séparé les deux sœurs dès l'instant qu'elles étaient arrivées dans le camp des Hurons. Magua s'était déjà convaincu qu'en conservant Alice en son pouvoir, il s'assurait un empire plus certain sur Cora, que s'il la gardait elle-même entre ses mains. Il avait donc retenu près de lui la plus jeune des deux sœurs, et avait confié l'aînée à la garde des alliés douteux des Hurons, les Delawares. Du reste il était bien entendu de part et d'autre que cet arrangement n'était que temporaire, et qu'il ne durerait que tant que les deux peuplades resteraient dans le voisinage l'une de l'autre. Il avait pris ce parti autant pour flatter l'amour-propre des Delawares en leur montrant de la confiance que pour se conformer à l'usage constant de sa nation.

Tandis qu'il était incessamment stimulé par cette soif ardente de vengeance, qui ne s'éteint ordinairement chez un sauvage que lorsqu'elle est satisfaite, Magua ne perdait pourtant pas de vue ses autres intérêts personnels. Les fautes et les folies de sa jeunesse devaient s'expier par de longs et pénibles services avant qu'il pût se flatter de recouvrer toute la confiance de son ancienne peuplade, et sans confiance il n'y a point d'autorité chez les Indiens. Dans cette situation difficile, le rusé Huron n'avait négligé aucun moyen d'augmenter son influence, et un des plus heureux expédients pour y réussir était l'adresse qu'il avait eue de gagner les bonnes grâces de leurs puissants et dangereux voisins. Le résultat de ses efforts avait répondu aux espérances de sa politique, car les Hurons n'étaient nullement exempts de ce principe prédominant de notre nature, qui fait que l'homme évalue ses talents en proportion de ce qu'ils sont appréciés par les autres.

Mais tout en faisant des sacrifices aux considérations générales, Magua n'oubliait jamais pour cela ses intérêts particuliers. Des événements imprévus venaient de renverser tous ses projets, en mettant tout à coup ses prisonniers hors de son pouvoir; et il se trouvait maintenant réduit à la nécessité de demander une grâce à ceux que son système politique avait été d'obliger jusque alors.

Plusieurs chefs avaient proposé divers projets pour surprendre les Delawares, s'emparer de leur camp, et reprendre les prisonniers; car tous convenaient qu'il y allait de l'honneur de leur nation qu'ils fussent sacrifiés à leur vengeance et à leur ressentiment. Mais Magua trouva peu de difficulté à faire rejeter des plans dont l'exécution était dangereuse et le succès incertain. Il en exposa les difficultés avec son habileté ordinaire, et ce ne fut qu'après avoir démontré qu'on ne pouvait adopter aucun des plans proposés, qu'il se hasarda à parler du sien.

Il commença par flatter l'amour-propre de ses auditeurs. Après avoir fait une longue énumération de toutes les occasions où les Hurons avaient donné des preuves du courage et de la persévérance qu'ils mettaient à se venger d'une insulte, il commença une digression pour faire un grand éloge de la prudence, et peignit cette vertu comme étant le grand point de différence entre le castor et les autres brutes, entre toutes les brutes et les hommes, et enfin entre les Hurons et tout le reste de la race humaine. Après avoir assez longtemps appuyé sur l'excellence de cette vertu, il se mit à démontrer de quelle manière il était à propos d'en faire usage dans la situation où se trouvait alors la peuplade. D'une part, dit-il, ils devaient songer à leur père, le grand Visage-Pâle, le gouverneur du Canada, qui avait regardé ses enfants les Hurons de mauvais œil en voyant que leurs tomahawks étaient si rouges; d'un autre côté, ils ne devaient pas oublier qu'il s'agissait d'une nation aussi nombreuse que la leur, parlant une langue différente, qui n'aimait pas les Hurons, qui avait des intérêts différents, et qui saisirait volontiers la moindre occasion d'attirer sur eux le ressentiment du grand chef blanc.

Il parla alors de leurs besoins, des présents qu'ils avaient droit d'attendre en récompense de leurs services, de la distance où ils se trouvaient des forêts dans lesquelles ils chassaient ordinairement, et il leur fit sentir la nécessité, dans des circonstances si critiques, de recourir à l'adresse plutôt qu'à la force.

Quand il s'aperçut que tandis que les vieillards donnaient des marques d'approbation à des sentiments si modérés, les jeunes guerriers les plus distingués par leur bravoure fronçaient le sourcil, il les ramena adroitement au sujet qu'ils préféraient. Il dit que le fruit de la prudence qu'il recommandait serait un triomphe complet. Il donna même à entendre qu'avec les précautions convenables leur succès pourrait entraîner la destruction de tous leurs ennemis, de tous ceux qu'ils avaient sujet de haïr. En un mot, il mêla les images de guerre aux idées d'adresse et de ruse, de manière à flatter le penchant de ceux qui n'avaient du goût que pour les armes, et la prudence de ceux dont l'expérience ne voulait y recourir qu'en cas de nécessité, et à donner aux deux partis un motif d'espérance, quoique ni l'un ni l'autre ne comprît encore bien clairement quelles étaient ses intentions.

L'orateur ou le politique qui est en état de placer les esprits dans une telle situation manque rarement d'obtenir une grande popularité parmi ses concitoyens, quelque jugement que puisse en porter la postérité. Tous s'aperçurent que Magua n'avait pas dit tout ce qu'il pensait, et chacun se flatta que ce qu'il n'avait pas dit était conforme à ce qu'il désirait lui-même.

Dans cet heureux état de choses, l'adresse de Magua réussit donc complétement, et rien n'est moins surprenant quand on réfléchit à la manière dont les esprits se laissent entraîner par un orateur dans une assemblée délibérante. Toute la peuplade consentit à se laisser guider par lui, et confia d'une voix unanime le soin de diriger toute cette affaire au chef qui venait de parler avec tant d'éloquence pour proposer des expédients sur lesquels il ne s'était point expliqué d'une manière très-intelligible.

Magua avait alors atteint le but auquel tendait son esprit astucieux et entreprenant. Il avait complétement regagné le terrain qu'il avait perdu dans la faveur de ses concitoyens, et il se voyait placé à la tête des affaires de sa nation. Il se trouvait, par le fait, investi du gouvernement, et tant qu'il pourrait maintenir sa popularité, nul monarque n'aurait pu jouir d'une autorité plus despotique, surtout tant que la peuplade se trouverait en pays ennemi. Cessant donc d'avoir l'air de consulter les autres, il commença sur-le-champ à prendre tout sur lui, avec l'air de gravité nécessaire pour soutenir la dignité du chef suprême d'une peuplade de Hurons.

Il expédia des coureurs de tous côtés pour reconnaître plus positivement encore les traces des fugitifs; ordonna à des espions adroits d'aller s'assurer de ce qui se passait dans le camp des Delawares; renvoya les guerriers dans leurs cabanes en les flattant de l'espoir qu'ils auraient bientôt l'occasion de s'illustrer par de nouveaux exploits, et dit aux femmes de se retirer avec leurs enfants, en ajoutant que leur devoir était de garder le silence, et de ne pas se mêler des affaires des hommes.

Après avoir donné ces différents ordres, il fit le tour du camp, s'arrêtant de temps en temps pour entrer dans une cabane, quand il croyait que sa présence pouvait être agréable ou flatteuse pour l'individu qui l'habitait. Il confirmait ses amis dans la confiance qu'ils lui avaient accordée, décidait ceux qui balançaient encore, et satisfaisait tout le monde.

Enfin il retourna dans son habitation. La femme qu'il avait abandonnée quand il avait été obligé de fuir sa nation, était morte; il n'avait pas d'enfants, et il occupait une hutte en véritable solitaire: c'était la cabane à demi construite dans laquelle Œil-de-Faucon avait trouvé David, à qui le Huron avait permis d'y demeurer, et dont il supportait la présence, quand ils s'y trouvaient ensemble, avec l'indifférence méprisante d'une supériorité hautaine.

Ce fut donc là que Magua se retira quand ses travaux politiques furent terminés. Mais tandis que les autres dormaient, il ne songeait pas à prendre du repos. Si quelque Huron avait été assez curieux pour épier les actions du nouveau chef qui venait d'être élu, il l'aurait vu assis dans un coin, réfléchissant sur ses projets depuis l'instant où il était entré dans sa cabane, jusqu'à l'heure où il avait donné ordre à un certain nombre de guerriers choisis de venir le joindre le lendemain. De temps en temps le feu, attisé par lui, faisait ressortir sa peau rouge et ses traits féroces, et il n'aurait pas été difficile de s'imaginer voir en lui le prince des ténèbres occupé à ourdir de noirs complots.

Longtemps avant le lever du soleil, des guerriers arrivèrent les uns après les autres dans la cabane solitaire de Magua, et ils s'y trouvèrent enfin réunis au nombre de vingt. Chacun d'eux portait un fusil et ses autres armes; mais leur visage était pacifique, et n'était pas peint des couleurs qui annoncent la guerre. Leur arrivée n'amena aucune conversation. Les uns s'assirent dans un coin, les autres restèrent debout, immobiles comme des statues, et tous gardèrent un profond silence, jusqu'à ce que le dernier d'entre eux eût complété leur nombre.

Alors Magua se leva, se mit à leur tête, et donna le signal du départ. Ils le suivirent un à un, dans cet ordre auquel on a donné le nom de file indienne. Bien différents des soldats qui se mettent en campagne, et dont le départ est toujours bruyant et tumultueux, ils sortirent du camp sans bruit, ressemblant à des spectres qui se glissent dans les ténèbres, plutôt qu'à des guerriers qui vont acheter une renommée frivole au prix de leur sang.

Au lieu de prendre le chemin qui conduisait directement au camp des Delawares, Magua suivit quelque temps les bords du ruisseau, et alla jusqu'au petit lac artificiel des Castors. Le jour commençait à poindre quand ils entrèrent dans la clairière formée par ces animaux industrieux. Magua, qui avait repris le costume de Huron, portait sur la peau qui lui servait de vêtement, la figure d'un renard; mais il se trouvait à sa suite un chef qui avait pris pour symbole ou pour *totem*, le castor; et passer près d'une communauté si nombreuse de ses amis, sans leur donner quelque marque de respect, c'eût été, suivant lui, se rendre coupable de profanation.

En conséquence, il s'arrêta pour leur adresser un discours, comme s'il eût parlé à des êtres intelligents et en état de le comprendre. Il les appela ses cousins; leur rappela que c'était à sa protection et à son influence qu'ils devaient la tranquillité dont ils jouissaient, tandis que tant de marchands avides excitaient les Indiens à leur ôter la vie; leur promit de leur continuer ses bonnes grâces, et les exhorta à en être reconnaissants. Il leur parla ensuite de l'expédition pour laquelle il partait, et leur fit entrevoir, quoique avec de délicates circonlocutions, qu'il serait à propos qu'ils inspirassent à leur parent une partie de la prudence pour laquelle ils étaient si renommés [1].

---

[1]. Ces harangues adressées à des animaux sont fréquentes chez les Indiens; ils en font aussi souvent à leurs victimes, leur reprochant leur poltronnerie ou louant leur courage, selon qu'elles montrent de la force ou de la faiblesse dans les souffrances.

Pendant qu'il prononçait ce discours extraordinaire, ses compagnons étaient graves et attentifs, comme s'ils eussent tous été également convaincus qu'il ne disait que ce qu'il devait dire. Quelques têtes de castors se montrèrent sur la surface de l'eau, et le Huron en exprima sa satisfaction, persuadé qu'il ne les avait pas harangués inutilement. Comme il finissait sa harangue, il crut voir la tête d'un gros castor sortir d'une habitation éloignée des autres, et qui, n'étant pas en très-bon état, lui avait paru abandonnée. Il regarda cette marque extraordinaire de confiance comme un présage très-favorable; et quoique l'animal se fût retiré avec quelque précipitation, il n'en fut pas moins prodigue d'éloges et de remerciements.

Lorsque Magua crut avoir accordé assez de temps à l'affection de famille du guerrier, il donna le signal de se remettre en marche. Tandis que les Indiens s'avançaient en corps, d'un pas que les oreilles d'un Européen n'auraient pu entendre, le même castor vénérable montra encore sa tête hors de son habitation. Si quelque Huron eût alors détourné la tête pour le regarder, il aurait vu l'animal surveiller les mouvements de la troupe avec un air d'intérêt et de sagacité qu'on aurait pu prendre pour de la raison. Dans le fait, toutes les manœuvres du quadrupède semblaient si bien dirigées vers ce but, que l'observateur le plus attentif et le plus éclairé n'aurait pu en expliquer le motif qu'en voyant, lorsque les Hurons furent entrés dans la forêt, l'animal se montrer tout entier, et le grave et silencieux Chingachgook débarrasser sa tête d'un masque de fourrure qui la couvrait.

CHAPITRE XXVIII.

Soyons bref, car vous voyez que j'ai plus d'une affaire.
SHAKSPEARE. *Beaucoup de bruit pour rien.*

La tribu, ou pour mieux dire la demi-tribu des Delawares dont le camp était placé à si peu de distance de celui des Hurons, comptait à peu près autant de guerriers que la peuplade voisine.

De même que plusieurs autres tribus de ces cantons, ils avaient suivi Montcalm sur le territoire de la couronne d'Angleterre, et avaient fait de fréquentes et sérieuses incursions dans les bois, dont les Mohawks regardaient le gibier comme leur appartenant exclusivement ; mais, avec cette réserve si naturelle aux Indiens, ils avaient jugé à propos de cesser de coopérer avec le général français à l'instant où leur secours pouvait lui être le plus utile, c'est-à-dire lorsqu'il avait marché sur William-Henry.

Les Français avaient expliqué de différentes manières cette défection inattendue de leurs alliés ; cependant l'opinion assez générale était que les Delawares n'avaient voulu ni enfreindre l'ancien traité, qui avait chargé les Iroquois de les défendre et de les protéger, ni s'exposer à être obligés de combattre ceux qu'ils étaient accoutumés à regarder comme leurs maîtres. Quant aux Delawares, ils s'étaient contentés de dire à Montcalm, avec le laconisme indien, que leurs haches étaient émoussées, et qu'elles avaient besoin d'être aiguisées. La politique du commandant général du Canada avait cru plus prudent de conserver un ami passif que d'en faire un ennemi déclaré par quelque acte de sévérité mal entendue.

Dans la matinée où Magua conduisit sa troupe silencieuse dans la forêt, en passant près de l'étang des castors, comme nous l'avons déjà rapporté, le soleil, en se levant sur le camp des Delawares, trouva un peuple aussi activement occupé que s'il eût été plein midi. Les femmes étaient toutes en mouvement, les unes pour préparer le repas du matin, les autres pour porter l'eau et le bois dont elle avaient besoin ; mais la plupart interrompaient ce travail pour s'arrêter de cabane en cabane, et échanger quelques mots à la hâte et à voix basse avec leurs voisines et leurs amies. Les guerriers étaient rassemblés en différents groupes, semblant réfléchir plutôt que converser, et quand ils prononçaient quelques mots, c'était avec le ton de gens qui avaient médité avant de parler. Les instruments nécessaires à la chasse étaient préparés dans les cabanes ; mais personne ne paraissait pressé de s'en servir. Çà et là on voyait un guerrier examiner ses armes avec une attention qu'on y donne rarement quand on s'attend à ne rencontrer d'autres ennemis que les animaux des forêts. De temps en temps les yeux de tout un groupe se tournaient en même temps vers une grande cabane placée au centre du camp, comme si elle eût contenu le sujet de toutes les pensées et de tous les discours.

Pendant que cette scène se passait, un homme parut tout à coup à l'extrémité de la plate-forme du rocher sur laquelle le camp était situé. Il était sans armes, et la manière dont son visage était peint semblait avoir pour but d'adoucir la férocité naturelle de ses traits. Lorsqu'il fut en vue des Delawares il s'arrêta et fit un signe de paix et d'amitié en levant d'abord un bras vers le ciel, et en appuyant ensuite une main sur sa poitrine. Les Delawares y répondirent de la même manière, et l'encouragèrent à s'approcher en répétant ces démonstrations amicales.

Assuré ainsi de leurs dispositions favorables, cet individu quitta le bord du rocher où il s'était arrêté un instant, son corps se dessinant sur un horizon paré des belles couleurs du matin, et s'avança lentement et avec dignité vers les habitations. Tandis qu'il s'en approchait, on n'entendait que le bruit des légers ornements d'argent suspendus à son cou et à ses bras, et des petites sonnettes qui ornaient ses mocassins de peau de daim. Il faisait des signes d'amitié à tous les hommes près desquels il passait, mais n'accordait aucune marque d'attention aux femmes, comme s'il eût pensé qu'il n'avait pas besoin de capter leur bienveillance pour réussir dans l'affaire qui l'amenait. Quand il arriva près du groupe qui contenait les principaux chefs, comme l'annonçait leur air de hauteur et de dignité, il s'arrêta, et les Delawares virent que l'étranger qui arrivait parmi eux était un chef huron qui leur était bien connu, le Renard-Subtil.

Il fut reçu d'une manière grave, silencieuse et circonspecte. Les guerriers qui étaient sur la première ligne s'écartèrent pour faire place à celui d'entre eux qu'ils regardaient comme leur meilleur orateur, et qui parlait toutes les langues usitées parmi les sauvages du nord de l'Amérique.

— Le sage Huron est le bienvenu, dit le Delaware en maqua ; il vient manger son *suc-ca-tush* [1] avec ses frères des lacs.

— Il vient pour cela, répondit Magua avec toute la dignité d'un prince de l'Orient.

Le chef delaware étendit le bras, serra le poignet du Huron en

---

[1]. Le *suc-ca-tush* est un mets composé de maïs et d'autres ingrédients mêlés : ordinairement il n'y entre que du maïs et des fèves. Ce mets est très-connu et très-estimé des *blancs* des États-Unis, qui le désignent par le même nom.

signe d'amitié, et celui-ci en fit autant à son tour. Alors le premier invita Magua à entrer dans sa cabane et à partager son repas du matin. L'invitation fut acceptée, et les deux guerriers, suivis de trois ou quatre vieux chefs, se retirèrent, laissant les autres Delawares en proie au désir de connaître le motif de cette visite extraordinaire, mais ne témoignant leur curiosité ni par une syllabe ni par le moindre geste.

Pendant le repas, la conversation fut extrêmement réservée, et ne roula que sur la grande chasse dont on savait que Magua s'était occupé quelques jours auparavant. Les courtisans les plus déliés n'auraient pu mieux que ses hôtes avoir l'air de regarder sa visite comme une simple attention d'amitié, quoique chacun d'eux fût intérieurement convaincu qu'elle devait avoir quelque motif secret et important. Dès que l'appétit fut satisfait, les squaws enlevèrent les gourdes et les restes du déjeuner, et les deux orateurs se préparèrent à faire assaut d'esprit et d'adresse.

— Le visage de notre père du Canada s'est-il retourné vers ses enfants les Hurons? demanda le Delaware.

— Quand s'en est-il jamais détourné? dit Magua; il appelle les Hurons ses enfants très-chéris.

Le Delaware fit un signe grave d'assentiment, quoiqu'il sût parfaitement que cette assertion était fausse, et ajouta :

— Les haches de vos guerriers ont été bien rouges!

— Oui, dit Magua, mais à présent elles sont émoussées, quoique brillantes; car les Yengeese sont morts, et nous avons les Delawares pour voisins.

Le Delaware répondit à ce compliment par un geste gracieux de la main, et garda le silence. Profitant de l'allusion que son hôte venait de faire au massacre de William-Henry, Magua lui demanda :

— Ma prisonnière donne-t-elle de l'embarras à mes frères?

— Elle est la bienvenue parmi nous.

— Le chemin qui sépare le camp des Delawares de celui des Hurons n'est pas long, et il est facile; si elle cause de l'embarras à mes frères, ils peuvent la renvoyer à mes squaws.

— Elle est la bienvenue, répéta le Delaware avec plus d'emphase que la première fois.

Magua déconcerté garda le silence quelques instants, mais en paraissant indifférent à la réponse évasive que venait de recevoir sa première tentative pour retirer des mains de ses voisins la prisonnière qu'il leur avait confiée.

— J'espère, dit-il enfin, que mes jeunes guerriers laissent à mes amis les Delawares un espace suffisant pour chasser sur les montagnes.

— Les Lenapes n'ont besoin de la permission de personne pour chasser sur leurs montagnes, répondit l'autre avec hauteur.

— Sans doute, la justice doit régner entre les Peaux-Rouges; pourquoi lèveraient-ils le tomahawk et le couteau les uns contre les autres? les Visages-Pâles ne sont-ils pas leurs ennemis communs?

— Bien! s'écrièrent en même temps deux ou trois de ses auditeurs.

Magua attendit quelques minutes pour laisser à ce qu'il venait de dire le temps de produire tout son effet sur les Delawares.

— N'est-il pas venu des mocassins étrangers dans ces bois? demanda-t-il; mes frères n'ont-il pas senti les traces des hommes blancs?

— Que mon père du Canada vienne; ses enfants sont prêts à le recevoir.

— Quand le grand chef viendra, ce sera pour fumer avec les Indiens dans leurs wigwams, et les Hurons diront aussi : — Il est le bienvenu. — Mais les Yengeese ont de longs bras, et des jambes qui ne se fatiguent jamais. Mes jeunes guerriers ont rêvé qu'ils avaient vu les traces de Yengeese près du camp des Delawares.

— Qu'ils viennent! ils ne trouveront pas les Lenapes endormis.

— C'est bien! le guerrier dont l'œil est ouvert peut voir son ennemi, dit Magua; et, voyant qu'il ne pouvait déjouer la circonspection de son compagnon, il changea une seconde fois de manœuvre.

— J'ai apporté quelques présents à mon frère, dit-il : sa nation a eu ses raisons pour ne pas vouloir marcher sur le terrain de la guerre; mais ses amis n'ont pas oublié où elle demeure.

Après avoir annoncé ainsi ses intentions libérales, le chef astucieux se leva, et étala gravement ses présents devant les yeux éblouis de ses hôtes. Ils consistaient en bijoux de peu de valeur, pris aux malheureuses femmes qui avaient été pillées ou massacrées près de William-Henry, et il mit beaucoup d'adresse dans la manière dont il en fit le partage. Il présenta ceux qui brillaient davantage aux yeux, aux deux guerriers les plus distingués, parmi lesquels était le Cœur-Dur, son hôte ; et en offrant les autres aux chefs d'un rang subalterne, il eut le soin d'en relever le prix par des compliments qui ne leur laissaient aucun motif pour se plaindre d'être moins bien partagés. En un mot, il fit un si heureux mélange de flatterie et de libéralité, qu'il ne lui fut pas difficile de lire dans les yeux de ceux à qui il offrait ces présents, l'effet que produisaient sur eux ses éloges et sa générosité.

Le coup politique qu'il venait de frapper eut des résultats immédiats. La gravité des Delawares se relâcha ; leurs traits prirent une expression plus cordiale ; et le Cœur-Dur, qui devait peut-être ce surnom français à quelque exploit honorable, dont les détails ne sont point parvenus jusqu'à nous, dit à Magua, après avoir contemplé quelques instants sa part du butin avec une satisfaction manifeste :

— Mon frère est un grand chef ! il est le bienvenu.

— Les Hurons sont amis des Delawares, dit Magua. Et pourquoi ne le seraient-ils pas ? N'est-ce pas le même soleil qui colore leur peau ? Ne chasseront-ils pas dans les mêmes forêts après leur mort ? Les Peaux-Rouges doivent être amies, et avoir les yeux ouverts sur les blancs. — Mon frère n'a-t-il pas vu des traces d'espions dans les bois ?

Le Delaware oublia la réponse évasive qu'il venait de faire à la même question lorsqu'elle lui avait été adressée en d'autres termes, et la dureté de son cœur se trouvant sans doute amollie par les présents qu'il avait reçus, il daigna alors répondre d'une manière plus directe :

— On a vu des mocassins étrangers autour de notre camp. Ils sont même entrés dans nos habitations.

— Et mon frère a-t-il chassé les chiens ? demanda Magua sans avoir l'air de remarquer que cette réponse démentait celle qu'il avait reçue auparavant.

— Non. L'étranger est toujours le bienvenu chez les enfants des Lenapes.

— L'étranger, bien ; mais l'espion ?

— Les Yengeese emploient-ils leurs femmes comme espions ? Le chef huron n'a-t-il pas dit qu'il avait fait des femmes prisonnières pendant la bataille ?

— Il n'a pas dit un mensonge. Les Yengeese ont envoyé des espions. Ils sont venus dans nos wigwams, mais ils n'y ont trouvé personne pour leur dire : Vous êtes les bienvenus. Ils ont fui alors vers les Delawares, car ils disent que les Delawares sont leurs amis, et qu'ils ont détourné leur visage de leur père du Canada.

Cette insinuation adroite, dans un état de société plus avancé, aurait valu à Magua la réputation d'habile diplomate. Ses hôtes savaient fort bien que l'inaction de leur peuplade pendant l'expédition contre William-Henry avait été un motif de bien des reproches faits aux Delawares par les Français, et ils sentaient que cette conduite devait les faire regarder par ceux-ci avec méfiance. Il n'était pas besoin d'approfondir beaucoup les causes et les effets pour juger qu'une telle situation de choses pouvait leur devenir préjudiciable à l'avenir, puisque leurs habitations ordinaires et les bois qui fournissaient à leur subsistance se trouvaient dans les limites du territoire des Français. Les derniers mots prononcés par le Huron furent donc écoutés avec un air de désapprobation, sinon d'alarme.

— Que notre père du Canada nous regarde en face, dit le Cœur-Dur; il verra que ses enfants ne sont pas changés. Il est vrai que nos jeunes guerriers n'ont pas marché sur le terrain de la guerre; ils avaient eu des rêves qui les en ont empêchés. Mais ils n'en aiment et n'en respectent pas moins le grand chef blanc.

— Le croira-t-il, quand il apprendra que son plus grand ennemi est nourri dans le camp de ses enfants? Quand on lui dira qu'un Yengeese couvert de sang fume devant leur feu? Quand il saura que le Visage-Pâle qui a fait périr tant de ses amis est en liberté au milieu des Delawares? Allez, allez! notre père du Canada n'est point fou.

— Quel est ce Yengeese que les Delawares doivent craindre, — qui a tué leurs guerriers, qui est l'ennemi mortel du grand chef blanc?

— La Longue-Carabine.

Ce nom bien connu fit tressaillir les guerriers delawares, et ils prouvèrent par leur étonnement qu'ils apprenaient seulement alors qu'un homme qui s'était rendu si redoutable aux peuplades indiennes alliées de la France, était en leur pouvoir.

— Que veut dire mon frère? demanda le Cœur-Dur d'un ton de surprise qui démentait l'apathie ordinaire de sa race.

— Un Huron ne ment jamais, répondit Magua en croisant les bras avec un air d'indifférence ; que les Delawares examinent leurs prisonniers, et ils en trouveront un dont la peau n'est ni rouge ni blanche.

Un long silence s'ensuivit. Le Cœur-Dur tira ses compagnons à l'écart pour délibérer ensemble. Enfin des messagers furent envoyés pour appeler à la consultation les chefs les plus distingués de la peuplade.

Les guerriers arrivèrent bientôt les uns après les autres. A mesure que l'un d'eux entrait, on lui faisait part de la nouvelle importante que Magua venait d'annoncer, et l'exclamation gutturale hugh ! ne manquait jamais d'annoncer sa surprise. Cette nouvelle se répandit de bouche en bouche, et parcourut tout le camp. Les femmes suspendirent leurs travaux pour tâcher de saisir le peu de mots que laissait échapper la bouche des guerriers. Les enfants oubliaient leurs jeux pour suivre leurs pères, et semblaient presque aussi étonnés que ceux-ci de la témérité de leur redoutable ennemi. En un mot toute espèce d'occupation fut momentanément abandonnée, et toute la peuplade ne parut plus songer qu'à exprimer, chacun à sa manière, le sentiment général qu'elle éprouvait.

Lorsque la première agitation commença à se calmer, les vieillards se mirent à méditer mûrement sur les mesures que l'honneur et la sûreté de leur nation leur prescrivaient de prendre dans une circonstance si délicate et si embarrassante. Pendant tous ces mouvements, Magua restait debout, nonchalamment appuyé contre un mur de la cabane, et aussi impassible en apparence que s'il n'eût pris aucun intérêt au résultat que pourrait avoir la délibération. Cependant nul indice des intentions futures de ses hôtes n'échappait à ses yeux vigilants. Connaissant parfaitement le caractère des Indiens auxquels il avait affaire, il prévoyait souvent leur détermination avant qu'ils l'eussent prise, et l'on aurait même pu dire qu'il connaissait leurs intentions avant qu'ils les connussent eux-mêmes.

Le conseil des Delawares ne dura pas longtemps, et lorsqu'il fut terminé, un mouvement général annonça qu'il allait être immédiatement suivi d'une assemblée de toute la peuplade. Ces assemblées solennelles étant rares, et n'ayant lieu que dans les occasions de la plus grande importance, le rusé Huron, resté seul dans un coin, silencieux mais clairvoyant observateur de tout ce qui se passait, vit que l'instant était arrivé où ses projets devaient réussir ou échouer. Il sortit donc de la cabane, et se rendit en face des habitations, où les guerriers commençaient déjà à se rassembler.

Il se passa environ une demi-heure avant que tout ce qui composait la peuplade fût réuni en cet endroit, car femmes, enfants, personne n'y manqua. Ce délai avait été occasionné par les graves préparatifs qui avaient été jugés nécessaires pour une assemblée solennelle et extraordinaire. Mais quand le soleil parut au-dessus du sommet de la haute montagne, sur un des flancs de laquelle les Delawares avaient établi leur camp, ses rayons, dardés entre les branches touffues des arbres qui y croissaient, tombèrent sur une multitude aussi attentive que si chacun eût eu un intérêt personnel dans le sujet de la discussion, et dont le nombre s'élevait à environ douze cents âmes, en y comprenant les femmes et les enfants.

Dans de pareilles assemblées de sauvages il ne se trouve jamais personne qui aspire impatiemment à une distinction précoce, et qui soit prêt à entraîner les autres dans une discussion précipitée. L'âge et l'expérience sont les seuls titres qui puissent autoriser à exposer au peuple le sujet de l'assemblée, et à donner un avis. Jusque là, ni la force du corps, ni une bravoure éprouvée, ni le don de la parole, ne justifieraient celui qui voudrait interrompre cet ancien usage.

En cette occasion, plusieurs chefs semblaient pouvoir user des droits de ce double privilége; mais tous gardaient le silence, comme si l'importance du sujet les eût effrayés. Le silence qui précède toujours les délibérations des Indiens avait déjà duré plus que de coutume, sans qu'un signe d'impatience ou de surprise échappât même au plus jeune enfant. La terre semblait le but de tous les regards; seulement ces regards se dirigeaient de temps en temps vers une cabane qui n'avait pourtant rien qui la distinguât de celles qui l'entouraient, si ce n'était qu'on l'avait couverte avec plus de soin pour la protéger contre les injures de l'air.

Enfin un de ces murmures sourds qui ont lieu si souvent dans une multitude assemblée se fit entendre, et toute la foule qui s'était assise se leva sur-le-champ, comme par un mouvement spontané. La porte de la cabane en question venait de s'ouvrir, et trois hommes en sortant s'avançaient à pas lents vers le lieu de la réunion. C'étaient trois vieillards, mais tous trois d'un âge plus avancé qu'aucun de ceux qui se trouvaient déjà dans l'assemblée; et l'un d'eux, placé entre les deux autres qui le soutenaient, comptait un nombre d'années auquel il est bien rare que la race humaine atteigne. Sa taille était courbée sous le poids de plus d'un siècle. Il n'avait plus le pas élastique et léger d'un Indien, et il était obligé de mesurer le terrain pouce à pouce. Sa peau rouge et ridée faisait un singulier contraste avec les cheveux blancs qui lui tombaient sur les épaules, et dont la longueur prouvait qu'il s'était peut-être passé des générations depuis qu'il ne les avait coupés.

Le costume de ce patriarche, car son âge, le nombre de ses descendants et l'influence dont il jouissait dans sa peuplade permettent qu'on lui donne ce nom, était riche et imposant. Son manteau était fait des plus belles peaux; mais on en avait fait tomber le poil, pour y tracer une représentation hiéroglyphique des exploits guerriers par lesquels il s'était illustré un demi-siècle auparavant. Sa poitrine était chargée de médailles, les unes en argent et quelques autres même en or, présents qu'il avait reçus de divers potentats européens pendant le cours d'une longue vie. Des cercles du même métal entouraient ses bras et ses jambes; et sa tête, sur laquelle il avait laissé croître toute sa chevelure depuis que l'âge l'avait forcé à renoncer au métier des armes, portait une espèce de diadème d'argent surmonté par trois grandes plumes d'autruche qui retombaient en ondulant sur ses cheveux dont elles relevaient encore la blancheur. La poignée de son tomahawk était entourée de plusieurs cercles d'argent, et le manche de son couteau brillait comme s'il eût été d'or massif.

Aussitôt que le premier mouvement d'émotion et de plaisir causé par l'apparition soudaine de cet homme révéré se fut un peu calmé, le nom de Tamenund passa de bouche en bouche. Magua avait souvent entendu parler de la sagesse et de l'équité de ce vieux guerrier delaware. La renommée allait même jusqu'à lui attribuer le don d'avoir des conférences secrètes avec le grand Esprit, ce qui a depuis transmis son nom, avec un léger changement, aux usurpateurs blancs de son territoire, comme celui du saint tutélaire et imaginaire d'un vaste empire [1]. Le chef huron s'écarta de

---

[1]. Les Américains appellent quelquefois leur saint tutélaire *Tameny*, corruption du nom du célèbre chef que nous introduisons ici. Il y a beaucoup de traditions qui parlent de la réputation et de la puissance de Tamenund.

la foule, et alla se placer dans un endroit d'où il pouvait contempler de plus près les traits d'un homme dont la voix semblait devoir avoir tant d'influence sur le succès de ses projets.

Les yeux du vieillard étaient fermés, comme s'ils eussent été fatigués d'avoir été si longtemps ouverts sur les passions humaines. La couleur de sa peau différait de celle des autres Indiens; elle semblait plus foncée, et cet effet était produit par une foule innombrable de petites lignes compliquées, mais régulières, et de figures différentes qui y avaient été tracées par l'opération du tatouage.

Malgré la position qu'avait prise le Huron, Tamenund passa devant lui sans lui accorder aucune attention. Appuyé sur ses deux vénérables compagnons, il s'avança au milieu de ses concitoyens, qui se rangeaient pour le laisser passer, et s'assit au centre avec un air qui respirait la dignité d'un monarque et la bonté d'un père.

Il serait impossible de donner une idée du respect et de l'affection que témoigna toute la peuplade en voyant arriver inopinément un homme qui semblait déjà appartenir à un autre monde. Après quelques instants passés dans un silence commandé par l'usage, les principaux chefs se levèrent, s'approchèrent de lui tour à tour, lui prirent une main et l'appuyèrent sur leur tête, comme pour lui demander sa bénédiction. Les guerriers les plus distingués se contentèrent ensuite de toucher le bord de sa robe. Les autres semblaient se trouver assez heureux de pouvoir respirer le même air qu'un chef qui avait été si vaillant et qui était encore si juste et si sage. Après avoir rendu au patriarche cet hommage de vénération affectueuse, les chefs et les guerriers retournèrent à leurs places, et un silence complet s'établit dans l'assemblée.

Quelques jeunes guerriers, à qui un des vieux compagnons de Tanemund avait donné des instructions à voix basse, se levèrent alors, et entrèrent dans la cabane située au centre du camp.

Au bout de quelques instants, ces guerriers reparurent, escortant les individus qui étaient la cause de ces préparatifs solennels, et les conduisant vers l'assemblée. Les rangs s'ouvrirent pour les laisser passer, et se refermèrent ensuite. Les prisonniers se trouvèrent donc au milieu d'un grand cercle formé par toute la peuplade.

CHAPITRE XXIX.

> L'assemblée s'assit, et surpassant par sa taille les autres chefs, Achille s'adressa en ces mots au roi des hommes.
>
> L'*Homère* de Pope.

Au premier rang des prisonniers se trouvait Cora, dont les bras entrelacés dans ceux d'Alice annonçaient toute l'ardeur de sa tendresse pour sa sœur. Malgré l'air terrible et menaçant des sauvages qui l'entouraient de tous côtés, l'âme noble de cette fille généreuse ne craignait rien pour elle, et ses regards restaient attachés sur les traits pâles et déconcertés de la tremblante Alice.

Auprès d'elles, Heyward, immobile, semblait prendre un si vif intérêt aux deux sœurs, que, dans ce moment d'angoisse, son cœur établissait à peine une distinction en faveur de celle qu'il aimait le plus. OEil-de-Faucon s'était placé un peu en arrière, par déférence pour le rang de ses compagnons, rang que la fortune, en les accablant des mêmes coups, avait paru vouloir lui faire oublier, mais qu'il n'en respectait pas moins. Uncas n'était pas parmi eux.

Lorsque le silence le plus parfait fut rétabli, après la pause d'usage, cette pause longue et solennelle, un des deux chefs âgés, qui étaient assis auprès du patriarche, se leva, et demanda à haute voix, en anglais très-intelligible :

— Lequel de mes prisonniers est la Longue-Carabine ?

Duncan et le chasseur gardèrent le silence. Le premier promena ses regards sur la grave et silencieuse assemblée, et il recula d'un pas lorsqu'ils tombèrent sur Magua, dont la figure peignait la malice et la perfidie. Il reconnut aussitôt que c'était à l'instigation secrète de ce rusé sauvage qu'ils étaient traduits devant la nation, et il résolut de mettre tout en œuvre pour s'opposer à l'exécution de ses sinistres desseins. Il avait déjà vu un exemple de la manière sommaire dont les Indiens se faisaient justice, et il craignait que son compagnon ne fût destiné à en servir à son tour. Dans cette conjoncture critique, sans s'arrêter à de timides réflexions, il se détermina sur-le-champ à protéger son ami, quelque danger qu'il dût courir lui-même. Cependant, avant qu'il eût eu le temps de répondre, la question fut répétée avec plus de force et de véhémence.

— Donnez-nous des armes! s'écria le jeune homme avec fierté, mettez-nous dans ces bois : nos actions parleront pour nous!

— C'est le guerrier dont le nom a rempli nos oreilles, reprit le chef en regardant Heyward avec cet intérêt, cette curiosité vive qu'on ne peut manquer d'éprouver quand on voit pour la première fois un homme que sa gloire ou ses malheurs, ses vertus ou ses crimes ont rendu célèbre. — D'où vient que l'homme blanc est venu dans le camp des Delawares? Qui l'amène?

— Le besoin. Je viens chercher de la nourriture, un abri et des amis.

— Ce ne saurait être. Les bois sont remplis de gibier. La tête d'un guerrier n'a besoin pour abri que d'un ciel sans nuage; et les Delawares sont les ennemis, et non les amis des Yengeese. Allez, votre bouche a parlé, mais votre cœur n'a rien dit.

Duncan, ne sachant trop ce qu'il devait répondre, garda le silence; mais le chasseur, qui avait tout écouté attentivement, s'avança hardiment, et prit à son tour la parole.

— Si je n'ai pas répondu, dit-il, au nom de la Longue-Carabine, ne croyez pas que ce soit ou par honte ou par crainte; ces deux sentiments sont inconnus à l'honnête homme. Mais je ne reconnais pas aux Mingos le droit de donner un nom à celui dont les services ont mérité de la part de ses amis un surnom plus honorable, surtout lorsque ce nom est une insulte et un mensonge; car le *tueur de daims* est un bon et franc fusil, et non pas une carabine. Toutefois, je suis l'homme qui reçut des miens le nom de Nathanias; des Delawares qui habitent les bords de la rivière du même nom, le titre flatteur d'Œil-de-Faucon, et que les Iroquois se sont permis de surnommer la Longue-Carabine, sans que rien pût les y autoriser.

Tous les yeux, qui jusque alors étaient restés gravement attachés sur Duncan, se portèrent à l'instant sur les traits mâles et nerveux de ce nouveau prétendant à un titre aussi glorieux. Ce n'était pas un spectacle bien extraordinaire de voir deux personnes se disputer un si grand honneur; car les imposteurs, quoique rares, n'étaient pas inconnus parmi les sauvages; mais il importait essentiellement aux Delawares, qui voulaient être tout à la fois justes et sévères, de connaître la vérité. Quelques-uns des vieillards se consultèrent entre eux, et le résultat de cette conférence parut être d'interroger leur hôte à ce sujet.

— Mon frère a dit qu'un serpent s'était glissé dans mon camp, dit le chef à Magua; quel est-il?

Le Huron montra du doigt le chasseur; mais il continua à garder le silence.

— Un sage Delaware prêtera-t-il l'oreille aux aboiements d'un loup? s'écria Duncan confirmé encore plus dans l'idée que son ancien ennemi n'avait que de mauvaises intentions; un chien ne ment jamais; mais quand a-t-on vu un loup dire la vérité?

Les yeux de Magua lancèrent des éclairs; puis tout à coup se rappelant la nécessité de conserver sa présence d'esprit, il se détourna d'un air de dédain, bien convaincu que la sagacité des Indiens ne se laisserait pas éblouir par des paroles. Il ne se trompait pas, car après une nouvelle consultation fort courte, le même chef qui avait déjà pris la parole se tourna de son côté, et lui fit part de la détermination des vieillards, quoique dans les termes les plus circonspects.

— Mon frère, lui dit-il, a été traité d'imposteur, et ses amis en sont dans la peine. Ils montreront qu'il a dit vrai. Qu'on donne des fusils à mes prisonniers, et qu'ils prouvent par des faits lequel des deux est le guerrier que nous voulons connaître.

Magua vit bien que dans le fond cette épreuve n'était proposée que parce qu'on se méfiait de lui; mais il feignit de ne la considérer que comme un hommage qui lui était rendu. Il fit donc un signe d'assentiment, sachant bien que le chasseur était trop bon tireur pour que le résultat de l'épreuve ne confirmât point ce qu'il avait dit. Des armes furent mises aussitôt entre les mains des deux amis rivaux, et ils reçurent l'ordre de tirer, au-dessus de la multitude assise, contre un vase de terre qui se trouvait par hasard sur un tronc d'arbre, à cinquante verges environ (cent cinquante pieds) de l'endroit où ils étaient placés.

Heyward sourit en lui-même à l'idée du défi qu'il était appelé à soutenir contre le chasseur; mais il n'en résolut pas moins de persister dans son généreux mensonge, jusqu'à ce qu'il connût les projets de Magua. Il prit donc le fusil, visa à trois reprises différentes avec le plus grand soin, et fit feu. La balle fendit l'arbre à quelques pouces du vase, et un cri général de satisfaction annonça que cette épreuve avait donné la plus haute idée de son habileté à manier son arme. OEil-de-Faucon lui-même inclina la tête, comme pour dire que c'était mieux qu'il ne s'y était attendu. Mais au lieu de manifester l'intention d'entrer en lutte et de disputer au moins le prix de l'adresse à son heureux rival, il resta plus d'une minute appuyé sur son fusil, dans l'attitude d'un homme qui est plongé dans de profondes réflexions. Il fut tiré de cette rêverie par l'un des jeunes Indiens qui avaient fourni les armes, et qui lui frappa sur l'épaule en lui disant en très-mauvais anglais :

— L'autre blanc peut-il en faire autant ?

— Oui ! Huron ! s'écria le chasseur en regardant Magua, et sa main droite saisit le fusil et l'agita en l'air avec autant d'aisance que si c'eût été un roseau ; oui, Huron, je pourrais vous étendre à mes pieds à présent, aucune puissance de la terre ne saurait m'en empêcher. Le faucon qui fond sur la colombe n'est pas plus sûr de son vol que je ne le suis de mon coup, si je voulais vous envoyer une balle à travers le cœur ! Et pourquoi ne le fais-je pas ? — Pourquoi ? parce que les lois qui régissent ceux de ma couleur me le défendent, et que je pourrais attirer par là de nouveaux malheurs sur des têtes innocentes ! Si vous savez ce que c'est qu'un Dieu, remerciez-le donc, remerciez-le du fond de votre cœur ; vous aurez raison !

L'air du chasseur, ses yeux étincelants, ses joues enflammées, jetèrent une sorte de terreur respectueuse dans l'âme de tous ceux qui l'entendaient. Les Delawares retinrent leur haleine pour mieux concentrer leur attention ; et Magua, sans ajouter pourtant une entière confiance aux paroles rassurantes de son ennemi, resta aussi calme, aussi immobile au milieu de la foule dont il était entouré que s'il eût été cloué à la place où il se trouvait.

— Faites-en autant, répéta le jeune Delaware qui était auprès du chasseur.

— Que j'en fasse autant, insensé ! que j'en fasse autant ! s'écria OEil-de-Faucon en brandissant de nouveau son arme au-dessus de sa tête, d'un air menaçant, quoique ses yeux ne cherchassent plus la personne de Magua.

— Si l'homme blanc est le guerrier qu'il prétend être, dit le chef, qu'il frappe plus près du but.

Le chasseur fit un éclat de rire si bruyant pour exprimer son mépris, que le bruit fit tressaillir Heyward, comme s'il eût entendu des sons surnaturels. OEil-de-Faucon laissa tomber lourdement le fusil sur la main gauche qu'il avait étendue ; au même instant le coup partit, comme si la secousse seule eût occasionné l'explosion ; le vase de terre brisé vola en mille éclats, et les débris retombèrent avec fracas sur le tronc. Presque en même temps on entendit un nouveau bruit ; c'était le fusil que le chasseur avait laissé tomber dédaigneusement à terre.

La première impression produite par une scène aussi étrange fut un sentiment exclusif d'admiration. Bientôt après un murmure confus circula dans les rangs de la multitude ; insensiblement ce murmure devint plus distinct, et annonça qu'il régnait parmi les spectateurs une grande diversité d'opinions. Tandis que quelques-uns témoignaient hautement l'admiration que leur inspirait une adresse aussi inouïe, le reste de la peuplade, et c'était de beaucoup le plus grand nombre, semblait croire que ce succès n'était dû qu'au hasard. Heyward s'empressa de confirmer une opinion qui favorisait ses prétentions.

— C'est un hasard ! s'écria-t-il ; personne ne saurait tirer sans avoir ajusté son coup.

— Un hasard ! répéta le chasseur qui, s'échauffant de plus en plus, voulait alors à tout prix établir son identité, et auquel Heyward faisait en vain des signes pour l'engager à ne pas le démentir. — Ce Huron pense-t-il aussi que c'est un hasard ? S'il le pense, donnez-lui un autre fusil, placez-nous face à face, et l'on verra lequel a le coup d'œil le plus juste. Je ne vous fais pas cette offre, major, car notre sang est de la même couleur, et nous servons le même maître.

— Il est évident que le Huron est un imposteur, dit froidement Heyward ; vous l'avez entendu vous-même affirmer que vous étiez la Longue-Carabine.

Il serait impossible de dire à quelles assertions violentes OEil-de-Faucon ne se fût point porté dans son désir opiniâtre de constater son identité, si le vieux Delaware ne se fût entremis de nouveau.

— Le faucon qui vient des nuages sait y retourner quand il le veut, dit-il ; donnez-leur des fusils.

Pour cette fois, le chasseur saisit l'arme avec ardeur, et quoique

Magua épiât avec soin ses moindres mouvements, il crut n'avoir rien à craindre.

— Eh bien! qu'il soit constaté en présence de cette peuplade de Delawares quel est le meilleur tireur, s'écria le chasseur en frappant sur le chien de son fusil avec ce doigt qui avait fait partir tant de balles meurtrières. Vous voyez là gourde qui pend à cet arbre là-bas, major; puisque vous êtes si bon tireur, voyez si vous pourrez l'atteindre.

Duncan regarda le but qui lui était proposé, et il se prépara à renouveler l'épreuve. La gourde était un de ces petits vases qui servent à l'usage habituel des Indiens; elle était suspendue par une attache de peau de daim à une branche morte d'un pin peu élevé : la distance était au moins de cent verges (trois cents pieds).

Telles sont les bizarreries de l'amour-propre, que le jeune officier, malgré le peu de cas qu'il faisait du suffrage des sauvages qui s'étaient constitués ses arbitres, oublia la première cause du défi pour être tout entier au désir de l'emporter. On a déjà vu que son adresse n'était pas à dédaigner, et il résolut de profiter de tous ses avantages. Sa vie eût-elle dépendu du coup qu'il allait tirer, il n'aurait pu mettre plus de soin à viser. Il fit feu, et trois ou quatre jeunes Indiens, qui s'étaient précipités aussitôt vers le but, annoncèrent à grands cris que la balle était dans l'arbre, à très-peu de distance de la gourde. Les guerriers poussèrent des acclamations unanimes, et leurs regards se portèrent sur son rival pour observer ce qu'il allait faire.

— C'est assez bien pour les troupes royales d'Amérique, dit OEil-de-Faucon en riant à sa manière; mais si mon fusil s'était souvent détourné autant du but qu'il devait atteindre, combien de martinets dont la peau est dans le manchon d'une dame courraient encore dans les bois! combien de Mingos sanguinaires qui sont allés rendre leur dernier compte exerceraient encore aujourd'hui leurs ravages au milieu des provinces! J'espère que la squaw à qui appartient la gourde en a d'autres dans son wigwam; car celle-ci ne contiendra plus jamais d'eau.

Tout en parlant, le chasseur avait chargé son fusil, et lorsqu'il eut fini il retira un pied en arrière, et leva lentement l'arme de terre. Lorsqu'elle fut parfaitement de niveau, il la laissa un seul instant dans une immobilité complète; on eût dit que l'homme et le fusil étaient de pierre. Pendant cette pause d'un moment, l'arme partit en jetant une flamme claire et brillante. Les jeunes Indiens s'élancèrent de nouveau au pied de l'arbre ; ils cherchèrent de tous côtés, mais inutilement : ils revinrent dire qu'ils n'avaient vu nulle part la trace de la balle.

— Va, dit le vieux chef au chasseur d'un ton de mépris ; tu es un loup sous la peau d'un chien. Je vais parler à la Longue-Carabine des Yengeese.

— Ah ! si j'avais l'arme qui vous a fourni le nom dont vous vous servez, je m'engagerais à couper l'attache, et à faire tomber la gourde au lieu de la percer, s'écria Œil-de-Faucon sans se laisser intimider par le ton sévère du vieillard. Insensés ! si vous voulez trouver la balle lancée par un bon tireur de ces bois, ce n'est pas autour du but, c'est dans le but même qu'il faut la chercher.

Les jeunes Indiens comprirent à l'instant ce qu'il voulait dire ; car cette fois il avait parlé dans la langue des Delawares. Ils coururent arracher la gourde de l'arbre, et l'élevant en l'air en poussant des cris de joie, ils montrèrent que la balle l'avait traversée par le milieu, et en avait percé le fond.

A cette vue, un cri d'admiration partit de la bouche de tous les guerriers présents. La question se trouva décidée, et Œil-de-Faucon vit enfin reconnaître ses droits à son honorable mais dangereux surnom. Ces regards de curiosité et d'admiration qui s'étaient de nouveau concentrés sur Heyward, se reportèrent tous sur le chasseur, qui devint l'objet de l'attention générale pour les êtres simples et naïfs dont il était entouré. Lorsque le calme fut rétabli, le vieux chef reprit son interrogatoire.

— Pourquoi avez-vous cherché à boucher mes oreilles ? dit-il en s'adressant à Duncan ; croyez-vous les Delawares assez insensés pour ne pas distinguer la jeune panthère du chat sauvage ?

— Ils reconnaîtront bientôt que le Huron n'est qu'un oiseau qui gazouille, dit Duncan, cherchant à imiter le langage figuré des Indiens.

— C'est bon, nous saurons qui prétend fermer nos oreilles. Mon frère, ajouta le chef en regardant Magua, les Delawares écoutent.

Lorsqu'il se vit interpellé directement, le Huron se leva, et s'avançant d'un pas grave et délibéré au centre du cercle, en face des prisonniers, il parut se disposer à prendre la parole. Cependant avant d'ouvrir la bouche il promena lentement ses regards sur toutes les figures qui l'entouraient, comme pour mettre ses expressions à la portée de ses auditeurs. Ses yeux, en se portant sur Œil-de-Faucon, exprimèrent une inimitié respectueuse; en se dirigeant sur Duncan, une haine implacable; ils s'arrêtèrent à peine sur la tremblante Alice; mais lorsqu'ils tombèrent sur Cora, à qui son maintien fier et hardi ne faisait rien perdre de ses charmes, ils s'y fixèrent un instant avec une expression qu'il eût été difficile de définir. Alors, poursuivant ses sinistres desseins, il parla dans la langue des Canadiens, langue qu'il savait être comprise de la plupart de ses auditeurs.

— L'Esprit qui fit les hommes leur donna des couleurs différentes, dit en commençant le Renard-Subtil. Les uns sont plus noirs que l'ours des forêts. Il dit que ceux-là seraient esclaves; et il leur ordonna de travailler à jamais, comme le castor : vous pouvez les entendre gémir, lorsque le vent du midi vient à souffler; leurs gémissements se font entendre au-dessus des beuglements des buffles, le long des bords de la grande eau salée, où les grands canots qui vont et viennent en sont chargés. A d'autres il donna une peau plus blanche que l'hermine, il leur commanda d'être marchands, chiens pour leurs femmes, et loups pour leurs esclaves. Il voulut que, comme les pigeons, ils eussent des ailes qui ne se lassassent jamais; des petits plus nombreux que les feuilles sur les arbres, un appétit à dévorer la terre. Il leur donna la langue perfide du chat sauvage, le cœur des lapins, la malice du pourceau, mais non pas celle du renard, et des bras plus longs que les pattes de la souris; avec sa langue cette race bouche les oreilles des Indiens; son cœur lui apprend à payer des soldats pour se battre; sa malice lui enseigne le moyen d'accumuler pour son usage tous les biens du monde; et ses bras entourent la terre depuis les bords de l'eau salée jusqu'aux îles du grand lac. Sa gloutonnerie la rend insatiable; Dieu lui a donné suffisamment, et cependant elle veut tout avoir. Tels sont les blancs. — D'autres enfin ont reçu du grand Esprit des peaux plus brillantes et plus rouges que le soleil qui nous éclaire, ajouta Magua en montrant par un geste expressif cet astre resplendissant qui cherchait à percer le brouillard humide qui couvrait l'horizon; — et ceux-là furent ses enfants de prédilection; il leur donna cette île telle qu'il l'avait faite, couverte d'arbres et remplie de gibier. Le vent fit leurs clairières, et le soleil et les pluies mûrirent leurs fruits;

quel besoin avaient-ils de routes pour voyager? ils semaient au travers des rochers ; lorsque les castors travaillaient, ils restaient étendus à l'ombre et regardaient. Les vents les rafraîchissaient dans l'été ; dans l'hiver, des peaux leur prêtaient leur chaleur. S'ils se battaient entre eux, c'était pour prouver qu'ils étaient hommes. Ils étaient braves, ils étaient justes, ils étaient heureux.

Ici l'orateur s'arrêta et regarda de nouveau autour de lui, pour voir si sa légende avait excité dans l'esprit de ses auditeurs l'intérêt qu'il espérait : il vit les yeux fixés avidement sur lui, les têtes droites, les narines ouvertes, comme si chaque individu présent se fût senti animé du désir de rétablir sa race dans tous ses droits.

— Si le grand Esprit donna des langues différentes à ses enfants rouges, ajouta-t-il d'une voix basse, lente et lugubre, ce fut pour que tous les animaux pussent le comprendre. Il plaça les uns au milieu des neiges avec les ours ; il en mit d'autres près du soleil couchant, sur la route qui conduit aux bois heureux où nous chasserons après notre mort ; d'autres sur les terres qui entourent les grandes eaux douces ; mais à ses enfants les plus chers il donna les sables du lac salé ; mes frères savent-ils le nom de ce peuple favorisé?

— C'étaient les Lenapes, s'écrièrent en même temps vingt voix empressées.

— C'étaient les Lenni-Lenapes, reprit Magua en affectant d'incliner la tête par respect pour leur ancienne grandeur. Le soleil se levait du sein de l'eau qui était salée, et il se couchait dans l'eau qui était douce ; jamais il ne se cachait à leurs yeux : mais est-ce à moi, à un Huron des bois, à faire connaître à un peuple sage ses propres traditions? pourquoi retracer leur infortune, leur ancienne grandeur, leurs exploits, leur gloire, leur prospérité, leurs revers, leurs défaites, leur décadence? n'y a-t-il pas quelqu'un parmi eux qui a vu tout cela, et qui sait que c'est la vérité? — J'ai dit ; ma langue est muette, mais mes oreilles sont ouvertes.

Il cessa de parler, et tous les yeux se tournèrent en même temps par un mouvement unanime vers le vénérable Tamenund. Depuis qu'il s'était assis, jusqu'à ce moment, les lèvres du patriarche étaient restées fermées, et à peine avait-il donné le moindre signe de vie. Il s'était tenu courbé presque jusqu'à terre, sans paraître prendre aucun intérêt à ce qui se passait autour de lui pendant le commencement de cette scène solennelle, lorsque le chasseur avait établi son identité d'une manière si palpable. Cependant lorsque Magua prit la parole et qu'il sut graduer avec art les inflexions de sa voix, Tamenund parut reprendre quelque connaissance, et une ou deux fois même il leva la tête, comme pour écouter. Enfin le Renard-Subtil ayant prononcé le nom de sa nation, les paupières du vieillard s'entr'ouvrirent, et il regarda la multitude avec cette expression vague, insignifiante, qui semble devoir être celle des spectres dans le tombeau. Alors il fit un effort pour se lever, et, soutenu par les deux chefs placés à ses côtés, il resta debout, dans une position propre à commander le respect, quoique l'âge fît fléchir sous lui ses genoux.

— Qui parle des enfants des Lenapes? dit-il d'une voix sourde et gutturale qui se faisait entendre distinctement à cause du religieux silence observé par le peuple; qui parle de choses qui ne sont plus? L'œuf ne se change-t-il pas en ver, et le ver en mouche? La mouche ne périt-elle pas? Pourquoi parler aux Delawares des biens qu'ils ont perdus! Remercions plutôt le Manitou de ceux qu'il leur a laissés.

— C'est un Wyandot, dit Magua en s'approchant davantage de la plate-forme grossière sur laquelle le vieillard était placé, c'est un ami de Tamenund.

— Un ami! répéta le sage; et son front se couvrit d'un sombre nuage qui donna à sa physionomie une partie de cette sévérité qui avait rendu son regard si terrible lorsqu'il n'était encore qu'au milieu de sa carrière. — Les Mingos sont-ils maîtres de la terre? Un Huron ici! Que veut-il?

— Justice! Ses prisonniers sont au pouvoir de ses frères, et il vient les réclamer.

Tamenund tourna la tête du côté de l'un des chefs qui le soutenaient, et écouta les courtes explications que celui-ci lui donna. Ensuite envisageant Magua, il le regarda un instant avec une profonde attention; puis il dit à voix basse et avec une répugnance marquée :

— La justice est la loi du grand Manitou. Mes enfants, offrez des aliments à l'étranger. Ensuite, Huron, prends ton bien et laisse-nous.

Après avoir prononcé ce jugement solennel, le patriarche s'assit et ferma de nouveau les yeux, comme s'il préférait les images que la maturité de son expérience lui offrait dans son cœur, aux objets visibles du monde. Ce décret une fois rendu, il n'y avait pas un seul Delaware assez audacieux pour se permettre le moindre murmure, à plus forte raison la moindre opposition. A peine ces paroles étaient-elles prononcées que quatre ou cinq des jeunes guerriers, s'élançant derrière Heyward et le chasseur, leur passèrent des liens autour des bras avec tant de rapidité et d'adresse que les deux prisonniers se trouvèrent dans l'impossibilité de faire aucun mouvement. Le premier était trop occupé de soutenir la malheureuse Alice, qui presque insensible était appuyée sur son bras, pour soupçonner leurs intentions avant qu'elles fussent exécutées ; et le second, qui regardait même les peuplades ennemies des Delawares comme une race d'êtres supérieurs, se soumit sans résistance. Peut-être n'eût-il pas été si endurant s'il avait entendu le dialogue qui venait d'avoir lieu dans une langue qu'il ne comprenait pas bien.

Magua jeta un regard de triomphe sur toute l'assemblée avant de procéder à l'exécution de ses desseins. Voyant que les hommes étaient hors d'état de résister, il tourna les yeux sur celle qui était pour lui le bien le plus précieux. Cora lui lança un regard si ferme et si calme que sa résolution faillit l'abandonner. Se rappelant alors l'artifice qu'il avait déjà employé, il s'approcha d'Alice, la souleva dans ses bras, et ordonnant à Heyward de le suivre, il fit signe à la foule de s'ouvrir pour les laisser passer. Mais Cora, au lieu de céder à l'impulsion sur laquelle il avait compté, se précipita aux pieds du patriarche, et élevant la voix, elle s'écria :

— Juste et vénérable Delaware, nous implorons ta sagesse et ta puissance, nous réclamons ta protection. Sois sourd aux perfides artifices de ce monstre inaccessible aux remords, qui souille tes oreilles par des impostures, pour assouvir la soif de sang qui le dévore. Toi qui as vécu longtemps, et qui connais les malheurs de cette vie, tu dois avoir appris à compatir au sort des malheureux.

Les yeux du vieillard s'étaient ouverts avec effort, et s'étaient de nouveau portés sur le peuple. A mesure que le son touchant de la voix de la suppliante vint frapper son oreille ils se dirigèrent lentement vers Cora et finirent par se fixer sur elle sans que rien pût les en détourner. Cora s'était jetée à genoux; les mains serrées l'une dans l'autre et appuyées contre son sein, le front flétri par la douleur, mais plein de majesté, elle était encore, au milieu de son désespoir, l'image la plus parfaite de la beauté. La physionomie de Tamenund s'anima insensiblement ; ses traits perdirent ce qu'ils avaient de vague et de hagard pour exprimer l'admiration, et ils brillèrent encore d'une étincelle de ce feu électrique qui, un demi-siècle auparavant, se communiquait avec tant de force aux bandes nombreuses des Delawares. Se levant sans aide, et en apparence sans effort, il demanda d'une voix dont la fermeté fit tressaillir la multitude :

— Qui es-tu ?

— Une femme ; une femme d'une race détestée, si tu veux, une Yengee ; mais qui ne t'a jamais fait de mal, qui ne peut en faire à ton peuple quand même elle le voudrait, et qui implore ta protection.

— Dites-moi, mes enfants, dit le patriarche d'une voix entrecoupée en interpellant du geste ceux qui l'entouraient, quoique ses yeux restassent fixés sur Cora agenouillée, — où les Delawares ont-ils campé ?

— Sur les montagnes des Iroquois, au delà des sources limpides de l'Horican.

— Que d'étés arides, ajouta le sage, ont passé sur ma tête depuis que j'ai bu les eaux de mon fleuve ! Les enfants de Miquon[1] sont les hommes blancs les plus justes ; mais ils avaient soif, et ils le prirent pour eux. Nous suivent-ils jusqu'ici ?

— Nous ne suivons personne, nous ne désirons rien, répondit vivement Cora. Retenus contre notre volonté, nous avons été amenés parmi vous ; et nous ne demandons que la permission de nous retirer tranquillement dans notre pays. N'es-tu pas Tamenund, le père, le juge, j'allais dire le prophète de ce peuple ?

— Je suis Tamenund, qui ai vu bien des jours.

— Il y a sept ans environ que l'un des tiens était à la merci d'un chef blanc, sur les frontières de cette province. Il se dit du sang du bon et juste Tamenund. — Va, dit le chef des blancs, par égard

---

1. William-Penn était appelé Miquon par les Delawares, et comme il n'usa jamais ni d'injustices ni de violences dans ses relations avec eux, sa réputation de probité est passée en proverbe. L'Américain est justement fier de l'origine de sa nation parce qu'elle est peut-être unique dans l'histoire du monde, mais les Pensylvaniens et les habitants de Jersey ont encore plus de raisons de se glorifier de leurs ancêtres que les habitants d'aucun autre État, puisque aucune injustice n'a été commise par eux envers les premiers propriétaires du sol natal.

pour ton parent tu es libre. Te rappelles-tu le nom de ce guerrier anglais?

— Je me rappelle que, lorsque j'étais bien jeune, reprit le patriarche dont les souvenirs se reportaient plus aisément à ses premières années qu'à toutes celles qui les avaient suivies, — je jouais sur le sable au bord de la mer, et je vis un grand canot ayant des ailes plus blanches que celles du cygne, plus grandes que celles de plusieurs aigles ensemble, qui venait du soleil levant...

— Non, non, je ne parle pas d'un temps si éloigné, mais d'une grâce accordée à ton sang par l'un des miens, grâce assez récente pour que le plus jeune de tes guerriers puisse s'en souvenir.

— Était-ce lorsque les Yengeese et les Hollandais se battaient pour les bois où chassaient les Delawares? Alors Tamenund était un chef puissant, et pour la première fois il déposa son arc pour s'armer du tonnerre des blancs.....

— Non, s'écria Cora en l'interrompant encore, c'est remonter beaucoup trop haut; je parle d'une chose d'hier. Assurément tu n'as pu l'oublier.

— Hier, reprit le vieillard, et sa voix creuse prit une expression touchante; — hier les enfants des Lenapes étaient maîtres du monde! Les poissons du lac salé, les oiseaux, les bêtes et les Mingos des bois les reconnaissaient pour les Sagamores.

Cora baissa la tête dans l'amertume de sa douleur; puis, ranimant son courage et voulant faire un dernier effort, elle prit une voix presque aussi touchante que celle du patriarche lui-même :

— Dites-moi, Tamenund est-il père?

Le vieillard promena lentement ses regards sur toute l'assemblée; un sourire de bienveillance se peignit dans ses traits, et, abaissant ses regards sur Cora, il répondit :

— Père d'une nation.

— Je ne demande rien pour moi. Comme toi et les tiens, chef vénérable (ajouta-t-elle en serrant ses mains sur son cœur par un mouvement convulsif, et en laissant retomber sa tête, au point que ses joues brûlantes étaient presque entièrement cachées sous les cheveux noirs et bouclés qui se répandaient en désordre sur ses épaules), la malédiction transmise par mes ancêtres est tombée de tout son poids sur leur enfant! Mais voilà une infortunée qui n'a jamais éprouvé jusqu'à présent la colère céleste. Elle a des parents, des amis qui l'aiment, dont elle fait les délices; elle est trop bonne, sa vie est trop précieuse pour devenir la victime de ce méchant.

— Je sais que les blancs sont une race d'hommes fiers et affamés. Je sais qu'ils prétendent non-seulement posséder la terre, mais que le dernier de leur couleur s'estime plus que les Sachems de l'homme rouge : les chiens de leurs tribus, ajouta le vieillard sans faire attention que chacune de ses paroles était un trait acéré pour l'âme de Cora, aboieraient avec fureur plutôt que d'emmener dans leurs wigwams des femmes dont le sang ne serait pas de la couleur de la neige ; mais qu'ils ne se vantent pas trop haut en présence du Manitou. Ils sont entrés dans le pays au lever du soleil, ils peuvent encore en sortir à son coucher. J'ai souvent vu les sauterelles dépouiller les arbres de leurs feuilles, mais toujours la saison des feuilles est revenue, et je les ai vues reparaître.

— Il est vrai, dit Cora en poussant un long soupir, comme si elle sortait d'une pénible agonie ; et sa main rejetant ses cheveux en arrière, laissa voir un regard plein de feu qui contrastait avec la pâleur mortelle de sa figure ; mais quelle en est la raison ? c'est ce qu'il ne nous est pas donné de connaître. — Il y a encore un prisonnier qui n'a pas été amené devant toi ; il est de ton peuple. Avant de laisser partir le Huron en triomphe, entends-le.

Voyant que Tamenund regardait autour de lui d'un air de doute, un des compagnons s'écria :

— C'est un serpent ! une peau rouge à la solde des Yengeese. Nous le réservons pour la torture.

— Qu'il vienne, reprit le sage.

Tamenund se laissa de nouveau retomber sur son siége, et il régna un si profond silence tandis que les jeunes Indiens se préparaient à exécuter ses ordres, qu'on entendait distinctement les feuilles légèrement agitées par le vent du matin frémir au milieu de la forêt voisine.

CHAPITRE XXX.

> Si vous me refusez, j'en appelle à vos lois ! sont-elles sans force maintenant à Venise ? je demande à être jugé ; répondez : y consentiriez-vous ?
>
> SHAKSPEARE. *Le Marchand de Venise.*

Aucun bruit humain ne rompit pendant quelques minutes le silence de l'attente. Enfin les flots de la multitude s'agitèrent, s'ouvrirent pour laisser passer Uncas, et se refermèrent derrière lui en l'entourant comme les vagues d'une mer en courroux. Tous les yeux de ceux qui jusqu'alors avaient cherché à lire dans les traits expressifs du sage ce qu'ils devaient penser de ce qui se passait se tournèrent à l'instant, et restèrent fixés avec une admiration muette sur la taille souple, élancée et pleine de grâce du captif.

Mais ni la foule dont il était entouré, ni l'attention exclusive dont il était l'objet, ne parurent intimider le jeune Mohican. Jetant autour de lui un regard observateur et décidé, il supporta avec le même calme l'expression hostile qu'il remarqua sur la figure des chefs, et l'attention curieuse des jeunes gens. Mais lorsque son regard scrutateur, après s'être promené autour de lui, vint à apercevoir Tamenund, son âme entière parut avoir passé dans ses yeux, et il sembla oublier dans cette contemplation le souvenir de tout ce qui l'entourait. Enfin s'avançant d'un pas lent et sans bruit, il se plaça devant l'estrade peu élevée sur laquelle était le sage, qu'il continua à regarder sans en être remarqué, jusqu'à ce qu'un des chefs dit à Tamenund que le prisonnier était arrivé.

— Quelle langue le prisonnier parlera-t-il devant le grand Manitou ? demanda le patriarche sans ouvrir les yeux.

— Celle de ses pères, répondit Uncas, celle d'un Delaware.

A cette déclaration soudaine et inattendue, on entendit s'élever du milieu de la multitude un murmure farouche et menaçant, semblable au rugissement du lion qui n'est pas encore l'expression de sa colère, mais qui fait présager combien l'explosion en sera terrible. L'effet que cette découverte produisit sur le sage fut aussi violent, quoique différemment exprimé. Il se mit la main devant les yeux, comme pour s'épargner la vue d'un spectacle si honteux pour sa race, et répéta de la voix gutturale et accentuée qui lui était propre les mots qu'il avait entendus.

— Un Delaware!... Et j'ai assez vécu pour voir les tribus des Lenapes abandonner le feu de leurs conseils, et se répandre comme un troupeau de daims dispersés dans les montagnes des Iroquois! J'ai vu la cognée d'un peuple étranger abattre les bois, honneur de la vallée, que les vents du ciel avaient épargnés; j'ai vu les animaux qui couraient sur les montagnes, et les oiseaux qui se perdaient dans les nues, tenus captifs dans les wigwams des hommes; mais je n'avais pas encore vu un Delaware assez vil pour s'insinuer en rampant comme un serpent venimeux dans les champs de sa nation.

— Les oiseaux ont chanté, répondit Uncas de la voix douce et harmonieuse qui lui était naturelle, et Tamenund a reconnu leur voix.

Le sage tressaillit, et pencha la tête comme pour saisir les sons fugitifs d'une mélodie éloignée.

— Tamenund est-il le jouet d'un songe! s'écria-t-il. Quelle voix a retenti à son oreille? L'hiver nous a-t-il quittés sans retour, et les beaux jours vont-ils renaître pour les enfants des Lenapes?

Un silence respectueux et solennel succéda à l'exclamation véhémente du prophète delaware. Ceux qui l'entouraient, trompés par son langage inintelligible, crurent qu'il avait reçu quelque révélation de l'intelligence supérieure avec laquelle on le croyait en relation, et ils attendaient avec une terreur secrète le résultat de cette mystérieuse conférence. Après une longue pause cependant, un des chefs les plus âgés, s'apercevant que le sage avait perdu tout souvenir du sujet qui les occupait, se hasarda à lui rappeler de nouveau que le prisonnier était en leur présence.

— Le faux Delaware tremble d'entendre les paroles que va prononcer Tamenund, dit-il; c'est un limier qui aboie lorsque les Yengeese lui ont montré la piste.

— Et vous, répondit Uncas en regardant autour de lui d'un air sévère, vous êtes des chiens qui vous couchez par terre lorsque les Français vous jettent les restes de leurs daims.

A cette réplique mordante, et peut-être méritée, vingt couteaux brillèrent dans l'air, et autant de guerriers se relevèrent précipitamment; mais l'ordre d'un de leurs chefs suffit pour apaiser cette effervescence, et leur donna, du moins pour le moment, l'apparence du calme; il est vrai qu'il eût été peut-être beaucoup plus difficile de faire renaître la tranquillité, si Tamenund n'eût fait un mouvement qui indiquait qu'il allait prendre la parole.

— Delaware, dit le sage, Delaware indigne de ce nom, depuis bien des hivers mon peuple n'a pas vu briller un soleil pur; et le guerrier qui abandonne sa tribu tandis qu'elle est enveloppée par le nuage de l'adversité, est doublement traître envers elle. La loi du Manitou est juste, elle est immuable; elle le sera tant que les rivières couleront, et que les montagnes resteront debout, tant qu'on verra la feuille de l'arbre naître, se dessécher et tomber. — Cette loi, mes enfants, vous donne tout pouvoir sur ce frère indigne; je l'abandonne à votre justice.

Aucun mouvement, aucun bruit n'avait interrompu Tamenund; il semblait que chacun retînt sa respiration pour ne rien perdre des paroles que ferait entendre le prophète delaware. Mais dès qu'il eut fini de parler, un cri de vengeance s'éleva de toutes parts, signal effrayant de leurs intentions féroces et sanguinaires. Au milieu de ces acclamations sauvages et prolongées, un des chefs proclama à haute voix que le captif était condamné à subir l'effroyable épreuve du supplice du feu.

Le cercle se rompit, et les accents d'une joie barbare se mêlèrent au tumulte et aux embarras qu'occasionnaient ces affreux préparatifs. Heyward, avec un désespoir presque frénétique, luttait contre ceux qui le retenaient; les regards inquiets d'OEil-de-Faucon commencèrent à se promener autour de lui avec une expression d'intérêt et de sollicitude, et Cora se jeta de nouveau aux pieds du patriarche pour implorer sa pitié.

Au milieu de toute cette agitation, Uncas seul avait conservé toute sa sérénité. Il regardait les préparatifs de son supplice d'un œil indifférent, et lorsque les bourreaux s'approchèrent pour le saisir, il les vit arriver avec une contenance ferme et intrépide. L'un d'eux, plus sauvage et plus féroce que ses compagnons, s'il était possible, prit le jeune guerrier par sa tunique de chasse, et d'un seul coup l'arracha de son corps; alors, avec un rugissement sauvage, il sauta sur sa victime sans défense, et se prépara à la traîner au poteau.

Mais dans le moment où il paraissait le plus étranger aux sentiments humains, le sauvage fut arrêté aussi soudainement dans ses projets barbares que si un être surnaturel se fût placé entre lui et Uncas. Les prunelles de ce Delaware parurent prêtes à sortir de leurs orbites; il ouvrit la bouche sans pouvoir articuler un son, et on eût dit un homme pétrifié dans l'attitude du plus profond étonnement. Enfin, levant lentement et avec effort sa main droite, il montra du doigt la poitrine du jeune prisonnier. En un instant la foule entoura celui-ci, et tous les yeux exprimèrent la même surprise en apercevant sur le sein du captif une petite tortue, tatouée avec le plus grand soin, et d'une superbe teinte bleue.

Uncas jouit un moment de son triomphe, et regarda autour de lui avec un majestueux sourire : mais bientôt, écartant la foule d'un geste fier et impératif, il s'avança de l'air d'un roi qui entre en possession de ses États, et prit la parole d'une voix sonore et éclatante, qui se fit entendre au-dessus du murmure d'admiration qui s'était élevé de toutes parts.

— Hommes de Lenni-Lenape! dit-il, ma race soutient la terre[1]! votre faible tribu repose sur mon écaille. Quel feu un Delaware pourrait-il allumer qui fût capable de brûler l'enfant de mes pères? ajouta-t-il en désignant avec orgueil les armoiries que la main des hommes avait imprimées sur sa poitrine; le sang qui est sorti d'une telle source éteindrait vos flammes. Ma race est la mère des nations.

— Qui es-tu? demanda Tamenund en se levant, ému par le son de voix qui avait frappé son oreille, plutôt que par les paroles mêmes du jeune captif.

— Uncas, le fils de Chingachgook, répondit le prisonnier avec modestie et en s'inclinant devant le vieillard, par respect pour son caractère et son grand âge, le fils de la grande Unamis[2].

— L'heure de Tamenund est proche, s'écria le sage; le jour de son existence est au moins bien près de la nuit! Je remercie le grand Manitou qui a envoyé celui qui doit prendre ma place au feu du conseil. Uncas, le fils d'Uncas est enfin trouvé! Que les yeux de l'aigle près de mourir se fixent encore une fois sur le soleil levant.

---

1. Allusion à l'opinion de quelques nations sauvages que la terre est placée sur le dos d'une grande tortue. — 2. De la Grande Tortue.

Le jeune homme s'avança d'un pas léger, mais fier, sur le bord de la plate-forme, d'où il pouvait être aperçu par la multitude agitée et curieuse qui s'empressait à l'entour. Tamenund regarda longtemps sa taille majestueuse et sa physionomie animée; et dans les yeux affaiblis du vieillard on lisait que cet examen lui rappelait sa jeunesse et des jours plus heureux.

— Tamenund est-il encore enfant? s'écria le prophète avec exaltation. Ai-je rêvé que tant de neiges ont passé sur ma tête, que mon peuple était dispersé comme le sable des déserts, que les Yengeese, plus nombreux que les feuilles des forêts, se répandaient sur cette terre désolée? La flèche de Tamenund n'effraierait même plus le jeune faon; son bras est affaibli comme la branche du chêne mourant; l'escargot le devancerait à la course; et cependant Uncas est devant lui, tel qu'il était lorsqu'ils partirent ensemble pour combattre les blancs! Uncas! la panthère de sa tribu, le fils aîné des Lenapes, le Sagamore le plus sage des Mohicans! Delawares qui m'entourez, répondez-moi, Tamenund dort-il depuis cent hivers?

Le profond silence qui suivit ces paroles témoignait assez le respect mêlé de crainte avec lequel le patriarche était écouté. Personne n'osait répondre, quoique tous retinssent leur haleine, de peur de perdre un seul mot de ce qu'il aurait pu ajouter. Mais Uncas, le regardant avec le respect et la tendresse d'un fils chéri, prit la parole; sa voix était touchante, comme s'il eût cherché à adoucir la triste vérité qu'il allait rappeler au vieillard.

— Quatre guerriers de sa race ont vécu et sont morts, dit-il, depuis le temps où l'ami de Tamenund guidait ses peuples au combat; le sang de la tortue a coulé dans les veines de plusieurs chefs, mais tous sont retournés dans le sein de la terre d'où ils avaient été tirés, excepté Chingachgook et son fils.

— Cela est vrai, cela est vrai, répondit le sage accablé sous le poids des tristes souvenirs qui venaient détruire de séduisantes illusions, et lui rappeler la véritable histoire de son peuple; — nos sages ont souvent répété que deux guerriers de la race sans mélange étaient dans les montagnes des Yengeese; pourquoi leurs places au feu du conseil des Delawares ont-elles été si longtemps vacantes?

A ces mots, Uncas releva la tête que jusque alors il avait tenue inclinée par respect, et parlant de manière à être entendu de toute la multitude, il résolut d'expliquer une fois pour toutes la politique de sa famille, et dit à haute voix :

— Il fut un temps où nous dormions dans un lieu où nous pouvions entendre les eaux du lac salé mugir avec fureur. Alors nous étions les maîtres et les Sagamores du pays. Mais lorsqu'on vit les blancs aux bords de chaque ruisseau, nous suivîmes le daim qui fuyait avec vitesse vers la rivière de notre nation. Les Delawares étaient partis! bien peu de leurs guerriers étaient restés pour se désaltérer à la source qu'ils aimaient. Alors mes pères me dirent : — C'est ici que nous chasserons. Les eaux de la rivière vont se perdre dans le lac salé. Si nous allions vers le soleil couchant, nous trouverions des sources qui roulent leurs eaux dans les grands lacs d'eau douce. Là un Mohican mourrait bientôt comme les poissons de la mer s'ils se trouvaient dans une eau limpide. Lorsque le Manitou sera prêt et dira : — Venez, — nous descendrons la rivière jusqu'à la mer, et nous reprendrons notre bien. Telle est, Delawares, la croyance des enfants de la tortue, nos yeux sont toujours fixés sur le soleil levant, et non sur le soleil couchant! Nous savons d'où il vient, mais nous ignorons où il va. — J'ai dit.

Les enfants des Lenapes écoutaient avec tout le respect que peut donner la superstition, trouvant un charme secret dans le langage énigmatique et figuré du jeune Sagamore. Uncas lui-même épiait d'un œil intelligent l'effet qu'avait produit sa courte explication, et à mesure qu'il voyait que ses auditeurs étaient contents, il adoucissait l'air d'autorité qu'il avait pris d'abord. Ayant promené ses regards sur la foule silencieuse qui entourait le siége élevé de Tamenund, il aperçut Œil-de-Faucon qui était encore garrotté. Descendant aussitôt de l'élévation sur laquelle il était monté, il fendit la foule, s'élança vers son ami, et tirant un couteau, il coupa ses liens. Il fit alors signe à la multitude de se diviser; les Indiens, graves et attentifs, obéirent en silence, et se formèrent de nouveau en cercle, dans le même ordre où ils se trouvaient lorsqu'il avait paru au milieu d'eux. Uncas, prenant le chasseur par la main, le conduisit aux pieds du patriarche.

— Mon père, dit-il, regardez ce blanc; c'est un homme juste, et l'ami des Delawares.

— Est-ce un fils de Miquon [1]?

---

[1]. Guillaume Penn.

— Non, c'est un guerrier connu des Yengeese, et redouté des Maquas.

— Quel nom ses actions lui ont-elles mérité?

— Nous l'appelons OEil-de-Faucon, reprit Uncas, se servant de la phrase delaware ; car son coup d'œil ne le trompe jamais. Les Mingos le connaissent par la mort qu'il donne à leurs guerriers : pour eux il est la Longue-Carabine.

— La Longue-Carabine ! s'écria Tamenund en ouvrant les yeux et en regardant fixement le chasseur; mon fils a eu tort de lui donner le nom d'ami.

— Je donne ce nom à qui s'est montré tel, reprit le jeune chef avec calme, mais avec un maintien assuré. Si Uncas est le bienvenu auprès des Delawares, OEil-de-Faucon doit l'être aussi auprès de mes amis.

— Il a immolé mes jeunes guerriers; son nom est célèbre par les coups qu'il a portés aux Lenapes.

— Si un Mingo a insinué une pareille calomnie dans l'oreille d'un Delaware, il a montré seulement qu'il est un imposteur, s'écria le chasseur, qui crut qu'il était temps de repousser des inculpations aussi outrageantes ; — j'ai immolé des Maquas, je ne le nierai pas, et cela même auprès des feux de leurs conseils ; mais que sciemment ma main ait jamais fait le moindre mal à un Delaware, c'est une infâme calomnie, en opposition avec mes sentiments, qui me portent à les aimer, ainsi que tout ce qui appartient à leur nation.

De grandes acclamations se firent entendre parmi les guerriers, qui se regardèrent les uns les autres comme des hommes qui commençaient à apercevoir leur erreur.

— Où est le Huron? demanda Tamenund; a-t-il fermé mes oreilles?

Magua, dont il est plus facile de se figurer que de décrire les sentiments pendant cette scène dans laquelle Uncas avait triomphé, s'avança hardiment en face du patriarche dès qu'il entendit prononcer son nom.

— Le juste Tamenund, dit-il, ne gardera pas ce qu'un Huron a prêté.

— Dites-moi, fils de mon frère, reprit le sage, évitant la physionomie sinistre du Renard-Subtil et contemplant avec plaisir l'air franc et ouvert d'Uncas, l'étranger a-t-il sur vous les droits d'un vainqueur?

— Il n'en a aucun. La panthère peut tomber dans les piéges qui lui sont dressés ; mais sa force sait les franchir.

— Et sur la Longue-Carabine?

— Mon ami se rit des Mingos. Allez, Hurons, demandez à vos pareils la couleur d'un ours.

— Sur l'étranger et la fille blanche qui sont venus ensemble dans mon camp?

— Ils doivent voyager librement.

— Sur la femme que le Huron a confiée à mes guerriers?

Uncas garda le silence.

— Sur la femme que le Mingo a amenée dans mon camp? répéta Tamenund d'un ton grave.

— Elle est à moi! s'écria Magua en faisant un geste de triomphe et regardant Uncas. Mohican, vous savez qu'elle est à moi.

— Mon fils se tait, dit Tamenund, s'efforçant de lire ses sentiments sur sa figure qu'il tenait détournée.

— Il est vrai, répondit Uncas à voix basse.

Il se fit un moment de silence ; il était évident que la multitude n'admettait qu'avec une extrême répugnance la justice des prétentions du Mingo. A la fin le sage, de qui dépendait la décision, dit d'une voix ferme :

— Huron, partez.

— Comme il est venu, juste Tamenund? demanda le rusé Magua, ou les mains pleines de la bonne foi des Delawares? Le wigwam du Renard-Subtil est vide. Rendez-lui son bien.

Le vieillard réfléchit un instant en lui-même, et penchant la tête du côté d'un de ses vénérables compagnons, il lui demanda :

— Mes oreilles sont-elles ouvertes?

— C'est la vérité.

— Ce Mingo est-il un chef?

— Le premier de sa nation!

— Fille, que veux-tu? un grand guerrier te prend pour femme. Va, ta race ne s'éteindra jamais.

— Que plutôt mille fois elle s'éteigne, s'écria Cora glacée d'horreur, que d'en être réduite à ce comble de dégradation.

— Huron, son esprit est dans les tentes de ses pères. Une fille qui n'entre dans un wigwam qu'avec répugnance, en fait le malheur.

— Elle parle avec la langue de son peuple, reprit Magua en jetant sur sa victime un regard plein d'une amère ironie ; elle est d'une race de marchands, et elle veut vendre un regard favorable. Que le grand Tamenund prononce.

— Que veux-tu ?

— Magua ne veut rien que ce qu'il a lui-même amené ici.

— Eh bien ! pars avec ce qui t'appartient. Le grand Manitou défend qu'un Delaware soit injuste.

Magua s'avança, et saisit sa captive par le bras ; les Delawares reculèrent en silence, et Cora, comme si elle sentait que de nouvelles instances seraient inutiles, parut résignée à se soumettre à son sort.

— Arrêtez, arrêtez ! s'écria Duncan en s'élançant en avant. Huron, écoute la pitié ! Sa rançon te rendra plus riche qu'aucun de tes pareils n'a jamais pu l'être.

— Magua est une Peau-Rouge ; il n'a pas besoin des colifichets des blancs.

— De l'or, de l'argent, de la poudre, du plomb, tout ce qu'il faut à un guerrier, sera dans ton wigwam ; tout ce qui convient au plus grand chef.

— Le Renard-Subtil est bien fort, s'écria Magua en agitant avec violence la main qui avait saisi le bras de Cora, il a pris sa revanche.

— Puissant maître du monde, dit Heyward en serrant ses mains l'une contre l'autre dans l'agonie du désespoir, de pareils attentats seront-ils permis ! c'est à vous que j'en appelle, juste Tamenund, ne vous laisserez-vous pas fléchir ?

— Le Delaware a parlé, répondit le sage en fermant les yeux et en baissant la tête, comme si le peu de forces qui lui restaient avaient été absorbées par tant d'émotions diverses.— Les hommes ne parlent pas deux fois.

— Il est sage, il est raisonnable, dit OEil-de-Faucon en faisant signe à Duncan de ne pas l'interrompre, qu'un chef ne perde pas son temps à revenir sur ce qui a été prononcé ; mais la prudence veut aussi qu'un guerrier fasse de mûres réflexions avant de frapper de son tomahawk la tête de son prisonnier. Huron, je ne vous aime pas, et je ne dirai point qu'aucun Mingo ait jamais eu beaucoup à se louer de moi. On peut en conclure sans peine que si cette guerre ne finit pas bientôt, un grand nombre de vos guerriers apprendront ce qu'il en coûte de me rencontrer dans les bois.

Réfléchissez donc s'il vaut mieux pour vous emmener captive une femme dans votre camp, ou bien un homme comme moi, que ceux de votre nation ne seront pas fâchés de savoir désarmé.

— La Longue-Carabine offre-t-il sa vie pour racheter ma captive? demanda Magua en revenant sur ses pas d'un air indécis; car déjà il s'éloignait avec sa victime.

— Non, non, je n'ai pas été jusque-là, dit OEil-de-Faucon, montrant d'autant plus de réserve que Magua semblait montrer plus d'empressement à écouter son offre ; l'échange ne serait pas égal. La meilleure femme des frontières vaut-elle un guerrier dans toute la force de l'âge, lorsqu'il peut rendre le plus de services à sa nation? Je pourrais consentir à entrer maintenant en quartier d'hiver, du moins pour quelque temps, à condition que vous relâcherez la jeune fille.

Magua branla la tête avec un froid dédain, et d'un air d'impatience il fit signe à la foule de le laisser passer.

— Eh bien! donc, ajouta le chasseur de l'air indécis d'un homme qui n'a pas encore d'idées bien arrêtées, je donnerai le tueur de daims par-dessus le marché ; croyez-en un chasseur expérimenté, il n'a pas son pareil dans toutes les provinces.

Magua dédaigna de répondre, et continua à faire des efforts pour disperser la foule.

— Peut-être, ajouta le chasseur, s'animant à mesure que l'autre semblait se refroidir, si je m'engageais à apprendre à vos jeunes guerriers le maniement de cette arme, vous n'auriez plus aucune objection à me faire?

Le Renard-Subtil ordonna fièrement aux Delawares qui formaient toujours une barrière impénétrable autour de lui, dans l'espoir qu'il écouterait ces propositions, de lui laisser le chemin libre, les menaçant par un geste impérieux de faire un nouvel appel à la justice infaillible de leur prophète.

— Ce qui est ordonné doit arriver tôt ou tard, reprit OEil-de-Faucon en regardant Uncas d'un air triste et abattu. Ce méchant connaît ses avantages, il n'en veut rien perdre! Dieu vous protége, mon garçon; vous êtes au milieu de vos amis naturels, j'espère qu'ils vous seront aussi attachés que quelques-uns que vous avez rencontrés dont le sang était sans mélange. Quant à moi, un peu plus tôt, un peu plus tard, il faut que je meure; j'ai d'ailleurs peu d'amis qui pousseront le cri de mort quand j'aurai cessé de vivre. Après tout, il est probable que les forcenés n'auraient pas eu de repos qu'ils ne m'eussent fait sauter la cervelle; ainsi deux ou trois jours ne feront pas beaucoup de différence dans le grand compte de l'éternité. Dieu vous bénisse! ajouta-t-il en regardant de nouveau son jeune ami; je vous ai toujours aimé, Uncas, vous et votre père, quoique nos peaux ne soient pas tout à fait de la même couleur, et que les dons que nous avons reçus du ciel diffèrent entre eux. Dites au Sagamore qu'il a toujours été présent à ma pensée dans mes plus grandes traverses; et vous, pensez quelquefois à moi lorsque vous serez sur une bonne piste, et soyez sûr, mon enfant, soit qu'il n'y ait qu'un ciel ou qu'il y en ait deux, qu'il y a du moins dans l'autre monde un sentier dans lequel les honnêtes gens ne peuvent manquer de se rencontrer. Vous trouverez le fusil dans l'endroit où nous l'avons caché; prenez-le, et gardez-le par amour pour moi, et écoutez, mon garçon, puisque vos *dons* naturels ne vous défendent pas le plaisir de la vengeance, usez-en, mon ami, usez-en un peu largement à l'égard des Mingos; cela soulagera la douleur que pourra vous causer ma mort, et vous vous en trouverez bien. Huron, j'accepte votre offre; relâchez la jeune fille, je suis votre prisonnier.

A cette offre généreuse un murmure d'approbation se fit entendre, et il n'y eut pas de Delaware dont le cœur fût assez dur pour ne pas être attendri d'un dévouement aussi courageux. Magua s'arrêta, il parut balancer un moment; puis, jetant sur Cora un regard où se peignait à la fois la férocité et l'admiration, sa physionomie changea tout à coup, sa résolution devint invariable.

Il fit entendre par un mouvement de tête méprisant qu'il dédaignait cette offre, et il dit d'une voix ferme et fortement accentuée :

— Le Renard-Subtil est un grand chef; il n'a qu'une volonté : allons, ajouta-t-il en posant familièrement la main sur l'épaule de sa captive pour la faire avancer; un guerrier huron ne perd pas son temps en paroles; partons.

La jeune fille recula d'un air plein de dignité et de réserve; ses yeux étincelèrent, son front se couvrit d'une vive rougeur, en sentant la main odieuse de son persécuteur.

— Je suis votre captive, dit-elle, et quand il en sera temps je serai prête à vous suivre, fût-ce même à la mort. Mais la violence n'est point nécessaire, ajouta-t-elle froidement; et se tournant aussitôt vers OEil-de-Faucon, elle lui dit : Homme généreux, je vous remercie du fond de l'âme. Votre offre est inutile, elle ne pouvait être acceptée ; mais vous pouvez encore m'être utile, bien plus même que s'il vous eût été permis d'accomplir vos nobles résolutions. Regardez cette infortunée que sa douleur accable ; ne l'abandonnez pas que vous ne l'ayez conduite dans les habitations d'hommes civilisés. Je ne vous dirai pas, s'écria-t-elle en serrant dans ses mains délicates la main rude du chasseur, je ne vous dirai pas que son père vous récompensera ; des hommes tels que vous sont au-dessus de toutes les récompenses ; mais il vous remerciera, il vous bénira. Ah ! croyez-moi, la bénédiction d'un vieillard est toute puissante auprès du ciel, et plût à Dieu que je pusse la recevoir moi-même de sa bouche, dans ce moment terrible !

Sa voix était entrecoupée, et elle garda un moment le silence : alors, s'approchant de Duncan qui soutenait sa sœur tombée sans connaissance, elle ajouta d'une voix tendre à laquelle les sentiments qui l'agitaient donnaient la plus touchante expression : — Je n'ai pas besoin de vous dire de veiller sur le trésor que vous possédez. Vous l'aimez, Heyward, et votre amour vous cacherait tous ses défauts si elle en avait. Elle est aussi bonne, aussi douce, aussi aimante qu'une mortelle peut l'être. Ce front éclatant de blancheur n'est qu'une faible image de la pureté de son âme, ajouta-t-elle en séparant avec sa main les cheveux blonds qui couvraient le front d'Alice ; et combien de traits ne pourrais-je pas ajouter encore à son éloge ! Mais ces adieux sont déchirants ; il faut que j'aie pitié de vous et de moi.

Cora se baissa sur sa malheureuse sœur, et la tint serrée quelques instants dans ses bras. Après lui avoir donné un baiser brûlant, elle se leva, et la pâleur de la mort sur le visage, sans qu'aucune larme coulât de ses yeux étincelants, elle se retourna et dit au sauvage avec dignité : — Maintenant, Monsieur, je suis prête à vous suivre.

— Oui, partez, s'écria Duncan en remettant Alice entre les mains d'une jeune Indienne ; partez, Magua, partez : les Delawares ont leurs lois qui les empêchent de vous retenir ; mais moi je n'ai pas de semblable motif ; allez, monstre, allez ; qui vous arrête ?

Il serait difficile de dépeindre l'expression que prirent les traits de Magua en écoutant cette menace de le suivre. Ce fut d'abord un mouvement de joie extraordinaire qu'il réprima aussitôt pour prendre un air de froideur qui n'en était que plus perfide.

— Les bois sont ouverts, répondit-il tranquillement ; la Main-Ouverte peut nous suivre.

— Arrêtez, s'écria OEil-de-Faucon en saisissant Duncan par le bras, et en le retenant de force ; vous ne connaissez pas le monstre ; il vous conduirait dans une embuscade, et votre mort...

— Huron, dit Uncas, qui soumis aux coutumes rigides de sa nation, avait écouté attentivement tout ce qui s'était passé ; Huron, la justice des Delawares vient du Manitou. Regardez le soleil. Il est à présent dans les branches de ces arbres. Lorsqu'il en sera sorti, il y aura des guerriers sur vos pas.

— J'entends une corneille ! s'écria Magua avec un rire insultant. Place, ajouta-t-il en regardant le peuple qui se rangeait lentement pour lui ouvrir un passage ; où sont les femmes des Delawares, qu'elles viennent essayer leurs flèches et leurs fusils contre les Wyandots ? Chiens, lapins, voleurs, je vous crache au visage.

Ces adieux insultants furent écoutés dans un morne silence ; et Magua, d'un air triomphant, prit le chemin de la forêt, suivi de sa captive affligée, et protégé par les lois inviolables de l'hospitalité américaine.

CHAPITRE XXXI.

> FLUELLEN. Tuer les traînards et les gens de bagage, c'est expressément contre les lois de la guerre, c'est une lâcheté, voyez-vous bien, une lâcheté sans pareille en ce monde.
> SHAKSPEARE. *Henry V.*

TANT que Magua et sa victime furent en vue, la multitude resta immobile, comme si quelque pouvoir surnaturel, favorable au Huron, la tenait enchaînée à la même place. Mais du moment qu'il disparut, elle s'ébranla, courut en tumulte de côté et d'autre, livrée à une agitation extraordinaire. Uncas resta sur le tertre où il s'était placé, ses yeux fixés sur Cora jusqu'à ce que la couleur de ses vêtements se confondît avec le feuillage de la forêt ; alors il en descendit, et traversant en silence la foule qui l'entourait, il rentra dans la cabane d'où il était sorti.

Quelques-uns des chefs les plus graves et les plus prudents, remarquant les éclairs d'indignation qui jaillissaient des yeux du jeune chef, le suivirent dans le lieu qu'il avait choisi pour se livrer à ses méditations. Au bout de quelque temps Tamenund et Alice partirent, et on ordonna aux femmes et aux enfants de se disperser. Bientôt le camp ressembla à une vaste ruche dont les abeilles auraient attendu l'arrivée et l'exemple de leur reine pour commencer une expédition importante et éloignée.

Un jeune guerrier sortit enfin de la cabane où était entré Uncas, et d'un pas grave, mais décidé, il s'approcha d'un arbre nain qui avait poussé dans les crevasses de la terrasse rocailleuse; il en arracha presque toute l'écorce, et retourna sans parler dans la cabane d'où il venait. Un autre guerrier en sortit ensuite, et dépouillant le jeune pin de toutes ses branches, ne laissa plus qu'un tronc nu et désolé [1]. Un troisième vint ensuite peindre l'arbre de larges raies d'un rouge foncé. Tous ces emblèmes indicatifs des desseins hostiles des chefs de la nation, furent reçus par les hommes du dehors avec un sombre et morne silence. Enfin le Mohican lui-même reparut, dépouillé de tous ses vêtements, n'ayant gardé que sa ceinture.

Uncas s'approcha lentement de l'arbre, et il commença sur-le-champ à danser autour, d'un pas mesuré, en élevant de temps en temps la voix pour faire entendre les sons sauvages et irréguliers de son chant de guerre. Tantôt c'étaient des accents tendres et plaintifs d'une mélodie si touchante, qu'on eût dit le chant d'un oiseau; tantôt, par une transition brusque et soudaine, c'étaient des cris si énergiques et si terribles, qu'ils faisaient tressaillir ceux qui les entendaient. Le chant de guerre se composait d'un petit nombre de mots souvent répétés; il commençait par une sorte d'hymne ou d'invocation à la Divinité; il annonçait ensuite les projets du guerrier; et la fin comme le commencement était un hommage rendu au grand Esprit. Dans l'impossibilité de traduire la langue mélodieuse et expressive que parlait Uncas, nous allons donner du moins le sens des paroles :

---

1. Un tronc nu et *blazed*. On dit, dans le langage du pays, d'un arbre qui a été partiellement ou entièrement dépouillé de son écorce, qu'il a été *blazed*. Ce terme est tout à fait anglais, car on dit, en Angleterre, d'un cheval qui a une marque blanche qu'il est *blazed*.

—Manitou! Manitou! Manitou! tu es bon, tu es grand, tu es sage! Manitou! Manitou! tu es juste!

Dans les cieux, dans les nuages, oh! combien je vois de taches, les unes noires, les autres rouges! — Oh! combien de taches dans les cieux!

Dans les bois et dans l'air, j'entends le cri, le long cri de guerre; oh! dans les bois le cri, le long cri de guerre a retenti!

Manitou! Manitou! Manitou! je suis faible, tu es fort; Manitou! Manitou! viens à mon secours! —

A la fin de ce qu'on pourrait appeler chaque strophe, Uncas prolongeait le dernier son, en donnant à sa voix l'expression qui convenait au sentiment qu'il venait de peindre : après la première strophe, sa voix prit un ton solennel qui exprimait la vénération; après la seconde elle eut quelque chose de plus énergique; la troisième se termina par le terrible cri de guerre, qui, en s'échappant des lèvres du jeune guerrier, sembla reproduire tous les sons effrayants des combats. A la dernière, ses accents furent doux, humbles et touchants comme au commencement de l'invocation. Il répéta trois fois ce chant, et trois fois en dansant il fit le tour de l'arbre.

A la fin du premier tour, un chef des Lenapes, grave et vénérable, suivit son exemple et se mit à danser également en chantant d'autres paroles sur un air à peu près semblable. D'autres guerriers se joignirent successivement à la danse, et bientôt tous ceux qui avaient quelque renom ou quelque autorité furent en mouvement. Le spectacle que présentaient ces guerriers prit alors un caractère plus sauvage et plus terrible, les regards menaçants des chefs devenant plus farouches à mesure qu'ils s'exaltaient en chantant leur fureur d'une voix rauque et gutturale. En ce moment Uncas enfonça sa hache dans le pin dépouillé, et fit une exclamation véhémente qu'on pourrait appeler son cri de guerre, ce qui annonçait qu'il prenait possession de l'autorité pour l'expédition projetée.

Ce fut un signal qui réveilla toutes les passions endormies de la nation. Plus de cent jeunes gens, qui jusque alors avaient été contenus par la timidité de leur âge, s'élancèrent avec fureur vers le tronc qui tenait la place de leur ennemi, et le taillèrent en pièces jusqu'à ce qu'il n'en restât plus que des éclats informes.

Cet enthousiasme fut contagieux, tous les guerriers se précipitèrent vers les fragments de bois qui jonchaient la terre, et les brisèrent avec la même fureur que s'ils eussent dispersé les membres palpitants de leur victime. Tous les couteaux, toutes les haches étincelaient; enfin, en voyant l'exaltation et la joie féroce qui animaient la physionomie sauvage de ces guerriers, on ne pouvait douter que l'expédition commencée sous de tels auspices ne devînt une guerre nationale.

Après avoir donné le premier signal, Uncas était sorti du cercle, et ayant jeté les yeux sur le soleil, il vit qu'il venait d'atteindre le point où expirait la trêve faite avec Magua. Un grand cri suivi d'un geste énergique en instruisit bientôt les autres guerriers, et toute la multitude transportée s'empressa d'abandonner un simulacre de guerre pour se disposer à une expédition plus réelle.

En un instant le camp prit une face toute nouvelle. Les guerriers qui déjà étaient peints et armés devinrent aussi calmes que s'ils eussent déjà été incapables de ressentir aucune émotion vive. Les femmes sortirent des cabanes en poussant des cris de joie et de douleur si étrangement mêlés, qu'on n'eût pu dire laquelle de ces deux passions l'emportait sur l'autre. Aucune cependant ne restait oisive : quelques-unes emportaient ce qu'elles avaient de plus précieux ; les autres se hâtaient de mettre à l'abri du danger leurs enfants ou leurs parents infirmes, et toutes se dirigeaient vers la forêt qui se déployait comme un riche tapis de verdure sur le flanc de la montagne.

Tamenund s'y retira aussi avec calme et dignité, après une courte et touchante entrevue avec Uncas, dont le sage ne se séparait qu'avec la répugnance d'un père qui vient de retrouver un fils perdu depuis longtemps. Duncan, après avoir placé Alice en lieu de sûreté, revint auprès du chasseur avec des yeux rayonnants qui prouvaient tout l'intérêt qu'il prenait aux événements qui se préparaient.

Mais OEil-de-Faucon était trop accoutumé aux chants de guerre et à l'émotion qu'ils produisaient pour trahir par aucun mouvement celle qu'ils excitaient dans son cœur. Il se contentait de remarquer le nombre et la qualité des guerriers qui témoignaient le désir de suivre Uncas au combat, et il eut bientôt lieu d'être satisfait en voyant que l'enthousiasme du jeune chef avait électrisé tous les hommes en état de combattre. Il résolut alors d'envoyer un jeune garçon chercher le tueur de daims et le fusil d'Uncas sur la lisière du bois où ils avaient déposé leurs armes en approchant du camp des Delawares par une mesure doublement prudente, d'abord pour qu'elles ne partageassent pas leur sort s'ils étaient reconnus captifs, et pour pouvoir se mêler parmi les étrangers sans inspirer de défiance, ayant plutôt l'air de pauvres voyageurs que d'hommes pourvus de moyens de défense. En choisissant un autre que lui pour aller chercher l'arme précieuse à laquelle il attachait un si grand prix, le chasseur avait écouté sa prudence et sa prévoyance ordinaires. Il savait que Magua n'était pas venu dans leur camp sans une suite nombreuse, et il savait aussi que le Huron épiait les mouvements de ses nouveaux ennemis tout le long de la lisière du bois. Il n'aurait donc pu s'y engager sans que sa témérité lui devînt fatale; tout autre guerrier l'aurait probablement payée de sa vie; mais un enfant pouvait entrer dans la forêt sans inspirer de soupçons, et peut-être même ne s'apercevrait-on de son dessein que lorsqu'il serait trop tard pour y mettre obstacle. Lorsque Heyward le joignit, OEil-de-Faucon attendait froidement le retour de son messager.

L'enfant, qui était très-adroit, et qui avait reçu les instructions nécesaires, partit palpitant d'espérance et de joie, heureux d'avoir su inspirer une telle confiance, et résolu de la justifier. Il suivit d'un air indifférent le bord de la clairière, et il n'entra dans le bois que lorsqu'il fut près de l'endroit où étaient cachés les fusils. Bientôt il disparut derrière le feuillage des buissons, et il se glissa comme un reptile adroit vers le trésor désiré. Il ne tarda pas à le trouver; car il reparut l'instant d'après fuyant avec la vitesse d'une flèche à travers l'étroit passage qui séparait le bois du tertre élevé sur lequel était le village, et portant un fusil dans chaque main. Il venait d'atteindre le pied des rochers, qu'il gravissait avec une incroyable agilité, lorsqu'un coup de feu parti du bois prouva combien avaient été justes les calculs du chasseur. L'enfant y répondit par un cri de dédain; mais bientôt une seconde balle, venant d'un autre point de la forêt, fut encore lancée contre lui. Au même instant il arriva sur la plate-forme, élevant ses fusils d'un air de triomphe, tandis qu'il se dirigeait avec la fierté d'un conquérant vers le célèbre chasseur qui l'avait honoré d'une si glorieuse mission.

Malgré le vif intérêt qu'OEil-de-Faucon avait pris au sort du eune messager, le plaisir qu'il eut à revoir le tueur de daims absorba un moment tous les autres souvenirs. Après avoir examiné d'un coup d'œil vif et intelligent si rien n'était dérangé à son arme chérie, il en fit jouer le ressort dix ou quinze fois, et après s'être assuré qu'elle était en bon état, il se tourna vers l'enfant, et lui demanda avec la bonté la plus compatissante s'il n'était pas blessé. Celui-ci le regarda d'un air de fierté, mais ne répondit point.

— Pauvre enfant, les coquins t'ont percé le bras ! s'écria le chasseur en apercevant une large blessure qui lui avait été faite par une des balles. Mais quelques feuilles d'aune froissées t'auront bientôt guéri, avec la promptitude d'un charme. Tu as commencé de bonne heure l'apprentissage du guerrier, mon brave enfant, et tu sembles destiné à porter au tombeau d'honorables cicatrices. Je connais de jeunes guerriers qui se sont signalés dans plus d'une rencontre, et qui ne portent pas des marques aussi glorieuses ! Allez ! ajouta-t-il en finissant le pansement du jeune blessé, un jour vous deviendrez un chef.

L'enfant s'éloigna, plus fier du sang qui sortait de sa blessure que le courtisan le plus vain aurait pu l'être d'une brillante décoration, et il alla rejoindre ses jeunes compagnons, pour qui il était devenu un objet d'admiration et d'envie.

Mais dans un moment où tant de devoirs sérieux et importants absorbaient l'attention des guerriers, ce trait isolé de courage ne fut pas aussi remarqué qu'il n'eût pas manqué de l'être dans un moment plus calme. Il avait néanmoins servi à apprendre aux Delawares la position et les projets de leurs ennemis. En conséquence un détachement de jeunes guerriers partit aussitôt pour déloger les Hurons qui étaient cachés dans le bois ; mais déjà ceux-ci s'étaient retirés d'eux-mêmes en voyant qu'ils étaient découverts. Les Delawares les poursuivirent jusqu'à une certaine distance de leur camp, et alors ils s'arrêtèrent pour attendre des ordres, de peur de tomber dans quelque embuscade.

Cependant Uncas, cachant sous une apparence de calme l'impatience qui le dévorait, rassembla ses chefs, et leur partagea son autorité. Il présenta Œil-de-Faucon comme un guerrier éprouvé qu'il avait toujours trouvé digne de toute sa confiance. Voyant que tous s'empressaient de faire à son ami la réception la plus favorable, il lui donna le commandement de vingt hommes, braves, actifs et résolus comme lui. Il expliqua aux Delawares le rang que Heyward occupait dans les troupes des Yengeese, et il voulut lui faire le même honneur; mais Duncan demanda à combattre comme volontaire à côté du chasseur. Après ces premières dispositions, le jeune Mohican désigna différents chefs pour occuper les postes les plus importants; et comme le temps pressait, il donna le signal du départ. Aussitôt plus de deux cents guerriers se mirent en marche avec joie, mais en silence.

Ils entrèrent dans la forêt sans être inquiétés, et ils marchèrent quelque temps sans rencontrer aucun être vivant qui fît mine de leur résister, ou qui pût leur donner les renseignements dont ils avaient besoin. Une halte fut alors ordonnée, et, dans un endroit où des arbres plus touffus les dérobaient entièrement aux regards, les chefs furent assemblés pour tenir conseil entre eux à voix basse. On proposa plusieurs plans d'opération; mais aucun ne répondait à l'impatience de leur chef. Si Uncas n'eût écouté que l'impulsion de son caractère, il aurait mené sa troupe à la charge sans délibérer, et il eût tout fait dépendre des hasards d'un combat; mais c'eût été violer les usages de ses compatriotes et blesser toutes les opinions reçues : force lui fut donc d'entendre proposer des mesures de prudence que son caractère bouillant et impétueux lui faisait détester, et d'écouter des conseils qui lui semblaient pusillanimes lorsqu'il se représentait les dangers auxquels Cora était exposée, et l'insolence de Magua.

Après une conférence de quelques minutes qui n'avait encore produit aucun résultat, ils virent paraître un homme dans l'éloignement. Il était seul et venait de l'endroit où devait être l'ennemi. Il marchait d'un pas si rapide qu'on pouvait croire que c'était un messager chargé de faire quelques propositions de paix. Lorsque cet homme fut à deux ou trois cents pas du taillis derrière lequel se tenait le conseil des Delawares, il hésita, paraissant indécis sur le chemin qu'il devait prendre, et il finit par s'arrêter. Tous les yeux se tournèrent alors sur Uncas, comme pour lui demander ce qu'il fallait faire.

— OEil-de-Faucon, dit le jeune chef à voix basse, il ne faut pas qu'il revoie jamais les Hurons.

— Ton heure est venue, dit le chasseur laconique en abaissant la pointe de son fusil à travers le feuillage. Il semblait ajuster son coup, lorsqu'au lieu de lâcher la détente on le vit poser tranquillement son arme à terre, et se livrer à ces éclats de rire qui lui étaient ordinaires.

— Foi de misérable pêcheur, dit-il, je prenais ce pauvre diable pour un Mingo ! Mais lorsque mes yeux ont parcouru son corps pour choisir l'endroit le plus propre à recevoir la balle que je lui destinais, — le croiriez-vous jamais, Uncas ? — j'ai reconnu notre chanteur ! Ainsi ce n'est après tout que l'imbécile qu'on appelle La Gamme, dont la mort ne saurait servir à personne, et dont la vie peut nous être utile, s'il est possible d'en tirer autre chose que des chansons. Si l'harmonie de ma voix n'a pas perdu son pouvoir, je vais lui faire entendre des sons qui lui seront plus agréables que celui du tueur de daims.

En disant ces mots OEil-de-Faucon se glissa à travers les broussailles, jusqu'à ce qu'il fût à portée d'être entendu de David, et il chercha à répéter ce concert harmonieux grâce auquel il avait traversé si heureusement le camp des Hurons. La Gamme avait l'oreille trop fine et trop exercée pour ne pas reconnaître les sons qu'il avait déjà entendus précédemment, et pour ne pas distinguer d'où ils partaient. Et d'ailleurs il aurait été difficile pour tout autre qu'OEil-de-Faucon de produire un bruit semblable. Le pauvre diable parut aussitôt soulagé d'un grand poids, et se mettant à courir dans la direction de la voix, ce qui pour lui était aussi facile que l'est à un guerrier de se porter à l'endroit où retentit le bruit du canon, il découvrit bientôt le chanteur caché qui produisait des sons si harmonieux.

— Je voudrais savoir ce que les Hurons vont penser de cela, dit le chasseur en riant, tandis qu'il prenait son compagnon par le bras pour le conduire aux Delawares. Si les drôles sont à portée de nous entendre, ils diront qu'il y a deux fous au lieu d'un. Mais ici nous sommes en sûreté, ajouta-t-il en lui montrant Uncas et sa troupe. Maintenant racontez-nous toutes les trames des Mingos en bon anglais, et sans faire tous vos roucoulements.

David regarda autour de lui ; en voyant l'air sombre et sauvage des chefs qui l'entouraient, son premier mouvement fut l'effroi, mais bientôt, les reconnaissant, il se rassura assez pour pouvoir répondre.

— Les païens sont en campagne, et en bon ordre, dit David ; je crains bien qu'ils n'aient de mauvaises intentions. Il y a eu bien des cris, bien du tapage, enfin un tumulte diabolique dans leurs habitations depuis une heure ; tellement, en vérité, que je me suis enfui pour venir chercher la paix auprès des Delawares.

— Vos oreilles n'auraient guère gagné au change si vous aviez fait un peu plus de diligence, répondit le chasseur; mais laissons cela, — où sont les Hurons?

— Ils sont cachés dans la forêt entre ce lieu et leur village, et ils sont en si grand nombre que la prudence doit vous engager à retourner sur-le-champ sur vos pas.

Uncas jeta un regard noble et fier sur ses compagnons : — Et Magua? demanda-t-il.

— Il est avec eux. Il a amené la jeune fille qui a séjourné chez les Delawares, et la laissant dans les cavernes, il s'est mis comme le loup furieux à la tête de ses sauvages. Je ne sais ce qui a pu l'agiter à ce point.

— Vous dites qu'il l'a laissée dans la caverne? s'écria Heyward; par bonheur nous savons où elle est située. Ne pourrait-on pas trouver quelque moyen de la délivrer sur-le-champ?

Uncas regarda fixement le chasseur avant de dire : — Qu'en pense OEil-de-Faucon?

— Donnez-moi mes vingt hommes; je prendrai sur la droite, le long de l'eau, et passant à côté des huttes des castors, j'irai joindre le Sagamore et le colonel. Vous entendrez bientôt le cri de guerre retentir de ce côté; le vent vous l'apportera sans peine. Alors, Uncas, chassez-les devant vous; lorsqu'ils seront à portée de nos fusils, je vous promets, foi de digne chasseur, de les faire plier comme un arc de bois de frêne. Après cela, nous entrerons dans le village, et nous irons droit à la caverne pour en tirer la jeune femme. Ce n'est pas un plan bien savant, major; mais avec du courage et de la patience on peut l'exécuter.

— C'est un plan que j'aime, et beaucoup, s'écria Duncan, qui vit que la délivrance de Cora devait en être le résultat. Il faut le tenter à l'instant.

Après une courte conférence le projet fut approuvé; il ne resta plus qu'à l'expliquer aux différents chefs, et aussitôt après, chacun alla prendre le poste qui lui avait été assigné.

CHAPITRE XXXII.

<blockquote>Mais les fléaux se répandront au loin, et les feux des funérailles se multiplieront jusqu'à ce que le grand roi ait renvoyé, sans rançon, la fille aux yeux noirs à Chrysa.

Pope. *Traduction d'Homère.*</blockquote>

Pendant qu'Uncas disposait ainsi ses forces, les bois étaient aussi paisibles, et à l'exception de ceux qui s'étaient réunis au conseil, aussi dépourvus d'habitants en apparence qu'à l'instant où ils étaient sortis pour la première fois des mains du Créateur. L'œil pouvait plonger dans toutes les directions à travers les intervalles que laissent entre eux les arbres touffus ; mais nulle part il ne découvrait rien qui ne fît partie du site et qui ne fût en harmonie avec le calme qui y régnait.

Si parfois un oiseau agitait le feuillage, si un écureuil, en faisant tomber une noix, attirait un instant l'attention des Delawares sur l'endroit d'où partait le bruit, cette interruption momentanée ne faisait que rendre ensuite le silence plus paisible et plus solennel, et l'on n'entendait plus que le murmure de l'air qui résonnait sur leurs têtes en frisant la cime verdoyante de la forêt, qui s'étendait sur une vaste étendue de pays.

En considérant la solitude profonde de cette partie du bois qui séparait les Delawares du village de leurs ennemis, on eût dit que le pied de l'homme n'y avait jamais passé : tout y portait un caractère d'immobilité et de repos ; mais OEil-de-Faucon, qui se trouvait chargé de diriger l'expédition principale, connaissait trop bien le caractère de ceux à qui il allait avoir affaire pour se fier à ces apparences trompeuses.

Lorsque sa petite bande se trouva de nouveau réunie, le chasseur jeta le tueur de daims sous son bras, et faisant signe à ses compagnons de le suivre, il rebroussa chemin jusqu'à ce qu'il fût arrivé sur les bords d'une petite rivière qu'ils avaient traversée en venant. Il s'arrêta alors, attendit que ses guerriers l'eussent rejoint, et lorsqu'il les vit autour de lui, il demanda en delaware :

— Y a-t-il quelqu'un ici qui sache où conduit ce courant d'eau?

Un Delaware étendit une main, ouvrit deux doigts, et montrant la manière dont ils se réunissaient, il répondit :

— Avant que le soleil ait achevé son tour, la petite rivière sera dans la grande. Puis il ajouta en faisant un nouveau geste expressif : — Les deux réunies en font une seule pour les castors.

— C'est ce que je pensais d'après le cours qu'il suit et d'après la position des montagnes, reprit le chasseur en dirigeant sa vue perçante à travers les ouvertures qui séparaient le sommet des arbres. Guerriers, nous nous tiendrons à couvert sur ses bords, jusqu'à ce que nous sentions la piste des Hurons.

Ses compagnons exprimèrent, selon leur usage, leur assentiment par une courte acclamation; mais voyant que leur chef se préparait lui-même à leur montrer le chemin, quelques-uns d'entre eux lui firent entendre par des signes que tout n'était pas comme il devait être. Œil-de-Faucon les comprit, et se retournant aussitôt, il aperçut le maître de chant qui les avait suivis.

— Savez-vous, mon ami, dit le chasseur d'un ton grave, et peut-être avec un peu d'orgueil du commandement honorable qui lui avait été confié; — savez-vous que cette troupe est composée de guerriers intrépides choisis pour l'entreprise la plus hasardeuse, et commandée par quelqu'un qui, sans savoir faire de belles phrases, ne sera pas d'humeur à les laisser sans besogne? Il ne se passera peut-être pas dix minutes avant que nous marchions sur le corps d'un Huron, vivant ou mort.

— Quoique je n'aie pas été instruit verbalement de vos projets, répondit David dont la physionomie s'était animée, et dont les regards ordinairement calmes et sans expression brillaient d'un feu qui ne leur était pas ordinaire, — vos soldats m'ont rappelé les enfants de Jacob allant combattre les Sichemites, parce leur chef avait voulu s'unir à une femme d'une race qui était favorisée du Seigneur. Or, voyez-vous, j'ai voyagé longtemps avec la jeune fille que vous cherchez; j'ai séjourné longtemps auprès d'elle dans des circonstances bien diverses; et sans être homme de guerre, sans avoir d'épée ni de ceinturon au côté, j'aimerais pourtant à me signaler en sa faveur.

Le chasseur hésita, comme s'il calculait en lui-même les suites que pourrait avoir un enrôlement aussi étrange.

— Vous ne savez manier aucune arme, lui dit-il après un moment de réflexion. Vous n'avez pas de fusil; croyez-moi, laissez-nous faire; les Mingos rendront bientôt ce qu'ils ont pris.

— Si je n'ai pas la jactance et la férocité d'un Goliath, répondit David en tirant une fronde de dessous ses vêtements, je n'ai pas oublié l'exemple de l'enfant juif. Dans mon enfance je me suis souvent exercé à manier cette arme; peut-être n'en ai-je pas encore entièrement perdu l'habitude.

— Ah! dit Œil-de-Faucon en regardant la fronde et le tablier de peau de daim d'un œil de froideur et de mépris, ce serait bon si nous n'avions à nous défendre que contre des flèches ou même des couteaux; mais ces Mingos ont été pourvus par les Français d'un bon fusil chacun. Cependant comme vous avez le don, à ce qu'il paraît, de passer au milieu du feu sans qu'il vous arrive rien, et puisque jusqu'à présent vous avez eu le bonheur... Major, pourquoi votre fusil n'est-il pas en arrêt? Tirer un seul coup avant le temps, ce serait faire fracasser vingt crânes sans nécessité. — Chanteur, vous êtes libre de nous suivre; vous pourrez nous être utile lorsque nous pousserons le cri de guerre.

— Ami, je vous remercie, répondit David, qui, à l'instar du saint roi dont il était fier de porter le nom, remplissait son tablier de cailloux qui se trouvaient au bord de la rivière, sans avoir beaucoup de propension à tuer personne; — mon âme aurait été dans l'affliction si vous m'aviez renvoyé.

— N'oubliez pas, ajouta le chasseur en lui lançant un regard expressif, que nous sommes venus ici pour nous battre, et non pour faire de la musique. Songez qu'à l'exception du cri de guerre, lorsque le moment sera venu de le pousser, on ne doit entendre ici d'autre son que celui du fusil.

David exprima par un signe de tête respectueux qu'il acceptait les conditions qui lui étaient prescrites, et Œil-de-Faucon, jetant un nouveau coup d'œil sur ses compagnons comme pour les passer en revue, donna l'ordre de se remettre en marche.

Ils suivirent pendant un mille le cours de la rivière. Les bords en étaient assez escarpés pour dérober leur marche aux regards qui auraient pu les guetter; l'épaisseur des buissons qui bordaient le courant leur offrit encore de nouveaux motifs de sécurité; néanmoins pendant toute la route ils ne négligèrent aucune des précautions en usage chez les Indiens lorsqu'ils se préparent à une attaque. De chaque côté de la rivière un Delaware placé en avant rampait plutôt qu'il ne marchait, toujours l'œil fixé sur la forêt, et plongeant la vue au milieu des arbres dès qu'il s'offrait une ouverture. Ce n'était pas encore assez ; toutes les cinq minutes la troupe s'arrêtait pour écouter s'ils n'entendaient pas quelque bruit, avec une finesse d'organe qui serait à peine concevable dans des hommes moins rapprochés de l'état de nature. Cependant leur marche ne fut pas inquiétée, et ils atteignirent l'endroit où la petite rivière se perdait dans la plus grande, sans que rien annonçât qu'ils eussent été découverts. Le chasseur ordonna alors de nouveau de faire halte, et il se mit à considérer le ciel.

— Il est probable que nous aurons une bonne journée pour nous battre, dit-il en anglais en s'adressant à Heyward, les yeux fixés sur les nuages qui commençaient à s'amonceler sur le firmament. Soleil ardent, fusil qui brille, empêchent de viser juste. Tout nous favorise ; les Hurons ont le vent contre eux, de sorte que la fumée se dirigera sur eux, ce qui n'est pas un médiocre avantage, tandis que nous au contraire nous tirerons librement et sans que rien nuise à la justesse de notre coup d'œil. Mais ici finit l'ombrage épais qui nous protégeait ; le castor est en possession des bords de cette rivière depuis des centaines d'années ; aussi voyez combien de troncs consumés ! bien peu d'arbres conservent encore quelque apparence de vie.

OEil-de-Faucon dans ce peu de mots avait peint avec assez de vérité la perspective qui s'offrait alors devant eux. La rivière suivait un cours irrégulier ; tantôt elle s'échappait par d'étroites ouvertures qu'elle s'était creusées dans les rochers ; tantôt se répandant dans des vallées profondes, elle y formait de vastes étangs. Partout sur ses bords on voyait des restes desséchés d'arbres morts, dans tous les périodes du dépérissement, depuis ceux dont il ne restait plus qu'un tronc informe jusqu'à ceux qui avaient été récemment dépouillés de cette écorce préservatrice qui contient le principe mystérieux de leur vie. Un petit nombre de ruines couvertes de mousse semblaient n'avoir été épargnées par le temps que pour attester qu'une génération avait autrefois peuplé cette solitude, et qu'il n'en restait plus d'autres vestiges.

Jamais le chasseur n'avait observé avec autant d'intérêt et de soin toutes les parties du site au milieu duquel il se trouvait. Il savait que les habitations des Hurons n'étaient tout au plus qu'à un demi-mille de distance, et craignant quelque embuscade, il était dans une grande inquiétude de ne pas apercevoir la plus légère trace de ses ennemis.

Une ou deux fois il fut tenté de donner le signal de l'attaque, et de chercher à prendre le village par surprise; mais son expérience lui faisait sentir au même instant le danger d'une tentative aussi incertaine. Alors il écoutait de toutes ses oreilles, dans une pénible attente, s'il n'entendait pas quelque bruit hostile partir de l'endroit où Uncas était resté; mais il n'entendait que les sifflements du vent qui commençait à balayer tout ce qu'il rencontrait dans les cavités de la forêt, et présageait une tempête. A la fin, las de ne prendre conseil que de la prudence, ne consultant plus qu'une impatience qui ne lui était pas naturelle, il résolut d'agir sans tarder davantage.

Le chasseur s'était arrêté derrière un buisson pour faire ses observations, tandis que ses guerriers étaient restés cachés près du lit de la rivière. En entendant le signal que leur chef donna à voix basse, ils remontèrent sur les bords en se glissant furtivement comme autant de spectres lugubres, et ils se groupèrent en silence autour de lui. OEil-de-Faucon leur indiqua du doigt la direction qu'ils devaient suivre, et il s'avança à leur tête. Toute la troupe se forma sur une seule ligne, et marcha si exactement sur ses pas, qu'à l'exception d'Heyward et de David on ne voyait que la trace des pas d'un seul homme.

A peine s'étaient-ils montrés à découvert, qu'une décharge d'une douzaine de fusils se fit entendre derrière eux, et un Delaware, sautant en l'air comme un daim atteint par la balle d'un chasseur, retomba lourdement à terre et y resta dans l'immobilité de la mort.

— Ah! je craignais quelque diablerie de ce genre! s'écria le chasseur en anglais; puis, avec la rapidité de la pensée, il ajouta dans la langue des Delawares: — Vite à couvert, et chargez!

A ces mots la troupe se dispersa, et avant qu'Heyward fût revenu de sa surprise, il se trouva seul avec David. Heureusement les Hurons s'étaient déjà repliés en arrière, et pour le moment il n'avait rien à craindre. Mais cette trêve ne devait pas être de longue durée; le chasseur reparut aussitôt, donna l'exemple de les poursuivre en déchargeant son fusil, et courut d'arbre en arbre, chargeant et tirant tour à tour tandis que l'ennemi reculait lentement.

Il paraîtrait que cette attaque soudaine avait été faite par un très-petit détachement de Hurons; mais à mesure qu'ils se retiraient leur nombre augmentait sensiblement, et bientôt ils se trouvèrent en état de soutenir le feu des Delawares, et même de le repousser sans trop de désavantage. Heyward se jeta au milieu des combattants, et imitant la prudence de ses compagnons, il tira coup sur coup, se cachant et se montrant tour à tour. Ce fut alors que le combat devint animé; les Hurons ne reculaient plus; les deux troupes restaient en place. Peu de guerriers étaient blessés, parce que chacun avait soin de se tenir autant que possible à l'abri derrière un arbre, et ne découvrait jamais une partie de son corps qu'au moment d'ajuster.

Cependant les chances du combat devenaient de plus en plus défavorables pour OEil-de-Faucon et pour ses guerriers. Le chasseur était trop clairvoyant pour ne pas apercevoir tout le danger de sa position, mais sans savoir comment y remédier. Il voyait qu'il était plus dangereux de battre en retraite que de se maintenir où il était; mais, d'un autre côté, l'ennemi, qui recevait à chaque instant de nouveaux renforts, commençait à s'étendre sur les flancs de sa petite troupe, de sorte que les Delawares, ne pouvant presque plus se mettre à couvert, ralentissaient leur feu. Dans cette conjoncture critique, lorsqu'ils commençaient à croire que bientôt ils allaient être enveloppés par toute la peuplade des Hurons, ils entendirent tout à coup des cris de guerre et un bruit d'armes à feu retentir sous les voûtes épaisses de la forêt, vers l'endroit où Uncas était posté, dans une vallée profonde, beaucoup au-dessus du terrain sur lequel OEil-de-Faucon se battait avec acharnement.

Les effets de cette attaque inattendue furent instantanés, et elle fit une diversion bien utile pour le chasseur et ses amis. Il paraît que l'ennemi avait prévu le coup de main qu'ils avaient tenté, ce qui l'avait fait échouer; mais s'étant trompé sur leur nombre, il avait laissé un détachement trop faible pour résister à l'attaque impétueuse du jeune Mohican. Ce qui rendait ces conjectures plus que probables, c'est que le bruit du combat qui s'était engagé dans la forêt approchait de plus en plus, et que d'un autre côté ils virent diminuer tout à coup le nombre de leurs agresseurs, qui volèrent au secours de leurs compagnons repoussés, et se hâtèrent de se porter sur leur principal point de défense.

Animant les guerriers de la voix et par son exemple, OEil-de-Faucon donna ordre aussitôt de fondre sur l'ennemi. Dans leur manière de se battre, la charge ne consistait qu'à s'avancer d'arbre en arbre en restant à couvert, mais en s'approchant toujours davantage. Cette manœuvre fut exécutée à l'instant; elle eut d'abord tout le succès désirable. Les Hurons furent forcés de se retirer, et ils ne s'arrêtèrent que lorsqu'ils trouvèrent à se retrancher derrière un taillis épais. Ils se retournèrent alors, et le combat prit une nouvelle face; le feu était également bien nourri des deux côtés; la vigueur de la résistance répondait à l'ardeur de l'attaque, et il était impossible de prévoir pour qui se déciderait le sort des armes. Les Delawares n'avaient encore perdu aucun guerrier; mais leur sang commençait à couler en abondance, par suite de la position désavantageuse qu'ils occupaient.

Dans cette nouvelle crise Œil-de-Faucon trouva moyen de se glisser derrière le même arbre qui servait déjà d'abri à Heyward; la plupart de ses guerriers étaient un peu sur sa droite, à portée de sa voix, et ils continuaient à faire des décharges rapides mais inutiles sur leurs ennemis que le taillis protégeait.

— Vous êtes jeune, major, dit le chasseur en posant à terre le tueur de daims et en s'appuyant sur son arme favorite, un peu fatigué de l'activité qu'il venait de déployer; vous êtes jeune, et peut-être aurez-vous occasion quelque jour de mener des troupes contre ces diables de Mingos. Vous pouvez voir ici toute la tactique d'un combat indien. Elle consiste principalement à avoir la main leste, le coup d'œil rapide et un abri tout prêt. Je suppose que vous ayez ici une compagnie des troupes royales d'Amérique, voyons un peu comment vous vous y prendriez.

— Je ferais charger ces misérables la baïonnette en avant.

— Oui, c'est ainsi que raisonnent les blancs. Mais dans ces déserts, un chef doit se demander combien il peut épargner de vies. Hélas! ajouta-t-il en secouant la tête comme quelqu'un qui fait de tristes réflexions, je rougis de le dire, mais il viendra un temps où le cheval décidera tout dans ces escarmouches [1]. Les

---

[1]. Les forêts américaines permettent le passage du cheval, parce qu'il y a peu de buissons et de branches pendantes. Le plan d'Œil-de-Faucon est un de ceux qui ont réussi le plus souvent dans les combats entre les blancs et les Indiens. Wayne, dans sa célèbre campagne sur le Miami, reçut le feu de ses ennemis en ligne, et alors ordonnant à ses dragons de tourner autour de ses flancs, les Indiens furent chassés de leur couvert sans avoir le temps de charger leurs armes. Un des principaux chefs qui se trouvait au combat de Miami, assura à l'auteur que les Peaux-Rouges ne pouvaient pas vaincre les guerriers qui portaient « *de longs couteaux et des bas de peau;* » faisant allusion aux dragons avec leurs sabres et leurs bottes.

bêtes valent mieux que l'homme, et il faudra qu'à la fin nous en venions aux chevaux. Mettez un cheval aux trousses d'une Peau-Rouge, et que son fusil soit une fois vide, le naturel ne s'arrêtera jamais pour le recharger.

— C'est un sujet qu'il serait mieux de discuter dans un autre moment, répondit Heyward; irons-nous à la charge?

— Je ne vois pas pourquoi, lorsqu'on est obligé de respirer un moment, on n'emploierait pas ce temps en réflexions utiles, reprit le chasseur d'un ton de douceur. Brusquer la charge, c'est une mesure qui ne me plaît pas trop, parce qu'il faut toujours sacrifier quelques têtes dans ces sortes d'attaques. Et cependant, ajouta-t-il en penchant la tête pour entendre le bruit du combat qui se livrait dans l'éloignement, si Uncas a besoin de notre secours, il faut que nous chassions ces drôles qui nous barrent le passage.

Aussitôt, se détournant d'un air prompt et décidé, il appela à grands cris ses Indiens. Ceux-ci lui répondirent par des acclamations prolongées; et à un signal donné, chaque guerrier fit un mouvement rapide autour de son arbre. A la vue de tant de corps qui se montrent en même temps à leurs yeux, les Hurons s'empressent d'envoyer une décharge qui, faite précipitamment, ne produit aucun résultat. Alors les Delawares, sans se donner le temps de respirer, s'élancent par bonds impétueux vers le taillis comme autant de panthères qui se jettent sur leur proie. Quelques vieux Hurons plus fins que les autres, et qui ne s'étaient pas laissé prendre à l'artifice employé pour leur faire décharger leurs fusils, attendirent qu'ils fussent tout près d'eux, et firent alors une décharge terrible. Les craintes du chasseur se trouvèrent malheureusement justifiées, et il vit tomber trois de ses compagnons. Mais cette résistance n'était pas suffisante pour arrêter les autres; les Delawares pénétrèrent dans le taillis, et dans leur fureur de l'attaque, avec la férocité de leur caractère, ils balayèrent tout ce qui s'opposait à leur passage.

Le combat corps à corps ne dura qu'un instant, et les Hurons lâchèrent pied jusqu'à ce qu'ils eussent atteint l'autre extrémité du petit bois sur lequel ils s'étaient appuyés. Alors ils firent face, et parurent de nouveau décidés à se défendre avec cette sorte d'acharnement que montrent les bêtes féroces lorsqu'elles se trouvent relancées dans leur tanière. Dans ce moment critique, lorsque la victoire allait redevenir douteuse, un coup de fusil se fit entendre derrière les Hurons ; une balle partit en sifflant du milieu de quelques habitations de castors qui étaient situées dans la clairière, et aussitôt après retentit l'effroyable cri de guerre.

— C'est le Sagamore ! s'écria OEil-de-Faucon en répétant le cri de sa voix de stentor ; nous les tenons maintenant en face et par derrière : ils ne sauraient nous échapper.

L'effet que cette attaque soudaine produisit sur les Hurons ne saurait se décrire. N'ayant plus de moyens de se mettre à l'abri, ils poussèrent tous ensemble un cri de désespoir, et sans penser à opposer la moindre résistance, ils ne cherchèrent plus leur salut que dans la fuite. Beaucoup, en voulant se sauver, tombèrent sous les balles des Delawares.

Nous ne nous arrêterons pas pour décrire l'entrevue du chasseur et de Chingacgook, ou, plus touchante encore, celle que Duncan eut avec le père de son Alice. Quelques mots dits rapidement et à la hâte leur suffirent pour s'expliquer mutuellement l'état des choses ; ensuite OEil-de-Faucon, montrant le Sagamore à sa troupe, remit l'autorité entre les mains du chef mohican. Chingachgook prit le commandement auquel sa naissance et son expérience lui donnaient des droits incontestables, avec cette gravité qui ajoute du poids aux ordres d'un chef américain. Suivant les pas du chasseur, il traversa le taillis qui venait d'être le théâtre d'un combat si acharné. Lorsque les Delawares trouvaient le cadavre d'un de leurs compagnons, ils le cachaient avec soin ; mais si c'était celui d'un ennemi, ils lui enlevaient sa chevelure. Arrivé sur une hauteur, le Sagamore fit faire halte à sa troupe.

Après une expédition aussi active, les vainqueurs avaient besoin de reprendre haleine. La colline sur laquelle ils s'étaient arrêtés était entourée d'arbres assez épais pour les cacher. Devant eux s'étendait, pendant l'espace de plusieurs milles, une vallée sombre, étroite et boisée. C'était au milieu de ce défilé qu'Uncas se battait encore contre le principal corps des Hurons.

Le Mohican et ses amis s'avancèrent sur la pente de la colline, et ils prêtèrent une oreille attentive. Le bruit du combat semblait moins éloigné ; quelques oiseaux voltigeaient au-dessus de la vallée, comme si la frayeur leur avait fait abandonner leurs nids, et une fumée assez épaisse, qui semblait déjà se mêler à l'atmosphère, s'élevait au-dessus des arbres, et désignait la place où l'engagement devait avoir été plus vif et plus animé.

— Ils approchent de ce côté, dit Duncan au moment où une nouvelle explosion d'armes à feu venait de se faire entendre ; nous sommes trop au centre de leur ligne pour pouvoir agir efficacement.

— Ils vont se diriger vers ce bas-fond où les arbres sont plus épais, dit le chasseur, et nous pourrons alors les prendre en flanc. Allons, Sagamore, il sera bientôt temps de pousser le cri de guerre et de nous mettre à leurs trousses. Je me battrai cette fois avec des guerriers de ma couleur : vous me connaissez, Mohican ; tenez pour certain que pas un Huron ne traversera la rivière qui est derrière nous, sans que le tueur de daims ait retenti à ses oreilles.

Le chef indien s'arrêta encore un moment pour contempler le lieu du combat, qui semblait se rapprocher de plus en plus, preuve évidente que les Delawares triomphaient ; et il ne quitta la place que lorsque les balles qui tombèrent à quelques pas d'eux comme des grains de grêle qui annoncent l'approche de la tempête, lui firent reconnaître que leurs amis ainsi que leurs ennemis étaient encore plus près qu'il ne l'avait soupçonné. Œil-de-Faucon et ses amis se retirèrent derrière un buisson assez épais pour leur servir de rempart, et ils attendirent la suite des événements avec ce calme parfait qu'une grande habitude peut seule donner dans un moment semblable.

Bientôt le bruit des armes cessa d'être répété par les échos des bois, et résonna comme si les coups étaient portés en plein air. Ils virent alors quelques Hurons paraître l'un après l'autre, repoussés hors de la forêt jusque dans la clairière ; ils se ralliaient derrière les derniers arbres comme à l'endroit où il fallait faire les derniers efforts. Un grand nombre de leurs compagnons les rejoignirent successivement, et abrités par les arbres, ils paraissaient déterminés à ne prendre conseil que de leur désespoir. Heyward commença à montrer de l'impatience ; il ne tenait plus en place, et ses regards étincelants cherchaient sans cesse ceux de Chingachgook comme pour lui demander s'il n'était pas temps d'agir. Le chef était assis sur un roc, le visage plein de calme et de dignité, regardant le combat d'un œil aussi tranquille que s'il n'était placé là que pour en être spectateur.

— Le moment est venu pour le Delaware de frapper ! s'écria Duncan.

— Non, non, pas encore, répondit le chasseur ; lorsque ses amis approcheront, il leur fera connaître qu'il est ici. Voyez ! les drôles se groupent derrière ce bouquet de pins, comme des mouches qui se rassemblent autour de leur reine. Sur mon âme, un enfant serait sûr de placer une balle au milieu de cet essaim de corps amoncelés.

Dans ce moment Chingachgook donna le signal; sa troupe fit feu, et une douzaine de Hurons tombèrent morts. Au cri de guerre qu'il avait poussé répondirent des acclamations parties de la forêt; et alors un cri si perçant retentit dans les airs, qu'on eût dit que mille bouches s'étaient réunies pour le faire entendre. Les Hurons consternés abandonnèrent le centre de leur ligne, et Uncas sortit de la forêt par le passage qu'ils laissaient libre, à la tête de plus de cent guerriers.

Agitant ses mains à droite et à gauche, le jeune chef montra l'ennemi à ses compagnons, qui se mirent aussitôt à sa poursuite. Le combat se trouva alors divisé. Les deux ailes des Hurons qui se trouvaient rompues rentrèrent dans les bois pour y chercher un abri, et elles furent suivies de près par les enfants victorieux des Lenapes. A peine une minute s'était écoulée que déjà le bruit s'éloignait dans différentes directions, et devenait moins distinct à mesure que les combattants s'enfonçaient dans la forêt. Cependant un petit noyau de Hurons s'était formé, qui, dédaignant de prendre ouvertement la fuite, se retiraient lentement comme des lions aux abois, et montaient la colline que Chingachgook et sa troupe venaient d'abandonner pour prendre part de plus près au combat. Magua se faisait remarquer au milieu d'eux par son maintien fier et sauvage, et par l'air impérieux qu'il conservait encore.

Dans son empressement à mettre tous ses compagnons à la poursuite des fuyards, Uncas était resté presque seul; mais du moment que ses yeux eurent aperçu le Renard-Subtil, il oublia toute autre considération. Poussant son cri de guerre, qui ramena autour de lui cinq ou six de ses guerriers, et sans faire attention à l'inégalité du nombre, il se précipita sur son ennemi. Magua, qui épiait tous ses mouvements, s'arrêta pour l'attendre, et déjà son âme féroce tressaillait de joie de voir le jeune héros, dans son impétuosité téméraire, venir se livrer à ses coups, lorsque de nouveaux cris retentirent, et la Longue-Carabine parut tout à coup à la tête d'une troupe de blancs. Le Huron tourna le dos et se mit à battre en retraite sur la colline.

Uncas s'aperçut à peine de la présence de ses amis, tant il était animé à la poursuite des Hurons; il continua à les harceler sans relâche. En vain OEil-de-Faucon lui criait de ne point s'exposer témérairement: le jeune Mohican n'écoutait rien, bravait le feu des ennemis, et il les força bientôt à fuir avec la même rapidité qu'il mettait à les poursuivre. Heureusement cette course forcée ne dura pas longtemps, et les blancs que le chasseur conduisait se trouvaient par leur position avoir un espace moins grand à parcourir, autrement le Delaware eût bientôt devancé tous ses compagnons, et eût été victime de sa témérité. Mais avant qu'un pareil malheur pût arriver, les fuyards et les vainqueurs entrèrent presque en même temps dans le village des Wyandots.

Excités par la présence de leurs habitations, les Hurons s'arrêtèrent, et ils se battirent en désespérés autour du feu du conseil. Le commencement et la fin du combat se touchèrent de si près, que le passage d'un tourbillon est moins rapide, et ses ravages moins effrayants. La hache d'Uncas, le fusil d'OEil-de-Faucon, et même le bras encore nerveux de Munro, firent de tels prodiges, qu'en un instant la terre fut jonchée de cadavres. Cependant Magua, malgré son audace, et quoiqu'il s'exposât sans cesse, échappa à tous les efforts que faisaient ses ennemis pour lui arracher la vie. On eût dit que, comme ces héros favorisés dont d'anciennes légendes nous conservent la fabuleuse histoire, il avait un charme secret pour protéger ses jours. Poussant un cri dans lequel se peignait l'excès de sa fureur et de son désespoir, le Renard-Subtil, après avoir vu tomber ses compagnons autour de lui, s'élança hors du champ de bataille, suivi de deux amis, qui seuls avaient survécu, et laissant les Delawares occupés à recueillir les trophées sanglants de leur victoire.

Mais Uncas, qui l'avait vainement cherché dans la mêlée, se précipita à sa poursuite; OEil-de-Faucon, Heyward et David se pressèrent de voler sur ses pas. Tout ce que le chasseur pouvait faire avec les plus grands efforts, c'était de le suivre de manière à être toujours à portée de le défendre. Une fois Magua parut vouloir se retourner pour essayer s'il ne pourrait pas enfin assouvir sa vengeance; mais ce projet fut abandonné presque aussitôt qu'il avait été conçu; et se jetant au milieu d'un buisson épais à travers lequel il fut suivi par ses ennemis, il entra tout à coup dans la caverne qui est déjà connue du lecteur. OEil-de-Faucon poussa un cri de joie en voyant que maintenant leur proie ne pouvait plus leur échapper. Il se précipita avec son compagnon dans la caverne dont l'entrée était longue et étroite, assez à temps pour apercevoir les Hurons qui se retiraient. Au moment où ils pénétraient dans les galeries naturelles et dans les passages souterrains de la caverne, des centaines de femmes et d'enfants s'enfuirent en poussant des cris horribles. A la clarté sombre et sépulcrale qui régnait dans ce lieu, on eût pu les prendre dans l'éloignement pour des ombres et des fantômes qui fuyaient l'approche des mortels.

Cependant Uncas ne voyait toujours que Magua ; ses yeux ne cherchaient que lui, ne s'attachaient que sur lui ; ses pas pressaient les siens. Heyward et le chasseur continuaient à le suivre, animés par le même sentiment, quoique porté peut-être à un moindre degré d'exaltation. Mais plus ils avançaient, plus la clarté diminuait, et plus ils avaient de peine à distinguer leurs ennemis qui, connaissant les chemins, leur échappaient lorsqu'ils se croyaient le plus près de les atteindre ; ils crurent même un instant avoir perdu la trace de leurs pas lorsqu'ils aperçurent une robe blanche flotter à l'extrémité d'un passage étroit qui semblait conduire sur la montagne.

— C'est Cora ! s'écria Heyward d'une voix tremblante d'émotion.

— Cora ! Cora ! répéta Uncas en s'élançant en avant comme le daim des forêts.

— C'est elle-même, répéta le chasseur. Courage, jeune fille ; nous voici ! nous voici !

Cette vue les enflamma d'une nouvelle ardeur, et sembla leur donner des ailes. Mais le chemin était alors inégal, rempli d'aspérités, et dans quelques endroits presque impraticable. Uncas jeta son fusil qui retardait sa course, et s'élança avec une ardente impétuosité. Heyward en fit autant ; mais l'instant d'après ils reconnurent leur imprudence en entendant un coup de fusil que les Hurons trouvèrent le temps de tirer tout en gravissant le passage pratiqué dans le roc ; la balle fit même une légère blessure au jeune Mohican.

— Il faut les atteindre ! s'écria le chasseur devançant ses amis par un élan de désespoir ; les coquins ne nous manqueraient pas à cette distance ; et, voyez ! ils tiennent la jeune fille de manière qu'elle leur serve de rempart.

Sans faire attention à ces paroles, ou plutôt sans les entendre, ses compagnons suivirent du moins son exemple, et par des efforts incroyables ils s'approchèrent assez des fugitifs pour voir que Cora était entraînée par les deux Hurons tandis que Magua leur montrait le chemin qu'ils devaient suivre. Dans ce moment une clarté soudaine pénétra la caverne; les formes de la jeune fille et de ses persécuteurs se dessinèrent un instant contre le mur, et ils disparurent tous quatre. Livrés à une sorte de frénésie causée par le désespoir, Uncas et Heyward redoublèrent des efforts qui semblaient déjà plus qu'humains, et voyant une ouverture, ils s'élancèrent hors de la caverne, et se trouvèrent en face de la montagne, à temps pour apercevoir la route que les fugitifs avaient prise.

Il fallait gravir un chemin escarpé et rocailleux. Gêné par son fusil, et peut-être n'étant pas soutenu par un intérêt aussi vif pour la captive que ses compagnons, le chasseur se laissa devancer un peu; et Heyward à son tour fut devancé par Uncas. Ils franchirent de cette manière en un instant des rocs, des précipices, qui dans d'autres circonstances auraient paru inaccessibles. Mais enfin ils se trouvèrent récompensés de leurs fatigues en voyant qu'ils gagnaient rapidement du terrain sur les Hurons, dont Cora retardait la marche.

— Arrête, chien des Wyandots! s'écria Uncas du haut d'un roc en agitant son tomahawk; arrête! c'est une fille[1] delaware qui te crie de t'arrêter!

— Je n'irai pas plus loin! s'écria Cora, s'arrêtant tout à coup sur le bord d'un précipice profond, à peu de distance du sommet de la montagne. Tu peux me tuer, détestable Huron; je n'irai pas plus loin!

Les deux Hurons qui l'entouraient levèrent aussitôt sur elle leurs tomahawks avec cette joie cruelle que les démons gardent, dit-on, en accomplissant l'œuvre du mal; mais Magua arrêta leurs bras. Il leur arracha leurs armes, les jeta loin de lui, et tirant son couteau, il se tourna vers sa captive, et tandis que les passions les plus violentes et les plus opposées se peignaient sur sa figure :

— Femme, dit-il, choisis ou le wigwam ou le couteau du Renard-Subtil!

Cora, sans le regarder, se jeta à genoux; tous ses traits étaient animés d'une expression extraordinaire; elle leva les yeux, et

---

[1]. Cette phrase est une expression de mépris adressée à l'ennemi en fuite, et qui n'a aucune liaison avec les paroles qui suivent immédiatement.

étendit les bras vers le ciel en disant d'une voix douce, mais pleine de confiance :

— Mon Dieu, je suis à toi ; fais de moi ce qu'il te plaira !

— Femme, répéta Magua d'une voix rauque, choisis !

Mais Cora, dont la figure annonçait la sérénité d'un ange, n'entendit point sa demande, et n'y fit point de réponse. Le Huron tremblait de tous ses membres ; il leva le bras tout à coup, puis il le laissa retomber comme s'il ne savait à quoi se résoudre. Il semblait se passer un combat violent dans son âme ; il leva de nouveau l'arme menaçante ; mais dans cet instant un cri perçant se fit entendre au-dessus de sa tête ; Uncas ne se possédant plus s'élança d'une hauteur prodigieuse sur le bord dangereux où se trouvait son ennemi ; mais au moment où Magua levait les yeux en entendant le cri terrible, un de ses compagnons, profitant de ce mouvement, plongea son couteau dans le sein de la jeune fille.

Le Huron se précipita comme un tigre sur l'ami qui l'offensait et qui déjà s'était retiré ; mais Uncas dans sa chute terrible les sépara et roula aux pieds de Magua. Ce monstre, oubliant alors ses premières idées de vengeance, et rendu plus féroce encore par le meurtre dont il venait d'être témoin, enfonça son arme entre les deux épaules d'Uncas renversé, et il poussa un cri infernal en commettant ce lâche attentat. Mais Uncas trouva encore la force de se relever ; et comme la panthère blessée qui s'élance sur son ennemi, par un dernier effort dans lequel il épuisa tout ce qui lui restait de vigueur, il étendit à ses pieds le meurtrier de Cora, et retomba lui-même sur la terre. Dans cette position, il se retourna vers le Renard-Subtil, lui adressant un regard fier et intrépide, et semblant lui faire entendre ce qu'il ferait si ses forces ne l'avaient pas abandonné. Le féroce Magua saisit par le bras le jeune Mohican incapable d'opposer aucune résistance, et il lui enfonça un couteau dans le sein à trois reprises différentes avant que sa victime, l'œil toujours fixé sur son ennemi avec l'expression du plus profond mépris, tombât morte à ses pieds.

— Grâce ! grâce ! Huron, s'écria Heyward du haut du roc avec une expression déchirante ; aie pitié des autres si tu veux qu'on ait pitié de toi.

Magua vainqueur regarda le jeune guerrier, et lui montrant l'arme fatale toute teinte du sang de ses victimes, il poussa un cri si féroce, si sauvage, et qui en même temps peignait si bien son barbare triomphe, que ceux qui se battaient dans la vallée à plus de mille pieds au-dessous d'eux l'entendirent, et ne purent en méconnaître la cause. Il fut suivi d'une exclamation terrible qui s'échappa des lèvres du chasseur qui, franchissant les rocs et les ravins, s'avançait vers lui d'un pas aussi rapide, aussi délibéré que si quelque pouvoir invisible le soutenait au milieu de l'air; mais lorsqu'il arriva sur le théâtre même du massacre, il n'y trouva plus que les cadavres des victimes.

OEil-de-Faucon jeta sur eux un seul regard, et aussitôt son œil perçant se porta sur la montagne qui s'élevait presque perpendiculairement devant lui. Un homme en occupait le sommet; il avait les bras levés; son attitude était menaçante. Sans s'arrêter à le considérer, OEil-de-Faucon leva son fusil; mais un fragment de rocher qui roula sur la tête de l'un des fugitifs qu'il n'avait pas aperçu laissa voir à découvert la personne de l'honnête La Gamme, dont les traits étincelaient d'indignation. Magua sortit alors d'une cavité dans laquelle il s'était enfoncé, et marchant avec une froide indifférence sur le cadavre du dernier de ses compagnons, il franchit d'un saut une large ouverture, et gravit les rochers dans un endroit où le bras de David ne pouvait l'atteindre. Il n'avait plus qu'un élan à prendre pour se trouver de l'autre côté du précipice, et à l'abri de tout danger. Avant de s'élancer, le Huron s'arrêta un instant, et jetant un regard ironique sur le chasseur, il s'écria :

— Les blancs sont des chiens! les Delawares sont des femmes! Magua les laisse sur les rocs pour qu'ils servent de pâture aux corbeaux!

A ces mots il poussa un éclat de rire effrayant, et prit un élan terrible; mais il n'atteignit pas le roc sur lequel il voulait sauter, il retomba, et ses mains s'attachèrent à des broussailles sur le flanc du rocher. OEil-de-Faucon suivait tous ses mouvements, et ses membres étaient agités d'un tel tremblement, que le bout de son fusil à demi levé flottait en l'air comme la feuille agitée par le vent. Sans s'épuiser en efforts inutiles, le Renard-Subtil laissa retomber son corps de toute la longueur de ses bras, et il trouva un fragment de rocher pour poser le pied un instant. Alors, rassemblant toutes ses forces, il renouvela sa tentative, et réussit à amener ses genoux sur le bord de la montagne. Ce fut dans ce moment, lorsque le corps de son ennemi était comme replié sur lui-même, que le chasseur le coucha en joue. Au moment où le

ressort fut lâché, l'arme était aussi immobile que les rochers environnants. Les bras du Huron se détendirent, et son corps retomba un peu en arrière, tandis que ses genoux conservaient toujours leur position. Jetant un regard éteint sur son ennemi, il fit un geste pour le braver encore. Mais dans ce moment ses genoux fléchirent, et le monstre, tombant la tête la première, alla rouler au fond du précipice qui devait lui servir de tombeau.

CHAPITRE XXXIII.

> Ils combattirent comme des braves, longtemps et avec vigueur : ils amoncelèrent des cadavres musulmans sur ce rivage; ils furent victorieux, mais Botzaris tomba; il tomba baigné dans son sang. Ses compagnons, ceux qui lui survécurent en petit nombre, le virent sourire quand leur cri de triomphe retentit et que le champ de bataille fut à eux : ils virent la mort clore ses paupières, et il s'endormit paisiblement de son dernier sommeil, comme une fleur qui se penche au déclin du jour.
>
> HALLECK.

LA tribu des Lenapes, au lever du soleil, ne présentait plus qu'une scène de désolation et de douleur. Le bruit du combat avait cessé, et ils avaient plus que vengé leur ancienne inimitié et leur nouvelle querelle avec les Mingos, en détruisant toute la peuplade. Le silence et l'obscurité qui couvraient la place où les Hurons avaient campé n'annonçaient que trop le sort de cette tribu errante, tandis que des nuées de corbeaux, se disputant leur proie sur le sommet des montagnes, ou se précipitant en tourbillons bruyants dans les larges sentiers des bois, étaient autant de guides affreux qui indiquaient où avait été la vie et où régnait à présent la mort. Enfin l'œil le moins habitué à remarquer le spectacle que n'offrent que trop souvent les frontières de deux peuplades ennemies, n'aurait pu méconnaître les effrayants résultats d'une vengeance indienne.

Cependant le soleil levant trouva les Lenapes dans les larmes. Aucun cri de victoire, aucun chant de triomphe ne se faisait entendre. Le dernier guerrier avait quitté le champ de bataille après avoir enlevé toutes les chevelures de ses ennemis, et à peine s'était-il donné le temps de faire disparaître les traces de sa mission sanglante, pour se joindre plus tôt aux lamentations de ses concitoyens. L'orgueil et l'enthousiasme avaient fait place à l'humanité, et les plus vives démonstrations de douleur avaient succédé aux acclamations de la vengeance.

Les cabanes étaient désertes; mais tous ceux que la mort avait épargnés s'étaient rassemblés dans un champ voisin, où ils formaient un cercle immense dans un silence morne et solennel. Quoique d'âge, de rang et de sexe différents, ils éprouvaient tous la même émotion. Tous les yeux étaient fixés sur le centre du cercle, où se trouvaient les objets d'une douleur si vive et si universelle.

Six filles delawares, dont les longues tresses noires flottaient sur leurs épaules, paraissaient à peine avoir le courage de jeter de temps en temps quelques herbes odoriférantes ou des fleurs des forêts sur une litière de plantes aromatiques, où reposait sous un poêle formé à la hâte avec des robes indiennes tout ce qui restait de la noble, de l'ardente et généreuse Cora. Sa taille élégante était cachée sous plusieurs voiles de la même simplicité, et ses traits naguère si charmants étaient dérobés pour toujours aux regards des mortels. A ses pieds était assis le désolé Munro. Sa tête vénérable était courbée jusqu'à terre, en témoignage de la soumission avec laquelle il recevait le coup dont la Providence l'avait frappé; mais l'expression de la douleur la plus déchirante se lisait sur son front. La Gamme était près de lui; sa tête était exposée aux rayons du soleil, tandis que ses yeux expressifs se portaient sans cesse de l'ami qu'il lui était si pénible et si difficile de consoler, sur le livre saint qui pouvait seul lui en donner la force et les moyens. Heyward, appuyé contre un arbre à quelques pas de là, s'efforçait de réprimer les élans d'une douleur contre laquelle venait échouer toute sa force de caractère.

Mais quelque triste et quelque mélancolique que fût le groupe que nous venons de représenter, il l'était encore moins que celui qui occupait le côté opposé du cercle. Uncas, assis comme si la vie l'eût encore animé, était paré des ornements les plus magnifiques que la richesse de sa tribu eût pu rassembler. De superbes plumes flottaient sur sa tête, des armes menaçantes étaient encore dans sa main glacée, ses bras et son col étaient ornés d'une profusion de bracelets et de médailles de toute espèce, quoique son œil éteint et ses traits immobiles fissent un affreux contraste avec la pompe dont l'orgueil l'avait entouré.

Chingacghook était vis-à-vis de son malheureux fils, sans armes ni ornements d'aucune espèce; toute peinture avait été effacée de son corps, excepté la brillante tortue de sa race, qu'une marque indélébile avait imprimée sur sa poitrine. Depuis que la tribu s'était rassemblée, le guerrier mohican n'avait pas détourné un instant ses yeux désespérés des traits glacés et insensibles de son fils. Son regard était tellement fixe, et son attitude si immobile, qu'un étranger n'eût pu reconnaître quel était celui des deux que la mort avait frappé, que par les mouvements convulsifs que le délire de la douleur arrachait au père, et le calme de la mort qui était empreint pour toujours sur la physionomie du fils.

Le chasseur, penché près de lui dans une attitude pensive, s'appuyait sur cette arme qui n'avait pu défendre son ami, tandis que Tamenund, soutenu par les anciens de la tribu, occupait un petit tertre d'où il pouvait embrasser d'un coup d'œil la scène muette et triste que formait son peuple.

Dans le cercle, mais assez près du bord, se trouvait un militaire revêtu d'un uniforme étranger, et hors de l'enceinte son cheval de bataille était entouré de quelques domestiques à cheval qui semblaient prêts à commencer quelque long voyage. L'uniforme du militaire annonçait qu'il était attaché au service du commandant du Canada; venu comme un ambassadeur de paix, l'impétuosité farouche de ses alliés avait rendu sa mission inutile, et il était réduit à être spectateur silencieux des tristes résultats d'une contestation qu'il était arrivé trop tard pour prévenir.

Le soleil avait déjà parcouru le quart de sa course, et depuis l'aube du jour la tribu désolée était restée dans ce calme silencieux, emblème de la mort qu'elle déplorait. Aucun son ne se faisait entendre, excepté quelques sanglots étouffés; aucun mouvement ne se faisait remarquer au milieu de la multitude, si ce n'est les touchantes offrandes faites à Cora par ses jeunes compagnes. On eût dit que chaque acteur de cette scène extraordinaire venait d'être changée en statue de pierre.

Enfin le sage étendant les bras et s'appuyant sur les épaules de ceux qui le soutenaient, se leva d'un air si faible et si languissant, qu'on eût dit qu'un siècle entier s'était appesanti sur celui qui la veille encore présidait le conseil de sa nation avec l'énergie de la jeunesse. — Hommes des Lenapes! dit-il d'une voix sombre et prophétique, la face du Manitou est derrière un nuage, ses yeux se sont détournés de vous, ses oreilles sont fermées, ses lèvres ne vous adressent aucune réponse. Vous ne le voyez point, et cependant ses jugements vous frappent. Ouvrez vos cœurs et ne vous laissez point aller au mensonge. Hommes des Lenapes! la face du Manitou est derrière un nuage.

Un silence profond et solennel suivit ces paroles simples et terribles, comme si l'Esprit vénéré qu'adorait la tribu se fût fait entendre, et Uncas paraissait le seul être doué de vie au milieu de cette multitude prosternée et immobile.

Après quelques minutes un doux murmure de voix commença une espèce de chant en l'honneur des victimes de la guerre. Ces voix étaient celles des femmes, et leur son pénétrant et lamentable allait jusqu'à l'âme. Les paroles de ce chant triste n'avaient point été préparées; mais dès que l'une cessait, une autre reprenait ce qu'on pourrait appeler l'oraison funèbre, et disait tout ce que son émotion et ses sentiments lui inspiraient.

Par intervalle les chants étaient interrompus par des explosions de sanglots et de gémissements, pendant lesquels les jeunes filles qui entouraient le cercueil de Cora se précipitaient sur les fleurs qui la couvraient et les en arrachaient dans l'égarement de la douleur. Mais lorsque cet élan de chagrin en avait un peu diminué l'amertume, elles se hâtaient de replacer ces emblèmes de la pureté et de la douceur de celle qu'elles pleuraient. Quoique souvent interrompus, ces chants n'en offraient pas moins des idées suivies qui toutes se rapportaient à l'éloge d'Uncas et de Cora.

Une jeune fille distinguée entre ses compagnes, par son rang et ses qualités, avait été choisie pour faire l'éloge du guerrier mort; elle commença par de modestes allusions à ses vertus, embellissant son discours de ces images orientales que les Indiens ont probablement rapportées des extrémités de l'autre continent, et qui forment en quelque sorte la chaîne qui lie l'histoire des deux mondes. Elle l'appela la panthère de sa tribu; elle le montra parcourant les montagnes d'un pas si léger que son pied ne laissait aucune trace sur le sable; sautant de roc en roc avec la grâce et la souplesse du jeune daim. Elle compara son œil à une étoile brillante à travers une nuit obscure, et sa voix au milieu d'une bataillé au tonnerre du Manitou. Elle lui rappela la mère qui l'avait conçu, et s'étendit sur le bonheur qu'elle devait éprouver d'avoir un tel fils; elle le chargea de lui dire, lorsqu'il la rencontrerait dans le monde des Esprits, que les filles delawares avaient versé des larmes sur le tombeau de son fils, et l'avaient appelée bienheureuse [1].

D'autres lui succédèrent alors, et donnant au son de leur voix encore plus de douceur, avec ce sentiment de délicatesse propre à leur sexe, elles firent allusion à la jeune étrangère ravie à la terre en même temps que le jeune héros, le grand Esprit montrant par là que sa volonté était qu'ils fussent à jamais réunis. Ils l'invitèrent à se montrer doux et bienveillant pour elle, et de l'excuser si elle ignorait ces notions essentielles que personne n'avait pris soin de lui inculquer, si elle n'était pas au fait de ces services qu'un guerrier tel que lui était en droit d'attendre d'elle. Elles s'étendirent sur sa beauté incomparable, et sur son noble courage, sans qu'aucun sentiment d'envie se glissât dans leurs chants; et elles ajoutèrent que ses hautes qualités suppléaient suffisamment à ce qui avait pu manquer à son éducation.

Après elles, d'autres tour à tour s'adressèrent directement à la jeune étrangère; leurs accents étaient ceux de la tendresse et de l'amour. Elles l'exhortaient à se rassurer, et à ne rien craindre pour son bonheur à venir. Un chasseur serait son compagnon, qui saurait pourvoir à ses moindres besoins; un guerrier veillerait auprès d'elle, qui était en état de la garantir de tous les dangers. Elles lui promirent que son voyage serait paisible et son fardeau léger; elles l'avertirent de ne pas s'abandonner à des regrets inutiles pour les amis de son enfance et pour les lieux où ses pères avaient demeuré, l'assurant que les bois bienheureux où les Lenapes chassaient après leur mort contenaient des vallées aussi riantes, des sources aussi limpides, des fleurs aussi belles que le ciel des blancs. Elles lui recommandèrent d'être attentive aux besoins de son compagnon, et de ne jamais oublier la distinction que le Manitou avait si sagement établie entre eux.

Alors s'animant tout à coup, elles se réunirent pour chanter les qualités du Mohican. Il était noble, brave et généreux, tout ce qui convenait à un guerrier, tout ce qu'une jeune fille pouvait aimer.

---

1. Il est curieux de comparer ce chant de mort avec le coronach du jeune Duncan dans *la Dame du Lac.*

Revêtant leurs idées des images les plus subtiles et les plus éloignées, elles firent entendre que, dans les courts instants qu'il avait passés auprès d'elle, elles avaient découvert avec l'instinct de leur sexe la pente naturelle de ses inclinations. Les filles delawares étaient sans attraits pour lui. Il était d'une race qui avait autrefois été Sagamore, sur les bords du lac salé, et ses affections s'étaient reportées sur un peuple qui demeurait au milieu des tombeaux de ses ancêtres. Cette prédilection d'ailleurs ne s'expliquait-elle pas assez ? Tous les yeux pouvaient voir que la jeune fille blanche était d'un sang plus pur que le reste de sa nation. Sa conduite avait prouvé qu'elle était capable de braver les fatigues et les dangers d'une vie passée au milieu des bois ; et maintenant, ajoutèrent-elles, le grand Esprit l'a transportée dans un lieu où elle sera éternellement heureuse.

Changeant alors de voix et de sujet, elles firent allusion à la compagne de Cora, qui se lamentait dans l'habitation voisine. Elles comparèrent son caractère doux et sensible aux flocons de neige purs et sans tache qui se fondent aussi facilement aux rayons du soleil qu'ils se sont gelés pendant le froid hiver. Elles ne doutaient pas qu'Alice ne possédât toutes les affections du jeune chef blanc, dont la douleur sympathisait si bien avec la sienne ; mais quoiqu'elles se gardassent bien de l'exprimer, on voyait qu'elles ne la croyaient pas douée des grandes qualités qui distinguaient Cora. Elles comparaient les boucles de cheveux d'Alice aux tendrons de la vigne, son œil à la voûte azurée, et son teint à un nuage éclatant de blancheur embelli des rayons du soleil levant.

Pendant ces chants tristes et doux, le silence le plus profond régnait dans l'assemblée, et il n'était interrompu de temps en temps que lorsque les assistants ne pouvaient plus résister à la violence de leur douleur. Les Delawares écoutaient avec la même attention que s'ils eussent été sous l'influence d'un charme, et on lisait sur leurs physionomies expressives les émotions vives et sympathiques qu'ils ressentaient. David lui-même trouvait une sorte de soulagement en entendant ces voix si douces ; et longtemps après que les chants eurent cessé, ses regards vifs et brillants attestaient l'impression qu'ils avaient faite sur son âme.

Le chasseur, qui seul de tous les blancs comprenait la langue des Delawares, releva un peu la tête pour ne rien perdre des chants des jeunes filles ; mais quand elles vinrent à parler de la vie qu'Uncas et Cora mèneraient dans les bois bienheureux, il secoua la tête comme un homme qui connaissait l'erreur de leur simple croyance, et il la laissa retomber jusqu'à ce que la lugubre cérémonie fût terminée. Heureusement pour Heyward et Munro ils ne comprenaient pas le sens des paroles sauvages qui frappaient leurs oreilles et qui auraient renouvelé leur douleur.

Chingachgook seul faisait exception au vif intérêt témoigné par les Delawares; son regard fixe ne s'était point détourné une seule fois, et même dans les moments les plus pathétiques des lamentations, aucun muscle de ses traits n'avait trahi la moindre émotion. Les restes froids et insensibles de son fils étaient tout pour lui, et hors celui de la vue, tous ses sens paraissaient glacés; il ne semblait plus vivre que pour contempler ces traits qu'il avait tant aimés, et qui bientôt lui seraient enlevés pour toujours.

En ce moment des obsèques funéraires, un homme d'une contenance grave et sévère, guerrier renommé pour ses faits d'armes, et particulièrement pour les services qu'il avait rendus dans le dernier combat, s'avança lentement du milieu de la foule, et se plaça près des restes d'Uncas.

— Pourquoi nous as-tu quittés, orgueil du Wapanachki? dit-il en s'adressant au jeune guerrier, comme si ses restes inanimés pouvaient l'entendre encore; ta vie n'a duré qu'un instant, mais ta gloire a été plus brillante que les feux du soleil; tu es parti, jeune vainqueur; mais cent Wyandots t'ont devancé dans le sentier qui mène au monde des Esprits, et t'ont frayé le passage au milieu des ronces. Quel est celui qui, t'ayant vu au milieu d'une bataille, aurait pu croire que tu pouvais mourir? Qui, avant toi, avait jamais montré à Utsawa le chemin du combat? Tes pieds ressemblaient aux ailes de l'aigle, ton bras était plus pesant que les hautes branches qui tombent du sommet du pin, et ta voix était comme celle du Manitou lorsqu'il parle du sein des nuages.—Les paroles d'Utsawa sont bien faibles, ajouta-t-il tristement, et son cœur est percé de douleur; orgueil du Wapanachki, pourquoi nous as-tu quittés?

A Utsawa succédèrent plusieurs autres guerriers, jusqu'à ce que tous les premiers chefs de la nation eussent payé leur tribut de louanges à la mémoire de leur frère d'armes; ensuite le plus profond silence recommença à régner.

En ce moment on entendit un murmure sourd et léger comme celui d'une musique éloignée. Les sons en étaient si incertains qu'à peine on les saisissait et qu'il était difficile de dire précisément d'où ils sortaient. Cependant ils devenaient de moment en moment plus élevés et plus sonores; on distingua bientôt des plaintes, des exclamations de douleur, et enfin quelques phrases entrecoupées. Les lèvres tremblantes de Chingachgook annonçaient que c'était lui qui avait voulu joindre les accents de sa voix aux honneurs qu'on rendait à son fils. Tous les regards s'étaient baissés par respect pour la douleur paternelle qui cherchait en vain à s'exhaler; aucun signe ne trahissait l'émotion qu'éprouvaient les Delawares, mais on lisait sur toutes les physionomies et jusque dans leur attitude qu'ils écoutaient avec une avidité et une force d'attention que jusqu'alors Tamenund avait seul commandées.

Mais ils écoutaient en vain : les sons s'affaiblirent, devinrent tremblants, inintelligibles, et s'éteignirent enfin tout à fait, comme les accords fugitifs d'une musique qui s'éloigne et dont le vent emporte les derniers sons. Les lèvres du Sagamore se refermèrent, ses yeux se fixèrent de nouveau sur Uncas. Ses muscles contractés ne faisaient aucun mouvement, et on eût dit une créature échappée des mains du Tout-Puissant avant d'en avoir reçu une âme. Les Delawares, voyant que leur ami n'était pas encore suffisamment préparé à soutenir un effort si pénible, résolurent d'accorder encore quelques moments à ce malheureux père, et avec un instinct de délicatesse qui leur était naturel, ils parurent prêter toute leur attention aux obsèques de la jeune étrangère.

Un des chefs les plus anciens de la tribu donna le signal aux femmes qui étaient groupées le plus près de l'endroit où reposait le corps de Cora. A l'instant les jeunes filles élevèrent la litière, et marchèrent d'un pas lent et régulier en chantant d'un ton doux et bas les louanges de leur compagne. La Gamme, qui avait suivi d'un œil attentif des cérémonies qu'il trouvait si païennes, se pencha alors sur l'épaule de son ami, et lui dit à voix basse :

— Ils emportent les restes de votre enfant, ne les suivrons-nous pas? ne prononcerons-nous pas au moins sur sa tombe quelques paroles chrétiennes?

Munro tressaillit comme si le son de la trompette dernière eût retenti à son oreille, et jetant autour de lui un regard inquiet et désolé, il se leva, et suivit le simple cortège avec le maintien d'un soldat, mais le cœur d'un père accablé sous le poids du malheur. Ses amis l'entourèrent, pénétrés aussi de douleur, et le jeune officier français lui-même paraissait profondément touché de la mort violente et prématurée d'une femme si aimable. Mais lorsque les dernières femmes de la tribu eurent pris les places qui leur étaient assignées dans le cortége funèbre, les hommes des Lenapes rétrécirent leur cercle, et se groupèrent de nouveau autour d'Uncas, aussi immobiles, aussi silencieux qu'auparavant.

L'endroit fixé pour la sépulture de Cora était une petite colline, où un bouquet de pins jeunes et vigoureux avait pris racine et formait une ombre lugubre et convenable pour un tombeau. En y arrivant, les jeunes filles déposèrent leur fardeau, et avec la patience caractéristique des Indiennes, et la timidité de leur âge, elles attendirent qu'un des amis de Cora leur donnât l'encouragement d'usage. Enfin le chasseur, qui seul était au fait de leurs cérémonies, leur dit en langue delaware :

— Ce que mes filles ont fait est bien, et les hommes blancs les en remercient.

Satisfaites de ce témoignage d'approbation, les jeunes filles déposèrent le corps de Cora dans une espèce de bière faite d'écorce de bouleau avec beaucoup d'adresse, et même avec une certaine élégance, et elles la descendirent ensuite dans son obscure et dernière demeure. La cérémonie ordinaire de couvrir la terre fraîchement remuée avec des feuilles et des branchages fut accomplie avec les mêmes formes simples et silencieuses. Lorsqu'elles eurent rempli ce dernier et triste devoir, les jeunes filles s'arrêtèrent, ne sachant si elles devaient continuer à procéder suivant les rites de leur tribu; alors le chasseur prit de nouveau la parole :

— Mes jeunes femmes en ont fait assez, dit-il; l'esprit d'un blanc n'a besoin ni de vêtements ni de nourriture. Mais, ajouta-t-il en jetant les yeux sur David qui venait d'ouvrir son livre et se disposait à entonner un chant sacré, je vais laisser parler celui qui connaît mieux que moi les usages des chrétiens.

Les femmes se retirèrent modestement de côté, et après avoir joué le premier rôle dans cette triste scène, elles en devinrent les simples et attentives spectatrices. Pendant tout le temps que durèrent les pieuses prières de David, il ne leur échappa ni un regard de surprise ni un signe d'impatience. Elles écoutaient comme si elles avaient compris les mots qu'il prononçait, et paraissaient aussi émues que si elles eussent ressenti la douleur, l'espérance et la résignation qu'ils étaient faits pour inspirer.

Excité par le spectacle dont il venait d'être témoin, et peut-être aussi par l'émotion secrète qu'il éprouvait, le maître de chant se surpassa lui-même. Sa voix pleine et sonore, retentissant après les accents plaintifs des jeunes filles, ne perdait rien à la comparaison; et ses chants, plus régulièrement cadencés, avaient de plus le mérite d'être intelligibles pour ceux auxquels il s'adressait particulièrement. Il finit le psaume comme il l'avait commencé, au milieu d'un silence grave et solennel.

Lorsqu'il eut fini le dernier verset, les regards inquiets et craintifs de l'assemblée, la contrainte encore plus grande que chacun s'imposait pour ne pas faire le plus léger bruit, annoncèrent qu'on s'attendait que le père de la jeune victime allait prendre la parole. Munro parut s'apercevoir en effet que le moment était venu pour lui de faire ce qui peut être regardé comme le plus grand effort dont la nature humaine soit capable. Il découvrit ses cheveux blancs, et prenant un maintien ferme et composé, il regarda la foule immobile dont il était entouré. Alors faisant signe au chasseur d'écouter, il s'exprima ainsi :

— Dites à ces jeunes filles qui montrent tant de douceur et de bonté, qu'un vieillard défaillant dont le cœur est brisé les remercie du fond du cœur. Dites-leur que l'Être que nous adorons tous leur tiendra compte de leur charité, et qu'il viendra un jour où nous pourrons nous trouver réunis autour de son trône, sans distinction de sexe, de rang ni de couleur.

Le chasseur écouta attentivement le vieillard, qui prononça ces mots d'une voix tremblante. Lorsqu'il eut fini, il branla la tête comme pour faire entendre qu'il doutait de leur efficacité.

— Leur tenir ce langage, répondit-il, ce serait leur dire que la neige ne tombe point dans l'hiver, ou que le soleil ne brille jamais avec plus de force que lorsque les arbres sont dépouillés de leurs feuilles.

Alors, se tournant du côté des femmes, il leur exprima la reconnaissance de Munro dans les termes qu'il crut le mieux appropriés à l'intelligence de ses auditeurs. La tête du vieillard était déjà retombée sur sa poitrine, et il se livrait de nouveau à sa morne douleur, lorsque le jeune Français dont nous avons déjà parlé, se hasarda à lui toucher légèrement l'épaule. Dès qu'il eut attiré l'attention du père infortuné, il lui fit remarquer un groupe de jeunes Indiens qui s'approchaient, portant une litière entièrement fermée ; et ensuite, par un geste expressif, il lui montra le soleil.

— Je vous comprends, Monsieur, répondit Munro en s'efforçant de parler d'une voix ferme, — je vous comprends. C'est la volonté du ciel, et je m'y soumets. Cora, mon enfant, si la bénédiction d'un père au désespoir peut parvenir encore jusqu'à toi, reçois-la avec mes ferventes prières ! Allons, Messieurs, ajouta-t-il en regardant autour de lui d'un air calme en apparence, quoique la douleur dont il était navré fût trop violente pour pouvoir être cachée entièrement, nous n'avons plus rien à faire ici ; partons.

Heyward obéit sans peine à un ordre qui lui faisait quitter un lieu où à chaque instant il sentait son courage prêt à l'abandonner. Cependant, tandis que ses compagnons montaient à cheval, il trouva le temps de serrer la main du chasseur, et de lui rappeler la promesse qu'il lui avait faite de venir le rejoindre dans les rangs de l'armée anglaise. Alors se mettant en selle, il alla se mettre à côté de la litière ; les sanglots étouffés qui en sortaient annonçaient seuls la présence d'Alice. Tous les blancs, Munro à leur tête, suivi d'Heyward et de David, plongés dans un morne abattement, s'éloignèrent de ce lieu de douleur, à l'exception d'Œil-de-Faucon, et ils disparurent bientôt dans les profondeurs de la forêt.

La sympathie que les mêmes infortunes avaient établie entre les simples habitants de ces bois et les étrangers qui les avaient visités ne s'éteignit pas si aisément. Pendant bien des années, l'histoire de la jeune fille blanche et du jeune guerrier des Mohicans charma les longues soirées, et entretint dans le cœur des jeunes Delawares la soif de la vengeance contre leurs ennemis naturels.

Les acteurs qui avaient joué un rôle secondaire dans ces événements ne furent pas non plus oubliés. Par l'intermédiaire du chasseur, qui pendant longtemps encore servit en quelque sorte de point de communication entre la civilisation et la vie sauvage, les Delawares apprirent que le vieillard aux cheveux blancs n'avait pas tardé à aller rejoindre ses pères, succombant, à ce qu'on croyait généralement, aux fatigues prolongées de l'état militaire, mais plus probablement à l'excès de sa douleur, et que la Main-Ouverte avait emmené la seconde fille du bon vieillard bien loin dans les habitations des blancs, où ses larmes, après avoir coulé bien longtemps, avaient enfin fait place au sourire du bonheur, beaucoup plus en harmonie avec son caractère.

Mais ces événements sont postérieurs à l'époque qu'embrasse

notre histoire. Après avoir vu partir tous ceux de sa couleur, OEil-de-Faucon revint vers le lieu qui lui rappelait de si tristes souvenirs. Les Delawares commençaient déjà à revêtir Uncas de ses derniers vêtements de peaux. Ils s'arêtèrent un moment pour permettre au chasseur de jeter un long regard sur son jeune ami, et de lui dire un dernier adieu. Le corps fut ensuite enveloppé pour ne plus jamais être découvert. Alors commença une procession solennelle comme pour Cora, et toute la nation se réunit autour du tombeau provisoire du jeune chef, — provisoire, car il était convenable qu'un jour ses ossements reposassent au milieu de ceux de son peuple.

Le mouvement de la foule avait été simultané et général. Elle montra autour de la tombe la même douleur, la même gravité, le même silence que nous avons déjà eu l'occasion de décrire. Le corps fut déposé dans l'attitude du repos, le visage tourné vers le soleil levant; ses instruments de guerre, ses armes pour la chasse étaient à ses côtés; tout était préparé pour le grand voyage. Une ouverture avait été pratiquée dans l'espèce de bière qui renfermait le corps, pour que l'esprit pût communiquer avec ces dépouilles terrestres, lorsqu'il en serait temps; et les Delawares, avec cette industrie qui leur est propre, prirent les précautions d'usage pour le mettre à l'abri des ravages des oiseaux de proie.

Ces arrangements étant terminés, l'attention générale se porta de nouveau sur Chingachgook. Il n'avait pas encore parlé, et l'on attendait quelques paroles de consolation, quelques avis salutaires de la bouche d'un chef aussi renommée, dans une circonstance aussi solennelle. Devinant les désirs du peuple, le malheureux père leva la tête qu'il avait laissé retomber sur la poitrine, et promena un regard calme et tranquille sur l'assemblée. Ses lèvres s'ouvrirent alors, et pour la première fois, depuis le commencement de cette longue cérémonie, il prononça des paroles distinctement articulées.

— Pourquoi mes frères sont-ils dans la tristesse? dit-il en regardant l'air abattu des guerriers qui l'entouraient; pourquoi mes filles pleurent-elles? Parce qu'un jeune guerrier est allé chasser dans les bois bienheureux! parce qu'un chef a fourni sa carrière avec honneur! Il était bon; il était soumis; il était brave. Le Manitou avait besoin d'un pareil guerrier, et il l'a appelé à lui. Pour moi, je ne suis plus qu'un tronc desséché que les blancs ont dépouillé de ses racines et de ses rameaux. Ma race a disparu des bords du lac salé et du milieu des rochers des Delawares; mais qui peut dire quel serpent de sa tribu a oublié sa sagesse! Je suis seul.....

— Non, non, s'écria Œil-de-Faucon qui jusque-là s'était contenu en tenant les yeux fixés sur les traits rigides de son ami, mais dont la philosophie ne put durer plus longtemps; non, Sagamore, vous n'êtes pas seul. Notre couleur peut être différente, mais Dieu nous a placés dans la même route pour que nous fissions ensemble le voyage. Je n'ai pas de parents, et je puis aussi dire, comme vous, pas de peuple. Uncas était votre fils, c'était une Peau-Rouge; le même sang coulait dans vos veines; mais si jamais j'oublie le jeune homme qui a si souvent combattu à mes côtés en temps de guerre, et reposé auprès de moi en temps de paix, puisse celui qui nous a tous créés, quelle que soit notre couleur, m'oublier aussi au dernier jour! L'enfant nous a quittés pour quelque temps; mais, Sagamore, vous n'êtes pas seul!

Chingachgook saisit la main que dans l'excès de son émotion Œil-de-Faucon lui avait tendue au-dessus de la terre fraîchement remuée, et ces deux fiers et intrépides chasseurs inclinèrent en même temps la tête sur la tombe, tandis que de grosses larmes s'échappant de leurs yeux arrosaient la terre où reposaient les restes d'Uncas.

Au milieu du silence imposant qui s'était établi à la vue de cette scène attendrissante, Tamenund éleva la voix pour disperser la multitude :

— C'est assez, dit-il. Allez, enfants des Lenapes; la colère du Manitou n'est pas apaisée. Pourquoi Tamenund attendrait-il encore? Les blancs sont maîtres de la terre, et l'heure des Peaux-Rouges n'est pas encore arrivée. Le jour de ma vie a trop duré. Le matin j'ai vu les fils d'Unamis forts et heureux; et cependant, avant que la nuit soit venue, j'ai vécu pour voir le dernier guerrier de l'antique race des MOHICANS!

FIN DU DERNIER DES MOHICANS.